中国基本单位统计年鉴 2023

国家统计局普查中心 编

CHINA BASIC STATISTICAL UNITS YEARBOOK

中国统计出版社
China Statistics Press

图书在版编目（CIP）数据

中国基本单位统计年鉴. 2023 / 国家统计局普查中心编. -- 北京 : 中国统计出版社, 2023.10
ISBN 978-7-5230-0279-7

Ⅰ. ①中… Ⅱ. ①国… Ⅲ. ①统计资料－中国－2023－年鉴 Ⅳ. ①C832-54

中国国家版本馆 CIP 数据核字(2023)第 192378 号

中国基本单位统计年鉴 2023

作　　者/国家统计局普查中心
责任编辑/冯诗萌
封面设计/杨　超　李雪燕
出版发行/中国统计出版社有限公司
通信地址/北京市丰台区西三环南路甲 6 号　邮政编码/100073
发行电话/邮购（010）63376909　书店（010）68783171
网　　址/ http://www.zgtjcbs.com
印　　刷/河北鑫兆源印刷有限公司
经　　销/新华书店
开　　本/880mm×1230mm　1/16
字　　数/584 千字
印　　张/18.25
版　　别/2023 年 10 月第 1 版
版　　次/2023 年 10 月第 1 次印刷
定　　价/250.00 元（附光盘）

《中国基本单位统计年鉴 2023》编辑委员会

编 者 说 明

一、《中国基本单位统计年鉴2023》是一部反映中华人民共和国各类基本单位情况的资料性工具书。本书分为两部分：第一部分是全国各类法人单位按地区、国民经济行业等进行各种分组汇总而成的综合资料；第二部分是全国各类企业法人单位按地区、国民经济行业、登记注册类型等进行各种分组汇总而成的综合资料。

二、1996年数据来源于第一次全国基本单位普查资料，2001年数据来源于第二次全国基本单位普查资料，2004年数据来源于第一次全国经济普查资料，2008年数据来源于第二次全国经济普查资料，2013年数据来源于第三次全国经济普查资料，2018年数据来源于第四次全国经济普查资料，其他年份的数据来源于基本单位年度统计资料。

三、资料的汇总范围为我国境内从事经济社会活动的法人单位，未包括香港、澳门特别行政区和台湾省数据。

《中国基本单位统计年鉴2023》内容系统、翔实，具有较强的实用性，可作为各级政府和经济管理部门进行宏观管理、制定政策的参考，也是企业生产经营及投资决策和科研机构、大专院校进行科研及教学活动的辅助资料。

恳请广大读者对本书提出宝贵意见。

目　　录

第一部分　全部法人单位综合资料

第二部分　企业法人单位综合资料

第一部分

全部法人单位综合资料

1—1 按行业(门类)分组的法人单位数

单位：个

行业门类	代码	法人单位数						
		1996年	1997年	1998年	1999年	2000年	2001年	2002年
总　计	--	**4402276**	**4344278**	**4417508**	**4221995**	**4366141**	**5107015**	**5170849**
农、林、牧、渔业	A	148029	148269	147656	142055	142140	171526	170953
采矿业	B	100362	99578	102265	91026	90484	71409	70851
制造业	C	1256323	1221878	1290304	1192280	1243607	1220587	1239549
电力、热力、燃气及水生产和供应业	D	30543	29864	30299	30031	30841	36982	37136
建筑业	E	126710	125476	125541	112973	118240	123187	129062
批发和零售业	F	681853	678488	668847	654887	693108	807454	829029
交通运输、仓储和邮政业	G	63808	62871	62941	57772	59711	82162	83489
住宿和餐饮业	H	81444	71835	79270	78804	83014	100768	102244
信息传输、软件和信息技术服务业	I	20381	18545	22141	22826	25425	57420	59368
金融业	J	73824	74054	73941	69029	70228	63996	64806
房地产业	K	39693	40903	44606	44051	48363	92417	96795
租赁和商务服务业	L	96609	109537	100411	97410	107229	234265	242109
科学研究和技术服务业	M	42048	41299	43264	42608	45003	75666	78356
水利、环境和公共设施管理业	N	29508	28661	30273	29315	30189	51007	51426
居民服务、修理和其他服务业	O	52677	45707	51786	48898	54366	94655	96244
教育	P	215358	219281	215530	214042	218304	307817	308320
卫生和社会工作	Q	112326	112810	112695	112375	114388	200360	200761
文化、体育和娱乐业	R	41064	36522	41388	40094	41060	57410	57891
公共管理、社会保障和社会组织	S	1185790	1174810	1170475	1137752	1146645	1254546	1250166
国际组织	T	3926	3890	3875	3767	3796	3381	2294

注：2004年、2008年、2013年、2018年主要行业法人单位数为经济普查数据，根据相关统计资料对以上年份的农、林、牧、渔业法人单位数及合计数进行了修正。2013年法人单位数不包括金融业、铁路运输业和无分组标识的部分数据。2018年法人单位数不包括无分组标识的数据。

1-1 续表 1

单位：个

行业门类	代码	2003年	2004年	2005年	2006年	2007年	2008年	2009年
总　计	——	**5214144**	**5315287**	**5647823**	**6068912**	**6495064**	**7214683**	**8003868**
农、林、牧、渔业	A	156033	148819	68800	78205	98546	117941	184764
采矿业	B	72538	82353	89430	93967	97678	97315	103403
制造业	C	1298870	1328964	1451556	1579406	1702455	1818370	1959254
电力、热力、燃气及水生产和供应业	D	33570	39830	43148	45922	49052	57923	62038
建筑业	E	132059	128193	149471	170180	190517	226768	261694
批发和零售业	F	840241	883653	994953	1122489	1246042	1403141	1670315
交通运输、仓储和邮政业	G	85991	80375	91565	104635	117228	157589	175914
住宿和餐饮业	H	103537	92869	101853	109892	118173	145297	154895
信息传输、软件和信息技术服务业	I	58307	72913	85499	100614	115101	153290	176326
金融业	J	64802	23793	26828	29201	31815	28668	36907
房地产业	K	98943	129197	148059	165865	187444	214391	244043
租赁和商务服务业	L	219567	249192	291498	331904	368763	427001	511666
科学研究和技术服务业	M	110685	136555	153076	166240	176677	201689	233221
水利、环境和公共设施管理业	N	47847	44352	46847	48811	50953	57553	61740
居民服务、修理和其他服务业	O	64391	83606	93947	102228	110525	120467	141936
教育	P	304056	299418	305446	308760	312339	335065	342003
卫生和社会工作	Q	198879	181877	183760	185014	187376	206480	209016
文化、体育和娱乐业	R	77717	64741	69490	72873	76430	81878	90891
公共管理、社会保障和社会组织	S	1243967	1244587	1252597	1252706	1257950	1363857	1383842
国际组织	T	2144	—	—	—	—	—	—

1-1 续表 2

单位：个

行业门类	代码	2010年	2011年	2012年	2013年	2014年	2015年	2016年
总　计	--	**8754588**	**9593729**	**10616530**	**11258282**	**13701440**	**15729199**	**18191382**
农、林、牧、渔业	A	242429	321086	440853	594495	951045	1204724	1481473
采矿业	B	104065	105490	107596	89112	101673	103426	104074
制造业	C	2098370	2240315	2380759	2252225	2616671	2801143	3019269
电力、热力、燃气及水生产和供应业	D	64151	66652	69947	70409	79679	87486	99469
建筑业	E	302232	346026	391392	347519	464975	574128	754512
批发和零售业	F	1965118	2276295	2630690	2810531	3513338	4199026	5041698
交通运输、仓储和邮政业	G	195829	219630	249832	262048	323044	378705	443325
住宿和餐饮业	H	164762	172070	186837	199592	235337	274283	317619
信息传输、软件和信息技术服务业	I	191182	208867	245669	226107	289162	387842	507674
金融业	J	45512	55513	67554	—	91583	109711	122516
房地产业	K	284726	323985	356717	343924	419618	466100	533557
租赁和商务服务业	L	590478	687575	813851	916953	1161947	1440572	1768005
科学研究和技术服务业	M	256865	283777	324932	455778	544309	661022	813251
水利、环境和公共设施管理业	N	64794	69186	75981	84803	97522	108069	122367
居民服务、修理和其他服务业	O	158152	175813	196880	190692	242251	298958	359932
教育	P	342408	346390	355072	413908	444038	461451	486026
卫生和社会工作	Q	205778	205173	206885	249567	265537	271571	275554
文化、体育和娱乐业	R	95633	102775	121126	230544	263384	297274	341182
公共管理、社会保障和社会组织	S	1382104	1387111	1393957	1520075	1596327	1603708	1599879
国际组织	T	—	—	—	—	—	—	—

1-1 续表 3

单位：个

行业门类	代码	2017年	2018年	2019年	2020年	2021年	2022年
总　计	--	**22009092**	**23481046**	**25280211**	**29389255**	**32866972**	**37169634**
农、林、牧、渔业	A	1926771	1926591	1879887	2090924	2189201	2495358
采矿业	B	108900	70191	70983	80683	82830	88033
制造业	C	3483617	3269606	3463346	3846747	4167767	4529585
电力、热力、燃气及水生产和供应业	D	120736	110714	113649	123729	133875	153266
建筑业	E	1045232	1218463	1458539	1901819	2367010	2901293
批发和零售业	F	6252424	6499161	7155907	8415106	9575504	10881533
交通运输、仓储和邮政业	G	540994	577233	629631	748046	858447	973096
住宿和餐饮业	H	378974	431323	449277	514980	583028	669628
信息传输、软件和信息技术服务业	I	719150	919879	1047408	1285534	1488072	1747117
金融业	J	135068	137934	131744	142488	149813	159901
房地产业	K	642893	744924	811663	933969	1038260	1115183
租赁和商务服务业	L	2242096	2551306	2825375	3394995	3876456	4432416
科学研究和技术服务业	M	1035170	1275579	1390741	1738335	2053759	2439143
水利、环境和公共设施管理业	N	146295	148860	172856	216714	250799	286257
居民服务、修理和其他服务业	O	420667	497292	522903	598808	667130	758665
教育	P	517739	665883	698893	769578	793247	816766
卫生和社会工作	Q	286858	272504	279155	299142	296031	320513
文化、体育和娱乐业	R	414973	566593	585224	686805	766821	861807
公共管理、社会保障和社会组织	S	1590535	1597010	1593030	1600853	1528922	1540074
国际组织	T	—	—	—	—	—	—

1-2　按三次产业、地区分组的法人单位数

(2022年)　　单位：个

地区	法人单位数			
		第一产业	第二产业	第三产业
全　国	**37169634**	**2184048**	**7612180**	**27373406**
北　京	1409824	7351	90015	1312458
天　津	454320	10707	83636	359977
河　北	1843390	115706	492570	1235114
山　西	918982	105387	144693	668902
内蒙古	540833	63144	88503	389186
辽　宁	822961	48977	168778	605206
吉　林	343503	32824	58830	251849
黑龙江	470714	62309	74501	333904
上　海	600897	6009	82289	512599
江　苏	3296990	44551	970547	2281892
浙　江	2690588	48829	687571	1954188
安　徽	1454974	103129	334746	1017099
福　建	1547266	65574	279652	1202040
江　西	1213076	98597	247388	867091
山　东	3546922	150581	818299	2578042
河　南	2100519	180056	394518	1525945
湖　北	1546917	99852	308551	1138514
湖　南	1250273	113262	222108	914903
广　东	3838391	45057	892014	2901320
广　西	923514	86986	127202	709326
海　南	215496	12455	25292	177749
重　庆	782091	88054	105081	588956
四　川	1595275	138252	245472	1211551
贵　州	753217	130141	130888	492188
云　南	823861	107710	127682	588469
西　藏	56279	3123	14815	38341
陕　西	951841	66540	212187	673114
甘　肃	422728	76857	65578	280293
青　海	137903	20901	19592	97410
宁　夏	163985	20199	26335	117451
新　疆	452104	30928	72847	348329

1-3 按地区、成立时间分组的法人单位数

单位：个

地 区	法 人 单位数	1949年及以前	1950-1977年	1978-1991年	1992-1995年	1996年	1997年
全 国	**37169634**	**65240**	**243715**	**504627**	**228322**	**71369**	**76151**
北 京	1409824	638	3170	13202	12751	3570	4045
天 津	454320	665	1252	4550	3530	1026	1071
河 北	1843390	14364	19850	35973	7440	3078	2726
山 西	918982	2931	10726	18165	3176	1085	1235
内蒙古	540833	1493	7937	7997	1837	863	1146
辽 宁	822961	1704	7205	16666	8182	2235	2432
吉 林	343503	1414	6432	10694	2823	851	759
黑龙江	470714	1726	7664	11663	3421	1073	1011
上 海	600897	439	1544	7701	14414	3739	4127
江 苏	3296990	1646	6027	21474	16014	6116	6401
浙 江	2690588	2280	4545	19079	19601	6845	7248
安 徽	1454974	1389	6227	10968	5805	1884	2090
福 建	1547266	1920	5909	20204	9547	3135	3582
江 西	1213076	2000	9075	19092	4345	1298	1315
山 东	3546922	4680	10984	53457	13853	4119	4336
河 南	2100519	4938	20968	42316	8957	3097	3967
湖 北	1546917	1402	8390	19346	6387	2618	2329
湖 南	1250273	1941	9664	16088	7147	1906	1817
广 东	3838391	3767	14938	35236	32711	8366	9495
广 西	923514	1960	9917	15016	6618	2493	2135
海 南	215496	270	2164	2396	2153	390	383
重 庆	782091	861	2575	4407	3983	1162	1712
四 川	1595275	1822	18052	22698	11256	3032	3318
贵 州	753217	1066	4222	7294	6547	765	965
云 南	823861	1091	7567	12398	4093	1788	1963
西 藏	56279	365	1672	4077	520	425	231
陕 西	951841	2001	9867	15127	4598	1957	2052
甘 肃	422728	2282	9904	17440	2727	970	891
青 海	137903	627	3382	4490	669	189	225
宁 夏	163985	263	1706	3810	760	431	296
新 疆	452104	1295	10180	11603	2457	863	848

1-3　续表 1

单位：个

地　区	1998年	1999年	2000年	2001年	2002年	2003年	2004年
全　国	**111785**	**131022**	**175983**	**206233**	**246483**	**287379**	**299874**
北　京	6310	7851	11713	14617	16432	20138	23271
天　津	1578	1519	2579	3246	3040	3863	4007
河　北	3908	4169	6023	7978	10616	10594	12380
山　西	2363	2019	2967	3753	4915	4884	5177
内蒙古	1433	1405	2262	2464	3287	3248	3566
辽　宁	4090	4716	6160	7134	8149	9526	10262
吉　林	1183	1329	2008	2508	2725	2920	2985
黑龙江	1673	1810	3038	4022	3613	4310	4221
上　海	5429	5553	7868	9960	13130	15969	16808
江　苏	10223	17341	19528	25640	29071	33808	33038
浙　江	9785	11602	16679	20786	24312	27577	24342
安　徽	2633	2664	4788	4811	6413	7391	8727
福　建	4017	4954	7526	6382	8771	10570	10609
江　西	1804	1844	3684	3955	5494	6244	5463
山　东	7242	7500	11711	14253	15963	20015	20882
河　南	5054	4449	6177	6974	8798	11377	10937
湖　北	3751	3421	5435	6992	8522	9367	10840
湖　南	3296	2276	4113	4705	5447	6086	6524
广　东	15447	25739	17729	22008	26665	33320	37864
广　西	2054	1836	2327	3088	5209	5045	4715
海　南	505	463	634	863	972	1224	1326
重　庆	2296	1764	2823	4048	4639	5168	5816
四　川	5030	4438	7230	8983	9237	12172	12753
贵　州	1354	1448	1937	2307	2881	3300	3278
云　南	2436	2547	9418	3829	4404	5353	5367
西　藏	185	354	323	242	654	290	346
陕　西	2794	2639	4123	4381	5309	5363	5755
甘　肃	1513	1160	1813	2263	2739	2886	3049
青　海	406	344	629	847	891	875	735
宁　夏	551	515	758	687	874	1274	1200
新　疆	1442	1353	1980	2507	3311	3222	3631

1-3 续表 2

单位：个

地区	2005年	2006年	2007年	2008年	2009年	2010年
全国	**332488**	**374789**	**378114**	**434844**	**547413**	**688529**
北京	24986	25366	28872	33419	40812	46967
天津	4327	5173	5083	6115	7163	8674
河北	13058	15675	15171	17794	23450	27454
山西	5883	6929	8329	10287	12263	13299
内蒙古	4476	5706	5576	6894	9707	12230
辽宁	10490	11129	11751	13673	16767	22381
吉林	4004	4553	4395	5031	7057	8494
黑龙江	4645	5518	4971	6535	8458	10148
上海	17355	15798	14575	16046	20612	24365
江苏	33868	41096	40128	42562	50746	67697
浙江	25437	33284	31295	30565	40334	50567
安徽	9979	12342	13819	15907	17630	24417
福建	10989	12809	14450	13105	17046	23508
江西	6864	7751	7138	8759	12189	15569
山东	27775	27123	25034	30325	38636	48767
河南	16950	15758	14764	19503	25277	30840
湖北	11920	14618	12073	14931	19887	25018
湖南	8132	9854	8082	10253	12344	16491
广东	40357	47099	48565	56020	74415	92668
广西	5515	5421	7117	8308	11536	13166
海南	1483	1736	1907	2526	2888	4149
重庆	5213	6070	7162	9278	10256	17730
四川	13918	14870	15633	18329	21372	26047
贵州	3230	3574	4311	4916	5616	7637
云南	5394	6966	6389	8360	10756	12783
西藏	434	492	579	705	702	1463
陕西	6605	7398	8749	10367	13610	16249
甘肃	3246	3609	4888	4782	5631	7447
青海	870	1055	1153	1369	1594	2238
宁夏	1116	1373	1438	1846	2413	2866
新疆	3969	4644	4717	6334	6246	7200

1-3 续表 3

单位：个

地 区	2011年	2012年	2013年	2014年	2015年	2016年
全 国	**791682**	**913361**	**1151557**	**1637386**	**1971768**	**2634132**
北 京	49376	49847	57241	91058	106503	115459
天 津	10343	10109	12781	19250	24316	32685
河 北	32796	36730	55533	84591	103556	156054
山 西	15608	17543	20558	29130	34493	48163
内蒙古	12875	14296	20251	31835	33151	39650
辽 宁	23445	22278	25522	38992	44255	58037
吉 林	9324	10327	13711	17394	20363	25688
黑龙江	10519	12207	17953	23264	25063	33606
上 海	25614	26809	29102	40139	44799	50765
江 苏	70653	74196	90127	131152	154662	225268
浙 江	54478	53863	89611	105420	106968	144528
安 徽	26618	31366	40607	59264	73113	103231
福 建	27512	29649	35163	56660	69585	83265
江 西	15923	19807	25933	38652	49091	71645
山 东	52314	57013	80168	121204	152023	201876
河 南	34595	41217	63249	92711	113114	148379
湖 北	28758	41803	45337	59202	67647	92981
湖 南	18856	22701	28800	43826	58364	85016
广 东	124486	155968	182051	243367	302424	399735
广 西	18202	22862	26160	35073	45122	55529
海 南	4421	4581	5694	7784	9368	13069
重 庆	26275	28436	32409	41407	50307	60164
四 川	29913	34671	42485	60881	74622	106155
贵 州	10632	25386	24804	35335	41797	62536
云 南	15242	16873	19268	31372	42995	54055
西 藏	1475	2051	2544	3481	5102	7698
陕 西	18346	20345	23003	37970	46963	59727
甘 肃	8348	12041	18375	24872	34926	44913
青 海	2769	3376	4128	6970	8311	12277
宁 夏	3016	3912	5058	6844	8451	11463
新 疆	8950	11098	13931	18286	20314	30515

1-3 续表 4

单位：个

地 区	2017年	2018年	2019年	2020年	2021年	2022年
全 国	**3133124**	**3473735**	**3599708**	**4012010**	**4536596**	**3910215**
北 京	106688	109322	102211	102332	117686	63971
天 津	37998	42201	51955	50978	54964	38279
河 北	180694	202841	190430	221503	251610	75351
山 西	59064	68300	93055	116408	127244	169030
内蒙古	47893	47887	57205	60459	53344	38460
辽 宁	68496	90045	91638	96427	54947	34227
吉 林	28756	27330	28379	28486	36028	25552
黑龙江	39985	43787	40323	44210	49470	40807
上 海	53929	50949	23374	16252	16193	7540
江 苏	262130	283549	326097	376135	441571	359026
浙 江	189652	218342	287316	329723	364252	340272
安 徽	123306	145350	158271	169125	195075	169764
福 建	100096	114313	181849	198732	245251	216158
江 西	92508	110353	119817	148949	192379	204136
山 东	240758	262573	441070	524824	546714	479730
河 南	182270	213112	219851	251754	260344	218822
湖 北	109994	136980	146707	156958	212486	260817
湖 南	102406	97374	108228	106213	178905	263418
广 东	481278	548134	235290	223583	207165	92501
广 西	69635	84196	95427	119709	122525	115598
海 南	15825	17657	18340	27209	42390	20726
重 庆	60183	64980	61813	73784	98398	86972
四 川	134469	140653	154858	195588	215386	175404
贵 州	78553	74356	72609	75771	79153	105637
云 南	62963	64015	70964	90257	102660	140295
西 藏	7270	7001	2618	1831	963	186
陕 西	87438	97244	119284	81357	142491	88729
甘 肃	45586	52319	31197	35514	26057	9340
青 海	13231	12291	14487	17517	13950	6008
宁 夏	13724	9694	12409	21904	27793	15540
新 疆	36346	36587	42636	48518	59202	47919

1-4　按地区、机构类型分组的法人单位数

(2022年)　　单位：个

地　区	法　人 单位数	企业法人	事业法人	机关法人	社会团体	其他
全　国	**37169634**	**32828734**	**744326**	**225072**	**350596**	**3020906**
北　京	1409824	1361791	11093	1842	6394	28704
天　津	454320	425393	5661	1848	2452	18966
河　北	1843390	1630410	32333	11190	14234	155223
山　西	918982	776575	19061	7494	9204	106648
内蒙古	540833	422887	18549	7702	9482	82213
辽　宁	822961	715559	18887	7625	6422	74468
吉　林	343503	270241	16482	4925	3228	48627
黑龙江	470714	358180	18949	8342	5017	80226
上　海	600897	561659	7703	1825	3929	25781
江　苏	3296990	3120366	35593	8228	28094	104709
浙　江	2690588	2501809	26954	8158	25619	128048
安　徽	1454974	1289469	20326	8276	16708	120195
福　建	1547266	1419816	24402	6698	21103	75247
江　西	1213076	1058341	27551	7714	11554	107916
山　东	3546922	3202958	40425	11087	16478	275974
河　南	2100519	1761349	64635	12164	11529	250842
湖　北	1546917	1333259	37797	9118	15288	151455
湖　南	1250273	1046672	36452	9168	16234	141747
广　东	3838391	3531927	43856	12467	27571	222570
广　西	923514	760559	42419	8276	11299	100961
海　南	215496	193121	4184	1604	1888	14699
重　庆	782091	705066	16393	3449	7372	49811
四　川	1595275	1341701	54210	15162	17881	166321
贵　州	753217	638787	21884	7548	7420	77578
云　南	823861	682662	28107	10230	12521	90341
西　藏	56279	33092	2790	5714	692	13991
陕　西	951841	810083	24502	7752	14218	95286
甘　肃	422728	288360	16715	6586	14316	96751
青　海	137903	99784	4709	2867	5264	25279
宁　夏	163985	136425	3357	1694	1911	20598
新　疆	452104	350433	18347	8319	5274	69731

1-5 按行业(大类)分组的法人单位数

(2022年) 单位：个

行业大类	代码	法人单位数	从事单一活动或位于一个地点的法人单位	从事多种活动或位于多个地点的法人单位
总　　计	--	**37169634**	**36525452**	**644182**
农、林、牧、渔业	A	**2495358**	**2489590**	**5768**
农业	01	1256883	1254618	2265
林业	02	137899	137320	579
畜牧业	03	649970	648496	1474
渔业	04	139296	139006	290
农、林、牧、渔专业及辅助性活动	05	311310	310150	1160
采矿业	B	**88033**	**85594**	**2439**
煤炭开采和洗选业	06	15249	14456	793
石油和天然气开采业	07	790	734	56
黑色金属矿采选业	08	11366	11008	358
有色金属矿采选业	09	7979	7695	284
非金属矿采选业	10	42530	41797	733
开采专业及辅助性活动	11	6576	6398	178
其他采矿业	12	3543	3506	37
制造业	C	**4529585**	**4474358**	**55227**
农副食品加工业	13	174104	170586	3518
食品制造业	14	104710	102274	2436
酒、饮料和精制茶制造业	15	84440	82613	1827
烟草制品业	16	351	307	44
纺织业	17	183861	182484	1377
纺织服装、服饰业	18	234563	232454	2109
皮革、毛皮、羽毛及其制品和制鞋业	19	105249	104532	717
木材加工和木、竹、藤、棕、草制品业	20	199841	198971	870
家具制造业	21	123394	122315	1079
造纸和纸制品业	22	97300	96765	535
印刷和记录媒介复制业	23	99879	98774	1105
文教、工美、体育和娱乐用品制造业	24	160164	158657	1507
石油、煤炭及其他燃料加工业	25	15779	15438	341
化学原料和化学制品制造业	26	142592	139650	2942
医药制造业	27	40847	39615	1232
化学纤维制造业	28	9514	9414	100
橡胶和塑料制品业	29	256231	254144	2087
非金属矿物制品业	30	360506	354804	5702
黑色金属冶炼和压延加工业	31	26340	25923	417
有色金属冶炼和压延加工业	32	36806	36326	480
金属制品业	33	466255	462352	3903
通用设备制造业	34	457153	452333	4820
专用设备制造业	35	344005	339904	4101

1-5 续表 1 (2022年) 单位：个

行业大类	代码	法人单位数	从事单一活动或位于一个地点的法人单位	从事多种活动或位于多个地点的法人单位
汽车制造业	36	105036	103454	1582
铁路、船舶、航空航天和其他运输设备制造业	37	40614	39863	751
电气机械和器材制造业	38	267661	263572	4089
计算机、通信和其他电子设备制造业	39	176387	173615	2772
仪器仪表制造业	40	64608	63425	1183
其他制造业	41	65970	65580	390
废弃资源综合利用业	42	32004	31594	410
金属制品、机械和设备修理业	43	53421	52620	801
电力、热力、燃气及水生产和供应业	D	**153266**	**148266**	**5000**
电力、热力生产和供应业	44	108591	106404	2187
燃气生产和供应业	45	12473	10848	1625
水的生产和供应业	46	32202	31014	1188
建筑业	E	**2901293**	**2822523**	**78770**
房屋建筑业	47	656198	620784	35414
土木工程建筑业	48	630925	609681	21244
建筑安装业	49	318291	310479	7812
建筑装饰、装修和其他建筑业	50	1295879	1281579	14300
批发和零售业	F	**10881533**	**10732585**	**148948**
批发业	51	5893715	5831509	62206
零售业	52	4987818	4901076	86742
交通运输、仓储和邮政业	G	**973096**	**947805**	**25291**
铁路运输业	53	3648	3515	133
道路运输业	54	624860	612917	11943
水上运输业	55	20795	20113	682
航空运输业	56	5113	4880	233
管道运输业	57	628	601	27
多式联运和运输代理业	58	185396	180495	4901
装卸搬运和仓储业	59	100081	98114	1967
邮政业	60	32575	27170	5405
住宿和餐饮业	H	**669628**	**643409**	**26219**
住宿业	61	177249	171471	5778
餐饮业	62	492379	471938	20441
信息传输、软件和信息技术服务业	I	**1747117**	**1724975**	**22142**
电信、广播电视和卫星传输服务	63	38601	35639	2962
互联网和相关服务	64	256673	253649	3024
软件和信息技术服务业	65	1451843	1435687	16156
金融业	J	**159901**	**141452**	**18449**
货币金融服务	66	44385	35507	8878
资本市场服务	67	75164	74260	904
保险业	68	21042	12922	8120
其他金融业	69	19310	18763	547

1-5 续表 2 (2022年) 单位：个

行业大类	代码	法人单位数	从事单一活动或位于一个地点的法人单位	从事多种活动或位于多个地点的法人单位
房地产业	K	**1115183**	**1069266**	**45917**
房地产业	70	1115183	1069266	45917
租赁和商务服务业	L	**4432416**	**4363405**	**69011**
租赁业	71	477129	472531	4598
商务服务业	72	3955287	3890874	64413
科学研究和技术服务业	M	**2439143**	**2398855**	**40288**
研究和试验发展	73	304231	301215	3016
专业技术服务业	74	930947	903585	27362
科技推广和应用服务业	75	1203965	1194055	9910
水利、环境和公共设施管理业	N	**286257**	**281379**	**4878**
水利管理业	76	22932	22436	496
生态保护和环境治理业	77	39453	38694	759
公共设施管理业	78	160134	157326	2808
土地管理业	79	63738	62923	815
居民服务、修理和其他服务业	O	**758665**	**743674**	**14991**
居民服务业	80	350017	342261	7756
机动车、电子产品和日用产品修理业	81	259163	254646	4517
其他服务业	82	149485	146767	2718
教育	P	**816766**	**797811**	**18955**
教育	83	816766	797811	18955
卫生和社会工作	Q	**320513**	**310973**	**9540**
卫生	84	216436	207884	8552
社会工作	85	104077	103089	988
文化、体育和娱乐业	R	**861807**	**850836**	**10971**
新闻和出版业	86	11658	11350	308
广播、电视、电影和录音制作业	87	134235	132523	1712
文化艺术业	88	306732	304179	2553
体育	89	105043	102288	2755
娱乐业	90	304139	300496	3643
公共管理、社会保障和社会组织	S	**1540074**	**1498696**	**41378**
中国共产党机关	91	33202	31034	2168
国家机构	92	436444	401556	34888
人民政协、民主党派	93	5855	5706	149
社会保障	94	11462	11380	82
群众团体、社会团体和其他成员组织	95	434871	434154	717
基层群众自治组织	96	618240	614866	3374

1–6 按行业(大类)、东中西部以及东北地区分组的法人单位数

(2022年) 单位：个

行业大类	代码	法人单位数	东部地区	中部地区	西部地区	东北地区
总 计	——	**37169634**	**19444084**	**8484741**	**7603631**	**1637178**
农、林、牧、渔业	A	**2495358**	**588775**	**828666**	**905864**	**172053**
农业	01	1256883	321545	412573	427937	94828
林业	02	137899	41593	47289	43507	5510
畜牧业	03	649970	103890	185161	322111	38808
渔业	04	139296	39792	55260	39280	4964
农、林、牧、渔专业及辅助性活动	05	311310	81955	128383	73029	27943
采矿业	B	**88033**	**14827**	**23565**	**41859**	**7782**
煤炭开采和洗选业	06	15249	910	5309	7907	1123
石油和天然气开采业	07	790	95	125	453	117
黑色金属矿采选业	08	11366	3866	2460	3682	1358
有色金属矿采选业	09	7979	996	2100	4126	757
非金属矿采选业	10	42530	7716	12086	19071	3657
开采专业及辅助性活动	11	6576	745	636	4598	597
其他采矿业	12	3543	499	849	2022	173
制造业	C	**4529585**	**3030961**	**795841**	**524090**	**178693**
农副食品加工业	13	174104	64177	46247	44880	18800
食品制造业	14	104710	49058	25701	23401	6550
酒、饮料和精制茶制造业	15	84440	25874	21013	33066	4487
烟草制品业	16	351	161	92	77	21
纺织业	17	183861	149097	23518	8951	2295
纺织服装、服饰业	18	234563	162440	49574	13296	9253
皮革、毛皮、羽毛及其制品和制鞋业	19	105249	83172	16246	4893	938
木材加工和木、竹、藤、棕、草制品业	20	199841	105831	49485	35687	8838
家具制造业	21	123394	76005	25577	16726	5086
造纸和纸制品业	22	97300	74536	12487	7977	2300
印刷和记录媒介复制业	23	99879	65854	17449	12955	3621
文教、工美、体育和娱乐用品制造业	24	160164	120714	21917	14911	2622
石油、煤炭及其他燃料加工业	25	15779	5801	3731	3664	2583
化学原料和化学制品制造业	26	142592	78767	32529	22491	8805
医药制造业	27	40847	17737	12864	7504	2742
化学纤维制造业	28	9514	7736	1036	499	243
橡胶和塑料制品业	29	256231	199593	30955	18410	7273
非金属矿物制品业	30	360506	167276	99688	75153	18389
黑色金属冶炼和压延加工业	31	26340	16991	4067	4120	1162
有色金属冶炼和压延加工业	32	36806	19854	8945	6639	1368
金属制品业	33	466255	348588	62490	41986	13191
通用设备制造业	34	457153	349481	55722	30298	21652
专用设备制造业	35	344005	253926	50435	27044	12600

1-6 续表 1 (2022年) 单位：个

行业大类	代码	法人单位数	东部地区	中部地区	西部地区	东北地区
汽车制造业	36	105036	68421	21104	11198	4313
铁路、船舶、航空航天和其他运输设备制造业	37	40614	28710	4958	5241	1705
电气机械和器材制造业	38	267661	214328	31286	15760	6287
计算机、通信和其他电子设备制造业	39	176387	138277	23625	12311	2174
仪器仪表制造业	40	64608	48339	9468	4453	2348
其他制造业	41	65970	46981	11695	5143	2151
废弃资源综合利用业	42	32004	12828	11763	5893	1520
金属制品、机械和设备修理业	43	53421	30408	10174	9463	3376
电力、热力、燃气及水生产和供应业	D	**153266**	**56760**	**47091**	**39304**	**10111**
电力、热力生产和供应业	44	108591	40234	34354	26338	7665
燃气生产和供应业	45	12473	4326	3106	4225	816
水的生产和供应业	46	32202	12200	9631	8741	1630
建筑业	E	**2901293**	**1350490**	**796317**	**644990**	**109496**
房屋建筑业	47	656198	278537	202074	154394	21193
土木工程建筑业	48	630925	284355	163488	157736	25346
建筑安装业	49	318291	174000	66973	61139	16179
建筑装饰、装修和其他建筑业	50	1295879	613598	363782	271721	46778
批发和零售业	F	**10881533**	**6047863**	**2391631**	**1996401**	**445638**
批发业	51	5893715	3539386	1153605	949456	251268
零售业	52	4987818	2508477	1238026	1046945	194370
交通运输、仓储和邮政业	G	**973096**	**508456**	**217306**	**190567**	**56767**
铁路运输业	53	3648	1499	802	1110	237
道路运输业	54	624860	299035	157383	131895	36547
水上运输业	55	20795	13378	4098	2468	851
航空运输业	56	5113	2671	826	1274	342
管道运输业	57	628	326	128	147	27
多式联运和运输代理业	58	185396	128325	24866	23937	8268
装卸搬运和仓储业	59	100081	49247	22347	20445	8042
邮政业	60	32575	13975	6856	9291	2453
住宿和餐饮业	H	**669628**	**330771**	**148879**	**169822**	**20156**
住宿业	61	177249	77054	39491	54020	6684
餐饮业	62	492379	253717	109388	115802	13472
信息传输、软件和信息技术服务业	I	**1747117**	**949086**	**409710**	**320319**	**68002**
电信、广播电视和卫星传输服务	63	38601	16994	9459	9458	2690
互联网和相关服务	64	256673	127137	69636	50503	9397
软件和信息技术服务业	65	1451843	804955	330615	260358	55915
金融业	J	**159901**	**103695**	**20010**	**28542**	**7654**
货币金融服务	66	44385	21203	7413	12026	3743
资本市场服务	67	75164	60930	5272	7715	1247
保险业	68	21042	9522	4625	5071	1824
其他金融业	69	19310	12040	2700	3730	840

1-6 续表 2 (2022年) 单位：个

行业大类	代码	法人单位数	东部地区	中部地区	西部地区	东北地区
房地产业	K	**1115183**	**577318**	**242763**	**237547**	**57555**
房地产业	70	1115183	577318	242763	237547	57555
租赁和商务服务业	L	**4432416**	**2361002**	**985636**	**923512**	**162266**
租赁业	71	477129	200205	133713	121525	21686
商务服务业	72	3955287	2160797	851923	801987	140580
科学研究和技术服务业	M	**2439143**	**1493136**	**480472**	**371855**	**93680**
研究和试验发展	73	304231	212437	47855	29435	14504
专业技术服务业	74	930947	500106	206897	186162	37782
科技推广和应用服务业	75	1203965	780593	225720	156258	41394
水利、环境和公共设施管理业	N	**286257**	**125365**	**79288**	**69662**	**11942**
水利管理业	76	22932	8032	6382	7030	1488
生态保护和环境治理业	77	39453	17923	9458	10598	1474
公共设施管理业	78	160134	72583	43557	37360	6634
土地管理业	79	63738	26827	19891	14674	2346
居民服务、修理和其他服务业	O	**758665**	**379151**	**156526**	**192080**	**30908**
居民服务业	80	350017	176264	69679	89465	14609
机动车、电子产品和日用产品修理业	81	259163	124427	54626	69785	10325
其他服务业	82	149485	78460	32221	32830	5974
教育	P	**816766**	**353821**	**206474**	**207269**	**49202**
教育	83	816766	353821	206474	207269	49202
卫生和社会工作	Q	**320513**	**142652**	**74396**	**78624**	**24841**
卫生	84	216436	87810	52426	59094	17106
社会工作	85	104077	54842	21970	19530	7735
文化、体育和娱乐业	R	**861807**	**475106**	**185161**	**169496**	**32044**
新闻和出版业	86	11658	6039	2499	2476	644
广播、电视、电影和录音制作业	87	134235	74271	28837	26351	4776
文化艺术业	88	306732	184535	57248	54990	9959
体育	89	105043	56711	21275	22534	4523
娱乐业	90	304139	153550	75302	63145	12142
公共管理、社会保障和社会组织	S	**1540074**	**554849**	**395009**	**491828**	**98388**
中国共产党机关	91	33202	9455	7782	12866	3099
国家机构	92	436444	121938	116424	161679	36403
人民政协、民主党派	93	5855	1873	1357	2064	561
社会保障	94	11462	3191	3272	4205	794
群众团体、社会团体和其他成员组织	95	434871	178390	98049	139771	18661
基层群众自治组织	96	618240	240002	168125	171243	38870

1—7 按行业(大类)、

(2022年)

行业大类	代码	法人单位数	北京	天津	河北	山西	内蒙古
总　计	——	**37169634**	**1409824**	**454320**	**1843390**	**918982**	**540833**
农、林、牧、渔业	A	**2495358**	**7815**	**11470**	**127507**	**114798**	**72051**
农业	01	1256883	4922	6537	70166	50661	28183
林业	02	137899	696	778	8482	10855	2857
畜牧业	03	649970	1515	2408	35280	43197	31551
渔业	04	139296	218	984	1778	674	553
农、林、牧、渔专业及辅助性活动	05	311310	464	763	11801	9411	8907
采矿业	B	**88033**	**78**	**77**	**5452**	**6164**	**5569**
煤炭开采和洗选业	06	15249	8	5	384	3532	1765
石油和天然气开采业	07	790	6	4	16	81	94
黑色金属矿采选业	08	11366	8	4	2955	833	733
有色金属矿采选业	09	7979	5		334	196	536
非金属矿采选业	10	42530	29	23	1560	1180	2025
开采专业及辅助性活动	11	6576	20	37	121	272	212
其他采矿业	12	3543	2	4	82	70	204
制造业	C	**4529585**	**26482**	**48214**	**310895**	**48278**	**34049**
农副食品加工业	13	174104	698	1027	8891	3929	5015
食品制造业	14	104710	773	1006	5488	2426	1655
酒、饮料和精制茶制造业	15	84440	294	236	2446	1664	1090
烟草制品业	16	351	2	1	7	3	2
纺织业	17	183861	334	659	14188	429	697
纺织服装、服饰业	18	234563	1458	1142	7722	760	693
皮革、毛皮、羽毛及其制品和制鞋业	19	105249	182	215	12039	171	201
木材加工和木、竹、藤、棕、草制品业	20	199841	496	974	10523	1077	1401
家具制造业	21	123394	803	873	8490	634	310
造纸和纸制品业	22	97300	617	1543	5263	625	306
印刷和记录媒介复制业	23	99879	1273	971	5077	1452	859
文教、工美、体育和娱乐用品制造业	24	160164	682	1989	13806	929	493
石油、煤炭及其他燃料加工业	25	15779	137	202	1125	925	667
化学原料和化学制品制造业	26	142592	1241	1803	10430	2661	2452
医药制造业	27	40847	670	401	1720	665	529
化学纤维制造业	28	9514	24	27	469	86	39
橡胶和塑料制品业	29	256231	923	2484	21322	1417	1152
非金属矿物制品业	30	360506	1701	2338	25875	8159	5766
黑色金属冶炼和压延加工业	31	26340	117	1405	2288	463	547
有色金属冶炼和压延加工业	32	36806	140	434	1618	546	548
金属制品业	33	466255	2679	6985	48584	5349	2759
通用设备制造业	34	457153	2413	7239	37952	4349	1598
专用设备制造业	35	344005	2489	4213	25521	3210	1757

地区分组的法人单位数

单位：个

辽宁	吉林	黑龙江	上海	江苏	浙江	安徽	福建	江西	山东	河南	代码
822961	**343503**	**470714**	**600897**	**3296990**	**2690588**	**1454974**	**1547266**	**1213076**	**3546922**	**2100519**	——
59907	**42186**	**69960**	**6361**	**55571**	**53653**	**124583**	**72500**	**109191**	**186582**	**220588**	A
25898	20889	48041	4537	25940	32203	65030	39214	57588	102383	123690	01
2430	1578	1502	537	4996	5334	6861	6882	7849	9630	8537	02
17262	9760	11786	280	6690	5906	22189	9268	20978	31712	43519	03
3387	597	980	655	6925	5386	9049	10210	12182	6856	4310	04
10930	9362	7651	352	11020	4824	21454	6926	10594	36001	40532	05
3871	**1201**	**2710**	**8**	**492**	**980**	**1632**	**1826**	**4866**	**2817**	**3789**	B
144	148	831		32	14	84	139	370	302	731	06
18	68	31	2	7	1	2		4	41	18	07
1126	137	95	1	49	40	254	223	444	341	338	08
570	106	81		22	53	168	165	548	232	624	09
1765	563	1329	3	286	848	1031	1204	3057	1476	1881	10
163	153	281		70	6	47	38	71	350	113	11
85	26	62	2	26	18	46	57	372	75	84	12
107050	**32419**	**39224**	**58167**	**641215**	**564339**	**171586**	**192832**	**131457**	**473971**	**205705**	C
7716	3823	7261	519	8738	5480	8541	6942	5455	23191	11486	13
3005	1482	2063	894	7001	4153	4854	6337	2982	13491	7949	14
1758	1172	1557	148	2208	3209	4748	8638	2334	5016	3731	15
6	5	10	3	11	2	7	12	11	24	19	16
1675	296	324	1367	51332	41841	6018	6926	4235	16955	5691	17
7393	1438	422	3478	29336	39152	13161	13922	14086	23245	9362	18
655	70	213	552	4735	22234	2441	15373	4395	4608	5120	19
3871	1755	3212	1121	15329	8868	9867	7902	7912	51806	16676	20
2001	2378	707	1247	12210	10627	5412	8121	8623	9997	5518	21
1516	366	418	2031	11589	18209	3092	4698	1920	7958	3320	22
1982	744	895	1944	12024	12895	3702	3543	2466	9117	3924	23
1659	410	553	1079	15815	31393	4834	12121	3866	16490	6863	24
1222	344	1017	100	797	575	570	372	627	1556	732	25
5095	1474	2236	2295	9537	10470	5648	4541	5617	16402	8415	26
995	1085	662	641	4059	2332	2945	1341	1984	3477	3338	27
144	50	49	76	3005	2375	304	353	156	825	253	28
5013	1038	1222	3926	33751	46195	9987	9879	4037	23085	7682	29
11731	3148	3510	1849	28328	17417	15707	22787	18615	37466	27963	30
890	136	136	384	4205	2647	665	629	468	2400	1232	31
1118	135	115	467	5273	3693	1153	922	2285	2701	2582	32
9092	1715	2384	8003	68535	54131	14811	15807	7874	43065	14191	33
16063	2641	2948	8526	107317	70373	12890	10155	4410	62721	18763	34
7485	1848	3267	5586	73454	38351	10880	9793	6677	41885	14668	35

1-7 续表 1

(2022年)

行业大类	代码	法人单位数	北京	天津	河北	山西	内蒙古
汽车制造业	36	105036	642	1336	7889	447	291
铁路、船舶、航空航天和其他运输设备制造业	37	40614	267	1842	3707	204	62
电气机械和器材制造业	38	267661	1559	2301	13637	1255	784
计算机、通信和其他电子设备制造业	39	176387	1378	1335	3254	773	341
仪器仪表制造业	40	64608	953	1084	2663	334	126
其他制造业	41	65970	133	457	3848	324	364
废弃资源综合利用业	42	32004	58	308	2560	980	494
金属制品、机械和设备修理业	43	53421	1346	1384	2493	2032	1051
电力、热力、燃气及水生产和供应业	D	**153266**	**2186**	**1321**	**7352**	**7207**	**4254**
电力、热力生产和供应业	44	108591	1682	912	4959	5612	3134
燃气生产和供应业	45	12473	118	117	1095	729	339
水的生产和供应业	46	32202	386	292	1298	866	781
建筑业	E	**2901293**	**62635**	**35445**	**171485**	**85348**	**45894**
房屋建筑业	47	656198	17475	6372	40528	16559	9065
土木工程建筑业	48	630925	10561	8529	39254	22460	14863
建筑安装业	49	318291	5007	5534	23439	7949	5872
建筑装饰、装修和其他建筑业	50	1295879	29592	15010	68264	38380	16094
批发和零售业	F	**10881533**	**341260**	**119079**	**517926**	**275470**	**147316**
批发业	51	5893715	149959	85099	270641	141779	67902
零售业	52	4987818	191301	33980	247285	133691	79414
交通运输、仓储和邮政业	G	**973096**	**23086**	**19996**	**48300**	**27209**	**18028**
铁路运输业	53	3648	70	43	198	192	259
道路运输业	54	624860	14687	8711	35660	21629	12950
水上运输业	55	20795	77	457	614	43	26
航空运输业	56	5113	418	175	212	144	142
管道运输业	57	628	16	18	20	15	19
多式联运和运输代理业	58	185396	4449	7384	5609	1646	1676
装卸搬运和仓储业	59	100081	2716	2819	5107	3078	2420
邮政业	60	32575	653	389	880	462	536
住宿和餐饮业	H	**669628**	**38689**	**7107**	**23326**	**16659**	**6375**
住宿业	61	177249	6117	1437	5934	4381	2674
餐饮业	62	492379	32572	5670	17392	12278	3701
信息传输、软件和信息技术服务业	I	**1747117**	**77669**	**20039**	**67885**	**44387**	**15040**
电信、广播电视和卫星传输服务	63	38601	1691	399	1098	1017	810
互联网和相关服务	64	256673	8074	2056	7991	6348	2830
软件和信息技术服务业	65	1451843	67904	17584	58796	37022	11400
金融业	J	**159901**	**8119**	**5291**	**4379**	**2870**	**1764**
货币金融服务	66	44385	1061	3454	1562	1215	917
资本市场服务	67	75164	5211	1338	895	438	198
保险业	68	21042	915	195	1255	636	460
其他金融业	69	19310	932	304	667	581	189

单位：个

辽宁	吉林	黑龙江	上海	江苏	浙江	安徽	福建	江西	山东	河南	代码
1842	2042	429	2012	17460	21368	4805	2039	1681	10092	3879	36
1286	226	193	494	9311	5413	1086	1273	871	3253	1178	37
4501	787	999	3668	44620	53787	7920	6600	5474	15275	7575	38
1445	344	385	1944	26122	15186	5669	4515	5906	7559	3231	39
1652	333	363	1676	14913	8388	2963	1410	1099	6137	2540	40
1369	385	397	672	10866	8738	2672	3201	2361	5426	2514	41
747	316	457	124	2780	1281	2235	1161	1920	2609	3176	42
2123	433	820	1341	6554	3556	1999	1519	1110	6139	2134	43
4166	**2250**	**3695**	**288**	**7484**	**7760**	**6685**	**7576**	**9921**	**10700**	**7118**	D
3168	1674	2823	128	4942	5830	4494	5991	8109	7276	4664	44
312	215	289	40	554	397	358	217	386	918	675	45
686	361	583	120	1988	1533	1833	1368	1426	2506	1779	46
55977	**23546**	**29973**	**25167**	**327980**	**118054**	**156889**	**78975**	**102325**	**337300**	**180153**	E
8399	5677	7117	3326	74580	20927	38447	24047	32227	58873	43835	47
13860	4938	6548	4697	64949	24045	31031	15320	19616	86677	36317	48
8808	3332	4039	4901	42866	11646	15133	5289	7615	46140	14589	49
24910	9599	12269	12243	145585	61436	72278	34319	42867	145610	85412	50
234520	**94609**	**116509**	**189122**	**955561**	**907259**	**382064**	**594100**	**354064**	**1168922**	**645383**	F
142722	44651	63895	143857	606753	528893	189770	306146	167378	694983	302194	51
91798	49958	52614	45265	348808	378366	192294	287954	186686	473939	343189	52
30509	**10241**	**16017**	**23971**	**101561**	**58524**	**39777**	**29961**	**36514**	**101311**	**41178**	G
77	60	100	26	236	64	99	101	121	409	167	53
20024	6374	10149	7505	73438	35677	28411	17097	29320	60490	28020	54
708	29	114	530	3168	2066	1458	1849	579	1828	444	55
191	49	102	106	274	240	90	175	118	401	139	56
15	6	6	74	55	15	12	7	10	88	42	57
5100	1263	1905	11962	14675	13467	4744	7153	2812	26311	5661	58
3268	1934	2840	2823	8411	5006	3660	2484	2417	10200	5340	59
1126	526	801	945	1304	1989	1303	1095	1137	1584	1365	60
11527	**4244**	**4385**	**20626**	**46499**	**41276**	**27441**	**22796**	**17278**	**54539**	**32528**	H
3954	1254	1476	4862	9700	12838	6296	6168	5420	9946	8721	61
7573	2990	2909	15764	36799	28438	21145	16628	11858	44593	23807	62
36057	**12418**	**19527**	**33365**	**156201**	**147366**	**63669**	**92964**	**63116**	**146362**	**84395**	I
1194	458	1038	621	3194	1649	1305	1009	1248	1769	1832	63
4519	2025	2853	3936	19690	16084	11321	16673	13435	23568	13175	64
30344	9935	15636	28808	133317	129633	51043	75282	48433	121025	69388	65
3916	**1630**	**2108**	**9567**	**8342**	**16133**	**3913**	**4392**	**2826**	**13055**	**3259**	J
1991	808	944	1458	2466	2017	1363	1372	1017	2622	1268	66
534	335	378	6878	3331	11370	1023	1941	750	7000	459	67
901	337	586	470	1504	845	904	497	608	1694	1110	68
490	150	200	761	1041	1901	623	582	451	1739	422	69

1−7 续表 2 (2022年)

行业大类	代码	法人单位数	北京	天津	河北	山西	内蒙古
房地产业	K	**1115183**	**35163**	**16362**	**60318**	**27746**	**18634**
房地产业	70	1115183	35163	16362	60318	27746	18634
租赁和商务服务业	L	**4432416**	**256127**	**61141**	**158945**	**93675**	**55142**
租赁业	71	477129	15515	6673	26540	14740	9325
商务服务业	72	3955287	240612	54468	132405	78935	45817
科学研究和技术服务业	M	**2439143**	**318636**	**60246**	**110660**	**46139**	**30190**
研究和试验发展	73	304231	9335	2653	13667	2478	1230
专业技术服务业	74	930947	50567	12436	28931	20025	13086
科技推广和应用服务业	75	1203965	258734	45157	68062	23636	15874
水利、环境和公共设施管理业	N	**286257**	**8939**	**2425**	**14969**	**7271**	**5647**
水利管理业	76	22932	264	135	804	682	478
生态保护和环境治理业	77	39453	1534	314	1442	1323	988
公共设施管理业	78	160134	6917	1917	8678	4777	3473
土地管理业	79	63738	224	59	4045	489	708
居民服务、修理和其他服务业	O	**758665**	**41370**	**10706**	**31340**	**20480**	**10646**
居民服务业	80	350017	20957	4554	12733	10202	4471
机动车、电子产品和日用产品修理业	81	259163	9943	3470	11442	6578	4314
其他服务业	82	149485	10470	2682	7165	3700	1861
教育	P	**816766**	**20850**	**8627**	**39761**	**17926**	**14186**
教育	83	816766	20850	8627	39761	17926	14186
卫生和社会工作	Q	**320513**	**9748**	**3947**	**15706**	**8915**	**5846**
卫生	84	216436	6419	2944	11998	6723	3951
社会工作	85	104077	3329	1003	3708	2192	1895
文化、体育和娱乐业	R	**861807**	**111767**	**11193**	**36844**	**20674**	**10954**
新闻和出版业	86	11658	1770	146	451	292	238
广播、电视、电影和录音制作业	87	134235	12848	2061	7633	2122	1685
文化艺术业	88	306732	68229	4576	12087	8063	4757
体育	89	105043	6849	1650	5401	2673	1576
娱乐业	90	304139	22071	2760	11272	7524	2698
公共管理、社会保障和社会组织	S	**1540074**	**19205**	**11634**	**90340**	**47766**	**39248**
中国共产党机关	91	33202	249	277	1701	1229	1244
国家机构	92	436444	3899	3154	16362	12633	13355
人民政协、民主党派	93	5855	58	59	236	231	148
社会保障	94	11462	109	73	489	375	325
群众团体、社会团体和其他成员组织	95	434871	7362	2607	17863	11356	10633
基层群众自治组织	96	618240	7528	5464	53689	21942	13543

单位：个

辽宁	吉林	黑龙江	上海	江苏	浙江	安徽	福建	江西	山东	河南	代码
30160	**11442**	**15953**	**25226**	**86864**	**67589**	**41233**	**33487**	**29574**	**87970**	**64024**	K
30160	11442	15953	25226	86864	67589	41233	33487	29574	87970	64024	70
85869	**32418**	**43979**	**97004**	**344553**	**286215**	**186060**	**158089**	**156650**	**391014**	**208580**	L
8577	5080	8029	3858	26741	22880	25916	13177	17333	47209	31803	71
77292	27338	35950	93146	317812	263335	160144	144912	139317	343805	176777	72
46009	**16363**	**31308**	**45725**	**277407**	**133915**	**83221**	**84579**	**52257**	**214342**	**125182**	M
7846	2551	4107	3967	64662	19470	9344	18704	3110	30191	8179	73
19758	6875	11149	22587	103239	57522	37530	28670	31415	84739	43923	74
18405	6937	16052	19171	109506	56923	36347	37205	17732	99412	73080	75
5047	**2768**	**4127**	**2825**	**23013**	**15204**	**13526**	**9596**	**9348**	**29965**	**21821**	N
498	422	568	242	1987	984	1011	622	471	1575	1288	76
652	350	472	384	3448	2837	1294	1448	1300	3110	2011	77
2954	1482	2198	2084	11584	10161	8050	5859	5279	14468	12017	78
943	514	889	115	5994	1222	3171	1667	2298	10812	6505	79
16713	**6967**	**7228**	**17928**	**59909**	**52717**	**29293**	**27262**	**19066**	**58525**	**32645**	O
8069	3440	3100	9766	25533	28849	11674	12837	7648	26521	13755	80
5804	2110	2411	5889	18874	15482	12441	9428	6696	20447	12087	81
2840	1417	1717	2273	15502	8386	5178	4997	4722	11557	6803	82
23993	**10332**	**14877**	**9905**	**43458**	**54115**	**29132**	**24392**	**26448**	**68579**	**65631**	P
23993	10332	14877	9905	43458	54115	29132	24392	26448	68579	65631	83
12829	**5294**	**6718**	**5937**	**31061**	**21468**	**12769**	**10214**	**9665**	**23184**	**17819**	Q
9544	3200	4362	2769	14161	10466	8609	6653	6935	16079	13127	84
3285	2094	2356	3168	16900	11002	4160	3561	2730	7105	4692	85
16319	**5864**	**9861**	**14793**	**57846**	**63849**	**27812**	**42593**	**23553**	**58476**	**41117**	R
295	149	200	247	862	390	372	337	416	840	496	86
2223	939	1614	1710	8475	12547	4232	6748	5226	11194	8285	87
5140	1755	3064	3753	22163	16703	8316	15489	7847	17935	13693	88
2487	748	1288	3051	8326	7593	3256	5448	2631	7917	4408	89
6174	2273	3695	6032	18020	26616	11636	14571	7433	20590	14235	90
38522	**27311**	**32555**	**14912**	**71973**	**80172**	**53689**	**59132**	**54957**	**119308**	**99604**	S
1188	671	1240	322	1275	926	1230	1343	1098	1628	1771	91
12639	10600	13164	3563	17435	15390	13333	13769	18017	24670	30006	92
232	135	194	120	252	272	259	241	205	256	241	93
289	150	355	127	850	354	365	366	364	553	976	94
8125	4671	5865	4693	31958	35279	20213	26333	14210	19899	14964	95
16049	11084	11737	6087	20203	27951	18289	17080	21063	72302	51646	96

1-7 续表 3 (2022年)

行业大类	代码	湖北	湖南	广东	广西	海南	重庆
总　计	—	**1546917**	**1250273**	**3838391**	**923514**	**215496**	**782091**
农、林、牧、渔业	A	**119182**	**140324**	**53402**	**95980**	**13914**	**94654**
农业	01	50596	65008	29016	43600	6627	48132
林业	02	6675	6512	3570	6284	688	3500
畜牧业	03	25640	29638	7024	28937	3807	25775
渔业	04	16941	12104	5447	8165	1333	10647
农、林、牧、渔专业及辅助性活动	05	19330	27062	8345	8994	1459	6600
采矿业	B	**3190**	**3924**	**2832**	**4303**	**265**	**1393**
煤炭开采和洗选业	06	201	391	18	82	8	167
石油和天然气开采业	07	17	3	5	7	13	17
黑色金属矿采选业	08	315	276	215	468	30	72
有色金属矿采选业	09	131	433	162	430	23	21
非金属矿采选业	10	2308	2629	2141	2987	146	1050
开采专业及辅助性活动	11	67	66	91	46	12	39
其他采矿业	12	151	126	200	283	33	27
制造业	C	**137732**	**101083**	**708572**	**64915**	**6274**	**68144**
农副食品加工业	13	8867	7969	8001	4596	690	4991
食品制造业	14	4009	3481	9502	3521	413	2268
酒、饮料和精制茶制造业	15	5309	3227	3452	2469	227	2037
烟草制品业	16	27	25	96	5	3	7
纺织业	17	5573	1572	15435	1099	60	1368
纺织服装、服饰业	18	8788	3417	42854	1939	131	2013
皮革、毛皮、羽毛及其制品和制鞋业	19	1284	2835	23229	692	5	842
木材加工和木、竹、藤、棕、草制品业	20	7793	6160	8443	11648	369	2992
家具制造业	21	2672	2718	23463	1847	174	2369
造纸和纸制品业	22	2013	1517	22559	1153	69	975
印刷和记录媒介复制业	23	3699	2206	18728	1545	282	1579
文教、工美、体育和娱乐用品制造业	24	2496	2929	27152	1635	187	1335
石油、煤炭及其他燃料加工业	25	522	355	908	271	29	189
化学原料和化学制品制造业	26	5689	4499	21752	2704	296	1708
医药制造业	27	2492	1440	2854	777	242	593
化学纤维制造业	28	161	76	573	50	9	48
橡胶和塑料制品业	29	5052	2780	57843	2047	185	2516
非金属矿物制品业	30	16185	13059	28668	9080	847	7024
黑色金属冶炼和压延加工业	31	715	524	2887	428	29	461
有色金属冶炼和压延加工业	32	851	1528	4557	613	49	618
金属制品业	33	10739	9526	100308	3727	491	6995
通用设备制造业	34	8537	6773	42658	2221	127	5824
专用设备制造业	35	9247	5753	52248	2865	386	4387

单位：个

四川	贵州	云南	西藏	陕西	甘肃	青海	宁夏	新疆	代码
1595275	**753217**	**823861**	**56279**	**951841**	**422728**	**137903**	**163985**	**452104**	——
148381	**134015**	**115316**	**3615**	**75521**	**82186**	**21692**	**21978**	**40475**	A
79461	64896	59761	955	38213	35811	7560	7662	13703	01
7168	4368	4273	278	4688	5477	1799	1325	1490	02
42783	54806	41674	1860	22254	35056	11439	10913	15063	03
8840	6071	2002	30	1385	513	103	299	672	04
10129	3874	7606	492	8981	5329	791	1779	9547	05
4763	**6007**	**5475**	**346**	**5973**	**2024**	**649**	**789**	**4568**	B
710	1572	1045	6	1262	174	69	508	547	06
46	20	7		136	20	4	15	87	07
461	334	544	12	247	158	87	14	552	08
495	425	1136	38	305	191	95	1	453	09
2521	3256	2526	256	1157	1079	327	203	1684	10
206	109	83	5	2688	309	18	39	844	11
324	291	134	29	178	93	49	9	401	12
97886	**67048**	**47602**	**4592**	**64222**	**22363**	**6663**	**11211**	**35395**	C
6484	6026	4899	867	3951	2555	674	1120	3702	13
3973	3267	2231	201	2390	1065	326	575	1929	14
5442	9798	7363	117	2179	835	311	411	1014	15
6	16	19		11	6		3	2	16
1346	968	419	278	684	260	75	296	1461	17
2130	2097	544	406	918	416	202	182	1756	18
1385	866	131	67	200	184	47	78	200	19
3702	5130	4214	114	3811	453	315	271	1636	20
4581	2923	1395	535	1380	408	98	209	671	21
1763	1084	756	17	942	300	45	156	480	22
2783	1035	1412	38	1574	1035	174	338	583	23
1843	3593	1486	423	1331	642	808	149	1173	24
350	406	326	18	539	165	32	165	536	25
3924	2097	2010	218	2685	1311	421	890	2071	26
1599	764	673	59	1065	829	120	132	364	27
121	21	28	1	73	16	6	17	79	28
3824	1668	1587	27	1814	909	121	502	2243	29
13322	11756	6556	681	7547	4541	1033	1776	6071	30
677	440	399	13	420	219	87	197	232	31
907	558	700	27	1911	237	118	139	263	32
7632	4162	3632	171	5143	2525	731	1355	3154	33
8878	1480	1357	33	6542	643	191	585	946	34
6488	1407	1406	64	5555	748	171	478	1718	35

1-7 续表 4 (2022年)

行业大类	代码	湖北	湖南	广东	广西	海南	重庆
汽车制造业	36	8773	1519	5514	1548	69	5129
铁路、船舶、航空航天和其他运输设备制造业	37	861	758	3045	407	105	2696
电气机械和器材制造业	38	4776	4286	72657	1791	224	2007
计算机、通信和其他电子设备制造业	39	4249	3797	76824	1889	160	2269
仪器仪表制造业	40	1659	873	11074	369	41	924
其他制造业	41	1449	2375	13592	266	48	434
废弃资源综合利用业	42	1506	1946	1896	684	51	502
金属制品、机械和设备修理业	43	1739	1160	5800	1029	276	1044
电力、热力、燃气及水生产和供应业	**D**	**6853**	**9307**	**11300**	**4614**	**793**	**2611**
电力、热力生产和供应业	44	4562	6913	7966	3341	548	1461
燃气生产和供应业	45	508	450	789	307	81	305
水的生产和供应业	46	1783	1944	2545	966	164	845
建筑业	**E**	**162582**	**109020**	**175201**	**54445**	**18248**	**34016**
房屋建筑业	47	39839	31167	29678	11035	2731	6998
土木工程建筑业	48	35645	18419	27574	8748	2749	6113
建筑安装业	49	12827	8860	27190	4087	1988	3816
建筑装饰、装修和其他建筑业	50	74271	50574	90759	30575	10780	17089
批发和零售业	**F**	**423006**	**311644**	**1201165**	**250762**	**53469**	**232551**
批发业	51	192016	160468	723751	127413	29304	97873
零售业	52	230990	151176	477414	123349	24165	134678
交通运输、仓储和邮政业	**G**	**46250**	**26378**	**96391**	**26349**	**5355**	**18325**
铁路运输业	53	122	101	310	81	42	45
道路运输业	54	33779	16224	42856	17753	2914	11284
水上运输业	55	980	594	2441	1113	348	464
航空运输业	56	166	169	545	108	125	94
管道运输业	57	29	20	22	8	11	8
多式联运和运输代理业	58	4781	5222	36132	3862	1183	3816
装卸搬运和仓储业	59	4847	3005	9300	2402	381	1833
邮政业	60	1546	1043	4785	1022	351	781
住宿和餐饮业	**H**	**29522**	**25451**	**70299**	**17372**	**5614**	**28535**
住宿业	61	8094	6579	17522	5533	2530	6938
餐饮业	62	21428	18872	52777	11839	3084	21597
信息传输、软件和信息技术服务业	**I**	**94654**	**59489**	**192060**	**36590**	**15175**	**38830**
电信、广播电视和卫星传输服务	63	2456	1601	4946	1138	618	853
互联网和相关服务	64	13655	11702	25170	6745	3895	5517
软件和信息技术服务业	65	78543	46186	161944	28707	10662	32460
金融业	**J**	**4368**	**2774**	**32283**	**4046**	**2134**	**2273**
货币金融服务	66	1618	932	4735	979	456	1171
资本市场服务	67	1604	998	21552	1730	1414	612
保险业	68	788	579	1987	530	160	301
其他金融业	69	358	265	4009	807	104	189

单位：个

四川	贵州	云南	西藏	陕西	甘肃	青海	宁夏	新疆	代码
2222	334	267	1	956	80	30	68	272	36
883	161	80	3	801	52	13	19	64	37
3810	1206	1039	30	2863	603	175	357	1095	38
3271	1040	568	14	2172	206	64	110	367	39
1063	135	321	4	1160	108	17	101	125	40
851	1317	380	52	774	278	64	95	268	41
935	744	761	24	867	328	71	145	338	42
1691	549	643	89	1964	406	123	292	582	43
7755	**3149**	**3973**	**325**	**4515**	**2525**	**1010**	**1026**	**3547**	D
4417	1878	2554	252	3098	1928	856	839	2580	44
1182	439	361	22	557	237	61	58	357	45
2156	832	1058	51	860	360	93	129	610	46
136965	**55342**	**71358**	**9646**	**142129**	**39381**	**11411**	**13640**	**30763**	E
41717	10442	15457	6747	30284	10292	2929	3477	5951	47
25349	9724	16847	1541	48012	11619	3217	3773	7930	48
12780	5727	4796	205	12205	5148	947	1499	4057	49
57119	29449	34258	1153	51628	12322	4318	4891	12825	50
392191	**191704**	**224315**	**8241**	**250288**	**99167**	**28594**	**44572**	**126700**	F
201416	75248	106216	2564	112228	48337	12424	22734	75101	51
190775	116456	118099	5677	138060	50830	16170	21838	51599	52
36222	**15248**	**21609**	**834**	**19878**	**8390**	**2738**	**5726**	**17220**	G
179	54	72	1	151	40	25	24	179	53
26335	10942	15249	580	12988	5671	1933	4262	11948	54
436	143	167		52	11	13	11	32	55
282	87	156	16	150	43	19	26	151	56
35	8	17		21	6		4	21	57
3780	1303	2934	62	2262	647	308	673	2614	58
3407	1425	1732	82	3367	1375	291	431	1680	59
1768	1286	1282	93	887	597	149	295	595	60
32083	**24445**	**19862**	**1307**	**18701**	**8809**	**3148**	**2846**	**6339**	H
10568	7297	6819	805	5737	3310	1239	757	2343	61
21515	17148	13043	502	12964	5499	1909	2089	3996	62
97501	**19420**	**31377**	**1099**	**47653**	**7755**	**3763**	**5979**	**15312**	I
1704	608	891	270	1659	520	216	164	625	63
12772	4365	4364	118	7994	2021	711	1013	2053	64
83025	14447	26122	711	38000	5214	2836	4802	12634	65
5304	**2091**	**3482**	**347**	**3187**	**1740**	**456**	**757**	**3095**	J
2127	1038	1390	116	1235	1155	272	399	1227	66
1069	426	1158	172	865	131	37	159	1158	67
1210	310	683	48	600	351	90	114	374	68
898	317	251	11	487	103	57	85	336	69

1-7 续表 5 (2022年)

行业大类	代码	湖北	湖南	广东	广西	海南	重庆
房地产业	K	**45288**	**34898**	**147384**	**33303**	**16955**	**23373**
房地产业	70	45288	34898	147384	33303	16955	23373
租赁和商务服务业	L	**195365**	**145306**	**572160**	**127280**	**35754**	**98099**
租赁业	71	21630	22291	33585	12985	4027	16008
商务服务业	72	173735	123015	538575	114295	31727	82091
科学研究和技术服务业	M	**88216**	**85457**	**236298**	**48979**	**11328**	**34579**
研究和试验发展	73	8512	16232	48763	3632	1025	2282
专业技术服务业	74	44339	29665	105221	21130	6194	19840
科技推广和应用服务业	75	35365	39560	82314	24217	4109	12457
水利、环境和公共设施管理业	N	**15716**	**11606**	**16521**	**8144**	**1908**	**7815**
水利管理业	76	1653	1277	1297	1120	122	261
生态保护和环境治理业	77	1596	1934	3074	875	332	1220
公共设施管理业	78	7629	5805	9881	3772	1034	3732
土地管理业	79	4838	2590	2269	2377	420	2602
居民服务、修理和其他服务业	O	**28909**	**26133**	**74396**	**32826**	**4998**	**20329**
居民服务业	80	12713	13687	32136	22433	2378	9990
机动车、电子产品和日用产品修理业	81	9933	6891	27838	6979	1614	7221
其他服务业	82	6263	5555	14422	3414	1006	3118
教育	P	**30907**	**36430**	**77691**	**35054**	**6443**	**18750**
教育	83	30907	36430	77691	35054	6443	18750
卫生和社会工作	Q	**12258**	**12970**	**19072**	**7115**	**2315**	**7704**
卫生	84	8308	8724	14395	5665	1926	5015
社会工作	85	3950	4246	4677	1450	389	2689
文化、体育和娱乐业	R	**32443**	**39562**	**71134**	**17474**	**6611**	**20373**
新闻和出版业	86	587	336	829	270	167	231
广播、电视、电影和录音制作业	87	4188	4784	9329	3037	1726	3134
文化艺术业	88	9647	9682	22044	4940	1556	6166
体育	89	3539	4768	9385	2655	1091	2514
娱乐业	90	14482	19992	29547	6572	2071	8328
公共管理、社会保障和社会组织	S	**70476**	**68517**	**80230**	**53963**	**7943**	**29737**
中国共产党机关	91	1101	1353	1533	1294	201	461
国家机构	92	23109	19326	21080	23522	2616	9962
人民政协、民主党派	93	192	229	327	228	52	166
社会保障	94	592	600	228	801	42	312
群众团体、社会团体和其他成员组织	95	18530	18776	30445	11845	1951	7806
基层群众自治组织	96	26952	28233	26617	16273	3081	11030

单位：个

四川	贵州	云南	西藏	陕西	甘肃	青海	宁夏	新疆	代码
48671	**20776**	**25830**	**765**	**30314**	**11303**	**3993**	**4472**	**16113**	K
48671	20776	25830	765	30314	11303	3993	4472	16113	70
234871	**77322**	**91028**	**6253**	**106686**	**36073**	**19746**	**18198**	**52814**	L
26518	10028	12085	865	13641	7312	2320	3083	7355	71
208353	67294	78943	5388	93045	28761	17426	15115	45459	72
99577	**20735**	**37529**	**1558**	**46084**	**14002**	**6265**	**7624**	**24733**	M
11670	1060	2740	131	4106	821	335	367	1061	73
43883	11822	20359	931	26651	7912	3925	4015	12608	74
44024	7853	14430	496	15327	5269	2005	3242	11064	75
11333	**6554**	**8032**	**311**	**10854**	**2837**	**1878**	**1492**	**4765**	N
859	557	1047	45	965	360	173	125	1040	76
2154	782	968	73	1717	468	433	244	676	77
6915	3248	4174	175	6355	1708	933	753	2122	78
1405	1967	1843	18	1817	301	339	370	927	79
36497	**25188**	**19835**	**712**	**23124**	**8497**	**2619**	**3324**	**8483**	O
15695	9932	8199	237	9553	3303	1087	1344	3221	80
13723	10108	8400	339	8548	4034	1036	1309	3774	81
7079	5148	3236	136	5023	1160	496	671	1488	82
41901	**21094**	**20046**	**1109**	**23631**	**13835**	**2561**	**4286**	**10816**	P
41901	21094	20046	1109	23631	13835	2561	4286	10816	83
22867	**7331**	**7313**	**629**	**8481**	**4113**	**1613**	**1145**	**4467**	Q
16585	5933	5738	562	6697	3396	1168	845	3539	84
6282	1398	1575	67	1784	717	445	300	928	85
46780	**13522**	**17295**	**1021**	**20461**	**8264**	**2639**	**3094**	**7619**	R
480	163	285	25	354	106	60	82	182	86
5799	1646	2898	188	3676	1039	709	652	1888	87
15946	3492	5342	349	6961	3236	820	930	2051	88
6267	1847	2602	40	2482	890	329	474	858	89
18288	6374	6168	419	6988	2993	721	956	2640	90
93727	**42226**	**52584**	**13569**	**50139**	**49464**	**16465**	**11826**	**38880**	S
2517	960	1690	624	1306	887	346	226	1311	91
34867	14706	17833	5580	13305	10134	3919	2209	12287	92
396	157	233	73	187	182	63	100	131	93
895	168	690	33	478	133	91	27	252	94
20299	8330	17493	1699	16101	20883	7245	6529	10908	95
34753	17905	14645	5560	18762	17245	4801	2735	13991	96

1-8　按行业（大类）、机构类型分组的法人单位数

（2022年）　　　　单位：个

行业大类	代码	法　人 单位数	企业法人	事业法人	机关法人	社会团体	其他
总　　计	——	**37169634**	**32828734**	**744326**	**225072**	**350596**	**3020906**
农、林、牧、渔业	A	**2495358**	**1175953**	**8483**		**6**	**1310916**
农业	01	1256883	539831	578		4	716470
林业	02	137899	81363	2226			54310
畜牧业	03	649970	344428	199		2	305341
渔业	04	139296	87570	131			51595
农、林、牧、渔专业及辅助性活动	05	311310	122761	5349			183200
采矿业	B	**88033**	**87897**	**1**			**135**
煤炭开采和洗选业	06	15249	15246				3
石油和天然气开采业	07	790	787				3
黑色金属矿采选业	08	11366	11362				4
有色金属矿采选业	09	7979	7973				6
非金属矿采选业	10	42530	42438				92
开采专业及辅助性活动	11	6576	6549	1			26
其他采矿业	12	3543	3542				1
制造业	C	**4529585**	**4505251**	**10**			**24324**
农副食品加工业	13	174104	165428				8676
食品制造业	14	104710	103299				1411
酒、饮料和精制茶制造业	15	84440	78909				5531
烟草制品业	16	351	300				51
纺织业	17	183861	183311				550
纺织服装、服饰业	18	234563	233840				723
皮革、毛皮、羽毛及其制品和制鞋业	19	105249	105064				185
木材加工和木、竹、藤、棕、草制品业	20	199841	197738				2103
家具制造业	21	123394	122880				514
造纸和纸制品业	22	97300	97254				46
印刷和记录媒介复制业	23	99879	99868	6			5
文教、工美、体育和娱乐用品制造业	24	160164	158435				1729
石油、煤炭及其他燃料加工业	25	15779	15688				91

1-8　续表 1　(2022年)　单位：个

行业大类	代码	法　人 单位数	企业法人	事业法人	机关法人	社会团体	其他
化学原料和化学制品制造业	26	142592	142260				332
医药制造业	27	40847	40122	1			724
化学纤维制造业	28	9514	9513				1
橡胶和塑料制品业	29	256231	256160				71
非金属矿物制品业	30	360506	360220	1			285
黑色金属冶炼和压延加工业	31	26340	26315				25
有色金属冶炼和压延加工业	32	36806	36792				14
金属制品业	33	466255	466141				114
通用设备制造业	34	457153	457117				36
专用设备制造业	35	344005	343597				408
汽车制造业	36	105036	105031				5
铁路、船舶、航空航天和其他运输设备制造业	37	40614	40608				6
电气机械和器材制造业	38	267661	267577				84
计算机、通信和其他电子设备制造业	39	176387	176377	1			9
仪器仪表制造业	40	64608	64598				10
其他制造业	41	65970	65844				126
废弃资源综合利用业	42	32004	31823				181
金属制品、机械和设备修理业	43	53421	53142	1			278
电力、热力、燃气及水生产和供应业	D	**153266**	**148645**	**552**			**4069**
电力、热力生产和供应业	44	108591	104570	168			3853
燃气生产和供应业	45	12473	12409	18			46
水的生产和供应业	46	32202	31666	366			170
建筑业	E	**2901293**	**2901128**	**2**			**163**
房屋建筑业	47	656198	656058				140
土木工程建筑业	48	630925	630907	2			16
建筑安装业	49	318291	318291				
建筑装饰、装修和其他建筑业	50	1295879	1295872				7
批发和零售业	F	**10881533**	**10708678**	**20**			**172835**
批发业	51	5893715	5763075	4			130636
零售业	52	4987818	4945603	16			42199

1-8 续表 2 (2022年) 单位：个

行业大类	代码	法　人 单位数	企业法人	事业法人	机关法人	社会团体	其他
交通运输、仓储和邮政业	G	**973096**	**964055**	**6034**			**3007**
铁路运输业	53	3648	3624	24			
道路运输业	54	624860	619276	5010			574
水上运输业	55	20795	20419	334			42
航空运输业	56	5113	4953	78			82
管道运输业	57	628	625	3			
多式联运和运输代理业	58	185396	185275	42			79
装卸搬运和仓储业	59	100081	97423	454			2204
邮政业	60	32575	32460	89			26
住宿和餐饮业	H	**669628**	**667190**	**324**			**2114**
住宿业	61	177249	176062	268			919
餐饮业	62	492379	491128	56			1195
信息传输、软件和信息技术服务业	I	**1747117**	**1739295**	**4825**			**2997**
电信、广播电视和卫星传输服务	63	38601	35857	2517			227
互联网和相关服务	64	256673	255507	799			367
软件和信息技术服务业	65	1451843	1447931	1509			2403
金融业	J	**159901**	**157538**	**381**	**438**		**1544**
货币金融服务	66	44385	42457	138	438		1352
资本市场服务	67	75164	75037	90			37
保险业	68	21042	20978	42			22
其他金融业	69	19310	19066	111			133
房地产业	K	**1115183**	**1110776**	**1978**			**2429**
房地产业	70	1115183	1110776	1978			2429
租赁和商务服务业	L	**4432416**	**4119814**	**28334**		**3**	**284265**
租赁业	71	477129	470747	77			6305
商务服务业	72	3955287	3649067	28257		3	277960
科学研究和技术服务业	M	**2439143**	**2310825**	**57199**		**5**	**71114**
研究和试验发展	73	304231	292734	4864			6633
专业技术服务业	74	930947	892405	33470			5072
科技推广和应用服务业	75	1203965	1125686	18865		5	59409

1-8　续表 3　　(2022年)　　单位：个

行业大类	代码	法　人 单位数					
			企业法人	事业法人	机关法人	社会团体	其他
水利、环境和公共设施管理业	**N**	**286257**	**251731**	**28081**		**74**	**6371**
水利管理业	76	22932	8982	12786			1164
生态保护和环境治理业	77	39453	35830	3042		74	507
公共设施管理业	78	160134	147365	10754			2015
土地管理业	79	63738	59554	1499			2685
居民服务、修理和其他服务业	**O**	**758665**	**725391**	**5428**			**27846**
居民服务业	80	350017	324360	3629			22028
机动车、电子产品和日用产品修理业	81	259163	258595	117			451
其他服务业	82	149485	142436	1682			5367
教育	**P**	**816766**	**331910**	**223257**		**9**	**261590**
教育	83	816766	331910	223257		9	261590
卫生和社会工作	**Q**	**320513**	**135157**	**86475**		**1740**	**97141**
卫生	84	216436	109157	67632			39647
社会工作	85	104077	26000	18843		1740	57494
文化、体育和娱乐业	**R**	**861807**	**787500**	**32136**		**3148**	**39023**
新闻和出版业	86	11658	8935	2617			106
广播、电视、电影和录音制作业	87	134235	129385	2940			1910
文化艺术业	88	306732	263427	23211		7	20087
体育	89	105043	90069	1635		3141	10198
娱乐业	90	304139	295684	1733			6722
公共管理、社会保障和社会组织	**S**	**1540074**		**260806**	**224634**	**345611**	**709023**
中国共产党机关	91	33202		5177	28025		
国家机构	92	436444		246176	190268		
人民政协、民主党派	93	5855		337	5518		
社会保障	94	11462		9103	823		1536
群众团体、社会团体和其他成员组织	95	434871		13		345611	89247
基层群众自治组织	96	618240					618240

1-9 按行业(大类)、成立时间

行业大类	代码	法人单位数	1949年及以前	1950—1977年	1978—1991年	1992—1995年
总　　计	--	**37169634**	**65240**	**243715**	**504627**	**228322**
农、林、牧、渔业	A	**2495358**	**208**	**2619**	**3912**	**2205**
农业	01	1256883	61	367	740	705
林业	02	137899	38	987	1005	348
畜牧业	03	649970	41	114	357	331
渔业	04	139296	5	89	292	263
农、林、牧、渔专业及辅助性活动	05	311310	63	1062	1518	558
采矿业	B	**88033**	**20**	**186**	**996**	**836**
煤炭开采和洗选业	06	15249	7	108	354	226
石油和天然气开采业	07	790	1	2	8	12
黑色金属矿采选业	08	11366	2	6	115	127
有色金属矿采选业	09	7979	2	25	158	134
非金属矿采选业	10	42530	5	40	327	287
开采专业及辅助性活动	11	6576		3	21	38
其他采矿业	12	3543	3	2	13	12
制造业	C	**4529585**	**195**	**2895**	**31503**	**48605**
农副食品加工业	13	174104	3	197	1344	1616
食品制造业	14	104710	6	80	723	1139
酒、饮料和精制茶制造业	15	84440	11	94	705	895
烟草制品业	16	351	4	4	26	17
纺织业	17	183861	5	80	1159	1780
纺织服装、服饰业	18	234563	9	94	1140	2300
皮革、毛皮、羽毛及其制品和制鞋业	19	105249	4	40	641	1318
木材加工和木、竹、藤、棕、草制品业	20	199841	6	35	485	638
家具制造业	21	123394		16	277	622
造纸和纸制品业	22	97300	3	39	860	1308
印刷和记录媒介复制业	23	99879	22	134	2592	2739
文教、工美、体育和娱乐用品制造业	24	160164	3	78	934	1639
石油、煤炭及其他燃料加工业	25	15779	4	21	130	187
化学原料和化学制品制造业	26	142592	9	186	1729	2734
医药制造业	27	40847	14	97	508	934
化学纤维制造业	28	9514		2	72	122
橡胶和塑料制品业	29	256231	4	94	1938	3336
非金属矿物制品业	30	360506	12	239	2559	3317
黑色金属冶炼和压延加工业	31	26340	2	50	249	427
有色金属冶炼和压延加工业	32	36806	4	37	304	526
金属制品业	33	466255	8	193	2772	4180
通用设备制造业	34	457153	16	355	3503	5237
专用设备制造业	35	344005	10	198	1843	2804

分组的法人单位数

单位：个

1996年	1997年	1998年	1999年	2000年	2001年	2002年	2003年	2004年	2005年	2006年	2007年	代码
71369	**76151**	**111785**	**131022**	**175983**	**206233**	**246483**	**287379**	**299874**	**332488**	**374789**	**378114**	——
687	**823**	**1323**	**1277**	**2586**	**2707**	**2978**	**3798**	**3684**	**5751**	**6574**	**13653**	A
232	249	462	480	944	980	1051	1354	1380	2099	2708	5554	01
115	137	170	178	335	367	441	546	463	567	709	992	02
120	186	289	228	632	650	666	918	919	1566	1733	4563	03
73	101	121	126	216	247	240	333	337	511	521	841	04
147	150	281	265	459	463	580	647	585	1008	903	1703	05
313	**366**	**570**	**571**	**824**	**1077**	**1289**	**2019**	**2838**	**2929**	**3056**	**2957**	B
86	128	181	175	235	304	346	657	768	693	503	493	06
3	8	3	16	17	10	15	12	5	10	14	17	07
52	43	102	94	137	209	230	424	846	806	635	620	08
64	59	90	96	125	181	225	255	379	444	597	604	09
95	112	166	167	270	317	400	583	729	839	1121	1004	10
10	13	23	16	30	36	49	62	78	86	125	140	11
3	3	5	7	10	20	24	26	33	51	61	79	12
16313	**18624**	**26297**	**34208**	**42221**	**53699**	**64594**	**77214**	**78150**	**77617**	**90466**	**86895**	C
573	723	1096	1353	1764	2062	2336	2950	3174	3418	3611	3582	13
454	489	678	750	976	1095	1179	1404	1469	1456	1675	1633	14
339	467	661	796	950	1005	1076	1249	1183	1207	1336	1389	15
3	3	4	9	4	5	6	12	9	8	9	6	16
702	856	1227	1832	2571	2956	4140	4781	3987	3897	4672	3807	17
645	735	993	1373	2237	2407	2878	3294	3230	3168	3645	3594	18
417	407	448	613	763	921	1189	1258	1283	1369	1571	1470	19
218	252	376	457	721	867	1093	1445	1522	1675	2048	2112	20
240	291	379	440	535	655	769	1010	1111	1134	1398	1372	21
457	505	690	790	1059	1374	1792	2095	2033	1950	2325	2212	22
827	987	1271	1535	1795	2407	3007	3429	3135	2743	2806	2528	23
490	524	723	1034	1278	1545	1999	2355	2361	2268	2659	2618	24
64	55	107	129	163	184	233	310	281	260	324	329	25
980	1103	1659	1997	2375	2959	3328	3913	4029	3923	4376	3780	26
280	310	462	455	600	740	830	970	914	818	766	647	27
35	56	72	102	162	171	244	344	286	208	371	270	28
1096	1246	1826	2486	3051	4113	4834	5421	5344	5445	6433	6109	29
1041	1160	1850	2361	2679	3426	4345	5456	5334	5285	6712	6605	30
155	162	213	306	360	470	589	1052	1004	928	855	799	31
191	212	300	394	454	723	723	860	932	989	1104	1204	32
1433	1700	2318	3161	3751	4967	5984	7162	7514	7425	8753	8565	33
1859	2030	2972	3863	4463	5788	7049	8617	9140	9181	10496	10488	34
966	1188	1589	2207	2556	3522	4221	4986	5584	5561	6595	6300	35

1-9 续表 1

行业大类	代码	法人单位数	1949年及以前	1950—1977年	1978—1991年	1992—1995年
汽车制造业	36	105036	8	111	886	1451
铁路、船舶、航空航天和其他运输设备制造业	37	40614	9	64	433	670
电气机械和器材制造业	38	267661	10	155	1784	3167
计算机、通信和其他电子设备制造业	39	176387	1	57	656	1605
仪器仪表制造业	40	64608	4	81	562	970
其他制造业	41	65970	2	21	225	422
废弃资源综合利用业	42	32004		5	76	83
金属制品、机械和设备修理业	43	53421	2	38	388	422
电力、热力、燃气及水生产和供应业	**D**	**153266**	**37**	**682**	**3333**	**2072**
电力、热力生产和供应业	44	108591	17	413	1894	1304
燃气生产和供应业	45	12473	2	5	82	120
水的生产和供应业	46	32202	18	264	1357	648
建筑业	**E**	**2901293**	**56**	**1869**	**8312**	**10811**
房屋建筑业	47	656198	29	1340	4614	3684
土木工程建筑业	48	630925	8	377	1893	2400
建筑安装业	49	318291	6	89	988	1873
建筑装饰、装修和其他建筑业	50	1295879	13	63	817	2854
批发和零售业	**F**	**10881533**	**322**	**3223**	**27637**	**30711**
批发业	51	5893715	108	1414	14485	18644
零售业	52	4987818	214	1809	13152	12067
交通运输、仓储和邮政业	**G**	**973096**	**142**	**1720**	**5856**	**5147**
铁路运输业	53	3648	2	6	44	31
道路运输业	54	624860	83	1150	2963	2777
水上运输业	55	20795	5	99	502	326
航空运输业	56	5113		4	32	55
管道运输业	57	628			3	3
多式联运和运输代理业	58	185396	1	22	329	702
装卸搬运和仓储业	59	100081	37	424	1931	1201
邮政业	60	32575	14	15	52	52
住宿和餐饮业	**H**	**669628**	**33**	**413**	**3026**	**2667**
住宿业	61	177249	18	278	2145	1578
餐饮业	62	492379	15	135	881	1089
信息传输、软件和信息技术服务业	**I**	**1747117**	**34**	**348**	**1113**	**1847**
电信、广播电视和卫星传输服务	63	38601	18	229	624	346
互联网和相关服务	64	256673	6	30	65	116
软件和信息技术服务业	65	1451843	10	89	424	1385
金融业	**J**	**159901**	**155**	**249**	**1748**	**1209**
货币金融服务	66	44385	154	244	1563	818
资本市场服务	67	75164		1	63	243
保险业	68	21042	1	3	52	77
其他金融业	69	19310		1	70	71

单位：个

1996年	1997年	1998年	1999年	2000年	2001年	2002年	2003年	2004年	2005年	2006年	2007年	代码
456	525	703	919	1064	1509	1900	2415	2416	2321	2575	2516	36
233	231	308	476	502	639	685	790	817	947	1097	1040	37
1093	1211	1686	2210	2616	3468	3947	4664	4666	4551	5630	5533	38
468	572	742	979	1341	1864	2181	2476	2712	2779	3393	3311	39
314	331	509	619	688	953	974	1186	1206	1189	1297	1283	40
135	146	176	271	375	452	514	611	656	657	895	730	41
30	34	54	61	75	126	149	233	261	261	321	346	42
119	113	205	230	293	326	400	466	557	596	718	717	43
725	**824**	**1066**	**1081**	**1373**	**1740**	**2481**	**3917**	**3984**	**3391**	**3235**	**2786**	D
509	570	742	720	955	1270	1826	3039	3137	2541	2363	1898	44
46	51	75	80	105	136	189	272	208	261	246	223	45
170	203	249	281	313	334	466	606	639	589	626	665	46
3304	**3710**	**5355**	**5501**	**6689**	**9137**	**10277**	**11508**	**13159**	**14324**	**15740**	**15815**	E
969	1071	1608	1493	1745	2920	2772	2317	2555	2913	3171	3017	47
605	736	1125	1236	1483	1995	2193	2843	3075	3150	3323	3310	48
653	775	1099	1164	1365	1744	2035	2313	2702	2934	3196	3192	49
1077	1128	1523	1608	2096	2478	3277	4035	4827	5327	6050	6296	50
11487	**14604**	**22354**	**26167**	**34751**	**41730**	**52962**	**66365**	**70074**	**75441**	**89936**	**96178**	F
7084	8953	13908	16599	21708	26826	33326	42870	45003	48461	58340	62592	51
4403	5651	8446	9568	13043	14904	19636	23495	25071	26980	31596	33586	52
1514	**1778**	**2933**	**2848**	**3473**	**4585**	**5674**	**6820**	**9320**	**10602**	**10942**	**11147**	G
11	11	15	16	17	25	30	17	31	34	44	32	53
873	1035	1482	1478	1931	2760	3437	4001	5175	5384	5957	6228	54
100	109	146	149	176	231	296	358	516	482	455	430	55
15	13	34	20	24	43	42	65	66	54	55	49	56
1	1		2	11	7	8	11	19	14	17	25	57
243	274	365	395	530	707	927	1252	2150	3010	2790	2484	58
257	310	640	567	582	708	820	982	1140	1373	1388	1579	59
14	25	251	221	202	104	114	134	223	251	236	320	60
918	**1125**	**1466**	**1591**	**2118**	**2324**	**2660**	**3416**	**3914**	**4707**	**5161**	**5696**	H
488	612	772	770	902	1006	1144	1560	1818	2167	2480	2700	61
430	513	694	821	1216	1318	1516	1856	2096	2540	2681	2996	62
677	**946**	**1450**	**2025**	**3459**	**4342**	**4682**	**6210**	**7453**	**8102**	**9304**	**9546**	I
98	131	213	349	504	737	567	671	719	554	553	450	63
54	73	111	159	373	415	489	700	899	863	1063	1069	64
525	742	1126	1517	2582	3190	3626	4839	5835	6685	7688	8027	65
814	**777**	**553**	**499**	**421**	**562**	**1277**	**1659**	**1441**	**2035**	**2071**	**3213**	J
462	401	331	295	168	153	336	319	264	616	541	1186	66
75	79	89	100	120	180	166	237	250	264	311	610	67
260	276	114	47	54	156	671	942	769	977	998	1188	68
17	21	19	57	79	73	104	161	158	178	221	229	69

1-9 续表 2

行业大类	代码	法人单位数	1949年及以前	1950—1977年	1978—1991年	1992—1995年
房地产业	K	**1115183**	**49**	**1056**	**9836**	**15591**
房地产业	70	1115183	49	1056	9836	15591
租赁和商务服务业	L	**4432416**	**839**	**3882**	**19248**	**16507**
租赁业	71	477129	6	34	356	572
商务服务业	72	3955287	833	3848	18892	15935
科学研究和技术服务业	M	**2439143**	**374**	**7243**	**13735**	**8935**
研究和试验发展	73	304231	61	940	1323	690
专业技术服务业	74	930947	226	4564	7601	5805
科技推广和应用服务业	75	1203965	87	1739	4811	2440
水利、环境和公共设施管理业	N	**286257**	**186**	**3210**	**5335**	**2311**
水利管理业	76	22932	103	2251	2577	763
生态保护和环境治理业	77	39453	13	362	539	197
公共设施管理业	78	160134	64	584	2100	1213
土地管理业	79	63738	6	13	119	138
居民服务、修理和其他服务业	O	**758665**	**68**	**745**	**2508**	**2898**
居民服务业	80	350017	33	573	1037	959
机动车、电子产品和日用产品修理业	81	259163	2	60	1100	1544
其他服务业	82	149485	33	112	371	395
教育	P	**816766**	**18356**	**57032**	**38285**	**12284**
教育	83	816766	18356	57032	38285	12284
卫生和社会工作	Q	**320513**	**2111**	**27060**	**15293**	**4183**
卫生	84	216436	1969	25925	11192	3036
社会工作	85	104077	142	1135	4101	1147
文化、体育和娱乐业	R	**861807**	**637**	**4295**	**8807**	**2940**
新闻和出版业	86	11658	92	277	991	515
广播、电视、电影和录音制作业	87	134235	30	403	1166	442
文化艺术业	88	306732	473	3304	5937	1255
体育	89	105043	14	138	337	307
娱乐业	90	304139	28	173	376	421
公共管理、社会保障和社会组织	S	**1540074**	**41418**	**124988**	**304144**	**56563**
中国共产党机关	91	33202	2190	5663	8570	1470
国家机构	92	436444	7635	33293	70358	19669
人民政协、民主党派	93	5855	217	1094	2183	226
社会保障	94	11462	38	98	938	516
群众团体、社会团体和其他成员组织	95	434871	5866	10635	38077	17227
基层群众自治组织	96	618240	25472	74205	184018	17455

单位：个

1996年	1997年	1998年	1999年	2000年	2001年	2002年	2003年	2004年	2005年	2006年	2007年	代码
3655	**4321**	**6158**	**6628**	**8905**	**10872**	**12156**	**15140**	**14780**	**15560**	**17883**	**20430**	K
3655	4321	6158	6628	8905	10872	12156	15140	14780	15560	17883	20430	70
4322	**5131**	**8820**	**14092**	**13312**	**14484**	**15852**	**20199**	**24601**	**27422**	**30366**	**32177**	L
221	244	308	320	484	677	763	986	1242	1451	1663	1890	71
4101	4887	8512	13772	12828	13807	15089	19213	23359	25971	28703	30287	72
2659	**2736**	**3770**	**4447**	**6517**	**8333**	**9975**	**12113**	**13506**	**15499**	**16856**	**16902**	M
205	219	324	401	625	781	923	1088	1236	1297	1597	1783	73
1725	1753	2395	2835	3888	5158	6242	7418	8303	9264	10194	9427	74
729	764	1051	1211	2004	2394	2810	3607	3967	4938	5065	5692	75
608	**736**	**971**	**940**	**1509**	**1712**	**2146**	**2379**	**2115**	**2446**	**2509**	**2505**	N
202	224	273	182	367	398	428	367	326	397	385	326	76
51	63	93	109	159	186	235	291	292	293	328	311	77
321	421	568	599	844	993	1302	1489	1361	1569	1637	1703	78
34	28	37	50	139	135	181	232	136	187	159	165	79
1026	**1104**	**1691**	**2026**	**2656**	**3078**	**3687**	**4854**	**5184**	**5598**	**6144**	**6269**	O
325	406	654	708	1050	1195	1463	1762	1884	1953	2029	2084	80
572	549	808	1015	1181	1358	1590	2210	2295	2494	2770	2641	81
129	149	229	303	425	525	634	882	1005	1151	1345	1544	82
3988	**3787**	**5086**	**4288**	**7792**	**9299**	**9116**	**10548**	**8940**	**10619**	**10706**	**8691**	P
3988	3787	5086	4288	7792	9299	9116	10548	8940	10619	10706	8691	83
1118	**1039**	**1575**	**1107**	**2341**	**2673**	**3079**	**3412**	**3125**	**4226**	**4077**	**4041**	Q
789	708	1048	742	1553	1884	2305	2489	2305	3250	2895	2665	84
329	331	527	365	788	789	774	923	820	976	1182	1376	85
825	**922**	**1180**	**1207**	**2021**	**3000**	**4813**	**7209**	**7424**	**7493**	**8116**	**8470**	R
101	80	112	133	149	176	163	188	218	216	188	142	86
104	130	158	134	207	237	328	344	435	532	569	610	87
386	408	472	455	738	939	1101	1188	1166	1892	1651	1654	88
78	101	112	124	197	268	333	436	408	508	560	602	89
156	203	326	361	730	1380	2888	5053	5197	4345	5148	5462	90
16416	**12798**	**19167**	**20519**	**33015**	**30879**	**36785**	**28599**	**26182**	**38726**	**41647**	**30743**	S
594	481	394	263	533	930	1840	526	362	349	274	256	91
6014	5515	5953	4285	8450	10920	14891	10320	8393	11544	8686	8049	92
91	82	109	59	112	104	137	100	65	55	57	32	93
141	128	95	128	358	319	369	458	260	361	323	307	94
4839	3504	5129	5351	7853	5468	6573	6879	6900	8143	10031	9292	95
4737	3088	7487	10433	15709	13138	12975	10316	10202	18274	22276	12807	96

1-9 续表 3

行业大类	代码	2008年	2009年	2010年	2011年	2012年	2013年
总　　计	——	**434844**	**547413**	**688529**	**791682**	**913361**	**1151557**
农、林、牧、渔业	A	**31022**	**47162**	**53238**	**62810**	**96425**	**154278**
农业	01	12371	19027	24009	28871	43532	78163
林业	02	1557	2670	3274	4780	7120	10080
畜牧业	03	10927	15557	15170	16988	28470	39445
渔业	04	1653	2502	2819	4198	5853	7990
农、林、牧、渔专业及辅助性活动	05	4514	7406	7966	7973	11450	18600
采矿业	B	**3397**	**3323**	**3515**	**3740**	**3833**	**3787**
煤炭开采和洗选业	06	636	637	733	709	663	491
石油和天然气开采业	07	17	25	13	18	24	30
黑色金属矿采选业	08	793	480	559	581	445	412
有色金属矿采选业	09	466	326	283	320	318	250
非金属矿采选业	10	1226	1577	1699	1799	2045	2204
开采专业及辅助性活动	11	167	192	141	193	217	275
其他采矿业	12	92	86	87	120	121	125
制造业	C	**84056**	**103069**	**132311**	**141986**	**142643**	**178338**
农副食品加工业	13	4083	4385	4797	5758	7410	8531
食品制造业	14	1715	1711	2029	3123	3925	4662
酒、饮料和精制茶制造业	15	1442	1649	1806	2227	3162	3735
烟草制品业	16	4	13	12	12	17	11
纺织业	17	3113	4155	5648	5708	4935	6563
纺织服装、服饰业	18	3132	3928	5921	6524	6395	9283
皮革、毛皮、羽毛及其制品和制鞋业	19	1365	2017	2802	3196	3111	4788
木材加工和木、竹、藤、棕、草制品业	20	2117	2563	3440	3503	4413	5422
家具制造业	21	1353	1947	2710	2775	3568	4708
造纸和纸制品业	22	1947	2768	3301	3150	3284	4208
印刷和记录媒介复制业	23	2211	2711	3170	3141	2922	3649
文教、工美、体育和娱乐用品制造业	24	2325	2959	3987	4353	4910	6579
石油、煤炭及其他燃料加工业	25	323	393	392	416	477	483
化学原料和化学制品制造业	26	3549	4304	4607	4652	4718	5335
医药制造业	27	619	874	991	997	1081	1246
化学纤维制造业	28	178	246	432	394	248	346
橡胶和塑料制品业	29	5578	7017	8615	8602	8547	10744
非金属矿物制品业	30	7268	9155	11654	13560	13688	15579
黑色金属冶炼和压延加工业	31	805	850	998	980	836	934
有色金属冶炼和压延加工业	32	1013	1027	1248	1241	1204	1441
金属制品业	33	8317	9949	12866	13945	13954	18527
通用设备制造业	34	10050	11256	15159	16034	13731	16367
专用设备制造业	35	6298	7978	10376	10873	10385	12837

单位：个

2014年	2015年	2016年	2017年	2018年	2019年	2020年	2021年	2022年	代码
1637386	**1971768**	**2634132**	**3133124**	**3473735**	**3599708**	**4012010**	**4536596**	**3910215**	——
180719	**197139**	**255777**	**247045**	**191073**	**182701**	**228307**	**226504**	**286373**	A
96633	106461	129440	128531	97213	98231	113380	118437	143218	01
11653	11026	13517	13677	11649	11022	10410	9474	8592	02
44820	47851	72936	64291	41053	41866	64292	55569	77422	03
7770	9229	12057	11664	10121	10592	11778	14684	22070	04
19843	22572	27827	28882	31037	20990	28447	28340	35071	05
4192	**4034**	**4378**	**4704**	**5451**	**6156**	**5938**	**5472**	**5266**	B
508	433	535	652	583	649	658	915	1183	06
28	27	27	30	51	97	80	87	83	07
411	259	303	306	378	412	494	555	530	08
289	245	272	274	267	267	288	357	319	09
2434	2450	2722	2820	3259	3590	3517	2578	2148	10
379	426	294	422	622	873	498	567	580	11
143	194	225	200	291	268	403	413	423	12
221649	**236060**	**299053**	**377055**	**383719**	**354707**	**392552**	**413190**	**319701**	C
9310	11313	12533	12469	13025	11578	13742	12736	12632	13
5103	6698	7255	7479	7447	7822	10218	10659	9658	14
4306	5843	5922	6025	5808	5971	6843	7339	8999	15
15	6	8	12	15	17	20	42	18	16
7655	8887	12132	14192	14110	12669	18566	16203	10873	17
11583	12943	16717	20811	24056	19329	19083	23753	19363	18
6111	5683	7137	9028	9546	8138	8177	11875	8563	19
6307	7611	10091	14685	17149	25207	26797	30321	26265	20
6638	7022	9826	14547	12468	10611	12314	12490	10168	21
4964	4960	5933	8030	8363	7317	7354	7145	5084	22
4148	4607	5484	6768	6420	5773	6021	6346	4551	23
8725	9834	12672	14765	14267	13499	13041	14700	11040	24
723	772	1017	1288	1491	1160	1235	1361	1467	25
6565	7377	8269	9389	9466	8652	9784	9229	7616	26
1534	1940	2313	2669	2778	2585	6318	2961	2596	27
324	383	395	566	653	526	723	895	688	28
12649	13000	16722	20909	20339	17810	20629	19274	13020	29
17874	17165	21993	29911	31149	32348	32236	30500	24045	30
1154	1071	1427	2043	1774	1488	1664	1574	1121	31
1673	1588	2031	2744	2692	2069	2189	3158	2531	32
24191	24636	32354	41607	42382	37243	41522	44388	30488	33
21746	22031	27789	38721	37995	33954	36049	41789	29425	34
16383	17016	21746	29327	29793	28363	34517	33754	24229	35

1-9 续表 4

行业大类	代码						
		2008年	2009年	2010年	2011年	2012年	2013年
汽车制造业	36	2311	2695	3984	3816	3373	4367
铁路、船舶、航空航天和其他运输设备制造业	37	1041	1143	1447	1340	1242	1668
电气机械和器材制造业	38	5444	7135	9085	9638	8816	10815
计算机、通信和其他电子设备制造业	39	3298	4303	5874	6405	6450	8300
仪器仪表制造业	40	1175	1582	1830	2146	2122	2515
其他制造业	41	731	914	1235	1403	1490	2156
废弃资源综合利用业	42	393	412	543	584	637	652
金属制品、机械和设备修理业	43	858	1030	1352	1490	1592	1887
电力、热力、燃气及水生产和供应业	D	**2848**	**3251**	**3391**	**3261**	**3590**	**3961**
电力、热力生产和供应业	44	1721	1884	1999	1931	1990	2282
燃气生产和供应业	45	297	387	484	461	553	606
水的生产和供应业	46	830	980	908	869	1047	1073
建筑业	E	**17926**	**23898**	**30524**	**35855**	**37988**	**50457**
房屋建筑业	47	3363	4589	5859	6674	7575	9879
土木工程建筑业	48	3727	5555	6751	7840	8387	10793
建筑安装业	49	3662	4466	5655	6451	6603	8198
建筑装饰、装修和其他建筑业	50	7174	9288	12259	14890	15423	21587
批发和零售业	F	**115068**	**155323**	**199590**	**241700**	**259442**	**341773**
批发业	51	74231	98879	125514	149301	157731	203697
零售业	52	40837	56444	74076	92399	101711	138076
交通运输、仓储和邮政业	G	**12850**	**16281**	**20665**	**20834**	**22584**	**30376**
铁路运输业	53	64	63	68	56	50	47
道路运输业	54	7411	9555	11269	11900	13531	18305
水上运输业	55	460	545	602	573	437	500
航空运输业	56	49	60	81	91	103	121
管道运输业	57	15	19	22	20	18	19
多式联运和运输代理业	58	2660	2953	3903	4293	4632	6086
装卸搬运和仓储业	59	1701	2061	2460	2737	2825	3729
邮政业	60	490	1025	2260	1164	988	1569
住宿和餐饮业	H	**6643**	**7634**	**10137**	**11701**	**14758**	**19813**
住宿业	61	3039	3144	4367	4858	5845	7455
餐饮业	62	3604	4490	5770	6843	8913	12358
信息传输、软件和信息技术服务业	I	**11102**	**13940**	**17056**	**20936**	**23579**	**33061**
电信、广播电视和卫星传输服务	63	804	665	741	810	901	1030
互联网和相关服务	64	1117	1479	1847	2154	2507	3542
软件和信息技术服务业	65	9181	11796	14468	17972	20171	28489
金融业	J	**3947**	**3868**	**4828**	**6207**	**6211**	**7534**
货币金融服务	66	1384	1720	2272	2663	2680	2894
资本市场服务	67	625	830	1432	2062	2073	3053
保险业	68	1625	792	634	910	964	831
其他金融业	69	313	526	490	572	494	756

单位：个

2014年	2015年	2016年	2017年	2018年	2019年	2020年	2021年	2022年	代码
5337	5296	6813	8783	8298	6869	7009	7939	6371	36
2180	2067	2716	2791	2575	2445	3110	3380	2528	37
13612	13562	17434	21752	21422	19443	21045	24003	18064	38
10467	11048	15189	17184	17927	12031	12013	12566	8195	39
3151	3315	3970	4987	5289	4492	4853	5958	5057	40
3460	4165	5916	6577	6849	7718	6349	5883	4836	41
853	1057	1296	2341	3109	3574	3881	5179	5378	42
2908	3164	3953	4655	5064	4006	5250	5790	4832	43
5385	**6814**	**11889**	**15601**	**10456**	**8797**	**9636**	**15315**	**16344**	D
3383	4522	9337	12760	7498	5833	6208	11293	12752	44
626	624	695	828	908	834	942	1047	1080	45
1376	1668	1857	2013	2050	2130	2486	2975	2512	46
87799	**97459**	**167761**	**242997**	**289152**	**382822**	**436348**	**481408**	**383332**	E
16072	16693	33763	54853	68881	83380	105280	111565	91554	47
17890	19388	35357	51456	59473	85925	100902	103369	84360	48
13464	14529	23319	30324	32908	40802	37245	39239	25298	49
40373	46849	75322	106364	127890	172715	192921	227235	182120	50
510144	**607167**	**811705**	**933662**	**1047478**	**1091140**	**1230382**	**1393221**	**1279796**	F
293795	326592	424927	498672	568739	592260	654226	716145	588685	51
216349	280575	386778	434990	478739	498880	576156	677076	691111	52
44220	**51857**	**65286**	**79729**	**87550**	**93969**	**116171**	**126348**	**99875**	G
84	83	114	109	154	511	606	726	547	53
27035	31769	43145	55597	60440	62836	76699	82292	66362	54
841	908	1046	1129	1409	1604	1823	2567	1971	55
212	230	313	340	530	556	646	704	506	56
27	17	24	27	38	49	78	84	49	57
8729	9778	10896	12303	13823	18751	24004	26925	19479	58
5404	6247	6460	7225	8337	7378	9940	10526	9112	59
1888	2825	3288	2999	2819	2284	2375	2524	1849	60
27268	**38611**	**50980**	**59732**	**69281**	**63680**	**67936**	**92214**	**88005**	H
9212	11667	13778	14995	17299	15397	13964	17210	14581	61
18056	26944	37202	44737	51982	48283	53972	75004	73424	62
62904	**89655**	**121408**	**155120**	**195442**	**204571**	**216697**	**273088**	**247020**	I
1953	2421	2747	2842	2944	2466	3048	4048	4418	63
7495	12213	16710	20506	25650	27014	34177	46705	47072	64
53456	75021	101951	131772	166848	175091	179472	222335	195530	65
10635	**16627**	**15095**	**14616**	**12063**	**8833**	**10150**	**11058**	**9546**	J
2905	3109	2737	2643	3405	2151	2258	2073	1640	66
5490	10319	9387	9194	6067	4326	5150	6487	5881	67
655	799	1172	1007	856	937	1190	1176	909	68
1585	2400	1799	1772	1735	1419	1552	1322	1116	69

1−9 续表 5

行业大类	代码	2008年	2009年	2010年	2011年	2012年	2013年
房地产业	K	**17038**	**23391**	**32817**	**32401**	**28584**	**39062**
房地产业	70	17038	23391	32817	32401	28584	39062
租赁和商务服务业	L	**43451**	**54402**	**65943**	**85139**	**116138**	**111903**
租赁业	71	2452	3809	5141	6352	7159	9496
商务服务业	72	40999	50593	60802	78787	108979	102407
科学研究和技术服务业	M	**19825**	**25868**	**31430**	**37717**	**42801**	**56807**
研究和试验发展	73	2093	2805	3664	4543	5228	7227
专业技术服务业	74	10306	12700	15592	18228	20126	25918
科技推广和应用服务业	75	7426	10363	12174	14946	17447	23662
水利、环境和公共设施管理业	N	**3026**	**3610**	**4096**	**4688**	**5892**	**6442**
水利管理业	76	455	421	387	515	935	584
生态保护和环境治理业	77	398	430	468	555	730	763
公共设施管理业	78	2002	2541	2980	3310	3865	4685
土地管理业	79	171	218	261	308	362	410
居民服务、修理和其他服务业	O	**7407**	**9263**	**11281**	**13841**	**15851**	**20924**
居民服务业	80	2647	3236	3989	5054	6044	8029
机动车、电子产品和日用产品修理业	81	2970	3880	4825	5775	6313	8409
其他服务业	82	1790	2147	2467	3012	3494	4486
教育	P	**11606**	**12377**	**15670**	**16247**	**24056**	**25721**
教育	83	11606	12377	15670	16247	24056	25721
卫生和社会工作	Q	**4901**	**4461**	**5518**	**5896**	**8587**	**9575**
卫生	84	3187	2769	3498	3899	5093	4824
社会工作	85	1714	1692	2020	1997	3494	4751
文化、体育和娱乐业	R	**7924**	**10886**	**11923**	**12763**	**16033**	**19220**
新闻和出版业	86	226	232	289	261	405	276
广播、电视、电影和录音制作业	87	765	909	1365	1631	1774	2152
文化艺术业	88	2096	2552	3206	4144	5770	6368
体育	89	668	898	872	1030	1262	1704
娱乐业	90	4169	6295	6191	5697	6822	8720
公共管理、社会保障和社会组织	S	**30807**	**25406**	**34596**	**33960**	**44366**	**38525**
中国共产党机关	91	256	259	544	446	747	351
国家机构	92	8754	8123	14598	12419	18350	10084
人民政协、民主党派	93	36	37	58	85	118	64
社会保障	94	275	209	339	526	609	295
群众团体、社会团体和其他成员组织	95	10366	9588	11435	11908	16108	19407
基层群众自治组织	96	11120	7190	7622	8576	8434	8324

单位：个

2014年	2015年	2016年	2017年	2018年	2019年	2020年	2021年	2022年	代码
44942	**43397**	**66746**	**87992**	**110629**	**113917**	**118470**	**117992**	**74785**	K
44942	43397	66746	87992	110629	113917	118470	117992	74785	70
188422	**253477**	**300910**	**375475**	**451762**	**494430**	**530484**	**615544**	**493682**	L
16723	20955	30611	42875	49957	64587	73644	76658	55493	71
171699	232522	270299	332600	401805	429843	456840	538886	438189	72
92327	**114854**	**158748**	**200491**	**256049**	**259511**	**304734**	**376403**	**317978**	M
12593	17009	25358	31801	38923	34753	31161	39639	33941	73
40852	46480	61817	79192	93816	84184	104432	123513	106993	74
38882	51365	71573	89498	123310	140574	169141	213251	177044	75
9194	**11729**	**16557**	**20347**	**22764**	**31172**	**37286**	**42512**	**35324**	N
566	971	1225	1113	918	1040	1613	1575	1045	76
1213	1548	2267	3065	3864	4472	5310	5810	5038	77
6886	8392	11989	14629	15346	16224	18094	18225	14198	78
529	818	1076	1540	2636	9436	12269	16902	15043	79
33670	**44690**	**61384**	**71637**	**81140**	**75184**	**80238**	**96532**	**86087**	O
13090	17346	25440	31743	38084	35498	39470	52598	49634	80
13126	17684	23414	26866	27587	22921	24121	27010	22073	81
7454	9660	12530	13028	15469	16765	16647	16924	14380	82
29296	**37964**	**56203**	**60321**	**69267**	**69658**	**67655**	**70130**	**31778**	P
29296	37964	56203	60321	69267	69658	67655	70130	31778	83
11308	**15269**	**21977**	**24163**	**25921**	**25889**	**25740**	**28297**	**22551**	Q
5604	8595	12211	14109	15960	16927	17859	20517	16629	84
5704	6674	9766	10054	9961	8962	7881	7780	5922	85
33259	**52369**	**72367**	**79325**	**92577**	**85919**	**85938**	**116747**	**95198**	R
263	343	456	491	485	895	1157	1173	965	86
3837	6023	9026	10664	12223	17149	19179	23728	17981	87
10543	14516	21890	25485	32857	37091	34887	46903	35405	88
3063	4941	7751	9666	11793	11873	11318	17932	15749	89
15553	26546	33244	33019	35219	18911	19397	27011	25098	90
40053	**52596**	**75908**	**83112**	**71961**	**46652**	**47348**	**34621**	**17574**	S
242	441	1539	1534	796	626	316	284	126	91
7928	15061	21073	18065	14442	20756	14676	12159	5981	92
34	67	254	196	63	24	33	47	16	93
201	344	490	455	368	1000	667	568	279	94
21247	24783	34762	35925	27191	18903	17040	14674	9767	95
10401	11900	17790	26937	29101	5343	14616	6889	1405	96

1–10　按地区分组的法人单位数

单位：个

地　区	法人单位数(2021年)	#多产业法人单位	法人单位数(2022年)	#多产业法人单位
全　国	**32866972**	**626673**	**37169634**	**644182**
北　京	1300941	31343	1409824	32264
天　津	405767	7447	454320	7292
河　北	1569370	25235	1843390	25630
山　西	890153	18563	918982	17338
内蒙古	502117	10272	540833	10661
辽　宁	778066	13373	822961	12996
吉　林	300703	5571	343503	5498
黑龙江	360309	9068	470714	9549
上　海	539969	28634	600897	28841
江　苏	3082538	48092	3296990	48673
浙　江	2493082	40900	2690588	40453
安　徽	1314062	25534	1454974	25262
福　建	1385496	22541	1547266	23962
江　西	879842	17046	1213076	19212
山　东	3261394	45764	3546922	47835
河　南	1953717	29799	2100519	30011
湖　北	1348824	26451	1546917	26306
湖　南	935750	16602	1250273	19555
广　东	3634156	65702	3838391	64660
广　西	846687	16141	923514	17249
海　南	188997	3723	215496	4081
重　庆	728589	13456	782091	14211
四　川	971006	21578	1595275	27484
贵　州	634533	14614	753217	14556
云　南	782491	24522	823861	25370
西　藏	54923	1767	56279	1783
陕　西	732758	16202	951841	15308
甘　肃	343393	9207	422728	10165
青　海	124164	2977	137903	2799
宁　夏	158156	3543	163985	3464
新　疆	365019	11006	452104	11714

1–11　农、林、牧、渔业按地区分组的法人单位数

单位：个

地　区	法人单位数 (2021年)	#多产业法人单位	法人单位数 (2022年)	#多产业法人单位
全　国	**2189201**	**5562**	**2495358**	**5768**
北　京	7495	58	7815	67
天　津	10986	18	11470	15
河　北	105390	255	127507	282
山　西	110032	214	114798	209
内蒙古	72915	279	72051	275
辽　宁	57851	115	59907	117
吉　林	37976	85	42186	90
黑龙江	58793	239	69960	243
上　海	5399	35	6361	42
江　苏	56489	154	55571	153
浙　江	52655	259	53653	250
安　徽	118485	190	124583	185
福　建	66846	201	72500	187
江　西	89753	198	109191	225
山　东	176234	266	186582	281
河　南	196302	282	220588	295
湖　北	95363	191	119182	196
湖　南	88916	141	140324	205
广　东	49051	270	53402	261
广　西	92537	396	95980	396
海　南	13333	98	13914	102
重　庆	89461	250	94654	210
四　川	101202	205	148381	247
贵　州	117625	189	134015	203
云　南	101889	447	115316	494
西　藏	3520	12	3615	11
陕　西	64542	132	75521	122
甘　肃	71227	98	82186	119
青　海	20292	70	21692	64
宁　夏	22546	79	21978	71
新　疆	34096	136	40475	151

1—12 采矿业按地区分组的法人单位数

单位：个

地 区	法人单位数(2021年)	#多产业法人单位	法人单位数(2022年)	#多产业法人单位
全 国	**82830**	**2376**	**88033**	**2439**
北 京	76	9	78	9
天 津	70	8	77	8
河 北	5204	221	5452	217
山 西	7096	247	6164	220
内蒙古	5095	122	5569	153
辽 宁	3870	101	3871	100
吉 林	1127	30	1201	35
黑龙江	2000	52	2710	60
上 海	4	1	8	1
江 苏	447	9	492	12
浙 江	946	14	980	13
安 徽	1518	52	1632	50
福 建	1773	32	1826	35
江 西	4064	62	4866	66
山 东	2759	86	2817	93
河 南	3917	124	3789	127
湖 北	3044	84	3190	85
湖 南	3529	64	3924	71
广 东	2757	101	2832	105
广 西	4123	80	4303	75
海 南	249	5	265	6
重 庆	1359	47	1393	46
四 川	3643	127	4763	156
贵 州	5313	154	6007	157
云 南	5905	201	5475	209
西 藏	347	8	346	7
陕 西	5522	176	5973	134
甘 肃	1698	30	2024	32
青 海	590	25	649	27
宁 夏	792	10	789	12
新 疆	3993	94	4568	118

1—13　制造业按地区分组的法人单位数

单位：个

地区	法人单位数(2021年)	#多产业法人单位	法人单位数(2022年)	#多产业法人单位
全　国	**4167767**	**54081**	**4529585**	**55227**
北　京	25856	1327	26482	1364
天　津	44653	831	48214	830
河　北	270240	2924	310895	2995
山　西	48835	1066	48278	989
内蒙古	31576	689	34049	719
辽　宁	102563	1291	107050	1279
吉　林	27311	431	32419	426
黑龙江	30063	577	39224	594
上　海	55838	2201	58167	2337
江　苏	617272	6719	641215	6742
浙　江	537947	5910	564339	5703
安　徽	155998	1856	171586	1854
福　建	179721	1596	192832	1694
江　西	101578	1221	131457	1038
山　东	454350	4458	473971	4612
河　南	187304	2202	205705	2264
湖　北	123718	2016	137732	2053
湖　南	81492	1265	101083	1476
广　东	661037	7656	708572	7926
广　西	59340	1081	64915	1115
海　南	5822	133	6274	134
重　庆	63763	909	68144	989
四　川	74685	1510	97886	1854
贵　州	58385	619	67048	631
云　南	45803	1276	47602	1303
西　藏	4488	45	4592	45
陕　西	51918	1012	64222	920
甘　肃	18561	399	22363	424
青　海	6086	133	6663	131
宁　夏	10950	235	11211	225
新　疆	30614	493	35395	561

1－14 电力、热力、燃气及水生产和供应业按地区分组的法人单位数

单位：个

地区	法人单位数(2021年)	#多产业法人单位	法人单位数(2022年)	#多产业法人单位
全国	**133875**	**4876**	**153266**	**5000**
北京	1752	72	2186	79
天津	1112	30	1321	32
河北	6458	237	7352	262
山西	6581	224	7207	209
内蒙古	3797	151	4254	160
辽宁	3856	96	4166	96
吉林	2036	70	2250	70
黑龙江	2870	161	3695	121
上海	249	25	288	25
江苏	6247	217	7484	228
浙江	6784	196	7760	194
安徽	6016	200	6685	192
福建	7179	188	7576	200
江西	8564	147	9921	176
山东	9284	277	10700	305
河南	6414	213	7118	208
湖北	6160	261	6853	246
湖南	7284	181	9307	201
广东	10724	370	11300	369
广西	4084	134	4614	149
海南	680	25	793	26
重庆	2435	170	2611	179
四川	6117	396	7755	433
贵州	2671	151	3149	138
云南	3605	209	3973	207
西藏	304	10	325	9
陕西	3757	140	4515	137
甘肃	2061	85	2525	93
青海	950	39	1010	34
宁夏	920	42	1026	46
新疆	2924	159	3547	176

1—15　建筑业按地区分组的法人单位数

单位：个

地　区	法人单位数(2021年)	#多产业法人单位	法人单位数(2022年)	#多产业法人单位
全　国	**2367010**	**68382**	**2901293**	**78770**
北　京	55148	1958	62635	2260
天　津	30398	587	35445	685
河　北	142819	2317	171485	2523
山　西	73979	1192	85348	1258
内蒙古	42714	552	45894	640
辽　宁	50898	1598	55977	1550
吉　林	18864	710	23546	750
黑龙江	20276	910	29973	1119
上　海	21486	1326	25167	1483
江　苏	273600	5819	327980	6634
浙　江	102958	3729	118054	4174
安　徽	133363	3792	156889	4213
福　建	67623	4912	78975	5611
江　西	70902	3932	102325	5019
山　东	299775	5379	337300	5949
河　南	150546	5012	180153	5641
湖　北	134599	3389	162582	3893
湖　南	76605	2860	109020	3281
广　东	155018	4066	175201	4342
广　西	47149	1268	54445	1468
海　南	16109	192	18248	216
重　庆	30660	1010	34016	1127
四　川	73600	3528	136965	5049
贵　州	43517	1368	55342	1550
云　南	64516	2843	71358	3183
西　藏	9401	149	9646	158
陕　西	93936	1523	142129	1772
甘　肃	24036	732	39381	1145
青　海	9617	150	11411	144
宁　夏	11767	303	13640	331
新　疆	21131	1276	30763	1602

1-16 批发和零售业按地区分组的法人单位数

单位：个

地区	法人单位数（2021年）	#多产业法人单位	法人单位数（2022年）	#多产业法人单位
全国	**9575504**	**145875**	**10881533**	**148948**
北京	322189	6905	341260	7025
天津	105119	1633	119079	1652
河北	441451	6573	517926	6590
山西	264606	4542	275470	4328
内蒙古	130357	2371	147316	2493
辽宁	220268	3294	234520	3236
吉林	81420	1218	94609	1210
黑龙江	85791	1993	116509	2162
上海	165464	9912	189122	9844
江苏	904625	10862	955561	10814
浙江	832468	9557	907259	9380
安徽	346360	4986	382064	4843
福建	529008	4901	594100	5068
江西	242250	2371	354064	2700
山东	1063047	11404	1168922	11689
河南	610860	7798	645383	7714
湖北	359049	5156	423006	5344
湖南	215189	2885	311644	3595
广东	1135372	14598	1201165	14458
广西	225206	5042	250762	5186
海南	45597	924	53469	1036
重庆	215801	3437	232551	3635
四川	227826	5303	392191	6379
贵州	151240	2944	191704	3016
云南	214255	5805	224315	6077
西藏	7944	184	8241	178
陕西	187663	3892	250288	3748
甘肃	75357	1637	99167	1817
青海	24627	576	28594	558
宁夏	43244	807	44572	773
新疆	101851	2365	126700	2400

1-17 交通运输、仓储和邮政业按地区分组的法人单位数

单位：个

地 区	法人单位数(2021年)	#多产业法人单位	法人单位数(2022年)	#多产业法人单位
全 国	**858447**	**25035**	**973096**	**25291**
北 京	22487	757	23086	763
天 津	17793	376	19996	358
河 北	41532	754	48300	760
山 西	25434	630	27209	608
内蒙古	16279	512	18028	527
辽 宁	28288	629	30509	604
吉 林	9081	319	10241	325
黑龙江	11779	438	16017	436
上 海	20701	1602	23971	1701
江 苏	92992	1426	101561	1420
浙 江	54297	1831	58524	1769
安 徽	36342	1087	39777	1032
福 建	27692	798	29961	841
江 西	27726	659	36514	723
山 东	94666	1486	101311	1533
河 南	38258	1361	41178	1332
湖 北	38829	1284	46250	1228
湖 南	20313	514	26378	587
广 东	87924	2908	96391	2987
广 西	23792	747	26349	755
海 南	4893	139	5355	153
重 庆	16789	590	18325	615
四 川	23676	881	36222	982
贵 州	12607	559	15248	545
云 南	19339	964	21609	973
西 藏	797	50	834	53
陕 西	16409	461	19878	417
甘 肃	6461	377	8390	399
青 海	2362	120	2738	121
宁 夏	5450	196	5726	180
新 疆	13459	580	17220	564

1-18 住宿和餐饮业按地区分组的法人单位数

单位：个

地 区	法人单位数(2021年)	#多产业法人单位	法人单位数(2022年)	#多产业法人单位
全 国	**583028**	**25687**	**669628**	**26219**
北 京	36814	1841	38689	1820
天 津	6216	453	7107	419
河 北	19511	910	23326	930
山 西	15215	560	16659	551
内蒙古	5689	297	6375	304
辽 宁	10888	361	11527	367
吉 林	3664	103	4244	105
黑龙江	3174	144	4385	143
上 海	20849	2375	20626	2183
江 苏	41838	2061	46499	2146
浙 江	38151	1723	41276	1706
安 徽	24682	1043	27441	1017
福 建	20326	766	22796	830
江 西	12329	356	17278	461
山 东	49282	2030	54539	2117
河 南	30183	823	32528	798
湖 北	23504	810	29522	856
湖 南	16506	556	25451	662
广 东	63847	3584	70299	3556
广 西	15263	738	17372	848
海 南	5041	276	5614	300
重 庆	28244	559	28535	558
四 川	19613	756	32083	945
贵 州	20469	349	24445	362
云 南	18336	867	19862	909
西 藏	1239	36	1307	35
陕 西	14807	603	18701	575
甘 肃	7143	300	8809	321
青 海	2772	96	3148	90
宁 夏	2685	135	2846	131
新 疆	4748	176	6339	174

1—19　信息传输、软件和信息技术服务业按地区分组的法人单位数

单位：个

地　区	法人单位数(2021年)	#多产业法人单位	法人单位数(2022年)	#多产业法人单位
全　国	**1488072**	**20494**	**1747117**	**22142**
北　京	76323	2620	77669	2683
天　津	18966	304	20039	284
河　北	56435	608	67885	609
山　西	45881	413	44387	386
内蒙古	13934	229	15040	243
辽　宁	32808	348	36057	342
吉　林	10213	123	12418	120
黑龙江	14252	211	19527	223
上　海	28404	1589	33365	1799
江　苏	145001	1744	156201	1806
浙　江	129498	1719	147366	1837
安　徽	55161	569	63669	577
福　建	82325	625	92964	713
江　西	39574	275	63116	374
山　东	130314	1231	146362	1335
河　南	81183	753	84395	807
湖　北	79719	584	94654	626
湖　南	42731	481	59489	626
广　东	185529	2913	192060	3083
广　西	32130	350	36590	401
海　南	11763	154	15175	192
重　庆	34098	375	38830	409
四　川	39433	599	97501	869
贵　州	15091	232	19420	263
云　南	30193	512	31377	520
西　藏	1099	52	1099	53
陕　西	29200	316	47653	343
甘　肃	5677	123	7755	142
青　海	3204	62	3763	60
宁　夏	5487	91	5979	91
新　疆	12446	289	15312	326

1–20 金融业按地区分组的法人单位数

单位：个

地区	法人单位数（2021年）	#多产业法人单位	法人单位数（2022年）	#多产业法人单位
全 国	**149813**	**18455**	**159901**	**18449**
北 京	8079	560	8119	578
天 津	5057	324	5291	315
河 北	4281	964	4379	962
山 西	3035	635	2870	621
内蒙古	1734	605	1764	610
辽 宁	3957	691	3916	684
吉 林	1495	369	1630	387
黑龙江	1593	501	2108	511
上 海	9599	581	9567	549
江 苏	7543	935	8342	915
浙 江	16175	1003	16133	977
安 徽	3709	631	3913	626
福 建	4247	524	4392	534
江 西	2144	485	2826	487
山 东	11654	1277	13055	1273
河 南	3146	901	3259	907
湖 北	3729	681	4368	679
湖 南	2342	604	2774	612
广 东	31260	1502	32283	1506
广 西	3792	604	4046	611
海 南	1404	111	2134	113
重 庆	2267	412	2273	424
四 川	3496	856	5304	880
贵 州	1812	414	2091	420
云 南	3643	627	3482	627
西 藏	342	29	347	29
陕 西	2671	525	3187	505
甘 肃	1626	411	1740	421
青 海	390	117	456	111
宁 夏	796	160	757	157
新 疆	2795	416	3095	418

1—21　房地产业按地区分组的法人单位数

单位：个

地　区	法人单位数(2021年)	#多产业法人单位	法人单位数(2022年)	#多产业法人单位
全　国	**1038260**	**46580**	**1115183**	**45917**
北　京	32615	1774	35163	1825
天　津	15152	546	16362	489
河　北	54663	2518	60318	2433
山　西	27586	1278	27746	1170
内蒙古	17422	915	18634	946
辽　宁	29172	932	30160	854
吉　林	10415	325	11442	289
黑龙江	11872	456	15953	501
上　海	23692	1574	25226	1555
江　苏	86703	3703	86864	3394
浙　江	67064	2512	67589	2266
安　徽	39132	2045	41233	1881
福　建	31092	1345	33487	1370
江　西	23961	1144	29574	1323
山　东	84204	3463	87970	3380
河　南	62838	2029	64024	1981
湖　北	43480	1938	45288	1804
湖　南	29569	1066	34898	1172
广　东	139385	6073	147384	5983
广　西	32479	1444	33303	1450
海　南	15904	525	16955	541
重　庆	25425	1404	23373	1366
四　川	32999	1891	48671	2282
贵　州	18309	895	20776	902
云　南	26318	1619	25830	1567
西　藏	749	36	765	36
陕　西	25136	1162	30314	1066
甘　肃	9176	518	11303	605
青　海	3728	237	3993	212
宁　夏	4285	319	4472	307
新　疆	13735	894	16113	967

1—22 租赁和商务服务业按地区分组的法人单位数

单位：个

地 区	法人单位数(2021年)	#多产业法人单位	法人单位数(2022年)	#多产业法人单位
全 国	**3876456**	**65744**	**4432416**	**69011**
北 京	238502	4831	256127	4927
天 津	52815	852	61141	889
河 北	136714	2518	158945	2586
山 西	90236	1611	93675	1623
内蒙古	50346	895	55142	976
辽 宁	81775	1549	85869	1510
吉 林	28441	466	32418	440
黑龙江	31252	624	43979	647
上 海	87549	3726	97004	3762
江 苏	319032	5863	344553	6035
浙 江	265049	5221	286215	5141
安 徽	164694	2311	186060	2353
福 建	141003	2030	158089	2198
江 西	103174	1279	156650	1593
山 东	356901	5432	391014	5704
河 南	195476	2516	208580	2486
湖 北	172973	2342	195365	2509
湖 南	109270	1660	145306	2151
广 东	560746	8070	572160	8057
广 西	117239	1807	127280	1905
海 南	29742	450	35754	535
重 庆	87976	1154	98099	1269
四 川	117502	1963	234871	2742
贵 州	64233	1103	77322	1156
云 南	87882	2190	91028	2355
西 藏	6073	92	6253	94
陕 西	80948	1234	106686	1200
甘 肃	27892	486	36073	573
青 海	17109	273	19746	253
宁 夏	17455	309	18198	311
新 疆	36457	887	52814	1031

1-23 科学研究和技术服务业按地区分组的法人单位数

单位：个

地 区	法人单位数(2021年)	#多产业法人单位	法人单位数(2022年)	#多产业法人单位
全 国	**2053759**	**36919**	**2439143**	**40288**
北 京	276097	4923	318636	5145
天 津	50458	518	60246	549
河 北	86206	1303	110660	1420
山 西	41868	820	46139	848
内蒙古	25376	497	30190	531
辽 宁	41301	649	46009	645
吉 林	13749	267	16363	273
黑龙江	20442	379	31308	420
上 海	38624	1438	45725	1602
江 苏	239353	3137	277407	3353
浙 江	119559	2373	133915	2545
安 徽	69678	1149	83221	1219
福 建	68597	1345	84579	1517
江 西	33351	666	52257	841
山 东	188496	2818	214342	3083
河 南	112493	1515	125182	1605
湖 北	79696	1543	88216	1669
湖 南	66523	1221	85457	1491
广 东	218332	3376	236298	3507
广 西	43967	1032	48979	1216
海 南	9813	162	11328	180
重 庆	29419	535	34579	591
四 川	50437	1311	99577	1810
贵 州	17511	591	20735	613
云 南	35945	1223	37529	1329
西 藏	1525	48	1558	53
陕 西	34577	780	46084	759
甘 肃	9922	341	14002	398
青 海	5467	99	6265	105
宁 夏	6559	133	7624	134
新 疆	18418	727	24733	837

1-24 水利、环境和公共设施管理业按地区分组的法人单位数

单位：个

地 区	法人单位数(2021年)	#多产业法人单位	法人单位数(2022年)	#多产业法人单位
全 国	**250799**	**4567**	**286257**	**4878**
北 京	8638	273	8939	286
天 津	2256	30	2425	26
河 北	12616	182	14969	193
山 西	7355	125	7271	107
内蒙古	5113	70	5647	77
辽 宁	4871	73	5047	68
吉 林	2741	33	2768	28
黑龙江	2870	44	4127	54
上 海	2686	95	2825	100
江 苏	23063	326	23013	342
浙 江	13922	324	15204	339
安 徽	11682	219	13526	222
福 建	8769	138	9596	145
江 西	6374	77	9348	104
山 东	26330	416	29965	479
河 南	19130	231	21821	224
湖 北	13738	241	15716	221
湖 南	8595	175	11606	213
广 东	14913	369	16521	385
广 西	7630	120	8144	141
海 南	1798	24	1908	25
重 庆	6787	131	7815	152
四 川	7682	150	11333	217
贵 州	5501	85	6554	85
云 南	7491	211	8032	231
西 藏	288	7	311	6
陕 西	8538	133	10854	135
甘 肃	2285	92	2837	96
青 海	1616	27	1878	26
宁 夏	1376	24	1492	26
新 疆	4145	122	4765	125

1−25 居民服务、修理和其他服务业按地区分组的法人单位数

单位：个

地 区	法人单位数(2021年)	#多产业法人单位	法人单位数(2022年)	#多产业法人单位
全 国	**667130**	**14619**	**758665**	**14991**
北 京	39266	1107	41370	1093
天 津	9720	233	10706	200
河 北	26374	540	31340	575
山 西	18736	309	20480	328
内蒙古	10018	161	10646	173
辽 宁	15261	247	16713	241
吉 林	5673	59	6967	61
黑龙江	5424	78	7228	83
上 海	17797	1142	17928	970
江 苏	55278	1155	59909	1209
浙 江	47171	1137	52717	1112
安 徽	27497	529	29293	506
福 建	24256	503	27262	547
江 西	14219	233	19066	269
山 东	54892	1177	58525	1220
河 南	31719	462	32645	435
湖 北	26256	438	28909	467
湖 南	17637	297	26133	400
广 东	70169	1877	74396	1802
广 西	27833	545	32826	668
海 南	4603	102	4998	112
重 庆	19551	349	20329	369
四 川	21730	469	36497	602
贵 州	20016	264	25188	296
云 南	19347	510	19835	546
西 藏	708	12	712	12
陕 西	16594	337	23124	349
甘 肃	6918	94	8497	108
青 海	2358	43	2619	40
宁 夏	3330	66	3324	59
新 疆	6779	144	8483	139

1-26 教育按地区分组的法人单位数

单位：个

地 区	法人单位数(2021年)	#多产业法人单位	法人单位数(2022年)	#多产业法人单位
全 国	**793247**	**20785**	**816766**	**18955**
北 京	21169	671	20850	636
天 津	8867	294	8627	180
河 北	32164	318	39761	314
山 西	19808	752	17926	672
内蒙古	14267	217	14186	202
辽 宁	24202	344	23993	285
吉 林	10078	285	10332	278
黑龙江	12855	198	14877	185
上 海	9259	288	9905	245
江 苏	46000	1617	43458	1281
浙 江	55101	1456	54115	1122
安 徽	29118	1356	29132	1233
福 建	23515	620	24392	573
江 西	22316	1192	26448	1237
山 东	65005	1222	68579	1236
河 南	65927	784	65631	649
湖 北	30743	1098	30907	907
湖 南	35911	481	36430	539
广 东	78327	2150	77691	1804
广 西	34342	313	35054	347
海 南	6236	105	6443	101
重 庆	18786	723	18750	705
四 川	36256	339	41901	459
贵 州	20146	721	21094	703
云 南	19980	1289	20046	1240
西 藏	1098	32	1109	32
陕 西	21788	545	23631	413
甘 肃	12973	686	13835	694
青 海	2537	118	2561	116
宁 夏	4475	136	4286	133
新 疆	9998	435	10816	434

1−27 卫生和社会工作按地区分组的法人单位数

单位：个

地 区	法人单位数(2021年)	#多产业法人单位	法人单位数(2022年)	#多产业法人单位
全 国	**296031**	**8934**	**320513**	**9540**
北 京	9008	316	9748	342
天 津	3298	66	3947	64
河 北	12589	368	15706	446
山 西	8793	477	8915	504
内蒙古	5556	78	5846	84
辽 宁	12326	248	12829	261
吉 林	4794	72	5294	70
黑龙江	5835	164	6718	188
上 海	5058	65	5937	66
江 苏	34128	667	31061	632
浙 江	18336	601	21468	652
安 徽	12094	447	12769	421
福 建	8760	140	10214	166
江 西	8508	181	9665	169
山 东	20417	1127	23184	1375
河 南	16709	150	17819	150
湖 北	12662	595	12258	451
湖 南	11744	203	12970	293
广 东	19354	760	19072	681
广 西	6603	118	7115	169
海 南	2128	40	2315	48
重 庆	6981	426	7704	600
四 川	17476	299	22867	365
贵 州	6248	129	7331	117
云 南	7211	648	7313	636
西 藏	622	16	629	15
陕 西	8346	201	8481	239
甘 肃	3873	188	4113	188
青 海	1579	32	1613	30
宁 夏	1096	38	1145	36
新 疆	3899	74	4467	82

1-28 文化、体育和娱乐业按地区分组的法人单位数

单位：个

地 区	法人单位数(2021年)	#多产业法人单位	法人单位数(2022年)	#多产业法人单位
全 国	**766821**	**10786**	**861807**	**10971**
北 京	100015	1159	111767	1199
天 津	10486	176	11193	158
河 北	29902	359	36844	377
山 西	20439	228	20674	223
内蒙古	10279	121	10954	127
辽 宁	15183	141	16319	135
吉 林	5086	66	5864	60
黑龙江	7737	86	9861	84
上 海	13791	581	14793	501
江 苏	55633	984	57846	968
浙 江	57839	936	63849	932
安 徽	25514	356	27812	338
福 建	37098	396	42593	446
江 西	17659	207	23553	244
山 东	55878	659	58476	672
河 南	42011	512	41117	489
湖 北	29435	431	32443	434
湖 南	31077	345	39562	440
广 东	68046	1175	71134	1140
广 西	15897	245	17474	270
海 南	5903	77	6611	87
重 庆	19118	235	20373	250
四 川	26974	312	46780	428
贵 州	11518	146	13522	144
云 南	18353	320	17295	311
西 藏	1014	25	1021	24
陕 西	15777	249	20461	226
甘 肃	7131	84	8264	93
青 海	2418	36	2639	33
宁 夏	2919	41	3094	35
新 疆	6691	98	7619	103

1-29　公共管理、社会保障和社会组织按地区分组的法人单位数

单位：个

地　区	法人单位数(2021年)	#多产业法人单位	法人单位数(2022年)	#多产业法人单位
全　国	**1528922**	**46916**	**1540074**	**41378**
北　京	19412	182	19205	163
天　津	12345	168	11634	139
河　北	84821	1366	90340	1156
山　西	54638	3240	47766	2484
内蒙古	39650	1511	39248	1421
辽　宁	38728	666	38522	622
吉　林	26539	540	27311	481
黑龙江	31431	1813	32555	1775
上　海	13520	78	14912	76
江　苏	77294	694	71973	589
浙　江	77162	399	80172	341
安　徽	53019	2716	53689	2500
福　建	55666	1481	59132	1287
江　西	51396	2361	54957	2163
山　东	117906	1556	119308	1499
河　南	99301	2131	99604	1899
湖　北	72127	3369	70476	2638
湖　南	70517	1603	68517	1540
广　东	82365	3884	80230	2708
广　西	53281	77	53963	79
海　南	7979	181	7943	174
重　庆	29669	740	29737	717
四　川	86659	683	93727	785
贵　州	42321	3701	42226	3255
云　南	52480	2761	52584	2653
西　藏	13365	924	13569	933
陕　西	50629	2781	50139	2248
甘　肃	49376	2526	49464	2497
青　海	16462	724	16465	644
宁　夏	12024	419	11826	406
新　疆	36840	1641	38880	1506

第二部分

企业法人单位综合资料

2-1 按行业(中类)、地区

(2022年)

行业中类	代码	企业单位数	北京	天津	河北	山西
总　　计	——	**32828734**	**1361791**	**425393**	**1630410**	**776575**
农、林、牧、渔业	A	**1175953**	**4341**	**3882**	**63581**	**47564**
农业	01	539831	2666	1696	30222	18703
谷物种植	011	130492	293	699	11552	6827
豆类、油料和薯类种植	012	13919	21	13	1071	366
棉、麻、糖、烟草种植	013	5036	6	1	266	42
蔬菜、食用菌及园艺作物种植	014	185335	1537	736	10228	5300
水果种植	015	95409	605	168	3302	2813
坚果、含油果、香料和饮料作物种植	016	28763	34	4	504	333
中药材种植	017	40119	25	14	1300	2443
草种植及割草	018	2550	9	1	207	254
其他农业	019	38208	136	60	1792	325
林业	02	81363	612	308	5928	3829
林木育种和育苗	021	66223	522	296	5370	2835
造林和更新	022	6311	27	9	396	764
森林经营、管护和改培	023	5106	62	2	127	197
木材和竹材采运	024	2754	1	1	32	28
林产品采集	025	969			3	5
畜牧业	03	344428	674	1077	21575	20755
牲畜饲养	031	238915	378	761	15393	17268
家禽饲养	032	87807	248	268	5510	3127
狩猎和捕捉动物	033	203	1	2	7	5
其他畜牧业	039	17503	47	46	665	355
渔业	04	87570	128	459	1185	365
水产养殖	041	85521	123	448	1133	359
水产捕捞	042	2049	5	11	52	6
农、林、牧、渔专业及辅助性活动	05	122761	261	342	4671	3912
农业专业及辅助性活动	051	102183	173	295	4101	3564
林业专业及辅助性活动	052	8936	45	21	254	166
畜牧专业及辅助性活动	053	6693	25	17	262	156
渔业专业及辅助性活动	054	4949	18	9	54	26
采矿业	B	**87897**	**78**	**77**	**5451**	**6163**
煤炭开采和洗选业	06	15246	8	5	384	3532
烟煤和无烟煤开采洗选	061	13593	6	3	355	3321
褐煤开采洗选	062	377		1	5	22
其他煤炭采选	069	1276	2	1	24	189
石油和天然气开采业	07	787	6	4	15	81
石油开采	071	501	2	4	10	5
天然气开采	072	286	4		5	76
黑色金属矿采选业	08	11362	8	4	2955	833
铁矿采选	081	10316	8	1	2926	809
锰矿、铬矿采选	082	633		1	7	16
其他黑色金属矿采选	089	413		2	22	8

分组的企业法人单位数

单位：个

内蒙古	辽宁	吉林	黑龙江	上海	江苏	浙江	安徽	福建	江西	山东	河南	代码
422887	**715559**	**270241**	**358180**	**561659**	**3120366**	**2501809**	**1289469**	**1419816**	**1058341**	**3202958**	**1761349**	——
19444	**26946**	**13597**	**16946**	**1544**	**35269**	**27721**	**62551**	**42248**	**49993**	**75497**	**86517**	A
6954	8608	6152	8707	883	17186	15343	31052	21344	23137	34162	44118	01
2496	3310	3198	5461	82	5424	1649	15250	2232	5815	8904	19545	011
637	213	158	1133	8	100	208	323	260	540	1213	2079	012
28	8	4	83		17	24	47	44	79	118	199	013
1500	2486	1221	991	657	8130	6558	7667	9802	6512	16344	13309	014
221	1612	278	126	108	1322	3617	2637	3674	4680	3815	3209	015
10	87	37	31	4	986	1715	1505	3091	1414	613	748	016
529	385	913	501	5	245	1148	1999	867	1246	926	2285	017
357	24	32	99		29	19	71	25	34	47	82	018
1176	483	311	282	19	933	405	1553	1349	2817	2182	2662	019
1755	1777	1002	925	299	3865	3376	4724	3881	5131	5319	4525	02
1251	1638	745	551	278	3711	2999	4270	2117	3696	5033	4003	021
403	42	41	105	8	34	108	131	548	495	63	212	022
76	52	174	197	12	42	144	163	814	541	65	214	023
15	36	38	56	1	68	103	117	361	299	151	66	024
10	9	4	16		10	22	43	41	100	7	30	025
7912	10542	4505	4238	118	4608	2969	13677	5974	9951	20481	25011	03
7093	7327	3170	3383	71	2631	1661	7743	3971	5801	12873	15980	031
568	2772	855	672	37	1751	1011	5328	1606	3651	6488	8418	032
4	5		5		3		9	11	6	14	9	033
247	438	480	178	10	223	297	597	386	493	1106	604	039
217	2691	330	434	112	4866	2912	5338	7550	6224	4751	2283	04
213	2531	321	422	100	4757	2759	5292	7324	6119	4226	2266	041
4	160	9	12	12	109	153	46	226	105	525	17	042
2606	3328	1608	2642	132	4744	3121	7760	3499	5550	10784	10580	05
1874	2818	1405	2381	102	3941	2463	6630	2442	4460	9061	9291	051
193	111	72	106	17	302	435	515	586	727	497	524	052
506	248	94	125	6	232	62	397	95	184	783	587	053
33	151	37	30	7	269	161	218	376	179	443	178	054
5567	**3867**	**1200**	**2704**	**8**	**480**	**980**	**1630**	**1823**	**4856**	**2811**	**3786**	B
1765	144	148	831		32	14	84	139	370	302	731	06
1401	123	119	748		24	8	59	129	293	266	698	061
124	5	15	16		2	2	2	1	13	11	8	062
240	16	14	67		6	4	23	9	64	25	25	069
94	18	68	31	2	7	1	2		4	41	18	07
73	8	63	26		5	1			2	33	11	071
21	10	5	5	2	2		2		2	8	7	072
733	1125	136	95	1	48	40	254	223	444	341	338	08
711	1059	130	90	1	42	39	246	205	417	330	325	081
2	52				3		4	11	6	5	1	082
20	14	6	5		3	1	4	7	21	6	12	089

2-1 续表 1 (2022年)

行业中类	代码	企业单位数	北京	天津	河北	山西
有色金属矿采选业	09	7973	5		334	196
常用有色金属矿采选	091	5431	1		102	163
贵金属矿采选	092	1596	3		210	27
稀有稀土金属矿采选	093	946	1		22	6
非金属矿采选业	10	42438	29	23	1560	1180
土砂石开采	101	36526	25	19	1337	1094
化学矿开采	102	1116			15	11
采盐	103	297		2	30	
石棉及其他非金属矿采选	109	4499	4	2	178	75
开采专业及辅助性活动	11	6549	20	37	121	271
煤炭开采和洗选专业及辅助性活动	111	829			14	201
石油和天然气开采专业及辅助性活动	112	4908	18	36	66	15
其他开采专业及辅助性活动	119	812	2	1	41	55
其他采矿业	12	3542	2	4	82	70
其他采矿业	120	3542	2	4	82	70
制造业	C	**4505251**	**26470**	**48204**	**310627**	**47671**
农副食品加工业	13	165428	696	1021	8766	3555
谷物磨制	131	26247	51	66	1001	826
饲料加工	132	19341	181	224	1667	418
植物油加工	133	11857	25	62	701	208
制糖业	134	1152	3	4	51	3
屠宰及肉类加工	135	30646	187	142	2249	585
水产品加工	136	13145	24	34	293	16
蔬菜、菌类、水果和坚果加工	137	23468	115	303	1207	557
其他农副食品加工	139	39572	110	186	1597	942
食品制造业	14	103299	772	1006	5477	2344
焙烤食品制造	141	23754	280	190	1545	578
糖果、巧克力及蜜饯制造	142	5611	30	103	639	155
方便食品制造	143	17495	89	101	977	384
乳制品制造	144	2380	27	28	104	50
罐头食品制造	145	3162	16	35	237	94
调味品、发酵制品制造	146	10992	88	131	553	559
其他食品制造	149	39905	242	418	1422	524
酒、饮料和精制茶制造业	15	78909	294	236	2443	1654
酒的制造	151	29510	99	79	1120	846
饮料制造	152	22547	188	153	1253	744
精制茶加工	153	26852	7	4	70	64
烟草制品业	16	300	2	1	4	3
烟叶复烤	161	45			1	
卷烟制造	162	133	1	1	3	1
其他烟草制品制造	169	122	1			2
纺织业	17	183311	333	659	14178	416
棉纺织及印染精加工	171	55972	55	161	3555	115
毛纺织及染整精加工	172	9064	57	20	3155	19

单位：个

内蒙古	辽宁	吉林	黑龙江	上海	江苏	浙江	安徽	福建	江西	山东	河南	代码
535	570	106	81		21	53	168	165	548	230	624	09
374	415	43	41		13	31	131	102	237	44	357	091
126	99	57	30		5	6	29	33	53	171	161	092
35	56	6	10		3	16	8	30	258	15	106	093
2025	1765	563	1326	3	284	848	1031	1201	3047	1473	1879	10
1744	1321	512	1227	3	226	781	884	1017	2514	1199	1627	101
20	55	2	1		10	3	13	15	22	11	29	102
12	10		1		15	4	2	8	3	102	22	103
249	379	49	97		33	60	132	161	508	161	201	109
211	160	153	278		62	6	45	38	71	349	112	11
69	10	13	44		15	2	16	23	24	21	21	111
107	97	128	215		19	2	13		6	267	75	112
35	53	12	19		28	2	16	15	41	61	16	119
204	85	26	62	2	26	18	46	57	372	75	84	12
204	85	26	62	2	26	18	46	57	372	75	84	120
33557	**106878**	**32049**	**38480**	**58162**	**640893**	**563452**	**170304**	**191785**	**130442**	**472508**	**204604**	**C**
4794	7651	3684	6764	516	8625	5127	8260	6618	4998	22547	11092	13
787	1435	1318	3375	30	1528	247	2131	458	1412	1459	1687	131
597	1185	434	656	86	1220	489	677	551	517	3266	1308	132
314	279	189	427	28	410	184	886	260	436	993	836	133
36	25	2	15	1	19	51	14	31	16	119	26	134
1736	1167	379	673	162	1249	828	1257	944	690	4742	1670	135
30	1734	115	51	36	1418	1423	198	2109	98	3139	102	136
506	801	540	657	75	964	1062	956	1261	424	4389	1180	137
788	1025	707	910	98	1817	843	2141	1004	1405	4440	4283	139
1591	2987	1469	2030	894	6975	4077	4838	6269	2936	13432	7893	14
354	834	323	296	271	1199	1086	1377	1564	404	2856	1878	141
34	91	6	35	55	173	164	170	668	99	639	213	142
295	434	290	440	133	857	617	853	832	413	1890	1645	143
331	61	33	120	19	132	47	57	43	57	183	102	144
35	148	23	57	17	171	221	117	363	71	414	196	145
187	366	170	192	81	699	257	383	364	233	1311	881	146
355	1053	624	890	318	3744	1685	1881	2435	1659	6139	2978	149
1086	1752	1089	1553	147	2179	2866	4107	8115	2063	4888	3500	15
598	1088	626	871	40	995	759	1235	642	657	2104	1202	151
475	649	435	668	95	817	712	981	711	710	2085	1816	152
13	15	28	14	12	367	1395	1891	6762	696	699	482	153
2	6	5	8	3	11	2	7	10	11	18	16	16
	1		3				1	3	3	1	3	161
2	3	3	3	3	2	1	1	4	4	6	6	162
	2	2	2		9	1	5	3	4	11	7	169
690	1669	272	321	1367	51325	41832	6014	6925	4234	16940	5676	17
31	420	110	47	241	14826	10899	2049	1722	1969	6764	2583	171
435	72	10	13	55	1610	1179	96	131	69	642	128	172

2-1 续表 2 (2022年)

行业中类	代码	企 业 单位数	北京	天津	河北	山西
麻纺织及染整精加工	173	1170		3	45	9
丝绢纺织及印染精加工	174	2598	2	2	18	10
化纤织造及印染精加工	175	14309	7	13	223	12
针织或钩针编织物及其制品制造	176	28946	45	104	1123	43
家用纺织制成品制造	177	41819	100	153	4235	143
产业用纺织制成品制造	178	29433	67	203	1824	65
纺织服装、服饰业	18	233840	1456	1142	7721	757
机织服装制造	181	94544	832	624	2856	303
针织或钩针编织服装制造	182	28703	171	81	548	76
服饰制造	183	110593	453	437	4317	378
皮革、毛皮、羽毛及其制品和制鞋业	19	105064	181	215	12038	169
皮革鞣制加工	191	5140	7	14	753	15
皮革制品制造	192	36888	61	92	6451	77
毛皮鞣制及制品加工	193	7537	55	7	3831	25
羽毛(绒)加工及制品制造	194	2927	6	3	262	4
制鞋业	195	52572	52	99	741	48
木材加工和木、竹、藤、棕、草制品业	20	197738	495	974	10467	1068
木材加工	201	109049	94	349	6226	587
人造板制造	202	27760	34	25	1113	69
木质制品制造	203	46323	354	576	2909	391
竹、藤、棕、草等制品制造	204	14606	13	24	219	21
家具制造业	21	122880	803	873	8489	633
木质家具制造	211	83245	575	586	4769	493
竹、藤家具制造	212	1370	2	2	34	1
金属家具制造	213	12635	83	100	2246	61
塑料家具制造	214	1056	7	5	70	3
其他家具制造	219	24574	136	180	1370	75
造纸和纸制品业	22	97254	617	1543	5263	623
纸浆制造	221	411	3	2	15	7
造纸	222	16842	112	250	752	96
纸制品制造	223	80001	502	1291	4496	520
印刷和记录媒介复制业	23	99868	1273	971	5077	1452
印刷	231	89170	945	873	4492	1173
装订及印刷相关服务	232	10192	316	93	571	267
记录媒介复制	233	506	12	5	14	12
文教、工美、体育和娱乐用品制造业	24	158435	678	1989	13797	862
文教办公用品制造	241	14968	89	104	745	78
乐器制造	242	3600	66	226	352	13
工艺美术及礼仪用品制造	243	94191	407	1413	6905	676
体育用品制造	244	18574	53	202	2586	68
玩具制造	245	21657	38	21	2844	11
游艺器材及娱乐用品制造	246	5445	25	23	365	16
石油、煤炭及其他燃料加工业	25	15688	137	202	1124	923

单位：个

内蒙古	辽宁	吉林	黑龙江	上海	江苏	浙江	安徽	福建	江西	山东	河南	代码
5	23	21	124	4	188	88	107	17	90	59	83	173
3	135	5	2	15	399	994	98	41	45	100	40	174
6	62	11	9	43	6486	5074	443	407	140	425	189	175
69	274	30	32	280	5644	11040	551	2504	820	1552	676	176
82	278	38	45	315	16324	6938	1065	818	727	3169	1136	177
59	405	47	49	414	5848	5620	1605	1285	374	4229	841	178
673	7393	1438	422	3478	29336	39152	13160	13922	14085	23234	9359	18
277	5019	264	193	1444	11508	16261	6087	4854	5145	7545	3117	181
82	285	35	19	703	2917	8685	706	2359	1099	2169	474	182
314	2089	1139	210	1331	14911	14206	6367	6709	7841	13520	5768	183
199	654	70	213	552	4735	22234	2440	15352	4394	4599	5114	19
18	58	4	88	16	148	516	258	343	125	357	560	191
47	194	23	29	359	1579	6397	758	2070	1285	1587	1298	192
70	123	8	49	16	216	1130	97	55	80	419	338	193
45	34	14	6	20	343	370	532	51	168	148	381	194
19	245	21	41	141	2449	13821	795	12833	2736	2088	2537	195
1365	3862	1735	3131	1120	15299	8803	9753	7872	7824	51523	16464	20
940	2024	1080	2137	400	6320	1500	5710	2796	3958	30653	12194	201
103	243	159	179	52	2829	664	972	867	492	12823	1246	202
264	1461	442	675	650	5742	4707	2178	1632	1468	7222	2364	203
58	134	54	140	18	408	1932	893	2577	1906	825	660	204
309	1994	2377	707	1247	12192	10626	5411	8117	8619	9992	5517	21
238	1502	2295	540	813	9368	6248	4168	3868	7133	8122	3950	211
2	14	2	3		120	271	66	200	53	108	91	212
30	105	14	70	142	627	1946	314	1878	390	388	707	213
7	11	6	9	10	47	225	50	72	20	91	45	214
32	362	60	85	282	2030	1936	813	2099	1023	1283	724	219
305	1516	366	418	2031	11589	18209	3089	4697	1919	7957	3318	22
5	6	5	10	1	25	12	6	17	16	44	16	221
63	232	81	97	256	2327	2086	574	688	391	1872	743	222
237	1278	280	311	1774	9237	16111	2509	3992	1512	6041	2559	223
859	1982	744	894	1944	12024	12894	3702	3543	2466	9117	3923	23
691	1741	639	754	1733	11067	12152	3386	3187	2122	8398	3495	231
161	230	100	132	205	896	732	305	340	326	681	406	232
7	11	5	8	6	61	10	11	16	18	38	22	233
428	1648	385	546	1079	15803	31389	4821	12112	3845	16360	6833	24
53	183	66	119	261	1572	5149	397	358	696	865	469	241
16	64	9	22	69	560	316	58	101	80	328	370	242
322	1185	259	333	481	7983	16933	2624	9832	2177	11104	4763	243
26	140	31	46	98	2448	3402	529	1358	415	2830	340	244
8	39	11	11	128	2606	3941	1037	381	343	947	399	245
3	37	9	15	42	634	1648	176	82	134	286	492	246
666	1217	342	992	100	788	575	559	372	621	1554	731	25

2-1 续表 3 (2022年)

行业中类	代码	企业单位数	北京	天津	河北	山西
精炼石油产品制造	251	6481	83	169	528	65
煤炭加工	252	4758	50	19	395	651
生物质燃料加工	254	4449	4	14	201	207
化学原料和化学制品制造业	26	142260	1241	1801	10422	2650
基础化学原料制造	261	18624	87	247	1459	381
肥料制造	262	19861	137	85	1506	801
农药制造	263	2715	21	26	234	50
涂料、油墨、颜料及类似产品制造	264	24147	266	484	1583	256
合成材料制造	265	16676	168	236	803	158
专用化学产品制造	266	34254	350	477	2624	762
炸药、火工及焰火产品制造	267	2848	2	1	32	28
日用化学产品制造	268	23135	210	245	2181	214
医药制造业	27	40122	670	401	1717	660
化学药品原料药制造	271	3985	25	59	243	62
化学药品制剂制造	272	3328	125	42	180	71
中药饮片加工	273	6531	69	24	338	97
中成药生产	274	5775	76	33	168	94
兽用药品制造	275	2411	41	40	159	144
生物药品制品制造	276	5755	203	85	202	52
卫生材料及医药用品制造	277	11277	114	99	384	129
药用辅料及包装材料	278	1060	17	19	43	11
化学纤维制造业	28	9513	24	27	469	86
纤维素纤维原料及纤维制造	281	1168	2	3	177	7
合成纤维制造	282	6954	16	22	247	32
生物基材料制造	283	1391	6	2	45	47
橡胶和塑料制品业	29	256160	923	2484	21320	1417
橡胶制品业	291	43763	138	451	8087	300
塑料制品业	292	212397	785	2033	13233	1117
非金属矿物制品业	30	360220	1701	2338	25874	8159
水泥、石灰和石膏制造	301	16740	71	68	1395	738
石膏、水泥制品及类似制品制造	302	88164	508	696	6052	1974
砖瓦、石材等建筑材料制造	303	137322	627	983	8813	2574
玻璃制造	304	8485	86	83	580	143
玻璃制品制造	305	23295	135	182	2256	604
玻璃纤维和玻璃纤维增强塑料制品制造	306	9728	64	45	2224	94
陶瓷制品制造	307	32022	58	43	796	538
耐火材料制品制造	308	15751	66	68	1560	826
石墨及其他非金属矿物制品制造	309	28713	86	170	2198	668
黑色金属冶炼和压延加工业	31	26315	117	1405	2287	463
炼铁	311	817	1	9	82	128
炼钢	312	518	5	10	56	22
钢压延加工	313	20448	108	1197	1645	212
铁合金冶炼	314	4532	3	189	504	101

单位：个

内蒙古	辽宁	吉林	黑龙江	上海	江苏	浙江	安徽	福建	江西	山东	河南	代码
146	782	110	185	90	366	327	123	177	144	843	319	251
452	177	53	174	4	112	51	94	70	266	275	255	252
68	258	179	633	6	310	197	342	125	211	436	157	254
2441	5082	1466	2222	2295	9531	10460	5625	4536	5610	16392	8403	26
586	822	205	260	195	1600	1019	657	441	694	2484	1251	261
684	954	470	1027	62	659	333	787	413	445	2906	1457	262
49	86	32	61	26	257	91	131	41	98	482	238	263
273	842	190	213	551	1614	2560	1125	862	755	2259	1239	264
213	368	108	94	356	1524	1722	1002	797	471	2251	602	265
465	1462	321	385	598	2609	2778	1267	1033	1419	4521	2554	266
34	34	8	12		18	25	28	12	857	31	34	267
137	514	132	170	507	1250	1932	628	937	871	1458	1028	268
525	989	1068	657	641	4057	2323	2859	1325	1971	3462	3306	27
87	115	69	83	75	411	293	181	92	232	424	258	271
40	133	84	105	105	358	204	161	68	134	293	182	272
95	224	410	101	23	124	130	1035	100	222	316	395	273
82	104	258	132	36	171	130	352	110	308	298	819	274
40	69	38	61	18	180	66	50	40	112	379	269	275
63	135	108	74	200	668	359	247	246	156	592	270	276
115	192	87	96	141	1947	989	776	650	781	1037	1061	277
3	17	14	5	43	198	152	57	19	26	123	52	278
39	144	50	49	76	3005	2374	304	353	156	825	253	28
11	12	6	13	6	314	104	21	33	38	125	62	281
15	87	26	15	60	2485	2082	150	241	92	503	127	282
13	45	18	21	10	206	188	133	79	26	197	64	283
1151	5011	1037	1222	3926	33751	46194	9987	9877	4037	23078	7680	29
108	988	149	167	676	5290	5233	1387	1581	594	3953	1042	291
1043	4023	888	1055	3250	28461	40961	8600	8296	3443	19125	6638	292
5763	11730	3146	3508	1849	28326	17417	15706	22754	18612	37456	27959	30
686	584	231	304	49	773	567	697	436	777	1388	1073	301
1870	2048	980	1225	421	6974	4024	4687	2353	3123	8798	7126	302
2193	3620	1302	1273	520	7436	5785	6244	9398	6639	16683	9362	303
72	189	50	43	96	955	533	465	269	314	766	463	304
104	342	105	113	405	3325	2602	1240	473	662	2314	1035	305
79	239	70	74	56	1465	590	330	135	271	1688	624	306
74	323	55	62	85	2333	1365	403	8820	4854	1656	1311	307
95	3152	76	63	73	1537	705	303	120	195	1353	3724	308
590	1233	277	351	144	3528	1246	1337	750	1777	2810	3241	309
546	890	136	136	384	4202	2647	665	629	467	2395	1232	31
46	95	6	5	1	38	12	11	15	16	41	37	311
17	35	8	6	1	48	15	13	19	11	27	34	312
166	617	96	109	370	3795	2505	544	521	365	1914	759	313
317	143	26	16	12	321	115	97	74	75	413	402	314

2-1 续表 4 (2022年)

行业中类	代码	企业单位数	北京	天津	河北	山西
有色金属冶炼和压延加工业	32	36792	140	434	1618	546
常用有色金属冶炼	321	4528	6	30	274	156
贵金属冶炼	322	643	5	2	22	11
稀有稀土金属冶炼	323	1032	5	4	19	19
有色金属合金制造	324	9738	57	76	431	124
有色金属压延加工	325	20851	67	322	872	236
金属制品业	33	466141	2679	6985	48581	5344
结构性金属制品制造	331	182536	1673	3244	13946	2487
金属工具制造	332	31785	93	281	1427	410
集装箱及金属包装容器制造	333	10125	83	221	674	88
金属丝绳及其制品制造	334	22227	29	468	13616	135
建筑、安全用金属制品制造	335	68560	237	697	8045	415
金属表面处理及热处理加工	336	18711	113	553	909	131
搪瓷制品制造	337	3637	6	16	87	12
金属制日用品制造	338	28551	131	232	822	81
铸造及其他金属制品制造	339	100009	314	1273	9055	1585
通用设备制造业	34	457117	2413	7239	37950	4349
锅炉及原动设备制造	341	11988	139	152	874	264
金属加工机械制造	342	71932	430	1034	6015	829
物料搬运设备制造	343	18754	126	268	2380	207
泵、阀门、压缩机及类似机械制造	344	52113	291	1609	3619	609
轴承、齿轮和传动部件制造	345	28471	49	157	2500	42
烘炉、风机、包装等设备制造	346	45538	390	572	2415	253
文化、办公用机械制造	347	4126	60	34	84	20
通用零部件制造	348	179317	753	2780	18162	1861
其他通用设备制造业	349	44878	175	633	1901	264
专用设备制造业	35	343597	2489	4213	25510	3198
采矿、冶金、建筑专用设备制造	351	47101	221	607	7254	1573
化工、木材、非金属加工专用设备制造	352	90482	290	1268	2929	169
食品、饮料、烟草及饲料生产专用设备制造	353	9984	52	69	675	89
印刷、制药、日化及日用品生产专用设备制造	354	11517	148	145	692	79
纺织、服装和皮革加工专用设备制造	355	12944	29	58	331	86
电子和电工机械专用设备制造	356	23645	262	266	735	173
农、林、牧、渔专用机械制造	357	20981	60	138	2038	182
医疗仪器设备及器械制造	358	34028	711	420	1998	240
环保、邮政、社会公共服务及其他专用设备制造	359	92915	716	1242	8858	607
汽车制造业	36	105031	642	1336	7889	447
汽车整车制造	361	1913	35	17	103	42
汽车用发动机制造	362	707	13	4	33	6
改装汽车制造	363	1472	37	14	93	17
低速汽车制造	364	159	1		8	3
电车制造	365	587	1	7	57	5
汽车车身、挂车制造	366	11795	6	120	1358	79
汽车零部件及配件制造	367	88398	549	1174	6237	295

单位：个

内蒙古	辽宁	吉林	黑龙江	上海	江苏	浙江	安徽	福建	江西	山东	河南	代码
547	1117	131	115	467	5273	3693	1153	922	2285	2701	2582	32
169	214	33	25	7	342	143	91	109	285	220	357	321
28	33	2	6	4	32	18	19	12	25	36	49	322
78	59	8	6	2	72	18	17	26	251	38	114	323
128	291	29	31	109	1369	921	367	343	567	956	625	324
144	520	59	47	345	3458	2593	659	432	1157	1451	1437	325
2753	9092	1715	2384	8003	68535	54130	14811	15807	7873	43059	14190	33
1839	4389	1031	1419	3540	25069	12324	7847	4936	3897	20616	8233	331
75	481	89	144	663	8472	5618	1059	844	385	2244	591	332
69	324	39	76	222	1877	956	369	351	179	1234	391	333
83	180	23	48	137	2433	1111	349	131	138	1138	373	334
228	630	179	281	798	5949	14042	1409	3499	1024	4131	1342	335
61	635	71	72	375	3264	3287	615	552	232	2136	368	336
3	50	5	14	25	160	750	104	1282	92	215	113	337
35	222	45	67	449	2773	5561	471	1672	330	4079	464	338
360	2181	233	263	1794	18538	10481	2588	2540	1596	7266	2315	339
1598	16062	2632	2946	8526	107315	70373	12890	10155	4410	62718	18755	34
237	639	171	426	172	2428	757	327	143	132	1896	524	341
305	2519	652	451	1336	15039	7108	2642	2070	800	11957	2540	342
77	470	263	104	496	3339	2252	521	268	206	2393	2429	343
91	1978	119	111	1429	10332	16807	1295	2056	514	4084	1970	344
14	1067	37	104	312	4465	6772	535	323	172	9086	892	345
127	883	206	200	1167	8939	8294	1186	795	498	8013	1689	346
28	47	12	23	88	461	582	89	167	227	215	63	347
600	7125	796	1243	2814	46579	24454	5174	3467	1215	21036	7371	348
119	1334	376	284	712	15733	3347	1121	866	646	4038	1277	349
1737	7473	1835	3260	5586	73440	38349	10865	9790	6671	41844	14638	35
535	1998	335	1155	324	6666	1654	1613	1236	831	7870	4218	351
57	1440	281	137	1822	20358	16115	2638	3217	779	5555	1244	352
60	215	63	167	177	1329	891	420	278	130	2419	715	353
27	222	49	71	377	2192	1442	311	325	233	1060	396	354
5	89	9	18	302	4188	4071	182	593	149	1251	225	355
84	418	85	126	564	5336	1526	1121	804	715	1884	610	356
300	509	329	685	132	2238	1375	702	430	336	4899	2027	357
341	624	250	312	682	6317	5142	1007	936	1806	2685	1385	358
328	1958	434	589	1206	24816	6133	2871	1971	1692	14221	3818	359
291	1842	2041	429	2012	17460	21368	4805	2039	1681	10090	3877	36
38	51	24	27	12	190	101	79	51	74	241	97	361
11	29	8	43	13	67	67	20	9	9	55	24	362
16	41	22	20	22	115	39	76	33	29	231	82	363
3	2	1	4	1	27	1	8	5	3	36	18	364
4	10	5			92	12	24	12	8	140	65	365
62	170	359	110	39	1975	521	822	189	260	2223	782	366
157	1539	1622	225	1925	14994	20627	3776	1740	1298	7164	2809	367

2-1 续表 5 (2022年)

行业中类	代码	企业单位数	北京	天津	河北	山西
铁路、船舶、航空航天和其他运输设备制造业	37	40608	267	1841	3706	204
铁路运输设备制造	371	4858	111	88	705	127
城市轨道交通设备制造	372	933	8	17	62	7
船舶及相关装置制造	373	11669	11	80	140	12
航空、航天器及设备制造	374	2796	116	65	127	26
摩托车制造	375	7609	2	31	455	11
自行车和残疾人座车制造	376	5103	3	1043	1742	4
助动车制造	377	4881	6	387	380	10
非公路休闲车及零配件制造	378	1306	5	112	46	2
潜水救捞及其他未列明运输设备制造	379	1453	5	18	49	5
电气机械和器材制造业	38	267577	1559	2301	13636	1254
电机制造	381	20498	90	219	711	126
输配电及控制设备制造	382	93256	799	1005	4753	546
电线、电缆、光缆及电工器材制造	383	34180	189	413	4545	182
电池制造	384	10034	41	104	247	78
家用电力器具制造	385	33235	112	130	916	78
非电力家用器具制造	386	6241	79	56	496	59
照明器具制造	387	50235	126	110	616	86
其他电气机械及器材制造	389	19898	123	264	1352	99
计算机、通信和其他电子设备制造业	39	176377	1378	1335	3254	773
计算机制造	391	16155	234	110	423	270
通信设备制造	392	13229	187	87	491	45
广播电视设备制造	393	3647	106	28	147	35
雷达及配套设备制造	394	407	16	5	16	
非专业视听设备制造	395	7422	36	25	39	7
智能消费设备制造	396	11790	78	84	197	66
电子器件制造	397	36750	237	218	568	118
电子元件及电子专用材料制造	398	65602	348	589	903	186
其他电子设备制造	399	21375	136	189	470	46
仪器仪表制造业	40	64598	953	1084	2663	334
通用仪器仪表制造	401	43768	546	780	1858	218
专用仪器仪表制造	402	8946	229	127	429	73
钟表与计时仪器制造	403	3390	8	19	37	6
光学仪器制造	404	3459	52	32	40	6
衡器制造	405	1212	12	9	78	18
其他仪器仪表制造业	409	3823	106	117	221	13
其他制造业	41	65844	133	457	3845	322
日用杂品制造	411	21667	22	107	983	47
其他未列明制造业	419	44177	111	350	2862	275
废弃资源综合利用业	42	31823	58	308	2555	980
金属废料和碎屑加工处理	421	16058	37	254	1534	437
非金属废料和碎屑加工处理	422	15765	21	54	1021	543

单位：个

内蒙古	辽宁	吉林	黑龙江	上海	江苏	浙江	安徽	福建	江西	山东	河南	代码
62	1286	226	193	494	9311	5413	1086	1273	871	3253	1176	37
27	365	148	83	33	751	196	186	24	40	542	281	371
4	30	34	5	11	201	33	65	5	18	115	32	372
5	675	12	33	261	4023	1292	296	771	515	1333	87	373
13	153	14	52	59	435	112	87	12	144	118	98	374
3	6	3	2	47	1002	1591	69	343	66	153	353	375
2	5	4	3	39	630	654	70	58	18	118	65	376
3	12	5	3	24	1697	807	278	28	44	389	206	377
2	6		3	11	169	625	6	12	7	60	20	378
3	34	6	9	9	403	103	29	20	19	425	34	379
783	4501	786	998	3668	44620	53787	7920	6600	5404	15272	7573	38
110	400	66	133	349	4033	4216	519	2073	283	2013	702	381
341	2212	341	425	1454	17147	25493	3061	1659	1996	5781	2901	382
119	727	119	144	636	5840	3719	1521	477	925	1788	1553	383
42	146	24	22	73	1106	765	575	233	581	524	684	384
32	193	57	71	302	2285	9721	831	947	312	1693	415	385
49	103	35	41	65	639	895	213	92	102	678	167	386
39	336	62	63	364	7529	7146	624	655	865	781	484	387
51	384	82	99	425	6041	1832	576	464	340	2014	667	389
341	1444	344	385	1944	26120	15185	5669	4515	5906	7559	3231	39
45	169	39	96	212	1497	781	360	283	429	1163	291	391
22	145	42	54	198	1693	1157	328	455	359	518	279	392
14	44	8	17	33	539	286	241	75	90	138	50	393
	11	1	4	4	82	20	31	8	3	27	4	394
7	21	7	2	30	428	552	96	106	199	132	50	395
27	101	32	52	116	1802	1203	715	289	510	740	279	396
36	229	97	38	416	6073	2706	1571	1131	1850	1416	992	397
149	499	70	85	754	10749	7694	1894	1550	1853	2626	931	398
41	225	48	37	181	3257	786	433	618	613	799	355	399
126	1651	333	362	1676	14913	8388	2962	1410	1099	6133	2539	40
69	1183	216	238	1078	10973	6474	2373	764	472	4726	1568	401
34	227	57	71	274	1793	936	302	186	182	796	350	402
2	41	3	7	43	61	183	20	271	45	86	22	403
2	34	35	4	105	793	328	51	90	313	49	370	404
16	29	8	14	29	189	235	36	36	21	103	71	405
3	137	14	28	147	1104	232	180	63	66	373	158	409
355	1367	382	391	672	10860	8733	2666	3200	2360	5418	2509	41
33	173	31	36	162	2066	7003	1630	1469	527	1183	969	411
322	1194	351	355	510	8794	1730	1036	1731	1833	4235	1540	419
492	745	312	419	124	2752	1281	2197	1161	1915	2607	3162	42
236	417	133	153	65	1393	602	777	503	1055	1216	1789	421
256	328	179	266	59	1359	679	1420	658	860	1391	1373	422

2-1 续表 6 (2022年)

行业中类	代码	企业单位数	北京	天津	河北	山西
金属制品、机械和设备修理业	43	53142	1346	1383	2487	2026
金属制品修理	431	1354	12	41	48	37
通用设备修理	432	9369	246	264	505	387
专用设备修理	433	8937	323	180	521	472
铁路、船舶、航空航天等运输设备修理	434	8901	78	252	269	42
电气设备修理	435	6062	135	147	318	348
仪器仪表修理	436	1052	85	38	34	26
其他机械和设备修理业	439	17467	467	461	792	714
电力、热力、燃气及水生产和供应业	**D**	**148645**	**2178**	**1308**	**7005**	**6859**
电力、热力生产和供应业	44	104570	1675	903	4653	5300
电力生产	441	80862	607	396	3185	4064
电力供应	442	11504	332	149	474	677
热力生产和供应	443	12204	736	358	994	559
燃气生产和供应业	45	12409	117	116	1093	726
燃气生产和供应业	451	11269	103	108	1014	668
生物质燃气生产和供应业	452	1140	14	8	79	58
水的生产和供应业	46	31666	386	289	1259	833
自来水生产和供应	461	18094	86	84	545	426
污水处理及其再生利用	462	12621	287	186	665	390
海水淡化处理	463	75		6	8	
其他水的处理、利用与分配	469	876	13	13	41	17
建筑业	**E**	**2901128**	**62635**	**35445**	**171484**	**85348**
房屋建筑业	47	656058	17475	6372	40528	16559
住宅房屋建筑	471	524161	11102	4788	32525	13701
体育场馆建筑	472	1728	29	13	94	28
其他房屋建筑业	479	130169	6344	1571	7909	2830
土木工程建筑业	48	630907	10561	8529	39253	22460
铁路、道路、隧道和桥梁工程建筑	481	197805	2758	2019	13434	6731
水利和水运工程建筑	482	22264	156	247	1344	727
海洋工程建筑	483	739	5	111	32	3
工矿工程建筑	484	10910	83	83	631	1565
架线和管道工程建筑	485	32131	913	837	3043	1065
节能环保工程施工	486	11692	341	185	713	491
电力工程施工	487	13858	386	228	934	685
其他土木工程建筑	489	341508	5919	4819	19122	11193
建筑安装业	49	318291	5007	5534	23439	7949
电气安装	491	88580	2179	1570	4141	1998
管道和设备安装	492	78847	1494	1459	7135	2821
其他建筑安装业	499	150864	1334	2505	12163	3130
建筑装饰、装修和其他建筑业	50	1295872	29592	15010	68264	38380
建筑装饰和装修业	501	845871	24919	11816	51321	25794
建筑物拆除和场地准备活动	502	57942	968	347	3646	2839
提供施工设备服务	503	31768	649	325	930	824
其他未列明建筑业	509	360291	3056	2522	12367	8923

单位：个

内蒙古	辽宁	吉林	黑龙江	上海	江苏	浙江	安徽	福建	江西	山东	河南	代码
1040	2121	433	805	1341	6541	3551	1973	1515	1099	6085	2103	43
24	39	9	15	44	175	72	29	52	29	139	63	431
182	352	106	130	270	1144	533	367	226	164	855	432	432
229	316	101	237	202	760	382	329	169	186	899	378	433
29	555	17	142	269	1570	1549	196	437	139	1360	125	434
164	201	46	93	120	598	240	265	203	117	686	324	435
7	37	13	19	61	99	51	31	28	9	76	26	436
405	621	141	169	375	2195	724	756	400	455	2070	755	439
4229	**4132**	**2223**	**3648**	**288**	**7467**	**7754**	**6573**	**7565**	**7459**	**10394**	**6981**	D
3129	3160	1657	2808	128	4935	5825	4390	5987	5654	6995	4563	44
2059	1698	873	1512	86	3147	5143	3854	5430	4879	4968	3305	441
232	347	90	153	21	1319	472	365	342	639	851	629	442
838	1115	694	1143	21	469	210	171	215	136	1176	629	443
338	311	215	288	40	552	397	355	216	384	911	669	45
313	283	183	232	36	492	381	305	196	315	808	605	451
25	28	32	56	4	60	16	50	20	69	103	64	452
762	661	351	552	120	1980	1532	1828	1362	1421	2488	1749	46
379	296	191	308	40	768	539	1307	894	1037	1092	1031	461
345	338	147	234	65	1119	880	498	446	341	1273	680	462
	4		1		2	4	1	3	1	25	1	463
38	23	13	9	15	91	109	22	19	42	98	37	469
45894	**55977**	**23546**	**29973**	**25167**	**327979**	**118054**	**156888**	**78975**	**102325**	**337300**	**180153**	E
9065	8399	5677	7117	3326	74580	20927	38447	24047	32227	58873	43835	47
4915	6991	4714	5966	2189	47720	18015	33187	21445	27141	46791	37838	471
25	25	13	27	39	146	27	83	59	215	212	175	472
4125	1383	950	1124	1098	26714	2885	5177	2543	4871	11870	5822	479
14863	13860	4938	6548	4697	64948	24045	31030	15320	19616	86677	36317	48
4513	3512	1858	3046	1432	15935	9260	12011	6078	6862	20460	12866	481
618	655	375	519	219	1923	1096	1379	723	726	2294	1269	482
5	27	1	1	21	91	62	15	43	11	151	21	483
550	305	89	89	60	752	287	347	302	252	909	798	484
1212	1165	394	714	472	2321	1274	1342	655	514	3363	2063	485
191	367	99	113	223	1063	555	404	342	215	1053	572	486
308	467	131	163	233	1062	454	684	415	278	1501	723	487
7466	7362	1991	1903	2037	41801	11057	14848	6762	10758	56946	18005	489
5872	8808	3332	4039	4901	42866	11646	15133	5289	7615	46140	14589	49
1464	2762	943	1320	1657	11017	4462	5094	1724	2318	8892	4607	491
1713	2210	766	1089	1313	9687	2845	3071	1151	1149	12280	3958	492
2695	3836	1623	1630	1931	22162	4339	6968	2414	4148	24968	6024	499
16094	24910	9599	12269	12243	145585	61436	72278	34319	42867	145610	85412	50
11891	19394	7079	8779	9064	86645	47117	50728	24820	25970	82125	48650	501
1118	1098	204	428	257	5340	6885	3211	959	1238	6210	3435	502
453	490	162	197	189	5933	1983	1873	674	1437	4131	2020	503
2632	3928	2154	2865	2733	47667	5451	16466	7866	14222	53144	31307	509

2-1 续表 7 (2022年)

行业中类	代码	企业单位数	北京	天津	河北	山西
批发和零售业	F	**10708678**	**340342**	**118867**	**513726**	**274021**
批发业	51	5763075	149489	84929	267140	140766
农、林、牧、渔产品批发	511	228580	4019	1689	8792	4145
食品、饮料及烟草制品批发	512	566847	29903	7132	25952	11374
纺织、服装及家庭用品批发	513	865346	19111	6314	32143	8546
文化、体育用品及器材批发	514	197707	8278	2484	9166	2895
医药及医疗器材批发	515	202144	7896	2437	10496	4077
矿产品、建材及化工产品批发	516	1681619	29474	29325	89256	55375
机械设备、五金产品及电子产品批发	517	1246505	40400	22190	59427	39834
贸易经纪与代理	518	246391	3273	3458	9074	3272
其他批发业	519	527936	7135	9900	22834	11248
零售业	52	4945603	190853	33938	246586	133255
综合零售	521	772333	33055	4471	48350	29269
食品、饮料及烟草制品专门零售	522	524600	24217	3607	18481	13969
纺织、服装及日用品专门零售	523	535129	29954	3248	26259	9378
文化、体育用品及器材专门零售	524	250406	17761	2148	11679	5830
医药及医疗器材专门零售	525	357288	5664	3457	20508	8743
汽车、摩托车、零配件和燃料及其他动力销售	526	478498	8811	4532	32584	14697
家用电器及电子产品专门零售	527	481982	23844	2764	19301	12035
五金、家具及室内装饰材料专门零售	528	662927	27733	4991	39443	20357
货摊、无店铺及其他零售业	529	882440	19814	4720	29981	18977
交通运输、仓储和邮政业	G	**964055**	**23031**	**19960**	**47592**	**26936**
铁路运输业	53	3624	70	43	197	190
铁路旅客运输	531	536	7	6	16	12
铁路货物运输	532	2075	34	19	110	110
铁路运输辅助活动	533	1013	29	18	71	68
道路运输业	54	619276	14660	8684	35190	21450
城市公共交通运输	541	19803	336	182	821	482
公路旅客运输	542	12702	140	141	550	291
道路货物运输	543	551902	12649	7967	31713	19557
道路运输辅助活动	544	34869	1535	394	2106	1120
水上运输业	55	20419	77	455	607	43
水上旅客运输	551	1523	3	8	74	12
水上货物运输	552	12320	37	216	212	10
水上运输辅助活动	553	6576	37	231	321	21
航空运输业	56	4953	413	173	204	142
航空客货运输	561	1459	111	27	38	28
通用航空服务	562	2297	204	40	108	81
航空运输辅助活动	563	1197	98	106	58	33
管道运输业	57	625	16	18	20	15
海底管道运输	571	108	1	1	4	
陆地管道运输	572	517	15	17	16	15

单位：个

内蒙古	辽宁	吉林	黑龙江	上海	江苏	浙江	安徽	福建	江西	山东	河南	代码
144065	**231351**	**93506**	**113886**	**188911**	**948048**	**899568**	**373282**	**589634**	**348583**	**1140408**	**634293**	F
65266	140137	43862	61578	143727	601276	523178	183299	302851	163407	670831	293699	51
6540	7997	4113	9804	1662	16574	7661	12081	7845	5714	26796	17723	511
5940	14765	4316	7116	12905	41155	28261	19950	36284	11126	67229	27945	512
2895	11419	2873	3573	20432	90243	159810	16572	104570	14276	78285	30782	513
1295	3240	972	1214	5272	16424	30118	4721	11055	3307	22304	9447	514
2438	5719	3137	3693	6041	16332	12496	9625	4609	13554	18520	14924	515
27451	43834	11398	16575	40649	164523	118514	64865	59724	61712	207844	99963	516
12943	28390	7133	11403	41878	165966	93417	33166	40929	18878	153188	61053	517
1698	9062	1898	2829	5446	27975	28130	4073	15219	18210	23041	3754	518
4066	15711	8022	5371	9442	62084	44771	18246	22616	16630	73624	28108	519
78799	91214	49644	52308	45184	346772	376390	189983	286783	185176	469577	340594	52
21752	11852	7158	6186	4210	48824	15642	34222	26364	22967	92030	84604	521
7069	10669	5475	5964	5358	38762	24957	21695	28672	15460	49143	32563	522
3996	8497	3382	3487	7166	40383	51630	16332	49912	20576	45898	31869	523
2947	4080	1629	1489	3550	23027	18036	8598	11775	6828	24832	19622	524
8102	14885	8639	12210	2339	23488	15545	13436	7942	13570	24957	24259	525
9981	11443	8417	8587	4030	28884	25532	21547	15177	15729	51387	32992	526
6645	8079	3886	3660	4762	32939	23323	18474	12655	13799	38200	35890	527
11278	11433	4608	4614	7836	46302	41011	29414	23640	26234	60666	46627	528
7029	10276	6450	6111	5933	64163	160714	26265	110646	50013	82464	32168	529
17750	**30289**	**10110**	**15639**	**23947**	**101146**	**58297**	**39566**	**29781**	**36383**	**100685**	**40688**	G
258	77	60	99	26	235	61	98	101	119	407	166	53
6	18	9	15	6	39	13	36	26	20	63	25	531
223	35	35	53	15	119	24	41	52	73	200	82	532
29	24	16	31	5	77	24	21	23	26	144	59	533
12744	19886	6287	9862	7492	73177	35517	28268	16965	29234	60260	27738	54
625	829	453	765	247	935	749	493	463	542	3920	888	541
244	579	207	456	96	727	543	525	542	475	645	597	542
11273	17725	5248	7944	6838	69241	32351	25669	14857	26904	52278	23838	543
602	753	379	697	311	2274	1874	1581	1103	1313	3417	2415	544
23	702	28	107	527	3101	2041	1446	1829	573	1810	432	55
9	67	10	33	21	72	102	37	58	37	164	30	551
11	288	10	50	332	1748	1374	1182	1228	412	840	310	552
3	347	8	24	174	1281	565	227	543	124	806	92	553
133	187	48	95	102	268	234	85	173	116	365	134	56
32	50	17	26	52	76	83	14	63	22	82	24	561
50	82	23	48	23	142	105	51	52	72	197	87	562
51	55	8	21	27	50	46	20	58	22	86	23	563
19	15	6	6	74	55	15	12	7	10	87	42	57
2	1	3			8	5	4		7	24	13	571
17	14	3	6	74	47	10	8	7	3	63	29	572

2-1 续表 8 (2022年)

行业中类	代码	企业单位数	北京	天津	河北	山西
多式联运和运输代理业	58	185275	4449	7382	5606	1643
多式联运	581	11870	18	196	739	72
运输代理业	582	173405	4431	7186	4867	1571
装卸搬运和仓储业	59	97423	2694	2817	4891	2992
装卸搬运	591	38915	553	583	1961	1401
通用仓储	592	17082	988	733	813	687
低温仓储	593	4243	45	96	148	205
危险品仓储	594	994	12	37	34	25
谷物、棉花等农产品仓储	595	10860	101	50	610	323
中药材仓储	596	154	2	1	6	10
其他仓储业	599	25175	993	1317	1319	341
邮政业	60	32460	652	388	877	461
邮政基本服务	601	1883	16	63	52	26
快递服务	602	29544	596	311	799	409
其他寄递服务	609	1033	40	14	26	26
住宿和餐饮业	**H**	**667190**	**38566**	**7102**	**23217**	**16595**
住宿业	61	176062	6028	1435	5849	4350
旅游饭店	611	47909	1603	351	1376	800
一般旅馆	612	95286	3182	824	3161	2539
民宿服务	613	10354	351	49	430	379
露营地服务	614	835	16	1	14	32
其他住宿业	619	21678	876	210	868	600
餐饮业	62	491128	32538	5667	17368	12245
正餐服务	621	371742	24484	3990	13950	10012
快餐服务	622	32166	3230	538	1291	502
饮料及冷饮服务	623	15410	1159	176	230	172
餐饮配送及外卖送餐服务	624	16524	356	361	447	257
其他餐饮业	629	55286	3309	602	1450	1302
信息传输、软件和信息技术服务业	**I**	**1739295**	**77477**	**19979**	**67655**	**44260**
电信、广播电视和卫星传输服务	63	35857	1671	391	1030	979
电信	631	31627	1443	356	863	831
广播电视传输服务	632	3484	157	33	141	124
卫星传输服务	633	746	71	2	26	24
互联网和相关服务	64	255507	8030	2044	7945	6328
互联网接入及相关服务	641	21948	548	167	734	624
互联网信息服务	642	126390	3242	911	3808	2096
互联网平台	643	29087	1760	319	996	617
互联网安全服务	644	3434	162	30	57	84
互联网数据服务	645	15912	1054	171	282	2112
其他互联网服务	649	58736	1264	446	2068	795
软件和信息技术服务业	65	1447931	67776	17544	58680	36953
软件开发	651	730464	35217	10296	36016	20395
集成电路设计	652	36644	441	293	1629	394

单位：个

内蒙古	辽宁	吉林	黑龙江	上海	江苏	浙江	安徽	福建	江西	山东	河南	代码
1676	5099	1262	1897	11961	14668	13466	4742	7149	2809	26294	5653	58
135	127	121	336	91	1410	190	638	283	386	2523	841	581
1541	4972	1141	1561	11870	13258	13276	4104	6866	2423	23771	4812	582
2364	3202	1894	2773	2820	8357	4987	3618	2468	2387	9883	5162	59
1270	921	277	764	394	4586	2316	1417	1120	1013	3491	1515	591
235	755	191	195	1268	1134	1451	381	446	197	1242	678	592
58	305	130	90	103	125	121	297	83	43	956	260	593
13	61	2	15	37	114	72	15	38	14	97	25	594
392	529	953	1284	34	418	152	605	158	427	801	1079	595
6	3	4	5		2	4	31	2	4	14	6	596
390	628	337	420	984	1978	871	872	621	689	3282	1599	599
533	1121	525	800	945	1285	1976	1297	1089	1135	1579	1361	60
28	42	30	92	8	66	38	61	51	63	65	81	601
490	1055	485	700	869	1181	1904	1209	1011	1024	1468	1250	602
15	24	10	8	68	38	34	27	27	48	46	30	609
6307	**11506**	**4220**	**4350**	**20525**	**46445**	**41241**	**27412**	**22745**	**17216**	**54370**	**32462**	H
2636	3940	1237	1448	4836	9673	12822	6286	6140	5381	9874	8698	61
951	940	481	475	776	2060	3061	1716	2012	1564	3013	2461	611
1115	2377	581	727	3669	5784	7095	3544	3182	2842	5142	4780	612
59	189	34	36	168	331	2032	330	333	242	387	265	613
19	10	1	5	4	23	164	31	37	12	27	22	614
492	424	140	205	219	1475	470	665	576	721	1305	1170	619
3671	7566	2983	2902	15689	36772	28419	21126	16605	11835	44496	23764	62
3005	5432	2168	1959	10555	26547	21149	16411	12001	9077	32324	18523	621
221	695	200	317	1452	2647	2105	1339	960	546	4657	1599	622
54	165	71	53	1101	844	1273	310	603	265	571	187	623
120	361	248	211	349	1208	1142	653	927	508	1307	644	624
271	913	296	362	2232	5526	2750	2413	2114	1439	5637	2811	629
14819	**35871**	**12275**	**19329**	**33266**	**155648**	**146868**	**63488**	**92727**	**62880**	**145579**	**83870**	I
744	1099	409	949	612	2979	1551	1232	889	1201	1691	1689	63
664	906	335	838	522	2770	1349	1060	800	1078	1382	1424	631
69	173	65	97	58	168	170	156	63	116	282	206	632
11	20	9	14	32	41	32	16	26	7	27	59	633
2793	4494	1986	2824	3914	19623	16017	11299	16626	13406	23469	13116	64
366	455	239	334	318	1110	499	788	1057	695	1808	1019	641
1153	2055	940	1263	1403	11591	9852	6413	6983	8584	10457	7266	642
419	734	260	419	855	1234	1438	751	2484	602	2430	763	643
53	59	28	22	93	240	256	115	209	74	241	131	644
191	232	57	113	427	931	1433	842	745	320	903	612	645
611	959	462	673	818	4517	2539	2390	5148	3131	7630	3325	649
11282	30278	9880	15556	28740	133046	129300	50957	75212	48273	120419	69065	65
4449	19303	4946	9146	12739	62686	65082	23622	39479	19222	43535	35401	651
235	332	210	510	709	4190	799	1669	1408	1632	5820	3106	652

2-1 续表 9 (2022年)

行业中类	代码	企业单位数	北京	天津	河北	山西
信息系统集成和物联网技术服务	653	120732	4042	959	4656	3529
运行维护服务	654	16945	1227	208	556	274
信息处理和存储支持服务	655	10976	599	157	421	283
信息技术咨询服务	656	388662	16641	3675	10606	8937
数字内容服务	657	18132	733	169	321	245
其他信息技术服务业	659	125376	8876	1787	4475	2896
金融业	**J**	**157538**	**8096**	**5247**	**4319**	**2825**
货币金融服务	66	42457	1053	3415	1517	1182
货币银行服务	662	12572	157	290	502	367
非货币银行服务	663	29734	890	3123	1007	813
银行理财服务	664	151	6	2	8	2
资本市场服务	67	75037	5199	1337	889	433
证券市场服务	671	1123	51	24	11	13
公开募集证券投资基金	672	2235	65	13	33	3
非公开募集证券投资基金	673	19538	1481	406	93	80
期货市场服务	674	1030	29	40	19	4
资本投资服务	676	29457	2304	501	583	255
其他资本市场服务	679	21654	1269	353	150	78
保险业	68	20978	915	194	1252	633
人身保险	681	6337	95	38	316	182
财产保险	682	6840	74	26	321	238
再保险	683	40	9	1	2	
商业养老金	684	287	12	2	14	5
保险中介服务	685	5636	523	101	487	186
保险资产管理	686	168	24		7	1
其他保险活动	689	1670	178	26	105	21
其他金融业	69	19066	929	301	661	577
金融信托与管理服务	691	1963	41	22	88	110
控股公司服务	692	3700	320	28	17	14
非金融机构支付服务	693	429	61	5	23	4
金融信息服务	694	4566	214	24	186	217
金融资产管理公司	695	1023	54	18	31	19
其他未列明金融业	699	7385	239	204	316	213
房地产业	**K**	**1110776**	**35079**	**16333**	**60200**	**27683**
房地产业	70	1110776	35079	16333	60200	27683
房地产开发经营	701	291996	5216	2623	18572	7492
物业管理	702	375571	14578	6262	21671	11715
房地产中介服务	703	333714	8080	5638	18097	5639
房地产租赁经营	704	90234	6504	1589	1397	2646
其他房地产业	709	19261	701	221	463	191
租赁和商务服务业	**L**	**4119814**	**246625**	**58862**	**155629**	**90654**
租赁业	71	470747	15486	6653	26405	14574
机械设备经营租赁	711	459548	14725	6573	26130	14324

单位：个

内蒙古	辽宁	吉林	黑龙江	上海	江苏	浙江	安徽	福建	江西	山东	河南	代码
1064	1325	589	1229	1986	11467	7296	4212	7000	5985	14623	7219	653
410	268	148	180	486	1217	485	782	793	1078	1993	878	654
105	179	54	98	352	1188	931	402	540	393	856	331	655
3361	6403	2449	3028	8706	34167	48483	15217	19590	16339	37234	14602	656
164	326	91	118	463	1360	1789	696	982	309	1360	857	657
1494	2142	1393	1247	3299	16771	4435	4357	5420	3315	14998	6671	659
1720	**3871**	**1602**	**2076**	**9553**	**8139**	**15849**	**3865**	**4371**	**2787**	**12933**	**3157**	J
887	1957	784	917	1455	2324	1758	1326	1358	993	2527	1202	66
325	477	299	335	197	684	524	409	382	415	773	540	662
562	1477	485	578	1250	1636	1232	912	971	573	1743	657	663
	3		4	8	4	2	5	5	5	11	5	664
192	529	334	377	6875	3322	11364	1018	1938	749	6992	451	67
5	17	8	23	66	86	42	41	46	26	77	16	671
1	14	12	18	100	93	85	45	21	25	214	18	672
48	106	56	72	4698	804	1562	182	473	135	2584	45	673
5	17	9	14	70	119	18	22	21	29	150	19	674
79	259	164	156	1240	1530	3356	377	916	345	2536	226	676
54	116	85	94	701	690	6301	351	461	189	1431	127	679
458	900	336	584	468	1501	840	902	496	604	1688	1107	68
154	303	125	219	45	487	251	307	158	178	528	428	681
227	306	136	210	59	397	285	324	178	177	560	412	682
1			2	7	2		1	1	1	5	3	683
4	13	6	6	6	19	12	15	11	9	28	19	684
52	228	55	104	254	524	236	154	113	189	403	176	685
	1		6	13	15	7	4	8	16	17	4	686
20	49	14	37	84	57	49	97	27	34	147	65	689
183	485	148	198	755	992	1887	619	579	441	1726	397	69
9	24	22	16	30	92	201	44	42	57	126	48	691
15	87	6	13	70	214	966	58	23	16	140	35	692
5	6	4	6	48	20	29	12	8	6	19	9	693
34	71	38	39	433	224	300	242	146	196	388	148	694
8	15	7	8	31	43	34	29	49	26	234	13	695
112	282	71	116	143	399	357	234	311	140	819	144	699
18563	**30071**	**11373**	**15869**	**25129**	**86444**	**67403**	**41147**	**33384**	**29507**	**87730**	**63853**	K
18563	30071	11373	15869	25129	86444	67403	41147	33384	29507	87730	63853	70
5271	7800	3554	3994	4839	19969	15884	9848	8975	10215	22313	20922	701
7961	10768	4332	7206	6830	29055	17045	13539	10531	8996	35352	23835	702
4507	9350	2938	3886	5972	29665	23920	15140	10616	8495	25290	15691	703
711	1866	431	551	7102	6212	9880	1996	2690	1274	3310	2492	704
113	287	118	232	386	1543	674	624	572	527	1465	913	709
52751	**83335**	**30944**	**41167**	**92385**	**333794**	**264206**	**180957**	**154612**	**154482**	**377816**	**202178**	L
9086	8397	4910	7645	3851	26494	22821	25385	13144	17245	46362	30834	71
8755	8031	4813	7553	3593	25857	22027	25065	12749	17003	45349	30320	711

2-1 续表 10 (2022年)

行业中类	代码	企业单位数	北京	天津	河北	山西
文体设备和用品出租	712	10136	674	71	264	225
日用品出租	713	1063	87	9	11	25
商务服务业	72	3649067	231139	52209	129224	76080
组织管理服务	721	607459	63740	9897	14789	6545
综合管理服务	722	139217	6087	2406	5013	2550
法律服务	723	124976	1643	1728	5084	1136
咨询与调查	724	1097458	94021	18032	38181	32564
广告业	725	528158	22212	5598	24509	12966
人力资源服务	726	476965	7702	6821	17607	8713
安全保护服务	727	50094	1495	571	2302	1077
会议、展览及相关服务	728	93294	16492	1139	3746	2586
其他商务服务业	729	531446	17747	6017	17993	7943
科学研究和技术服务业	**M**	**2310825**	**316646**	**59681**	**106287**	**44302**
研究和试验发展	73	292734	8563	2552	13280	2119
自然科学研究和试验发展	731	15103	332	142	737	64
工程和技术研究和试验发展	732	204614	3442	1742	7448	1461
农业科学研究和试验发展	733	29750	408	118	2961	328
医学研究和试验发展	734	41051	4233	532	2089	246
社会人文科学研究	735	2216	148	18	45	20
专业技术服务业	74	892405	49902	12151	27158	19148
气象服务	741	1412	38	18	66	26
地震服务	742	1197	31	10	38	19
海洋服务	743	1487	27	76	24	7
测绘地理信息服务	744	17486	307	167	1114	533
质检技术服务	745	63386	2347	1046	2955	1753
环境与生态监测检测服务	746	18766	307	252	996	565
地质勘查	747	12205	299	78	624	647
工程技术与设计服务	748	436829	23140	5005	13387	11514
工业与专业设计及其他专业技术服务	749	339637	23406	5499	7954	4084
科技推广和应用服务业	75	1125686	258181	44978	65849	23035
技术推广服务	751	732412	105026	37464	51337	19503
知识产权服务	752	39561	4027	780	1638	507
科技中介服务	753	23871	1644	572	955	699
创业空间服务	754	9864	483	308	1174	392
其他科技推广服务业	759	319978	147001	5854	10745	1934
水利、环境和公共设施管理业	**N**	**251731**	**8271**	**2160**	**13721**	**6458**
水利管理业	76	8982	114	62	337	308
防洪除涝设施管理	761	971	5	4	31	27
水资源管理	762	2498	43	18	96	82
天然水收集与分配	763	671	7	5	12	34
水文服务	764	380	6	1	21	23
其他水利管理业	769	4462	53	34	177	142
生态保护和环境治理业	77	35830	1486	293	1372	1239

单位：个

内蒙古	辽宁	吉林	黑龙江	上海	江苏	浙江	安徽	福建	江西	山东	河南	代码
315	340	86	84	217	525	708	289	355	227	967	476	712
16	26	11	8	41	112	86	31	40	15	46	38	713
43665	74938	26034	33522	88534	307300	241385	155572	141468	137237	331454	171344	72
4469	10127	2617	4307	17598	51918	61495	20068	31669	22091	50111	14907	721
2513	3722	1043	1452	2866	15173	14983	4254	8036	2814	10646	5659	722
1174	2104	2652	1507	2236	11586	1350	6624	2973	14856	18325	10893	723
13221	27037	5781	7859	34719	79669	80230	35698	36571	36729	98301	50941	724
6955	10591	4456	4536	10784	48471	34272	26130	23684	16233	40744	24757	725
7218	8151	4150	5972	5848	45568	17543	39775	9035	21991	43775	24390	726
868	1138	500	689	498	3576	2783	2337	2160	2012	4407	2282	727
1534	1943	377	709	3610	6636	4719	1908	2630	2183	6255	5194	728
5713	10125	4458	6491	10375	44703	24010	18778	24710	18328	58890	32321	729
28174	**43287**	**14388**	**29309**	**44804**	**271267**	**130363**	**79206**	**81870**	**49913**	**202470**	**107508**	**M**
941	7632	2412	3825	3634	64025	18483	8988	18282	2836	28740	7610	73
58	630	147	203	91	3349	456	323	1395	129	1534	295	731
508	5198	1320	2254	2289	50679	14281	6503	12622	1577	18666	3953	732
201	853	556	968	69	3297	1162	800	2354	395	4531	1442	733
129	864	372	372	1174	6148	2550	1307	1839	703	3894	1830	734
45	87	17	28	11	552	34	55	72	32	115	90	735
12063	18745	6010	10230	22290	100926	56130	36596	27471	30488	82064	41728	74
34	39	18	27	6	101	35	62	16	63	94	60	741
39	22	16	22	1	112	42	64	51	40	247	96	742
7	65		4	149	95	103	20	115	17	326	12	743
568	418	222	420	94	1208	741	646	451	960	1172	1097	744
1213	2011	770	1189	1425	6515	4380	2212	1846	1853	5051	2908	745
481	398	173	276	132	2420	1165	939	601	752	1876	920	746
653	340	117	271	33	318	197	371	253	594	1607	683	747
6556	7749	2830	4222	8045	45123	28379	19766	14434	16000	36175	18571	748
2512	7703	1864	3799	12405	45034	21088	12516	9704	10209	35516	17381	749
15170	16910	5966	15254	18880	106316	55750	33622	36117	16589	91666	58170	75
8829	13917	4371	11402	9048	66872	43594	24692	22323	11076	70669	46544	751
357	462	287	284	793	6062	2938	1727	1429	1063	2858	1299	752
559	474	175	245	411	1984	1723	761	2026	614	1819	481	753
47	330	46	279	213	754	583	227	1318	114	556	318	754
5378	1727	1087	3044	8415	30644	6912	6215	9021	3722	15764	9528	759
4949	**4119**	**2112**	**3092**	**2293**	**19900**	**13885**	**12399**	**8468**	**8789**	**28120**	**19860**	**N**
216	206	107	127	128	593	530	498	315	297	1041	570	76
8	18	5	18	12	90	100	72	65	27	126	58	761
73	63	28	29	19	110	133	97	77	82	250	171	762
15	27	13	7	5	13	67	15	42	20	58	29	763
18	8	8	4	2	22	23	14	18	6	34	37	764
102	90	53	69	90	358	207	300	113	162	573	275	769
835	561	291	356	355	3332	2705	1202	1339	1231	2974	1853	77

2-1 续表 11 (2022年)

行业中类	代码	企业单位数	北京	天津	河北	山西
生态保护	771	2851	42	14	103	123
环境治理业	772	32979	1444	279	1269	1116
公共设施管理业	78	147365	6473	1758	8198	4473
市政设施管理	781	19246	213	217	778	366
环境卫生管理	782	28536	740	289	1497	819
城乡市容管理	783	3686	52	35	163	101
绿化管理	784	69352	4979	1009	3639	2126
城市公园管理	785	1542	75	8	49	46
游览景区管理	786	25003	414	200	2072	1015
土地管理业	79	59554	198	47	3814	438
土地整治服务	791	24643	76	19	2067	310
土地调查评估服务	792	8509	11	9	310	53
土地登记服务	793	1279	7		100	5
土地登记代理服务	794	10575	72	1	705	36
其他土地管理服务	799	14548	32	18	632	34
居民服务、修理和其他服务业	O	**725391**	**40937**	**10490**	**30131**	**20131**
居民服务业	80	324360	20602	4416	12227	9973
家庭服务	801	76673	3183	1396	4462	3295
托儿所服务	802	16609	377	203	413	317
洗染服务	803	9136	915	192	497	186
理发及美容服务	804	58855	9460	874	1759	1772
洗浴和保健养生服务	805	53564	2628	408	1805	1091
摄影扩印服务	806	24490	2263	269	555	742
婚姻服务	807	21465	750	175	839	850
殡葬服务	808	10452	280	127	435	267
其他居民服务业	809	53116	746	772	1462	1453
机动车、电子产品和日用产品修理业	81	258595	9930	3456	11421	6562
汽车、摩托车等修理与维护	811	198016	5472	2440	9506	5204
计算机和办公设备维修	812	24840	1964	370	689	629
家用电器修理	813	25217	1870	442	953	499
其他日用产品修理业	819	10522	624	204	273	230
其他服务业	82	142436	10405	2618	6483	3596
清洁服务	821	86787	5991	1271	4426	2359
宠物服务	822	9587	824	146	438	183
其他未列明服务业	829	46062	3590	1201	1619	1054
教育	P	**331910**	**14321**	**4712**	**10425**	**5873**
教育	83	331910	14321	4712	10425	5873
学前教育	831	21918	465	434	1375	337
初等教育	832	4027	57	40	192	49
中等教育	833	3663	35	46	298	69
高等教育	834	623	9	15	28	5
特殊教育	835	704	14	6	26	15
技能培训、教育辅助及其他教育	839	300975	13741	4171	8506	5398

单位：个

内蒙古	辽宁	吉林	黑龙江	上海	江苏	浙江	安徽	福建	江西	山东	河南	代码
133	49	27	50	20	166	156	104	125	73	178	157	771
702	512	264	306	335	3166	2549	1098	1214	1158	2796	1696	772
3265	2585	1237	1775	1718	10542	9626	7691	5284	5035	13800	11294	78
319	371	223	307	273	1862	1433	970	587	843	2360	1262	781
433	559	279	397	336	2588	2643	1436	1120	1359	1742	1728	782
58	66	21	44	85	358	274	178	122	150	266	370	783
2105	1016	532	787	958	4528	3140	4133	1986	1643	7315	6027	784
10	31	13	23	31	140	96	49	64	37	185	111	785
340	542	169	217	35	1066	2040	925	1405	1003	1932	1796	786
633	767	477	834	92	5433	1024	3008	1530	2226	10305	6143	79
290	303	180	359	15	1982	532	1426	797	842	4010	2569	791
56	98	96	122	5	833	166	399	243	275	1962	946	792
19	20	17	22	2	119	19	78	33	40	179	151	793
82	168	64	95	15	1293	151	469	193	586	1765	1012	794
186	178	120	236	55	1206	156	636	264	483	2389	1465	799
10050	**15810**	**6508**	**6813**	**16706**	**54211**	**45219**	**28570**	**26619**	**18589**	**56452**	**31278**	**O**
3987	7296	3033	2776	8714	21015	21788	11265	12381	7406	25231	13142	80
1707	1505	1040	760	833	4783	5303	3215	3936	2001	5910	3478	801
110	313	170	76	97	1069	1357	482	921	342	1494	471	802
128	234	80	91	302	557	594	372	272	190	510	365	803
314	982	303	258	3411	3451	4090	1313	1737	1139	3211	1506	804
347	1622	444	462	2116	3571	3814	2278	1933	1265	5118	2592	805
196	495	99	104	975	1357	2308	653	1164	377	1839	819	806
345	459	130	179	378	1352	1675	1176	712	557	2376	1377	807
226	452	162	209	195	680	616	598	418	331	646	517	808
614	1234	605	637	407	4195	2031	1178	1288	1204	4127	2017	809
4298	5793	2104	2396	5881	18832	15463	12400	9407	6685	20377	12043	81
3463	4680	1718	1821	3727	14781	12175	9717	7561	5437	15449	9540	811
405	457	168	252	942	1441	1199	945	692	478	1804	988	812
274	445	136	211	891	1689	1513	1349	859	430	1852	1066	813
156	211	82	112	321	921	576	389	295	340	1272	449	819
1765	2721	1371	1641	2111	14364	7968	4905	4831	4498	10844	6093	82
1011	1385	735	1126	1550	6935	6486	3761	3188	2694	5074	3946	821
94	366	71	190	304	712	574	261	261	181	1265	496	822
660	970	565	325	257	6717	908	883	1382	1623	4505	1651	829
4671	**7729**	**3820**	**4550**	**3938**	**24035**	**33478**	**12393**	**8574**	**9062**	**35235**	**16943**	**P**
4671	7729	3820	4550	3938	24035	33478	12393	8574	9062	35235	16943	83
233	613	653	767	313	853	1250	719	818	449	1769	774	831
49	129	40	58	29	281	93	178	66	117	730	472	832
54	126	68	51	21	244	68	151	91	129	472	313	833
9	15	5	25	12	23	50	31	7	5	73	24	834
14	30	19	17	2	46	19	47	19	17	94	42	835
4312	6816	3035	3632	3561	22588	31998	11267	7573	8345	32097	15318	839

2-1 续表 12 (2022年)

行业中类	代码	企业单位数	北京	天津	河北	山西
卫生和社会工作	Q	**135157**	**6613**	**2457**	**5612**	**4302**
卫生	84	109157	5166	2134	4153	3346
医院	841	36984	886	610	1623	1091
基层医疗卫生服务	842	60076	3417	1356	2086	1838
专业公共卫生服务	843	3023	50	42	120	111
其他卫生活动	849	9074	813	126	324	306
社会工作	85	26000	1447	323	1459	956
提供住宿社会工作	851	23493	1295	266	1386	889
不提供住宿社会工作	852	2507	152	57	73	67
文化、体育和娱乐业	R	**787500**	**110085**	**10627**	**33748**	**18930**
新闻和出版业	86	8935	1441	118	390	203
新闻业	861	2420	55	38	213	50
出版业	862	6515	1386	80	177	153
广播、电视、电影和录音制作业	87	129385	12792	2043	7314	2043
广播	871	25783	775	229	2391	249
电视	872	2403	275	31	108	65
影视节目制作	873	63615	9992	1087	2723	1144
广播电视集成播控	874	1766	42	13	69	22
电影和广播电视节目发行	875	5139	1023	134	91	64
电影放映	876	12133	302	91	476	353
录音制作	877	18546	383	458	1456	146
文化艺术业	88	263427	67396	4311	10588	7018
文艺创作与表演	881	78441	6517	651	5756	2940
艺术表演场馆	882	2562	78	38	118	52
图书馆与档案馆	883	3998	50	35	154	72
文物及非物质文化遗产保护	884	2602	109	10	87	182
博物馆	885	626	37	13	27	33
烈士陵园、纪念馆	886	109	1		5	7
群众文体活动	887	20784	2684	560	1328	1471
其他文化艺术业	889	154305	57920	3004	3113	2261
体育	89	90069	6595	1430	4488	2279
体育组织	891	31019	2293	517	2264	907
体育场地设施管理	892	5379	245	59	148	150
健身休闲活动	893	43537	3450	689	1629	939
其他体育	899	10134	607	165	447	283
娱乐业	90	295684	21861	2725	10968	7387
室内娱乐活动	901	114260	2070	912	4247	2810
游乐园	902	6622	171	42	295	245
休闲观光活动	903	22398	176	38	623	406
彩票活动	904	732	27	5	52	49
文化体育娱乐活动与经纪代理服务	905	145676	19000	1685	5541	3764
其他娱乐业	909	5996	417	43	210	113

单位：个

内蒙古	辽宁	吉林	黑龙江	上海	江苏	浙江	安徽	福建	江西	山东	河南	代码
1390	**5787**	**1844**	**2096**	**2301**	**9601**	**9065**	**3815**	**4724**	**3097**	**10748**	**6531**	Q
1019	4923	1216	1692	2025	7675	7085	2855	3646	2411	8656	4922	84
550	1126	674	831	290	2487	1720	1112	975	1070	3408	2728	841
312	3361	404	664	1439	4255	5021	1307	2312	1045	4154	1653	842
36	118	42	80	58	176	109	98	92	94	266	180	843
121	318	96	117	238	757	235	338	267	202	828	361	849
371	864	628	404	276	1926	1980	960	1078	686	2092	1609	85
336	799	608	360	231	1737	1866	856	974	570	1866	1503	851
35	65	20	44	45	189	114	104	104	116	226	106	852
8987	**14733**	**4924**	**8253**	**12732**	**49600**	**58406**	**25423**	**39911**	**21978**	**51902**	**36687**	R
156	240	110	120	204	696	289	303	210	346	722	367	86
19	56	20	32	14	334	62	137	45	134	190	170	861
137	184	90	88	190	362	227	166	165	212	532	197	862
1553	2127	868	1487	1683	7929	12392	4071	6575	5068	10770	7998	87
205	323	168	530	114	1452	1188	1326	1442	2635	2128	3204	871
27	66	19	24	71	164	227	56	198	92	159	101	872
862	1099	340	369	965	3271	9130	1281	3591	828	4916	1570	873
15	39	8	43	10	124	73	48	96	104	233	170	874
42	96	25	30	108	395	498	97	391	125	307	96	875
220	286	150	172	317	1031	864	445	395	480	680	616	876
182	218	158	319	98	1492	412	818	462	804	2347	2241	877
3673	4284	1154	2212	2652	17135	13103	7037	13861	6880	14526	11060	88
1558	1317	482	1029	451	3406	5657	3236	5679	1841	4661	4630	881
57	37	23	31	37	260	108	102	82	152	182	145	882
61	62	26	16	24	264	398	216	188	167	241	212	883
60	33	17	26	10	190	154	88	151	72	208	212	884
10	25	10	15	13	63	35	10	29	12	58	20	885
2	3				18	5	9	2	4	10	5	886
271	364	100	184	174	1224	1362	530	810	415	1379	887	887
1654	2443	496	911	1943	11710	5384	2846	6920	4217	7787	4949	889
1029	2037	594	823	2489	6635	6568	2651	4932	2358	6259	3743	89
490	774	231	351	224	2296	1649	915	1696	987	2268	1519	891
67	116	64	45	173	351	456	136	337	168	187	132	892
360	944	254	381	1921	2867	4022	1359	2177	1017	2817	1720	893
112	203	45	46	171	1121	441	241	722	186	987	372	899
2576	6045	2198	3611	5704	17205	26054	11361	14333	7326	19625	13519	90
1459	3069	1356	2188	2128	6246	6844	5658	3419	4178	6003	6288	901
66	149	76	102	65	355	378	238	314	243	428	404	902
142	420	158	84	28	1473	1180	1376	1499	768	2017	1614	903
1	13	3		8	110	16	6	31	60	100	32	904
839	2277	536	1171	3406	8574	17505	3888	8796	1817	10622	5017	905
69	117	69	66	69	447	131	195	274	260	455	164	909

2-1 续表 13 (2022年)

行业中类	代码	湖北	湖南	广东	广西	海南
总 计	--	**1333259**	**1046672**	**3531927**	**760559**	**193121**
农、林、牧、渔业	A	**56611**	**74999**	**26138**	**48267**	**6650**
农业	01	23256	34466	12413	18036	3451
谷物种植	011	7499	12282	1018	1398	310
豆类、油料和薯类种植	012	514	1189	195	242	52
棉、麻、糖、烟草种植	013	173	312	38	486	15
蔬菜、食用菌及园艺作物种植	014	8306	9422	5380	4359	864
水果种植	015	2768	4638	2443	7683	976
坚果、含油果、香料和饮料作物种植	016	1208	1036	815	1280	183
中药材种植	017	1520	1431	607	1293	146
草种植及割草	018	25	26	34	53	13
其他农业	019	1243	4130	1883	1242	892
林业	02	3361	3258	2617	5032	512
林木育种和育苗	021	2809	2686	1988	2955	345
造林和更新	022	117	183	386	1108	56
森林经营、管护和改培	023	220	151	151	510	33
木材和竹材采运	024	162	138	70	408	39
林产品采集	025	53	100	22	51	39
畜牧业	03	13429	18399	3704	15340	786
牲畜饲养	031	8538	10523	2237	10003	442
家禽饲养	032	4487	7310	1263	4543	281
狩猎和捕捉动物	033	5	9	7	5	
其他畜牧业	039	399	557	197	789	63
渔业	04	9196	7610	3291	5341	735
水产养殖	041	9025	7578	3154	5287	653
水产捕捞	042	171	32	137	54	82
农、林、牧、渔专业及辅助性活动	05	7369	11266	4113	4518	1166
农业专业及辅助性活动	051	5794	9593	2864	3614	920
林业专业及辅助性活动	052	463	842	593	526	104
畜牧专业及辅助性活动	053	293	515	211	226	37
渔业专业及辅助性活动	054	819	316	445	152	105
采矿业	B	**3189**	**3918**	**2832**	**4302**	**265**
煤炭开采和洗选业	06	201	390	18	82	8
烟煤和无烟煤开采洗选	061	173	344	7	49	2
褐煤开采洗选	062	4	4	1	13	
其他煤炭采选	069	24	42	10	20	6
石油和天然气开采业	07	16	3	5	7	13
石油开采	071	11	1	3	7	13
天然气开采	072	5	2	2		
黑色金属矿采选业	08	315	276	215	468	30
铁矿采选	081	289	152	200	310	29
锰矿、铬矿采选	082	4	113	3	125	
其他黑色金属矿采选	089	22	11	12	33	1

单位：个

重庆	四川	贵州	云南	西藏	陕西	甘肃	青海	宁夏	新疆	代码
705066	**1341701**	**638787**	**682662**	**33092**	**810083**	**288360**	**99784**	**136425**	**350433**	——
73198	**76066**	**87092**	**65582**	**742**	**29473**	**22702**	**8309**	**11456**	**11027**	A
34551	40749	37506	32236	273	13859	8837	2327	3392	3546	01
1498	4262	1595	1235	21	2223	1988	559	1176	691	011
299	431	559	529	2	507	398	411	174	74	012
589	194	423	1377		77	40	6	2	338	013
14079	13985	12451	13776	91	4639	2563	628	959	855	014
11143	13054	9879	6547	32	2013	994	51	376	625	015
2355	2079	4294	3281	12	773	186	27	8	110	016
3688	2748	5024	4531	67	1808	1354	453	415	203	017
96	104	139	88	15	75	322	71	119	80	018
804	3892	3142	872	33	1744	992	121	163	570	019
2930	3442	3436	3078	123	2303	1998	729	651	637	02
2543	2874	2893	2441	99	1692	1799	645	613	526	021
122	207	176	152	14	117	143	74	23	47	022
112	174	189	168		425	47	5	13	26	023
73	141	98	187	1	28	6	2		28	024
80	46	80	130	9	41	3	3	2	10	025
21329	22116	38810	24685	214	8007	10039	4900	6074	2529	03
13878	15480	27184	19274	149	5735	8250	4488	5240	1990	031
4151	5694	8461	4740	44	1698	1405	347	694	379	032
4	12	13	51		10	2	1	1	2	033
3296	930	3152	620	21	564	382	64	139	158	039
9430	4893	4541	1267	15	730	239	43	157	237	04
9396	4851	4523	1257	15	727	237	43	154	228	041
34	42	18	10		3	2		3	9	042
4958	4866	2799	4316	117	4574	1589	310	1182	4078	05
4366	3610	2351	3838	104	3745	1381	222	1108	3672	051
327	440	165	241	7	362	80	41	35	139	052
141	474	181	177	5	252	104	37	32	229	053
124	342	102	60	1	215	24	10	7	38	054
1393	**4763**	**6003**	**5473**	**281**	**5973**	**2021**	**649**	**789**	**4565**	B
167	710	1572	1045	6	1262	174	69	508	545	06
153	638	1468	928	4	1083	162	65	502	462	061
3	10	15	67	1	18	4		2	8	062
11	62	89	50	1	161	8	4	4	75	069
17	46	20	7		136	19	4	15	87	07
3	12	4	3		110	14	4	9	64	071
14	34	16	4		26	5		6	23	072
72	461	334	544	11	247	158	87	14	552	08
20	414	155	455	7	199	142	82	11	512	081
49	15	117	51	3	16	6	2	3	18	082
3	32	62	38	1	32	10	3		22	089

2-1 续表 14 (2022年)

行业中类	代码	湖北	湖南	广东	广西	海南
有色金属矿采选业	09	131	433	162	430	23
常用有色金属矿采选	091	95	298	113	343	20
贵金属矿采选	092	20	58	13	51	2
稀有稀土金属矿采选	093	16	77	36	36	1
非金属矿采选业	10	2308	2629	2141	2986	146
土砂石开采	101	1758	2446	1891	2491	131
化学矿开采	102	270	26	12	73	
采盐	103	6	4	14	2	2
石棉及其他非金属矿采选	109	274	153	224	420	13
开采专业及辅助性活动	11	67	61	91	46	12
煤炭开采和洗选专业及辅助性活动	111	18	37	6	13	4
石油和天然气开采专业及辅助性活动	112	25	4	53	8	6
其他开采专业及辅助性活动	119	24	20	32	25	2
其他采矿业	12	151	126	200	283	33
其他采矿业	120	151	126	200	283	33
制造业	**C**	**135463**	**100079**	**708242**	**64269**	**6206**
农副食品加工业	13	8208	7449	7910	4339	656
谷物磨制	131	1903	1387	752	509	15
饲料加工	132	803	610	1024	558	65
植物油加工	133	643	666	560	303	26
制糖业	134	21	32	127	166	14
屠宰及肉类加工	135	985	1540	1758	740	124
水产品加工	136	486	235	940	279	107
蔬菜、菌类、水果和坚果加工	137	1025	872	773	477	145
其他农副食品加工	139	2342	2107	1976	1307	160
食品制造业	14	3961	3443	9485	3500	410
焙烤食品制造	141	800	747	2368	1114	75
糖果、巧克力及蜜饯制造	142	88	145	1402	79	17
方便食品制造	143	674	736	922	756	37
乳制品制造	144	55	58	133	56	8
罐头食品制造	145	116	147	202	67	6
调味品、发酵制品制造	146	312	198	653	221	24
其他食品制造	149	1916	1412	3805	1207	243
酒、饮料和精制茶制造业	15	4266	2984	3315	2232	222
酒的制造	151	1265	668	809	621	68
饮料制造	152	1050	1017	1465	793	124
精制茶加工	153	1951	1299	1041	818	30
烟草制品业	16	12	17	96	3	3
烟叶复烤	161	1	6	3	1	1
卷烟制造	162	3	3	63	2	1
其他烟草制品制造	169	8	8	30		1
纺织业	17	5560	1566	15432	1094	53
棉纺织及印染精加工	171	2251	548	4958	436	6
毛纺织及染整精加工	172	40	18	891	23	

单位：个

重庆	四川	贵州	云南	西藏	陕西	甘肃	青海	宁夏	新疆	代码
21	495	424	1136	38	305	191	95	1	452	09
15	386	343	1027	32	206	117	78	1	303	091
2	61	55	64	2	65	67	15		111	092
4	48	26	45	4	34	7	2		38	093
1050	2521	3255	2524	193	1157	1077	327	203	1684	10
999	2251	2850	2190	189	938	972	272	185	1433	101
17	74	192	139	2	74	11	5	1	13	102
3	18	1	4		6	2	11	1	12	103
31	178	212	191	2	139	92	39	16	226	109
39	206	107	83	5	2688	309	18	39	844	11
8	19	56	36		70	7	6	15	61	111
21	131	5	5		2564	278	8	23	713	112
10	56	46	42	5	54	24	4	1	70	119
27	324	291	134	28	178	93	49	9	401	12
27	324	291	134	28	178	93	49	9	401	120
67767	**97056**	**66294**	**45880**	**2490**	**63033**	**21675**	**6560**	**11148**	**33003**	C
4723	6261	5865	4454	309	3425	2331	631	1088	3065	13
654	569	812	339	63	460	298	59	229	387	131
379	614	272	481	15	274	271	93	145	261	132
436	493	872	243	73	319	277	104	147	457	133
41	33	45	206	1	3	9	2	7	29	134
896	2261	920	875	60	495	387	211	183	551	135
50	59	48	53	1	23	9	6	3	26	136
746	929	674	986	3	577	456	18	72	718	137
1521	1303	2222	1271	93	1274	624	138	302	636	139
2258	3939	3228	2196	94	2172	1039	316	571	1697	14
387	821	439	643	12	485	202	39	137	450	141
67	143	66	63		184	36	4	7	36	142
615	782	1375	460	8	384	169	30	74	223	143
17	75	25	52	26	126	75	63	35	182	144
32	101	36	32		25	24	2	11	146	145
528	966	498	265	11	322	284	34	106	115	146
612	1051	789	681	37	646	249	144	201	545	149
2020	5276	9520	6491	98	2002	794	308	410	999	15
1315	3168	5818	1041	39	469	285	157	264	562	151
411	934	1314	1003	54	764	451	141	123	411	152
294	1174	2388	4447	5	769	58	10	23	26	153
7	6	11	15		11	6		3	1	16
2	2	5	5		2	1				161
3	2	1	4		4	1		1	1	162
2	2	5	6		5	4		2		169
1367	1331	955	408	87	658	249	73	294	1333	17
405	408	207	53	2	247	49	8	42	805	171
46	22	17	2	50	20	31	14	157	42	172

2-1 续表 15 (2022年)

行业中类	代码	湖北	湖南	广东	广西	海南
麻纺织及染整精加工	173	51	52	62	37	1
丝绢纺织及印染精加工	174	28	10	182	163	3
化纤织造及印染精加工	175	142	30	447	5	
针织或钩针编织物及其制品制造	176	248	141	3066	117	7
家用纺织制成品制造	177	640	489	2614	217	27
产业用纺织制成品制造	178	2160	278	3212	96	9
纺织服装、服饰业	18	8786	3417	42854	1935	127
机织服装制造	181	3315	1393	19097	787	28
针织或钩针编织服装制造	182	270	243	6995	205	7
服饰制造	183	5201	1781	16762	943	92
皮革、毛皮、羽毛及其制品和制鞋业	19	1283	2834	23229	688	5
皮革鞣制加工	191	47	78	1495	45	1
皮革制品制造	192	227	1519	11746	302	2
毛皮鞣制及制品加工	193	271	167	358	20	
羽毛(绒)加工及制品制造	194	27	67	127	182	2
制鞋业	195	711	1003	9503	139	
木材加工和木、竹、藤、棕、草制品业	20	7646	6054	8427	11592	366
木材加工	201	5400	3023	2830	7341	257
人造板制造	202	555	344	893	3003	13
木质制品制造	203	1319	1087	3902	857	83
竹、藤、棕、草等制品制造	204	372	1600	802	391	13
家具制造业	21	2671	2712	23463	1847	174
木质家具制造	211	2042	1939	12413	1450	94
竹、藤家具制造	212	15	54	172	23	
金属家具制造	213	118	183	2368	87	14
塑料家具制造	214	22	12	250	11	1
其他家具制造	219	474	524	8260	276	65
造纸和纸制品业	22	2012	1516	22558	1153	69
纸浆制造	221	17	6	119	32	1
造纸	222	494	377	3551	301	16
纸制品制造	223	1501	1133	18888	820	52
印刷和记录媒介复制业	23	3699	2205	18728	1543	282
印刷	231	3207	1869	17171	1337	237
装订及印刷相关服务	232	474	319	1438	199	43
记录媒介复制	233	18	17	119	7	2
文教、工美、体育和娱乐用品制造业	24	2466	2917	27149	1618	180
文教办公用品制造	241	334	304	2193	96	16
乐器制造	242	57	58	524	18	3
工艺美术及礼仪用品制造	243	1568	1492	13273	1146	140
体育用品制造	244	217	488	2843	91	13
玩具制造	245	193	470	7302	238	3
游艺器材及娱乐用品制造	246	97	105	1014	29	5
石油、煤炭及其他燃料加工业	25	514	353	908	270	29

单位：个

重庆	四川	贵州	云南	西藏	陕西	甘肃	青海	宁夏	新疆	代码
15	28	17	19		3	5		2	12	173
63	125	28	51		20	3	3	1	9	174
7	53	17	5		17	4	2	2	28	175
101	92	80	46	8	59	27	5	14	148	176
621	404	502	184	18	185	83	17	48	204	177
109	199	87	48	9	107	47	24	28	85	178
2013	2104	2080	515	164	915	401	199	182	1420	18
812	802	632	217	20	357	134	73	81	467	181
98	96	120	34	9	49	26	4	6	132	182
1103	1206	1328	264	135	509	241	122	95	821	183
842	1377	865	127	26	197	124	40	76	192	19
29	48	25	7	6	17	25	8	9	20	191
130	216	234	52	6	56	20	15	8	48	192
24	19	32	5	10	12	23	10	47	20	193
21	70	8	5	1	7	3		9	11	194
638	1024	566	58	3	105	53	7	3	93	195
2950	3553	5064	4137	30	3750	437	300	258	1419	20
1574	1825	3601	3082	12	1644	202	258	114	918	201
74	306	168	222	2	87	45	5	24	149	202
979	929	940	677	16	1879	164	35	89	332	203
323	493	355	156		140	26	2	31	20	204
2367	4577	2919	1388	201	1378	405	98	209	565	21
1878	3301	2263	1075	184	1037	275	75	147	404	211
22	40	49	8	1	8	4		3	2	212
106	225	99	87	3	112	50	9	11	62	213
22	16	8	12		11	1	1	1	10	214
339	995	500	206	13	210	75	13	47	87	219
975	1761	1080	749	12	937	294	44	156	478	22
4	16	6	8		4	2		1	5	221
207	512	237	169	3	148	55	12	41	99	222
764	1233	837	572	9	785	237	32	114	374	223
1579	2781	1035	1412	38	1574	1035	173	338	581	23
1341	2347	845	1162	30	1314	634	113	272	443	231
231	415	173	240	8	246	397	58	60	130	232
7	19	17	10		14	4	2	6	8	233
1327	1766	3477	1318	244	1238	601	794	143	622	24
109	246	84	81	7	136	37	19	15	87	241
18	36	137	54	4	27	8			6	242
975	1173	3043	1111	230	737	541	764	118	483	243
53	85	59	34	2	68	8	6	4	31	244
138	131	129	23		243	4	3	3	12	245
34	95	25	15	1	27	3	2	3	3	246
189	350	404	324	9	539	164	31	165	536	25

2-1 续表 16 (2022年)

行业中类	代码	湖北	湖南	广东	广西	海南
精炼石油产品制造	251	243	104	703	105	25
煤炭加工	252	93	98	61	40	3
生物质燃料加工	254	178	151	144	125	1
化学原料和化学制品制造业	26	5664	4492	21751	2696	294
基础化学原料制造	261	829	550	1607	329	22
肥料制造	262	1252	464	616	731	78
农药制造	263	132	83	117	95	11
涂料、油墨、颜料及类似产品制造	264	907	621	4652	372	27
合成材料制造	265	505	382	3419	150	23
专用化学产品制造	266	1389	736	4415	539	62
炸药、火工及焰火产品制造	267	54	1103	26	94	6
日用化学产品制造	268	596	553	6899	386	65
医药制造业	27	2314	1417	2809	765	242
化学药品原料药制造	271	254	110	234	62	34
化学药品制剂制造	272	163	70	258	58	77
中药饮片加工	273	353	282	397	126	12
中成药生产	274	589	222	327	260	38
兽用药品制造	275	72	67	132	68	9
生物药品制品制造	276	338	213	569	76	41
卫生材料及医药用品制造	277	512	430	798	109	30
药用辅料及包装材料	278	33	23	94	6	1
化学纤维制造业	28	161	76	573	50	9
纤维素纤维原料及纤维制造	281	39	12	79	22	
合成纤维制造	282	75	42	398	12	5
生物基材料制造	283	47	22	96	16	4
橡胶和塑料制品业	29	5051	2779	57841	2043	185
橡胶制品业	291	685	427	10234	257	53
塑料制品业	292	4366	2352	47607	1786	132
非金属矿物制品业	30	16180	13056	28668	9078	844
水泥、石灰和石膏制造	301	1014	643	790	694	52
石膏、水泥制品及类似制品制造	302	4875	3511	4168	2465	300
砖瓦、石材等建筑材料制造	303	7109	5823	9911	4256	352
玻璃制造	304	313	324	1380	160	27
玻璃制品制造	305	731	351	3741	189	63
玻璃纤维和玻璃纤维增强塑料制品制造	306	240	131	521	57	8
陶瓷制品制造	307	478	1059	5550	401	16
耐火材料制品制造	308	334	249	396	70	2
石墨及其他非金属矿物制品制造	309	1086	965	2211	786	24
黑色金属冶炼和压延加工业	31	713	524	2887	428	29
炼铁	311	28	22	31	8	
炼钢	312	30	4	45	16	
钢压延加工	313	539	293	2583	200	24
铁合金冶炼	314	116	205	228	204	5

单位：个

重庆	四川	贵州	云南	西藏	陕西	甘肃	青海	宁夏	新疆	代码
83	134	62	50	7	186	45	10	61	206	251
62	136	228	146	1	310	89	20	89	284	252
44	80	114	128	1	43	30	1	15	46	254
1699	3914	2086	2000	142	2672	1297	420	890	2066	26
206	720	260	252	11	392	331	120	278	329	261
214	740	424	717	10	520	286	164	165	754	262
23	80	12	31	1	80	52	1	31	43	263
442	629	406	209	7	314	155	17	72	245	264
167	363	94	141	4	314	59	16	46	120	265
343	818	429	343	8	666	238	47	233	363	266
23	93	119	36	3	92	12	2	3	26	267
281	471	342	271	98	294	164	53	62	186	268
581	1591	758	662	57	1041	642	120	131	361	27
65	165	32	48	4	134	52	10	29	43	271
58	156	40	33	1	93	8	8	4	16	272
138	328	193	237	17	206	404	33	33	69	273
91	222	273	138	27	199	70	44	19	85	274
43	182	12	37	1	41	9	2	8	22	275
80	251	85	96	6	210	59	9	19	43	276
97	242	113	71	1	133	38	12	19	74	277
9	45	10	2		25	2	2		9	278
48	121	21	28	1	73	16	6	17	79	28
6	23	2	4	1	12			6	28	281
30	78	14	11		32	12	3	4	38	282
12	20	5	13		29	4	3	7	13	283
2516	3824	1668	1585	25	1811	905	121	502	2209	29
344	498	194	261		387	76	13	43	147	291
2172	3326	1474	1324	25	1424	829	108	459	2062	292
7022	13321	11748	6542	521	7543	4534	1031	1776	6058	30
287	587	638	563	52	540	280	81	171	511	301
1808	3345	5199	2143	254	2647	1415	354	565	2256	302
3658	6338	4553	2833	182	3133	2242	442	613	2425	303
159	337	201	127	8	156	67	21	24	74	304
496	823	308	165	4	233	98	31	39	126	305
108	276	54	34	2	87	36	10	23	93	306
212	538	197	361	5	237	68	13	30	81	307
78	261	117	72		103	52	13	20	68	308
216	816	481	244	14	407	276	66	291	424	309
461	673	438	399	13	420	219	87	197	226	31
3	26	34	43		8	20	3	14	34	311
5	31	8	18		10	5		7	12	312
344	459	166	228	11	305	132	29	73	139	313
109	157	230	110	2	97	62	55	103	41	314

2-1 续表 17 (2022年)

行业中类	代码	湖北	湖南	广东	广西	海南
有色金属冶炼和压延加工业	32	850	1528	4557	613	49
常用有色金属冶炼	321	99	344	210	168	4
贵金属冶炼	322	12	110	34	13	3
稀有稀土金属冶炼	323	14	90	36	26	1
有色金属合金制造	324	277	521	1096	121	17
有色金属压延加工	325	448	463	3181	285	24
金属制品业	33	10737	9526	100306	3727	491
结构性金属制品制造	331	6007	6180	29588	2119	323
金属工具制造	332	584	514	5792	141	11
集装箱及金属包装容器制造	333	426	117	1387	124	20
金属丝绳及其制品制造	334	105	61	890	45	1
建筑、安全用金属制品制造	335	1407	576	19978	398	55
金属表面处理及热处理加工	336	293	295	3379	112	8
搪瓷制品制造	337	66	28	400	27	8
金属制日用品制造	338	453	354	8842	256	19
铸造及其他金属制品制造	339	1396	1401	30050	505	46
通用设备制造业	34	8536	6773	42658	2221	127
锅炉及原动设备制造	341	303	163	1062	110	3
金属加工机械制造	342	1869	1156	8006	379	21
物料搬运设备制造	343	348	287	1311	119	13
泵、阀门、压缩机及类似机械制造	344	639	539	2290	123	6
轴承、齿轮和传动部件制造	345	210	155	830	41	1
烘炉、风机、包装等设备制造	346	860	472	5974	332	31
文化、办公用机械制造	347	96	78	1503	33	11
通用零部件制造	348	3203	3116	13653	870	27
其他通用设备制造业	349	1008	807	8029	214	14
专用设备制造业	35	9212	5733	52245	2859	386
采矿、冶金、建筑专用设备制造	351	1839	1107	1205	629	66
化工、木材、非金属加工专用设备制造	352	1956	602	25494	408	16
食品、饮料、烟草及饲料生产专用设备制造	353	325	203	743	122	26
印刷、制药、日化及日用品生产专用设备制造	354	269	186	2619	82	10
纺织、服装和皮革加工专用设备制造	355	148	66	915	14	
电子和电工机械专用设备制造	356	826	704	5193	241	13
农、林、牧、渔专用机械制造	357	487	450	1269	345	17
医疗仪器设备及器械制造	358	1017	776	4684	382	98
环保、邮政、社会公共服务及其他专用设备制造	359	2345	1639	10123	636	140
汽车制造业	36	8773	1519	5514	1548	69
汽车整车制造	361	142	63	184	40	4
汽车用发动机制造	362	65	10	38	7	
改装汽车制造	363	262	34	80	20	2
低速汽车制造	364	4	7	6	6	
电车制造	365	35	6	39	14	1
汽车车身、挂车制造	366	759	145	502	114	5
汽车零部件及配件制造	367	7506	1254	4665	1347	57

单位：个

重庆	四川	贵州	云南	西藏	陕西	甘肃	青海	宁夏	新疆	代码
618	905	556	700	24	1911	237	118	139	263	32
66	204	180	396	2	155	49	39	36	115	321
1	11	36	41		38	23	3		14	322
2	33	15	30		32	6	1	5	5	323
249	241	161	65	12	388	66	25	35	40	324
300	416	164	168	10	1298	93	50	63	89	325
6994	7631	4158	3629	144	5139	2515	731	1354	3118	33
4073	4021	2844	2335	78	3076	1910	395	1040	2057	331
589	479	228	92	9	266	60	29	25	90	332
121	259	87	114	1	132	52	8	26	98	333
86	161	48	87	4	59	31	174	15	68	334
623	779	309	330	20	580	127	50	71	351	335
411	280	68	99	8	259	42	11	19	53	336
23	45	32	12		26	8			28	337
263	322	136	155	8	129	67	13	26	74	338
805	1285	406	405	16	612	218	51	132	299	339
5824	8874	1480	1357	31	6542	641	191	585	946	34
150	306	26	41	5	226	75	43	43	151	341
696	1563	293	450	7	1237	128	39	151	210	342
159	295	74	74	2	135	26	8	23	81	343
237	782	67	63		303	44	6	32	68	344
260	156	99	15	1	106	10	2	49	9	345
462	689	188	160	4	478	69	15	54	123	346
34	59	14	18	6	44	5	3	6	16	347
3435	4343	624	423	4	3488	245	63	186	207	348
391	681	95	113	2	525	39	12	41	81	349
4385	6406	1398	1398	56	5544	737	171	478	1691	35
396	994	310	349	16	1369	152	34	119	426	351
1614	1217	137	128	3	394	74	13	42	85	352
78	291	72	129	7	128	20	7	16	68	353
93	182	38	37		154	25	4	8	41	354
31	45	14	3	1	75	12	1	4	29	355
284	692	127	85	4	593	41	16	28	89	356
514	441	110	151	5	223	127	22	71	369	357
496	709	218	171	10	374	70	14	36	117	358
879	1835	372	345	10	2234	216	60	154	467	359
5129	2222	334	267	1	956	80	30	68	272	36
57	94	25	38	1	45	6	1	6	25	361
32	11	20	2		12		2	2	95	362
27	53	11	8		39	11	1	12	25	363
2	2	3			1	4			3	364
8	13	13	3		4	3	1	3	2	365
760	134	54	33		125	19	9	12	49	366
4243	1915	208	183		730	37	16	33	73	367

2-1 续表 18 (2022年)

行业中类	代码	湖北	湖南	广东	广西	海南
铁路、船舶、航空航天和其他运输设备制造业	37	861	758	3044	406	105
铁路运输设备制造	371	170	327	111	33	4
城市轨道交通设备制造	372	41	46	50	6	1
船舶及相关装置制造	373	410	213	827	210	68
航空、航天器及设备制造	374	106	81	145	16	14
摩托车制造	375	36	29	745	33	2
自行车和残疾人座车制造	376	20	8	558	14	1
助动车制造	377	38	20	295	81	3
非公路休闲车及零配件制造	378	10	8	173	4	1
潜水救捞及其他未列明运输设备制造	379	30	26	140	9	11
电气机械和器材制造业	38	4776	4286	72657	1790	224
电机制造	381	373	340	2562	173	17
输配电及控制设备制造	382	1840	1926	13305	641	80
电线、电缆、光缆及电工器材制造	383	753	458	7668	301	45
电池制造	384	430	436	3035	120	14
家用电力器具制造	385	308	272	13442	173	14
非电力家用器具制造	386	183	112	1474	73	13
照明器具制造	387	407	383	28178	198	30
其他电气机械及器材制造	389	482	359	2993	111	11
计算机、通信和其他电子设备制造业	39	4247	3796	76822	1889	160
计算机制造	391	795	263	7037	180	34
通信设备制造	392	459	272	5088	152	22
广播电视设备制造	393	99	137	1164	42	35
雷达及配套设备制造	394	6	11	76	4	1
非专业视听设备制造	395	81	112	5185	107	8
智能消费设备制造	396	417	267	3910	132	21
电子器件制造	397	932	766	14794	451	13
电子元件及电子专用材料制造	398	1035	1371	28637	658	11
其他电子设备制造	399	423	597	10931	163	15
仪器仪表制造业	40	1658	873	11074	369	41
通用仪器仪表制造	401	1067	519	6137	200	25
专用仪器仪表制造	402	320	156	1534	79	9
钟表与计时仪器制造	403	31	61	2374	28	1
光学仪器制造	404	102	53	547	20	1
衡器制造	405	25	35	123	22	
其他仪器仪表制造业	409	113	49	359	20	5
其他制造业	41	1441	2373	13590	266	48
日用杂品制造	411	347	280	3755	102	7
其他未列明制造业	419	1094	2093	9835	164	41
废弃资源综合利用业	42	1472	1946	1896	684	51
金属废料和碎屑加工处理	421	727	1126	1028	383	24
非金属废料和碎屑加工处理	422	745	820	868	301	27

单位：个

重庆	四川	贵州	云南	西藏	陕西	甘肃	青海	宁夏	新疆	代码
2696	883	161	80	3	801	52	13	19	64	37
35	228	13	15		170	22	5	3	15	371
27	86	2	4		19	2	1	1		372
109	68	25	20	2	164	4	1	1	1	373
30	290	47	8		402	6	4	6	10	374
2447	108	31	14		8	2	1	1	15	375
11	17	2	1		4	1			8	376
22	69	23	11		16	10		3	11	377
6	6	2	2		4	3			1	378
9	11	16	5	1	14	2	1	4	3	379
2007	3809	1206	1037	30	2863	603	175	357	1095	38
259	279	65	62	2	180	47	10	26	60	381
669	1591	353	399	6	1560	286	72	146	468	382
288	619	143	223	6	353	80	26	87	233	383
102	216	126	72	3	100	44	16	21	54	384
193	260	182	41	6	138	32	11	8	60	385
58	126	96	126	5	89	38	17	27	35	386
262	311	179	55	2	158	34	16	15	121	387
176	407	62	59		285	42	7	27	64	389
2268	3271	1040	568	14	2172	206	64	110	367	39
504	300	96	135	3	299	28	8	15	56	391
218	457	120	49	1	231	23	4	12	61	392
30	145	16	45	1	53	5	5	2	17	393
6	40	1			28	1			1	394
45	46	34	25		28	4			10	395
153	197	60	47	2	214	23	5	11	40	396
569	693	218	104	2	387	42	5	19	59	397
606	1081	320	118	4	649	59	35	44	94	398
137	312	175	45	1	283	21	2	7	29	399
924	1063	135	321	3	1160	108	17	101	125	40
604	619	64	93	2	681	66	11	72	72	401
113	213	36	62		284	23	4	15	32	402
14	7	3	5		11			1		403
86	131	10	132		67	3			3	404
15	24	6	19		14	6	2	6	11	405
92	69	16	10	1	103	10		7	7	409
433	844	1317	378	34	771	277	64	94	244	41
188	169	162	55	6	75	28	11	8	33	411
245	675	1155	323	28	696	249	53	86	211	419
502	933	741	760	23	865	328	71	145	338	42
246	443	292	386	7	381	135	43	63	173	421
256	490	449	374	16	484	193	28	82	165	422

2-1　续表 19　　　　(2022年)

行业中类	代码	湖北	湖南	广东	广西	海南
金属制品、机械和设备修理业	43	1733	1157	5796	1023	276
金属制品修理	431	60	24	238	10	2
通用设备修理	432	307	276	1086	168	31
专用设备修理	433	300	237	897	192	41
铁路、船舶、航空航天等运输设备修理	434	203	83	881	173	97
电气设备修理	435	218	91	558	113	31
仪器仪表修理	436	32	23	166	15	7
其他机械和设备修理业	439	613	423	1970	352	67
电力、热力、燃气及水生产和供应业	D	**6667**	**9251**	**11229**	**4595**	**789**
电力、热力生产和供应业	44	4398	6876	7921	3331	547
电力生产	441	3666	6166	7068	2814	420
电力供应	442	518	540	551	436	107
热力生产和供应	443	214	170	302	81	20
燃气生产和供应业	45	494	448	789	304	81
燃气生产和供应业	451	428	403	733	273	74
生物质燃气生产和供应业	452	66	45	56	31	7
水的生产和供应业	46	1775	1927	2519	960	161
自来水生产和供应	461	1262	1470	1236	655	83
污水处理及其再生利用	462	479	431	1226	295	72
海水淡化处理	463		4	9	1	2
其他水的处理、利用与分配	469	34	22	48	9	4
建筑业	E	**162582**	**109020**	**175201**	**54445**	**18248**
房屋建筑业	47	39839	31167	29678	11035	2731
住宅房屋建筑	471	34762	25734	24254	9658	2002
体育场馆建筑	472	59	36	111	18	9
其他房屋建筑业	479	5018	5397	5313	1359	720
土木工程建筑业	48	35645	18419	27574	8748	2749
铁路、道路、隧道和桥梁工程建筑	481	12158	8643	8278	2969	565
水利和水运工程建筑	482	1017	699	1480	448	119
海洋工程建筑	483	21	4	64	7	8
工矿工程建筑	484	502	209	371	123	48
架线和管道工程建筑	485	1246	1003	1892	505	164
节能环保工程施工	486	467	255	1300	205	106
电力工程施工	487	715	349	676	280	100
其他土木工程建筑	489	19519	7257	13513	4211	1639
建筑安装业	49	12827	8860	27190	4087	1988
电气安装	491	4420	2766	9187	1648	698
管道和设备安装	492	2573	2750	5466	803	361
其他建筑安装业	499	5834	3344	12537	1636	929
建筑装饰、装修和其他建筑业	50	74271	50574	90759	30575	10780
建筑装饰和装修业	501	43886	21231	71842	24224	8598
建筑物拆除和场地准备活动	502	3675	1458	3713	1575	621
提供施工设备服务	503	1819	803	1145	943	181
其他未列明建筑业	509	24891	27082	14059	3833	1380

单位：个

重庆	四川	贵州	云南	西藏	陕西	甘肃	青海	宁夏	新疆	代码
1043	1689	546	635	56	1953	398	123	292	573	43
21	35	6	15	1	65	11	4	10	24	431
217	311	102	101	2	411	37	14	40	103	432
199	347	104	148	32	449	94	28	54	131	433
115	100	28	42		90	23	9	5	23	434
122	264	62	87	5	253	57	21	73	102	435
21	33	7	11		73	5	1	9	9	436
348	599	237	231	16	612	171	46	101	181	439
2602	**7722**	**3136**	**3939**	**322**	**4452**	**2456**	**1004**	**1023**	**3395**	D
1459	4402	1872	2548	249	3053	1888	850	838	2576	44
1282	3735	1544	2192	151	2205	1376	715	567	1755	441
140	542	244	321	81	353	131	60	158	230	442
37	125	84	35	17	495	381	75	113	591	443
304	1179	435	359	22	555	235	61	58	357	45
285	1134	371	333	20	516	209	58	50	340	451
19	45	64	26	2	39	26	3	8	17	452
839	2141	829	1032	51	844	333	93	127	462	46
598	1476	557	788	42	363	206	53	48	234	461
230	633	250	225	7	452	119	37	76	195	462
					2				1	463
11	32	22	19	2	27	8	3	3	32	469
34016	**136965**	**55342**	**71358**	**9486**	**142129**	**39380**	**11411**	**13640**	**30762**	E
6998	41717	10442	15457	6608	30284	10291	2929	3477	5951	47
6031	34214	8563	13214	2549	24589	9227	2573	2926	4837	471
19	61	12	27	5	121	10	5	7	18	472
948	7442	1867	2216	4054	5574	1054	351	544	1096	479
6113	25349	9724	16847	1527	48012	11619	3217	3773	7929	48
2024	8259	3918	8011	525	10346	4333	1009	1092	2900	481
122	648	312	701	55	908	560	165	236	524	482
4	6	2	7		14			1	1	483
64	1087	124	240	18	553	123	46	43	257	484
237	1378	367	1047	28	1332	511	179	327	568	485
140	699	140	320	7	801	137	23	30	135	486
120	772	271	531	21	743	217	85	80	246	487
3402	12500	4590	5990	873	33315	5738	1710	1964	3298	489
3816	12780	5727	4796	205	12205	5148	947	1499	4057	49
1273	3404	998	1547	37	3256	1075	260	625	1238	491
1029	3371	873	739	50	3388	1605	239	361	1098	492
1514	6005	3856	2510	118	5561	2468	448	513	1721	499
17089	57119	29449	34258	1146	51628	12322	4318	4891	12825	50
12411	37956	16243	22921	733	26307	8851	2780	3166	8610	501
646	1005	739	1528	12	3146	419	291	326	605	502
497	850	337	504	17	1692	234	131	77	268	503
3535	17308	12130	9305	384	20483	2818	1116	1322	3342	509

2-1 续表 20 (2022年)

行业中类	代码	湖北	湖南	广东	广西	海南
批发和零售业	F	**397667**	**300923**	**1197172**	**247947**	**53237**
批发业	51	173149	151900	720857	125280	29153
农、林、牧、渔产品批发	511	13273	8394	12596	8134	1031
食品、饮料及烟草制品批发	512	19260	18817	56516	16466	3679
纺织、服装及家庭用品批发	513	18326	16081	163231	10656	2375
文化、体育用品及器材批发	514	4713	4447	34565	3385	702
医药及医疗器材批发	515	7003	6737	15680	5086	1195
矿产品、建材及化工产品批发	516	60645	50757	140329	45694	6652
机械设备、五金产品及电子产品批发	517	31363	25531	192132	20763	2907
贸易经纪与代理	518	4480	7941	37636	6635	9074
其他批发业	519	14086	13195	68172	8461	1538
零售业	52	224518	149023	476315	122667	24084
综合零售	521	44214	26523	28225	16157	3394
食品、饮料及烟草制品专门零售	522	26682	21196	33762	17818	3945
纺织、服装及日用品专门零售	523	22033	15492	71533	9430	2132
文化、体育用品及器材专门零售	524	8589	6435	27957	6218	1367
医药及医疗器材专门零售	525	13642	12779	27084	12442	1976
汽车、摩托车、零配件和燃料及其他动力销售	526	20883	16751	39053	15648	2168
家用电器及电子产品专门零售	527	19250	12941	92672	13965	2773
五金、家具及室内装饰材料专门零售	528	27417	16632	68930	17204	3699
货摊、无店铺及其他零售业	529	41808	20274	87099	13785	2630
交通运输、仓储和邮政业	G	**45802**	**26035**	**95913**	**26029**	**5310**
铁路运输业	53	121	101	308	81	42
铁路旅客运输	531	41	8	60	20	11
铁路货物运输	532	45	76	207	46	25
铁路运输辅助活动	533	35	17	41	15	6
道路运输业	54	33447	15955	42533	17515	2881
城市公共交通运输	541	844	708	978	520	157
公路旅客运输	542	946	479	819	409	135
道路货物运输	543	29962	13444	38586	15559	2438
道路运输辅助活动	544	1695	1324	2150	1027	151
水上运输业	55	951	573	2379	1089	339
水上旅客运输	551	113	113	142	53	44
水上货物运输	552	522	331	1508	778	207
水上运输辅助活动	553	316	129	729	258	88
航空运输业	56	159	165	533	105	123
航空客货运输	561	48	28	259	27	49
通用航空服务	562	81	105	159	55	56
航空运输辅助活动	563	30	32	115	23	18
管道运输业	57	28	19	22	8	11
海底管道运输	571	4	10	2	2	2
陆地管道运输	572	24	9	20	6	9

单位：个

重庆	四川	贵州	云南	西藏	陕西	甘肃	青海	宁夏	新疆	代码
227553	**385134**	**190381**	**219744**	**7035**	**240142**	**94614**	**27905**	**43794**	**122939**	F
94882	196086	74499	103460	2401	104361	44853	12234	22175	72350	51
6716	9526	3521	6914	115	5569	3150	643	1432	4411	511
12834	28756	15051	15075	339	11204	5238	1720	2097	8442	512
6099	15883	4672	6420	162	10356	2375	812	1109	4945	513
1915	4441	1414	2426	128	2884	1478	599	447	1971	514
3939	9329	2208	4192	199	4374	2308	448	973	2479	515
35928	67276	25688	35033	836	34190	19227	4435	9407	25040	516
18891	41252	8883	15638	313	25725	8023	2090	4640	18159	517
1957	4306	2195	6249	62	1911	395	376	512	2250	518
6603	15317	10867	11513	247	8148	2659	1111	1558	4653	519
132671	189048	115882	116284	4634	135781	49761	15671	21619	50589	52
14963	42879	22529	24066	900	27649	11093	3056	4302	11427	521
20544	21542	22200	19622	667	15332	5099	2549	2835	4746	522
13184	16636	6202	7337	284	10941	2936	952	1162	2908	523
5737	6481	3364	6337	456	6687	2695	1308	1028	1916	524
10192	27692	10997	10091	276	9796	4573	909	1437	5658	525
12485	17183	15041	14996	519	12155	5529	1733	2745	7279	526
14835	16591	8751	8945	510	16079	5503	1461	2452	4998	527
26216	23773	15099	13962	525	22986	7923	2142	3001	7231	528
14515	16271	11699	10928	497	14156	4410	1561	2657	4426	529
18280	**35825**	**15141**	**21129**	**708**	**18843**	**8049**	**2620**	**5682**	**16889**	G
44	177	54	71	1	150	40	25	24	178	53
6	20	9	9	1	11	5	7	3	8	531
22	91	31	46		82	25	8	16	130	532
16	66	14	16		57	10	10	5	40	533
11256	26055	10853	14837	464	12730	5532	1841	4229	11734	54
236	895	595	538	39	583	353	92	108	427	541
172	703	546	434	44	371	300	88	167	331	542
10092	23035	8852	12790	324	10735	4422	1505	3748	10358	543
756	1422	860	1075	57	1041	457	156	206	618	544
462	413	140	157		49	11	13	11	31	55
38	99	77	74		13	7	5	2	6	551
346	226	40	49		21	3	4	8	17	552
78	88	23	34		15	1	4	1	8	553
94	276	84	152	16	146	41	18	24	145	56
33	78	26	63	11	46	12	3	4	27	561
40	152	36	62	2	56	20	8	12	88	562
21	46	22	27	3	44	9	7	8	30	563
8	35	8	17		21	6		4	21	57
1	5		4		1				4	571
7	30	8	13		20	6		4	17	572

2-1 续表 21 (2022年)

行业中类	代码	湖北	湖南	广东	广西	海南
多式联运和运输代理业	58	4774	5218	36128	3858	1183
多式联运	581	632	222	1031	310	31
运输代理业	582	4142	4996	35097	3548	1152
装卸搬运和仓储业	59	4778	2963	9227	2352	380
装卸搬运	591	2329	1563	4920	1066	102
通用仓储	592	861	353	1394	362	66
低温仓储	593	86	75	176	65	19
危险品仓储	594	28	46	101	28	5
谷物、棉花等农产品仓储	595	433	179	352	301	40
中药材仓储	596	10	4	7	3	
其他仓储业	599	1031	743	2277	527	148
邮政业	60	1544	1041	4783	1021	351
邮政基本服务	601	41	75	137	37	14
快递服务	602	1360	948	4514	956	318
其他寄递服务	609	143	18	132	28	19
住宿和餐饮业	H	**29368**	**25368**	**70246**	**17327**	**5591**
住宿业	61	8038	6542	17491	5515	2517
旅游饭店	611	1908	1764	4823	2018	1159
一般旅馆	612	4462	2873	9873	2595	695
民宿服务	613	601	462	682	239	158
露营地服务	614	26	36	36	35	11
其他住宿业	619	1041	1407	2077	628	494
餐饮业	62	21330	18826	52755	11812	3074
正餐服务	621	17723	13631	39072	8386	2258
快餐服务	622	824	1021	3272	852	88
饮料及冷饮服务	623	424	1185	2176	400	170
餐饮配送及外卖送餐服务	624	468	663	2575	849	121
其他餐饮业	629	1891	2326	5660	1325	437
信息传输、软件和信息技术服务业	I	**94145**	**59012**	**191529**	**36167**	**15127**
电信、广播电视和卫星传输服务	63	2145	1434	4757	890	606
电信	631	1946	1162	4297	833	547
广播电视传输服务	632	166	252	356	38	48
卫星传输服务	633	33	20	104	19	11
互联网和相关服务	64	13592	11657	25099	6671	3883
互联网接入及相关服务	641	1318	1509	2739	592	253
互联网信息服务	642	6322	5796	11425	3857	1988
互联网平台	643	2643	1505	2657	570	468
互联网安全服务	644	317	133	312	91	51
互联网数据服务	645	619	297	1287	402	313
其他互联网服务	649	2373	2417	6679	1159	810
软件和信息技术服务业	65	78408	45921	161673	28606	10638
软件开发	651	46255	17180	94087	12848	4391
集成电路设计	652	1447	1138	3650	649	252

单位：个

重庆	四川	贵州	云南	西藏	陕西	甘肃	青海	宁夏	新疆	代码
3814	3774	1302	2920	59	2261	646	298	672	2612	58
391	116	156	221	2	261	42	23	111	215	581
3423	3658	1146	2699	57	2000	604	275	561	2397	582
1823	3346	1415	1696	75	2605	1177	276	423	1578	59
695	1361	634	693	22	745	338	112	231	522	591
384	667	222	266	12	531	172	26	32	340	592
36	117	51	90	1	251	92	5	19	95	593
22	38	17	22	1	25	10	2	7	31	594
51	324	133	111	20	395	322	44	33	206	595
3	7	4		2	4	7			3	596
632	832	354	514	17	654	236	87	101	381	599
779	1749	1285	1279	93	881	596	149	295	590	60
55	336	73	69	25	48	83	25	12	71	601
705	1362	1177	1181	67	788	503	123	275	506	602
19	51	35	29	1	45	10	1	8	13	609
28449	**31830**	**24347**	**19737**	**1131**	**18664**	**8718**	**3121**	**2840**	**6174**	**H**
6895	10429	7261	6761	721	5724	3266	1228	755	2286	61
2001	2989	1727	1606	300	1456	1011	356	225	926	611
3617	5678	3954	3833	292	3144	1794	671	435	826	612
610	623	377	386	9	353	88	22	21	108	613
16	72	39	35	2	62	9	9	6	23	614
651	1067	1164	901	118	709	364	170	68	403	619
21554	21401	17086	12976	410	12940	5452	1893	2085	3888	62
18100	16243	14025	9992	321	9735	4593	1655	1729	2692	621
844	900	388	356	7	678	236	51	59	291	622
578	1747	413	495	27	314	144	19	34	50	623
383	435	339	507	5	579	108	45	58	290	624
1649	2076	1921	1626	50	1634	371	123	205	565	629
38774	**97158**	**19327**	**31066**	**1064**	**47477**	**7699**	**3725**	**5959**	**15075**	**I**
851	1589	568	700	240	1610	498	197	157	499	63
791	1424	498	628	233	1459	461	180	139	408	631
52	143	58	59	6	101	27	12	14	74	632
8	22	12	13	1	50	10	5	4	17	633
5500	12701	4349	4329	116	7954	2005	707	1007	2023	64
351	2060	415	438	10	749	331	97	84	241	641
2902	6665	1755	2100	46	3031	801	334	517	834	642
606	1015	675	621	14	1494	178	115	120	325	643
75	138	71	49	2	210	37	8	18	68	644
284	673	246	236	4	758	87	30	54	197	645
1282	2150	1187	885	40	1712	571	123	214	358	649
32423	82868	14410	26037	708	37913	5196	2821	4795	12553	65
18943	52805	5527	13185	266	15687	1944	1125	1929	2758	651
1138	1191	258	1317	8	1113	108	185	256	557	652

2-1 续表 22 (2022年)

行业中类	代码	湖北	湖南	广东	广西	海南
信息系统集成和物联网技术服务	653	6103	5177	8281	2188	908
运行维护服务	654	600	564	1427	400	154
信息处理和存储支持服务	655	280	306	1583	219	92
信息技术咨询服务	656	18962	16003	36675	9853	3917
数字内容服务	657	660	739	4226	388	157
其他信息技术服务业	659	4101	4814	11744	2061	767
金融业	J	**4115**	**2749**	**32224**	**4003**	**2124**
货币金融服务	66	1373	913	4697	955	450
货币银行服务	662	386	452	881	330	105
非货币银行服务	663	983	459	3798	622	345
银行理财服务	664	4	2	18	3	
资本市场服务	67	1602	995	21541	1726	1411
证券市场服务	671	57	23	324	11	20
公开募集证券投资基金	672	86	44	709	26	480
非公开募集证券投资基金	673	397	225	4509	191	356
期货市场服务	674	65	13	104	52	41
资本投资服务	676	679	501	9219	747	384
其他资本市场服务	679	318	189	6676	699	130
保险业	68	786	577	1984	526	159
人身保险	681	302	239	545	161	36
财产保险	682	243	221	510	241	48
再保险	683	1		3		
商业养老金	684	8	8	23	10	4
保险中介服务	685	204	83	556	101	58
保险资产管理	686	6	2	19	2	
其他保险活动	689	22	24	328	11	13
其他金融业	69	354	264	4002	796	104
金融信托与管理服务	691	45	28	517	61	13
控股公司服务	692	35	75	1024	403	12
非金融机构支付服务	693	7	9	51	20	7
金融信息服务	694	66	43	804	106	26
金融资产管理公司	695	41	13	149	11	7
其他未列明金融业	699	160	96	1457	195	39
房地产业	K	**45114**	**34748**	**146063**	**33194**	**16945**
房地产业	70	45114	34748	146063	33194	16945
房地产开发经营	701	12435	11634	29353	10855	5731
物业管理	702	16723	11127	49274	7619	2891
房地产中介服务	703	12173	10066	42929	11504	7042
房地产租赁经营	704	2775	1500	20658	2315	972
其他房地产业	709	1008	421	3849	901	309
租赁和商务服务业	L	**189994**	**140780**	**444707**	**108631**	**35376**
租赁业	71	21088	21798	33516	12912	4021
机械设备经营租赁	711	20663	21361	32164	12541	3851

单位：个

重庆	四川	贵州	云南	西藏	陕西	甘肃	青海	宁夏	新疆	代码
2382	6910	862	2618	102	3702	677	509	932	2200	653
438	486	252	370	18	738	148	44	70	253	654
182	510	235	159	2	276	63	23	33	124	655
7527	15597	4248	6011	194	11508	1597	596	1279	5257	656
308	659	128	182	7	478	57	39	40	81	657
1505	4710	2900	2195	111	4411	602	300	256	1323	659
2241	**5191**	**2045**	**3449**	**337**	**3143**	**1300**	**435**	**707**	**3065**	**J**
1150	2064	1003	1366	107	1197	721	254	351	1201	66
526	1213	323	390	64	351	297	97	99	382	662
620	819	675	973	43	845	423	155	251	814	663
4	32	5	3		1	1	2	1	5	664
608	1062	426	1154	171	863	128	36	158	1157	67
19	38	9	19	1	19	5	2	3	21	671
23	51	4	10	13	12	3	1	4	9	672
110	378	85	95	7	239	27	8	17	69	673
83	14	3	23		24	4	1	4	14	674
150	418	232	799	35	374	33	8	102	949	676
223	163	93	208	115	195	56	16	28	95	679
299	1204	310	681	48	600	351	88	113	374	68
109	417	71	148	7	199	102	23	46	118	681
78	420	143	239	37	221	201	50	46	212	682
					1					683
3	12	3	14		9	7	1	2	2	684
87	284	53	216	2	115	27	12	17	36	685
1	2	5	2		3	1	1		1	686
21	69	35	62	2	52	13	1	2	5	689
184	861	306	248	11	483	100	57	85	333	69
19	114	46	31	2	64	12	4	16	19	691
14	36	6	15	1	25	3	2	5	22	692
8	19	12	8		10	3		3	7	693
32	242	64	57	2	144	14	6	14	46	694
2	52	23	21	1	51	5	1	5	22	695
109	398	155	116	5	189	63	44	42	217	699
23265	**48398**	**20740**	**25763**	**754**	**30257**	**11251**	**3984**	**4463**	**16069**	**K**
23265	48398	20740	25763	754	30257	11251	3984	4463	16069	70
4135	13605	7704	7790	248	8953	3842	998	1201	6025	701
6119	13845	6506	7351	208	11009	4309	1570	1629	5715	702
11414	17450	4769	8927	103	6863	2184	1078	1384	2904	703
1235	2720	1047	1386	163	2347	808	283	218	1156	704
362	778	714	309	32	1085	108	55	31	269	709
95261	**206750**	**74479**	**85590**	**5652**	**100822**	**33961**	**17022**	**17788**	**42604**	**L**
15889	26314	9980	12030	815	13495	7070	2299	3059	7169	71
15540	25732	9781	11787	805	13112	6981	2266	3002	7095	711

2-1 续表 23 (2022年)

行业中类	代码	湖北	湖南	广东	广西	海南
文体设备和用品出租	712	388	383	1219	343	166
日用品出租	713	37	54	133	28	4
商务服务业	72	168906	118982	411191	95719	31355
组织管理服务	721	16384	16257	84931	18854	6463
综合管理服务	722	4820	6003	11072	3255	770
法律服务	723	4666	3896	8264	2428	1393
咨询与调查	724	43962	31671	156563	26415	7343
广告业	725	23223	17302	49512	17863	4301
人力资源服务	726	41010	17956	22588	11723	2373
安全保护服务	727	2054	1594	4486	1670	1445
会议、展览及相关服务	728	3695	2201	6940	1364	1506
其他商务服务业	729	29092	22102	66835	12147	5761
科学研究和技术服务业	**M**	**76391**	**71174**	**230672**	**43156**	**10913**
研究和试验发展	73	8120	15865	47682	3278	915
自然科学研究和试验发展	731	364	750	2853	76	34
工程和技术研究和试验发展	732	5593	11660	37824	1985	402
农业科学研究和试验发展	733	811	1645	1906	539	176
医学研究和试验发展	734	1266	1705	4696	640	285
社会人文科学研究	735	86	105	403	38	18
专业技术服务业	74	41734	27787	103058	19104	6008
气象服务	741	50	41	186	36	18
地震服务	742	37	27	40	34	10
海洋服务	743	40	29	202	27	52
测绘地理信息服务	744	828	650	1160	619	208
质检技术服务	745	2028	2184	6990	1420	418
环境与生态监测检测服务	746	783	639	1493	351	126
地质勘查	747	454	383	550	317	61
工程技术与设计服务	748	24958	13053	43979	11487	3630
工业与专业设计及其他专业技术服务	749	12556	10781	48458	4813	1485
科技推广和应用服务业	75	26537	27522	79932	20774	3990
技术推广服务	751	20811	20849	45637	15900	2833
知识产权服务	752	840	909	6263	469	255
科技中介服务	753	640	906	3139	686	320
创业空间服务	754	314	193	1126	258	60
其他科技推广服务业	759	3932	4665	23767	3461	522
水利、环境和公共设施管理业	**N**	**12868**	**9556**	**14454**	**6470**	**1746**
水利管理业	76	430	337	476	192	63
防洪除涝设施管理	761	56	36	62	24	1
水资源管理	762	117	80	129	54	14
天然水收集与分配	763	27	26	29	24	5
水文服务	764	19	19	12	10	4
其他水利管理业	769	211	176	244	80	39
生态保护和环境治理业	77	1330	1700	2840	733	294

单位：个

重庆	四川	贵州	云南	西藏	陕西	甘肃	青海	宁夏	新疆	代码
326	511	174	221	8	346	79	33	51	65	712
23	71	25	22	2	37	10		6	9	713
79372	180436	64499	73560	4837	87327	26891	14723	14729	35435	72
8460	30944	7246	11292	1722	7909	1709	1125	1293	6522	721
2527	9102	2110	3290	104	3355	850	304	445	1993	722
4124	2468	2307	2608	43	3527	578	691	701	1411	723
21321	48766	11243	18880	861	21550	4861	2366	3637	8465	724
15651	27488	11632	10799	775	16698	6172	1858	2371	5615	725
15424	33018	13656	11031	425	14565	6901	5037	3577	3422	726
1041	1699	1350	1535	52	1698	781	496	342	1156	727
1876	4899	1205	2496	64	3008	571	350	327	1131	728
8948	22052	13750	11629	791	15017	4468	2496	2036	5720	729
33057	**93189**	**19122**	**32477**	**1265**	**42615**	**11905**	**5691**	**7070**	**22653**	M
2139	11238	905	2486	118	3845	666	307	327	921	73
97	524	47	135	4	204	33	28	19	50	731
1300	7233	366	919	43	2292	295	159	201	399	732
235	1387	272	1003	32	575	219	67	71	369	733
494	2048	200	404	37	716	105	46	31	96	734
13	46	20	25	2	58	14	7	5	7	735
19269	41286	10940	17975	757	25449	7187	3494	3729	11528	74
12	79	30	54	6	107	30	24	12	24	741
26	56	14	25		32	16	1	7	22	742
17	39	4	9		9	3		3	6	743
222	1164	417	714	22	659	231	77	114	283	744
765	2655	1027	1614	64	1955	780	266	400	1346	745
300	666	261	357	23	675	245	139	131	324	746
167	500	316	596	41	778	257	183	85	432	747
11102	23429	5379	10146	465	13865	4104	2038	1966	6332	748
6658	12698	3492	4460	136	7369	1521	766	1011	2759	749
11649	40665	7277	12016	390	13321	4052	1890	3014	10204	75
7308	33051	4645	9991	292	9593	2809	1531	2445	8050	751
961	1286	364	476	5	647	134	56	118	267	752
425	929	234	405	31	573	105	33	100	203	753
93	258	38	58	11	179	38	14	14	68	754
2862	5141	1996	1086	51	2329	966	256	337	1616	759
7449	**9532**	**5974**	**6601**	**207**	**9576**	**2253**	**1615**	**1333**	**3501**	N
195	331	281	337	17	383	111	51	53	276	76
12	27	16	24	2	26	9	2		8	761
77	117	114	116	8	126	39	9	16	111	762
10	29	26	62		27	6	2	5	24	763
6	14	7	8		26	1	1	2	6	764
90	144	118	127	7	178	56	37	30	127	769
1171	1850	714	719	28	1546	370	374	212	525	77

2-1 续表 24 (2022年)

行业中类	代码	湖北	湖南	广东	广西	海南
生态保护	771	128	94	204	65	46
环境治理业	772	1202	1606	2636	668	248
公共设施管理业	78	6652	5109	9007	3258	987
市政设施管理	781	861	742	1216	430	175
环境卫生管理	782	1211	1581	1558	696	151
城乡市容管理	783	236	135	167	70	24
绿化管理	784	2584	1792	5008	1275	376
城市公园管理	785	107	59	86	31	20
游览景区管理	786	1653	800	972	756	241
土地管理业	79	4456	2410	2131	2287	402
土地整治服务	791	1313	1031	664	654	127
土地调查评估服务	792	305	268	276	859	49
土地登记服务	793	75	40	76	36	6
土地登记代理服务	794	479	535	591	281	164
其他土地管理服务	799	2284	536	524	457	56
居民服务、修理和其他服务业	**O**	**27600**	**25444**	**71875**	**32432**	**4927**
居民服务业	80	11736	13225	29894	22133	2325
家庭服务	801	3002	3279	4259	2427	413
托儿所服务	802	591	743	1113	2844	48
洗染服务	803	336	312	758	189	52
理发及美容服务	804	2087	2109	7969	1607	406
洗浴和保健养生服务	805	1667	2563	7182	1760	511
摄影扩印服务	806	756	702	3633	505	421
婚姻服务	807	1072	694	1303	513	157
殡葬服务	808	489	436	383	208	50
其他居民服务业	809	1736	2387	3294	12080	267
机动车、电子产品和日用产品修理业	81	9903	6876	27820	6974	1611
汽车、摩托车等修理与维护	811	7631	5172	18993	5113	1033
计算机和办公设备维修	812	863	648	4022	796	246
家用电器修理	813	946	752	3702	898	245
其他日用产品修理业	819	463	304	1103	167	87
其他服务业	82	5961	5343	14161	3325	991
清洁服务	821	3460	3262	10596	2456	723
宠物服务	822	276	219	844	199	47
其他未列明服务业	829	2225	1862	2721	670	221
教育	**P**	**11365**	**12183**	**35707**	**10921**	**2359**
教育	83	11365	12183	35707	10921	2359
学前教育	831	1040	1329	1988	970	110
初等教育	832	209	114	448	93	30
中等教育	833	175	300	236	95	22
高等教育	834	14	37	82	19	4
特殊教育	835	23	15	62	23	4
技能培训、教育辅助及其他教育	839	9904	10388	32891	9721	2189

单位：个

重庆	四川	贵州	云南	西藏	陕西	甘肃	青海	宁夏	新疆	代码
47	135	86	74	9	154	76	137	17	59	771
1124	1715	628	645	19	1392	294	237	195	466	772
3546	6219	3057	3782	146	5925	1493	883	704	1843	78
477	671	394	446	21	717	166	89	95	362	781
793	1638	491	866	22	817	229	110	129	279	782
66	174	78	118	2	142	32	15	19	65	783
1550	2232	966	1786	75	3271	755	539	378	842	784
29	54	40	35	3	56	23	4	7	20	785
631	1450	1088	531	23	922	288	126	76	275	786
2537	1132	1922	1763	16	1722	279	307	364	857	79
1219	624	847	777	5	811	129	158	192	315	791
158	123	275	171		245	19	40	28	109	792
61	18	37	49	2	39	8	10	2	9	793
521	141	284	401	1	230	44	24	62	110	794
578	226	479	365	8	397	79	75	80	314	799
19983	**34925**	**24808**	**19424**	**618**	**22701**	**8257**	**2539**	**3253**	**8091**	O
9752	14504	9725	7931	200	9284	3156	1026	1289	2928	80
2318	4061	2456	2080	32	3012	859	415	461	792	801
246	1094	697	425		309	55	30	60	142	802
431	542	329	189	7	264	98	46	25	73	803
2027	2730	1285	1116	17	1084	324	83	138	293	804
1574	1529	1649	1258	43	1311	434	83	132	374	805
791	983	520	657	25	601	319	61	91	210	806
1028	981	439	413	9	743	363	98	136	186	807
454	524	446	596	1	282	157	49	67	151	808
883	2060	1904	1197	66	1678	547	161	179	707	809
7212	13697	10098	8392	308	8536	4018	1032	1309	3761	81
5329	10990	8949	7325	249	6238	3416	866	1039	2982	811
722	1169	518	549	31	995	281	80	117	380	812
872	1151	416	289	8	836	227	46	84	266	813
289	387	215	229	20	467	94	40	69	133	819
3019	6724	4985	3101	110	4881	1083	481	655	1402	82
2242	4386	1758	1606	53	2330	680	269	343	685	821
299	479	177	220	1	232	31	12	104	81	822
478	1859	3050	1275	56	2319	372	200	208	636	829
8644	**16221**	**8517**	**7322**	**173**	**8730**	**4030**	**643**	**2198**	**3138**	P
8644	16221	8517	7322	173	8730	4030	643	2198	3138	83
219	1620	1518	567	12	402	129	17	75	100	831
107	92	107	80	3	86	25	6	17	30	832
55	141	137	106	2	75	23	19	16	25	833
6	64	17	9		25	1	1	3	5	834
23	15	25	22	1	27	16		12	9	835
8234	14289	6713	6538	155	8115	3836	600	2075	2969	839

2-1 续表 25 (2022年)

行业中类	代码	湖北	湖南	广东	广西	海南
卫生和社会工作	Q	**5437**	**4943**	**10743**	**3044**	**1066**
卫生	84	4387	3765	9482	2553	855
医院	841	1599	1577	1811	972	452
基层医疗卫生服务	842	2355	1849	6430	1273	255
专业公共卫生服务	843	133	104	354	131	32
其他卫生活动	849	300	235	887	177	116
社会工作	85	1050	1178	1261	491	211
提供住宿社会工作	851	961	1102	1017	440	191
不提供住宿社会工作	852	89	76	244	51	20
文化、体育和娱乐业	R	**28881**	**36490**	**66980**	**15360**	**6242**
新闻和出版业	86	458	233	689	170	152
新闻业	861	83	94	171	52	63
出版业	862	375	139	518	118	89
广播、电视、电影和录音制作业	87	3935	4528	9128	2802	1697
广播	871	1252	762	1285	496	328
电视	872	73	61	147	75	73
影视节目制作	873	1359	1374	5021	1375	908
广播电视集成播控	874	64	26	79	25	29
电影和广播电视节目发行	875	119	115	388	144	124
电影放映	876	513	573	1295	322	104
录音制作	877	555	1617	913	365	131
文化艺术业	88	7491	8023	19480	3727	1383
文艺创作与表演	881	2793	3213	6127	1492	598
艺术表演场馆	882	147	109	267	62	46
图书馆与档案馆	883	389	179	314	109	21
文物及非物质文化遗产保护	884	104	104	106	50	20
博物馆	885	19	23	45	7	4
烈士陵园、纪念馆	886	13	7	4	3	
群众文体活动	887	720	1248	1597	314	73
其他文化艺术业	889	3306	3140	11020	1690	621
体育	89	3100	4123	8585	2225	982
体育组织	891	1112	1600	2080	693	401
体育场地设施管理	892	256	171	816	202	101
健身休闲活动	893	1501	1590	4934	1191	401
其他体育	899	231	762	755	139	79
娱乐业	90	13897	19583	29098	6436	2028
室内娱乐活动	901	5824	7751	11118	2858	646
游乐园	902	337	390	533	182	51
休闲观光活动	903	2551	1830	679	497	260
彩票活动	904	25	72	41	10	10
文化体育娱乐活动与经纪代理服务	905	4945	9331	16273	2777	966
其他娱乐业	909	215	209	454	112	95

单位：个

重庆	四川	贵州	云南	西藏	陕西	甘肃	青海	宁夏	新疆	代码
4464	**12108**	**3698**	**3151**	**104**	**3457**	**1027**	**352**	**496**	**1084**	Q
3474	10260	3246	2722	96	2954	866	277	399	897	84
1572	2448	1615	1264	48	1079	427	167	250	522	841
1684	6976	1335	1085	36	1470	306	90	84	224	842
55	196	61	95	3	80	50	5	12	40	843
163	640	235	278	9	325	83	15	53	111	849
990	1848	452	429	8	503	161	75	97	187	85
916	1708	391	375	6	401	142	64	84	153	851
74	140	61	54	2	102	19	11	13	34	852
18670	**42868**	**12341**	**14977**	**723**	**18596**	**7062**	**2199**	**2786**	**6399**	R
181	323	103	169	9	287	64	40	67	75	86
73	83	36	43	2	78	15	13	16	29	861
108	240	67	126	7	209	49	27	51	46	862
3081	5545	1582	2682	140	3565	961	676	642	1708	87
868	415	339	460	11	528	116	236	132	196	871
40	66	17	30	6	59	15	7	7	44	872
1072	3574	631	1203	79	1773	514	293	302	969	873
33	124	19	56	1	122	18	22	12	27	874
65	133	79	74	1	159	31	15	20	150	875
264	726	227	288	27	425	202	55	67	167	876
739	507	270	571	15	499	65	48	102	155	877
5138	13520	2769	3885	168	5813	2435	565	714	1426	88
2589	4983	997	1361	42	2370	988	183	322	572	881
89	82	41	63	3	68	32	5	19	27	882
140	276	91	98	1	112	36	15	14	17	883
25	112	59	93	5	177	66	36	20	16	884
12	32	6	12	1	23	13	9	1	9	885
1	1	1	3		3			1	1	886
496	1176	143	504	9	371	177	73	37	103	887
1786	6858	1431	1751	107	2689	1123	244	300	681	889
2260	5736	1629	2304	31	2169	713	217	422	663	89
859	1882	578	949	9	673	288	104	145	265	891
168	406	92	125	3	109	24	8	12	52	892
1062	2600	693	1036	18	1052	330	87	237	259	893
171	848	266	194	1	335	71	18	28	87	899
8010	17744	6258	5937	375	6762	2889	701	941	2527	90
3898	9497	3967	2581	299	2679	1906	424	638	1299	901
235	430	262	179	4	234	71	6	33	104	902
1446	905	758	388	3	597	250	29	82	121	903
6	18	6	20		3		2	1	5	904
2333	6523	924	2634	62	2992	547	230	167	534	905
92	371	341	135	7	257	115	10	20	464	909

2-2 按行业(中类)、东中西部以及东北地区分组的企业法人单位数

(2022年) 单位：个

行业中类	代码	企业单位数	东部地区	中部地区	西部地区	东北地区
总　计	——	**32828734**	**17949250**	**7265665**	**6269839**	**1343980**
农、林、牧、渔业	A	**1175953**	**286871**	**378235**	**453358**	**57489**
农业	01	539831	139366	174732	202266	23467
谷物种植	011	130492	32163	67218	19142	11969
豆类、油料和薯类种植	012	13919	3141	5011	4263	1504
棉、麻、糖、烟草种植	013	5036	529	852	3560	95
蔬菜、食用菌及园艺作物种植	014	185335	60236	50516	69885	4698
水果种植	015	95409	20030	20745	52618	2016
坚果、含油果、香料和饮料作物种植	016	28763	7949	6244	14415	155
中药材种植	017	40119	5283	10924	22113	1799
草种植及割草	018	2550	384	492	1519	155
其他农业	019	38208	9651	12730	14751	1076
林业	02	81363	26717	24828	26114	3704
林木育种和育苗	021	66223	22659	20299	20331	2934
造林和更新	022	6311	1635	1902	2586	188
森林经营、管护和改培	023	5106	1452	1486	1745	423
木材和竹材采运	024	2754	827	810	987	130
林产品采集	025	969	144	331	465	29
畜牧业	03	344428	61966	101222	161955	19285
牲畜饲养	031	238915	40418	65853	118764	13880
家禽饲养	032	87807	18463	32321	32724	4299
狩猎和捕捉动物	033	203	45	43	105	10
其他畜牧业	039	17503	3040	3005	10362	1096
渔业	04	87570	25989	31016	27110	3455
水产养殖	041	85521	24677	30639	26931	3274
水产捕捞	042	2049	1312	377	179	181
农、林、牧、渔专业及辅助性活动	05	122761	32833	46437	35913	7578
农业专业及辅助性活动	051	102183	26362	39332	29885	6604
林业专业及辅助性活动	052	8936	2854	3237	2556	289
畜牧专业及辅助性活动	053	6693	1730	2132	2364	467
渔业专业及辅助性活动	054	4949	1887	1736	1108	218
采矿业	B	**87897**	**14805**	**23542**	**41779**	**7771**
煤炭开采和洗选业	06	15246	910	5308	7905	1123
烟煤和无烟煤开采洗选	061	13593	800	4888	6915	990
褐煤开采洗选	062	377	23	53	265	36
其他煤炭采选	069	1276	87	367	725	97
石油和天然气开采业	07	787	94	124	452	117
石油开采	071	501	71	30	303	97
天然气开采	072	286	23	94	149	20
黑色金属矿采选业	08	11362	3865	2460	3681	1356

2-2 续表 1 (2022年) 单位：个

行业中类	代码	企 业 单位数	东部地区	中部地区	西部地区	东北地区
铁矿采选	081	10316	3781	2238	3018	1279
锰矿、铬矿采选	082	633	30	144	407	52
其他黑色金属矿采选	089	413	54	78	256	25
有色金属矿采选业	09	7973	993	2100	4123	757
常用有色金属矿采选	091	5431	426	1281	3225	499
贵金属矿采选	092	1596	443	348	619	186
稀有稀土金属矿采选	093	946	124	471	279	72
非金属矿采选业	10	42438	7708	12074	19002	3654
土砂石开采	101	36526	6629	10323	16514	3060
化学矿开采	102	1116	66	371	621	58
采盐	103	297	177	37	72	11
石棉及其他非金属矿采选	109	4499	836	1343	1795	525
开采专业及辅助性活动	11	6549	736	627	4595	591
煤炭开采和洗选专业及辅助性活动	111	829	85	317	360	67
石油和天然气开采专业及辅助性活动	112	4908	467	138	3863	440
其他开采专业及辅助性活动	119	812	184	172	372	84
其他采矿业	12	3542	499	849	2021	173
其他采矿业	120	3542	499	849	2021	173
制造业	C	**4505251**	**3026549**	**788563**	**512732**	**177407**
农副食品加工业	13	165428	62482	43562	41285	18099
谷物磨制	131	26247	5607	9346	5166	6128
饲料加工	132	19341	8773	4333	3960	2275
植物油加工	133	11857	3249	3675	4038	895
制糖业	134	1152	420	112	578	42
屠宰及肉类加工	135	30646	12385	6727	9315	2219
水产品加工	136	13145	9523	1135	587	1900
蔬菜、菌类、水果和坚果加工	137	23468	10294	5014	6162	1998
其他农副食品加工	139	39572	12231	13220	11479	2642
食品制造业	14	103299	48797	25415	22601	6486
焙烤食品制造	141	23754	11434	5784	5083	1453
糖果、巧克力及蜜饯制造	142	5611	3890	870	719	132
方便食品制造	143	17495	6455	4705	5171	1164
乳制品制造	144	2380	724	379	1063	214
罐头食品制造	145	3162	1682	741	511	228
调味品、发酵制品制造	146	10992	4161	2566	3537	728
其他食品制造	149	39905	20451	10370	6517	2567
酒、饮料和精制茶制造业	15	78909	24705	18574	31236	4394
酒的制造	151	29510	6715	5873	14337	2585
饮料制造	152	22547	7603	6318	6874	1752
精制茶加工	153	26852	10387	6383	10025	57

2-2 续表 2 (2022年) 单位：个

行业中类	代码	企业单位数	东部地区	中部地区	西部地区	东北地区
烟草制品业	16	300	150	66	65	19
烟叶复烤	161	45	9	14	18	4
卷烟制造	162	133	85	18	21	9
其他烟草制品制造	169	122	56	34	26	6
纺织业	17	183311	149044	23466	8539	2262
棉纺织及印染精加工	171	55972	43187	9515	2693	577
毛纺织及染整精加工	172	9064	7740	370	859	95
麻纺织及染整精加工	173	1170	467	392	143	168
丝绢纺织及印染精加工	174	2598	1756	231	469	142
化纤织造及印染精加工	175	14309	13125	956	146	82
针织或钩针编织物及其制品制造	176	28946	25365	2479	766	336
家用纺织制成品制造	177	41819	34693	4200	2565	361
产业用纺织制成品制造	178	29433	22711	5323	898	501
纺织服装、服饰业	18	233840	162422	49564	12601	9253
机织服装制造	181	94544	65049	19360	4659	5476
针织或钩针编织服装制造	182	28703	24635	2868	861	339
服饰制造	183	110593	72738	27336	7081	3438
皮革、毛皮、羽毛及其制品和制鞋业	19	105064	83140	16234	4753	937
皮革鞣制加工	191	5140	3650	1083	257	150
皮革制品制造	192	36888	30344	5164	1134	246
毛皮鞣制及制品加工	193	7537	6087	978	292	180
羽毛(绒)加工及制品制造	194	2927	1332	1179	362	54
制鞋业	195	52572	41727	7830	2708	307
木材加工和木、竹、藤、棕、草制品业	20	197738	105346	48809	34855	8728
木材加工	201	109049	51425	30872	21511	5241
人造板制造	202	27760	19313	3678	4188	581
木质制品制造	203	46323	27777	8807	7161	2578
竹、藤、棕、草等制品制造	204	14606	6831	5452	1995	328
家具制造业	21	122880	75976	25563	16263	5078
木质家具制造	211	83245	46856	19725	12327	4337
竹、藤家具制造	212	1370	909	280	162	19
金属家具制造	213	12635	9792	1773	881	189
塑料家具制造	214	1056	778	152	100	26
其他家具制造	219	24574	17641	3633	2793	507
造纸和纸制品业	22	97254	74533	12477	7944	2300
纸浆制造	221	411	239	68	83	21
造纸	222	16842	11910	2675	1847	410
纸制品制造	223	80001	62384	9734	6014	1869
印刷和记录媒介复制业	23	99868	65853	17447	12948	3620
印刷	231	89170	60255	15252	10529	3134

2-2　续表 3　　(2022年)　　单位：个

行业中类	代码	企　业单位数	东部地区	中部地区	西部地区	东北地区
装订及印刷相关服务	232	10192	5315	2097	2318	462
记录媒介复制	233	506	283	98	101	24
文教、工美、体育和娱乐用品制造业	24	158435	120536	21744	13576	2579
文教办公用品制造	241	14968	11352	2278	970	368
乐器制造	242	3600	2545	636	324	95
工艺美术及礼仪用品制造	243	94191	68471	13300	10643	1777
体育用品制造	244	18574	15833	2057	467	217
玩具制造	245	21657	18211	2453	932	61
游艺器材及娱乐用品制造	246	5445	4124	1020	240	61
石油、煤炭及其他燃料加工业	25	15688	5789	3701	3647	2551
精炼石油产品制造	251	6481	3311	998	1095	1077
煤炭加工	252	4758	1040	1457	1857	404
生物质燃料加工	254	4449	1438	1246	695	1070
化学原料和化学制品制造业	26	142260	78723	32444	22323	8770
基础化学原料制造	261	18624	9161	4362	3814	1287
肥料制造	262	19861	6795	5206	5409	2451
农药制造	263	2715	1306	732	498	179
涂料、油墨、颜料及类似产品制造	264	24147	14858	4903	3141	1245
合成材料制造	265	16676	11299	3120	1687	570
专用化学产品制造	266	34254	19467	8127	4492	2168
炸药、火工及焰火产品制造	267	2848	153	2104	537	54
日用化学产品制造	268	23135	15684	3890	2745	816
医药制造业	27	40122	17647	12527	7234	2714
化学药品原料药制造	271	3985	1890	1097	731	267
化学药品制剂制造	272	3328	1710	781	515	322
中药饮片加工	273	6531	1533	2384	1879	735
中成药生产	274	5775	1387	2384	1510	494
兽用药品制造	275	2411	1064	714	465	168
生物药品制品制造	276	5755	3165	1276	997	317
卫生材料及医药用品制造	277	11277	6189	3689	1024	375
药用辅料及包装材料	278	1060	709	202	113	36
化学纤维制造业	28	9513	7735	1036	499	243
纤维素纤维原料及纤维制造	281	1168	843	179	115	31
合成纤维制造	282	6954	6059	518	249	128
生物基材料制造	283	1391	833	339	135	84
橡胶和塑料制品业	29	256160	199579	30951	18360	7270
橡胶制品业	291	43763	35696	4435	2328	1304
塑料制品业	292	212397	163883	26516	16032	5966
非金属矿物制品业	30	360220	167227	99672	74937	18384
水泥、石灰和石膏制造	301	16740	5589	4942	5090	1119

2-2 续表 4 (2022年) 单位：个

行业中类	代码	企业单位数	东部地区	中部地区	西部地区	东北地区
石膏、水泥制品及类似制品制造	302	88164	34294	25296	24321	4253
砖瓦、石材等建筑材料制造	303	137322	60508	37751	32868	6195
玻璃制造	304	8485	4775	2022	1406	282
玻璃制品制造	305	23295	15496	4623	2616	560
玻璃纤维和玻璃纤维增强塑料制品制造	306	9728	6796	1690	859	383
陶瓷制品制造	307	32022	20722	8643	2217	440
耐火材料制品制造	308	15751	5880	5631	949	3291
石墨及其他非金属矿物制品制造	309	28713	13167	9074	4611	1861
黑色金属冶炼和压延加工业	31	26315	16982	4064	4107	1162
炼铁	311	817	230	242	239	106
炼钢	312	518	226	114	129	49
钢压延加工	313	20448	14662	2712	2252	822
铁合金冶炼	314	4532	1864	996	1487	185
有色金属冶炼和压延加工业	32	36792	19854	8944	6631	1363
常用有色金属冶炼	321	4528	1345	1332	1579	272
贵金属冶炼	322	643	168	226	208	41
稀有稀土金属冶炼	323	1032	221	505	233	73
有色金属合金制造	324	9738	5375	2481	1531	351
有色金属压延加工	325	20851	12745	4400	3080	626
金属制品业	33	466141	348576	62481	41893	13191
结构性金属制品制造	331	182536	115259	34651	25787	6839
金属工具制造	332	31785	25445	3543	2083	714
集装箱及金属包装容器制造	333	10125	7025	1570	1091	439
金属丝绳及其制品制造	334	22227	19954	1161	861	251
建筑、安全用金属制品制造	335	68560	57431	6173	3866	1090
金属表面处理及热处理加工	336	18711	14576	1934	1423	778
搪瓷制品制造	337	3637	2949	415	204	69
金属制日用品制造	338	28551	24580	2153	1484	334
铸造及其他金属制品制造	339	100009	81357	10881	5094	2677
通用设备制造业	34	457117	349474	55713	30290	21640
锅炉及原动设备制造	341	11988	7626	1713	1413	1236
金属加工机械制造	342	71932	53016	9836	5458	3622
物料搬运设备制造	343	18754	12846	3998	1073	837
泵、阀门、压缩机及类似机械制造	344	52113	42523	5566	1816	2208
轴承、齿轮和传动部件制造	345	28471	24495	2006	762	1208
烘炉、风机、包装等设备制造	346	45538	36590	4958	2701	1289
文化、办公用机械制造	347	4126	3205	573	266	82
通用零部件制造	348	179317	133725	21940	14488	9164
其他通用设备制造业	349	44878	35448	5123	2313	1994
专用设备制造业	35	343597	253852	50317	26860	12568

2-2　续表 5　(2022年)　单位：个

行业中类	代码	企　业 单位数	东部地区	中部地区	西部地区	东北地区
采矿、冶金、建筑专用设备制造	351	47101	27103	11181	5329	3488
化工、木材、非金属加工专用设备制造	352	90482	77064	7388	4172	1858
食品、饮料、烟草及饲料生产专用设备制造	353	9984	6659	1882	998	445
印刷、制药、日化及日用品生产专用设备制造	354	11517	9010	1474	691	342
纺织、服装和皮革加工专用设备制造	355	12944	11738	856	234	116
电子和电工机械专用设备制造	356	23645	16583	4149	2284	629
农、林、牧、渔专用机械制造	357	20981	12596	4184	2678	1523
医疗仪器设备及器械制造	358	34028	23673	6231	2938	1186
环保、邮政、社会公共服务及其他专用设备制造	359	92915	69426	12972	7536	2981
汽车制造业	36	105031	68419	21102	11198	4312
汽车整车制造	361	1913	938	497	376	102
汽车用发动机制造	362	707	299	134	194	80
改装汽车制造	363	1472	666	500	223	83
低速汽车制造	364	159	85	43	24	7
电车制造	365	587	361	143	68	15
汽车车身、挂车制造	366	11795	6938	2847	1371	639
汽车零部件及配件制造	367	88398	59132	16938	8942	3386
铁路、船舶、航空航天和其他运输设备制造业	37	40608	28707	4956	5240	1705
铁路运输设备制造	371	4858	2565	1131	566	596
城市轨道交通设备制造	372	933	503	209	152	69
船舶及相关装置制造	373	11669	8806	1533	610	720
航空、航天器及设备制造	374	2796	1203	542	832	219
摩托车制造	375	7609	4371	564	2663	11
自行车和残疾人座车制造	376	5103	4846	185	60	12
助动车制造	377	4881	4016	596	249	20
非公路休闲车及零配件制造	378	1306	1214	53	30	9
潜水救捞及其他未列明运输设备制造	379	1453	1183	143	78	49
电气机械和器材制造业	38	267577	214324	31213	15755	6285
电机制造	381	20498	16283	2343	1273	599
输配电及控制设备制造	382	93256	71476	12270	6532	2978
电线、电缆、光缆及电工器材制造	383	34180	25320	5392	2478	990
电池制造	384	10034	6142	2784	916	192
家用电力器具制造	385	33235	29562	2216	1136	321
非电力家用器具制造	386	6241	4487	836	739	179
照明器具制造	387	50235	45535	2849	1390	461
其他电气机械及器材制造	389	19898	15519	2523	1291	565
计算机、通信和其他电子设备制造业	39	176377	138272	23622	12310	2173
计算机制造	391	16155	11774	2408	1669	304
通信设备制造	392	13229	9896	1742	1350	241
广播电视设备制造	393	3647	2551	652	375	69

2-2 续表 6 (2022年) 单位：个

行业中类	代码	企业单位数	东部地区	中部地区	西部地区	东北地区
雷达及配套设备制造	394	407	255	55	81	16
非专业视听设备制造	395	7422	6541	545	306	30
智能消费设备制造	396	11790	8440	2254	911	185
电子器件制造	397	36750	27572	6229	2585	364
电子元件及电子专用材料制造	398	65602	53861	7270	3817	654
其他电子设备制造	399	21375	17382	2467	1216	310
仪器仪表制造业	40	64598	48335	9465	4452	2346
通用仪器仪表制造	401	43768	33361	6217	2553	1637
专用仪器仪表制造	402	8946	6313	1383	895	355
钟表与计时仪器制造	403	3390	3083	185	71	51
光学仪器制造	404	3459	2037	895	454	73
衡器制造	405	1212	814	206	141	51
其他仪器仪表制造业	409	3823	2727	579	338	179
其他制造业	41	65844	46956	11671	5077	2140
日用杂品制造	411	21667	16757	3800	870	240
其他未列明制造业	419	44177	30199	7871	4207	1900
废弃资源综合利用业	42	31823	12793	11672	5882	1476
金属废料和碎屑加工处理	421	16058	6656	5911	2788	703
非金属废料和碎屑加工处理	422	15765	6137	5761	3094	773
金属制品、机械和设备修理业	43	53142	30321	10091	9371	3359
金属制品修理	431	1354	823	242	226	63
通用设备修理	432	9369	5160	1933	1688	588
专用设备修理	433	8937	4374	1902	2007	654
铁路、船舶、航空航天等运输设备修理	434	8901	6762	788	637	714
电气设备修理	435	6062	3036	1363	1323	340
仪器仪表修理	436	1052	645	147	191	69
其他机械和设备修理业	439	17467	9521	3716	3299	931
电力、热力、燃气及水生产和供应业	**D**	**148645**	**55977**	**43790**	**38875**	**10003**
电力、热力生产和供应业	44	104570	39569	31181	26195	7625
电力生产	441	80862	30450	25934	20395	4083
电力供应	442	11504	4618	3368	2928	590
热力生产和供应	443	12204	4501	1879	2872	2952
燃气生产和供应业	45	12409	4312	3076	4207	814
燃气生产和供应业	451	11269	3945	2724	3902	698
生物质燃气生产和供应业	452	1140	367	352	305	116
水的生产和供应业	46	31666	12096	9533	8473	1564
自来水生产和供应	461	18094	5367	6533	5399	795
污水处理及其再生利用	462	12621	6219	2819	2864	719
海水淡化处理	463	75	59	7	4	5
其他水的处理、利用与分配	469	876	451	174	206	45

2-2 续表 7 (2022年) 单位：个

行业中类	代码	企业单位数	东部地区	中部地区	西部地区	东北地区
建筑业	E	**2901128**	**1350488**	**796316**	**644828**	**109496**
房屋建筑业	47	656058	278537	202074	154254	21193
住宅房屋建筑	471	524161	210831	172363	123296	17671
体育场馆建筑	472	1728	739	596	328	65
其他房屋建筑业	479	130169	66967	29115	30630	3457
土木工程建筑业	48	630907	284353	163487	157721	25346
铁路、道路、隧道和桥梁工程建筑	481	197805	80219	59271	49899	8416
水利和水运工程建筑	482	22264	9601	5817	5297	1549
海洋工程建筑	483	739	588	75	47	29
工矿工程建筑	484	10910	3526	3673	3228	483
架线和管道工程建筑	485	32131	14934	7233	7691	2273
节能环保工程施工	486	11692	5881	2404	2828	579
电力工程施工	487	13858	5989	3434	3674	761
其他土木工程建筑	489	341508	163615	81580	85057	11256
建筑安装业	49	318291	174000	66973	61139	16179
电气安装	491	88580	45527	21203	16825	5025
管道和设备安装	492	78847	43191	16322	15269	4065
其他建筑安装业	499	150864	85282	29448	29045	7089
建筑装饰、装修和其他建筑业	50	1295872	613598	363782	271714	46778
建筑装饰和装修业	501	845871	418267	216259	176093	35252
建筑物拆除和场地准备活动	502	57942	28946	15856	11410	1730
提供施工设备服务	503	31768	16140	8776	6003	849
其他未列明建筑业	509	360291	150245	122891	78208	8947
批发和零售业	F	**10708678**	**5989913**	**2328769**	**1951253**	**438743**
批发业	51	5763075	3493431	1106220	917847	245577
农、林、牧、渔产品批发	511	228580	88665	61330	56671	21914
食品、饮料及烟草制品批发	512	566847	309016	108472	123162	26197
纺织、服装及家庭用品批发	513	865346	676514	104583	66384	17865
文化、体育用品及器材批发	514	197707	140368	29530	22383	5426
医药及医疗器材批发	515	202144	95702	55920	37973	12549
矿产品、建材及化工产品批发	516	1681619	886290	393317	330205	71807
机械设备、五金产品及电子产品批发	517	1246505	812434	209825	177320	46926
贸易经纪与代理	518	246391	162326	41730	28546	13789
其他批发业	519	527936	322116	101513	75203	29104
零售业	52	4945603	2496482	1222549	1033406	193166
综合零售	521	772333	304565	241799	200773	25196
食品、饮料及烟草制品专门零售	522	524600	230904	131565	140023	22108
纺织、服装及日用品专门零售	523	535129	328115	115680	75968	15366
文化、体育用品及器材专门零售	524	250406	142132	55902	45174	7198
医药及医疗器材专门零售	525	357288	132960	86429	102165	35734

2–2 续表 8 (2022年) 单位：个

行业中类	代码	企业单位数	东部地区	中部地区	西部地区	东北地区
汽车、摩托车、零配件和燃料及其他动力销售	526	478498	212158	122599	115294	28447
家用电器及电子产品专门零售	527	481982	253233	112389	100735	15625
五金、家具及室内装饰材料专门零售	528	662927	324251	166681	151340	20655
货摊、无店铺及其他零售业	529	882440	568164	189505	101934	22837
交通运输、仓储和邮政业	G	**964055**	**505662**	**215410**	**186945**	**56038**
铁路运输业	53	3624	1490	795	1103	236
铁路旅客运输	531	536	247	142	105	42
铁路货物运输	532	2075	805	427	720	123
铁路运输辅助活动	533	1013	438	226	278	71
道路运输业	54	619276	297359	156092	129790	36035
城市公共交通运输	541	19803	8788	3957	5011	2047
公路旅客运输	542	12702	4338	3313	3809	1242
道路货物运输	543	551902	268918	139374	112693	30917
道路运输辅助活动	544	34869	15315	9448	8277	1829
水上运输业	55	20419	13165	4018	2399	837
水上旅客运输	551	1523	688	342	383	110
水上货物运输	552	12320	7702	2767	1503	348
水上运输辅助活动	553	6576	4775	909	513	379
航空运输业	56	4953	2588	801	1234	330
航空客货运输	561	1459	840	164	362	93
通用航空服务	562	2297	1086	477	581	153
航空运输辅助活动	563	1197	662	160	291	84
管道运输业	57	625	325	126	147	27
海底管道运输	571	108	47	38	19	4
陆地管道运输	572	517	278	88	128	23
多式联运和运输代理业	58	185275	128286	24839	23892	8258
多式联运	581	11870	6512	2791	1983	584
运输代理业	582	173405	121774	22048	21909	7674
装卸搬运和仓储业	59	97423	48524	21900	19130	7869
装卸搬运	591	38915	20026	9238	7689	1962
通用仓储	592	17082	9535	3157	3249	1141
低温仓储	593	4243	1872	966	880	525
危险品仓储	594	994	547	153	216	78
谷物、棉花等农产品仓储	595	10860	2716	3046	2332	2766
中药材仓储	596	154	38	65	39	12
其他仓储业	599	25175	13790	5275	4725	1385
邮政业	60	32460	13925	6839	9250	2446
邮政基本服务	601	1883	510	347	862	164
快递服务	602	29544	12971	6200	8133	2240
其他寄递服务	609	1033	444	292	255	42

2-2 续表 9 (2022年) 单位：个

行业中类	代码	企业单位数	东部地区	中部地区	西部地区	东北地区
住宿和餐饮业	H	**667190**	**330048**	**148421**	**168645**	**20076**
住宿业	61	176062	76665	39295	53477	6625
旅游饭店	611	47909	20234	10213	15566	1896
一般旅馆	612	95286	42607	21040	27954	3685
民宿服务	613	10354	4921	2279	2895	259
露营地服务	614	835	333	159	327	16
其他住宿业	619	21678	8570	5604	6735	769
餐饮业	62	491128	253383	109126	115168	13451
正餐服务	621	371742	186330	85377	90476	9559
快餐服务	622	32166	20240	5831	4883	1212
饮料及冷饮服务	623	15410	8303	2543	4275	289
餐饮配送及外卖送餐服务	624	16524	8793	3193	3718	820
其他餐饮业	629	55286	29717	12182	11816	1571
信息传输、软件和信息技术服务业	I	**1739295**	**945855**	**407655**	**318310**	**67475**
电信、广播电视和卫星传输服务	63	35857	16177	8680	8543	2457
电信	631	31627	14329	7501	7718	2079
广播电视传输服务	632	3484	1476	1020	653	335
卫星传输服务	633	746	372	159	172	43
互联网和相关服务	64	255507	126650	69398	50155	9304
互联网接入及相关服务	641	21948	9233	5953	5734	1028
互联网信息服务	642	126390	61660	36477	23995	4258
互联网平台	643	29087	14641	6881	6152	1413
互联网安全服务	644	3434	1651	854	820	109
互联网数据服务	645	15912	7546	4802	3162	402
其他互联网服务	649	58736	31919	14431	10292	2094
软件和信息技术服务业	65	1447931	803028	329577	259612	55714
软件开发	651	730464	403528	162075	131466	33395
集成电路设计	652	36644	19191	9386	7015	1052
信息系统集成和物联网技术服务	653	120732	61218	32225	24146	3143
运行维护服务	654	16945	8546	4176	3627	596
信息处理和存储支持服务	655	10976	6719	1995	1931	331
信息技术咨询服务	656	388662	219694	90060	67028	11880
数字内容服务	657	18132	11560	3506	2531	535
其他信息技术服务业	659	125376	72572	26154	21868	4782
金融业	J	**157538**	**102855**	**19498**	**27636**	**7549**
货币金融服务	66	42457	20554	6989	11256	3658
货币银行服务	662	12572	4495	2569	4397	1111
非货币银行服务	663	29734	15995	4397	6802	2540
银行理财服务	664	151	64	23	57	7
资本市场服务	67	75037	60868	5248	7681	1240

2-2 续表 10 (2022年) 单位：个

行业中类	代码	企业单位数	东部地区	中部地区	西部地区	东北地区
证券市场服务	671	1123	747	176	152	48
公开募集证券投资基金	672	2235	1813	221	157	44
非公开募集证券投资基金	673	19538	16966	1064	1274	234
期货市场服务	674	1030	611	152	227	40
资本投资服务	676	29457	22569	2383	3926	579
其他资本市场服务	679	21654	18162	1252	1945	295
保险业	68	20978	9497	4609	5052	1820
人身保险	681	6337	2499	1636	1555	647
财产保险	682	6840	2458	1615	2115	652
再保险	683	40	30	6	2	2
商业养老金	684	287	131	64	67	25
保险中介服务	685	5636	3255	992	1002	387
保险资产管理	686	168	110	33	18	7
其他保险活动	689	1670	1014	263	293	100
其他金融业	69	19066	11936	2652	3647	831
金融信托与管理服务	691	1963	1172	332	397	62
控股公司服务	692	3700	2814	233	547	106
非金融机构支付服务	693	429	271	47	95	16
金融信息服务	694	4566	2745	912	761	148
金融资产管理公司	695	1023	650	141	202	30
其他未列明金融业	699	7385	4284	987	1645	469
房地产业	**K**	**1110776**	**574710**	**242052**	**236701**	**57313**
房地产业	70	1110776	574710	242052	236701	57313
房地产开发经营	701	291996	133475	72546	70627	15348
物业管理	702	375571	193489	85935	73841	22306
房地产中介服务	703	333714	177249	67204	73087	16174
房地产租赁经营	704	90234	60314	12683	14389	2848
其他房地产业	709	19261	10183	3684	4757	637
租赁和商务服务业	**L**	**4119814**	**2164012**	**959045**	**841311**	**155446**
租赁业	71	470747	198753	130924	120118	20952
机械设备经营租赁	711	459548	193018	128736	117397	20397
文体设备和用品出租	712	10136	5166	1988	2472	510
日用品出租	713	1063	569	200	249	45
商务服务业	72	3649067	1965259	828121	721193	134494
组织管理服务	721	607459	392611	96252	101545	17051
综合管理服务	722	139217	77052	26100	29848	6217
法律服务	723	124976	54582	42071	22060	6263
咨询与调查	724	1097458	643630	231565	181586	40677
广告业	725	528158	264087	120611	123877	19583
人力资源服务	726	476965	178860	153835	125997	18273

2-2 续表 11 (2022年) 单位：个

行业中类	代码	企业单位数	东部地区	中部地区	西部地区	东北地区
安全保护服务	727	50094	23723	11356	12688	2327
会议、展览及相关服务	728	93294	53673	17767	18825	3029
其他商务服务业	729	531446	277041	128564	104767	21074
科学研究和技术服务业	**M**	**2310825**	**1454973**	**428494**	**340374**	**86984**
研究和试验发展	73	292734	206156	45538	27171	13869
自然科学研究和试验发展	731	15103	10923	1925	1275	980
工程和技术研究和试验发展	732	204614	149395	30747	15700	8772
农业科学研究和试验发展	733	29750	16982	5421	4970	2377
医学研究和试验发展	734	41051	27440	7057	4946	1608
社会人文科学研究	735	2216	1416	388	280	132
专业技术服务业	74	892405	487158	197481	172781	34985
气象服务	741	1412	578	302	448	84
地震服务	742	1197	582	283	272	60
海洋服务	743	1487	1169	125	124	69
测绘地理信息服务	744	17486	6622	4714	5090	1060
质检技术服务	745	63386	32973	12938	13505	3970
环境与生态监测检测服务	746	18766	9368	4598	3953	847
地质勘查	747	12205	4020	3132	4325	728
工程技术与设计服务	748	436829	221297	103862	96869	14801
工业与专业设计及其他专业技术服务	749	339637	210549	67527	48195	13366
科技推广和应用服务业	75	1125686	761659	185475	140422	38130
技术推广服务	751	732412	454803	143475	104444	29690
知识产权服务	752	39561	27043	6345	5140	1033
科技中介服务	753	23871	14593	4101	4283	894
创业空间服务	754	9864	6575	1558	1076	655
其他科技推广服务业	759	319978	258645	29996	25479	5858
水利、环境和公共设施管理业	**N**	**251731**	**113018**	**69930**	**59460**	**9323**
水利管理业	76	8982	3659	2440	2443	440
防洪除涝设施管理	761	971	496	276	158	41
水资源管理	762	2498	889	629	860	120
天然水收集与分配	763	671	243	151	230	47
水文服务	764	380	143	118	99	20
其他水利管理业	769	4462	1888	1266	1096	212
生态保护和环境治理业	77	35830	16990	8555	9077	1208
生态保护	771	2851	1054	679	992	126
环境治理业	772	32979	15936	7876	8085	1082
公共设施管理业	78	147365	67393	40254	34121	5597
市政设施管理	781	19246	9114	5044	4187	901
环境卫生管理	782	28536	12664	8134	6503	1235
城乡市容管理	783	3686	1546	1170	839	131

2–2 续表 12 (2022年) 单位：个

行业中类	代码	企业单位数	东部地区	中部地区	西部地区	东北地区
绿化管理	784	69352	32938	18305	15774	2335
城市公园管理	785	1542	754	409	312	67
游览景区管理	786	25003	10377	7192	6506	928
土地管理业	79	59554	24976	18681	13819	2078
土地整治服务	791	24643	10289	7491	6021	842
土地调查评估服务	792	8509	3864	2246	2083	316
土地登记服务	793	1279	541	389	290	59
土地登记代理服务	794	10575	4950	3117	2181	327
其他土地管理服务	799	14548	5332	5438	3244	534
居民服务、修理和其他服务业	**O**	**725391**	**357567**	**151612**	**187081**	**29131**
居民服务业	80	324360	158593	66747	85915	13105
家庭服务	801	76673	34478	18270	20620	3305
托儿所服务	802	16609	7092	2946	6012	559
洗染服务	803	9136	4649	1761	2321	405
理发及美容服务	804	58855	36368	9926	11018	1543
洗浴和保健养生服务	805	53564	29086	11456	10494	2528
摄影扩印服务	806	24490	14784	4049	4959	698
婚姻服务	807	21465	9717	5726	5254	768
殡葬服务	808	10452	3830	2638	3161	823
其他居民服务业	809	53116	18589	9975	22076	2476
机动车、电子产品和日用产品修理业	81	258595	124198	54469	69635	10293
汽车、摩托车等修理与维护	811	198016	91137	42701	55959	8219
计算机和办公设备维修	812	24840	13369	4551	6043	877
家用电器修理	813	25217	14016	5042	5367	792
其他日用产品修理业	819	10522	5676	2175	2266	405
其他服务业	82	142436	74776	30396	31531	5733
清洁服务	821	86787	46240	19482	17819	3246
宠物服务	822	9587	5415	1616	1929	627
其他未列明服务业	829	46062	23121	9298	11783	1860
教育	**P**	**331910**	**172784**	**67819**	**75208**	**16099**
教育	83	331910	172784	67819	75208	16099
学前教育	831	21918	9375	4648	5862	2033
初等教育	832	4027	1966	1139	695	227
中等教育	833	3663	1533	1137	748	245
高等教育	834	623	303	116	159	45
特殊教育	835	704	292	159	187	66
技能培训、教育辅助及其他教育	839	300975	159315	60620	67557	13483
卫生和社会工作	**Q**	**135157**	**62930**	**28125**	**34375**	**9727**
卫生	84	109157	50877	21686	28763	7831
医院	841	36984	14262	9177	10914	2631

2-2　续表 13　　(2022年)　　单位：个

行业中类	代码	企业单位数	东部地区	中部地区	西部地区	东北地区
基层医疗卫生服务	842	60076	30725	10047	14875	4429
专业公共卫生服务	843	3023	1299	720	764	240
其他卫生活动	849	9074	4591	1742	2210	531
社会工作	85	26000	12053	6439	5612	1896
提供住宿社会工作	851	23493	10829	5881	5016	1767
不提供住宿社会工作	852	2507	1224	558	596	129
文化、体育和娱乐业	**R**	**787500**	**440233**	**168389**	**150968**	**27910**
新闻和出版业	86	8935	4911	1910	1644	470
新闻业	861	2420	1185	668	459	108
出版业	862	6515	3726	1242	1185	362
广播、电视、电影和录音制作业	87	129385	72323	27643	24937	4482
广播	871	25783	11332	9428	4002	1021
电视	872	2403	1453	448	393	109
影视节目制作	873	63615	41604	7556	12647	1808
广播电视集成播控	874	1766	768	434	474	90
电影和广播电视节目发行	875	5139	3459	616	913	151
电影放映	876	12133	5555	2980	2990	608
录音制作	877	18546	8152	6181	3518	695
文化艺术业	88	263427	164435	47509	43833	7650
文艺创作与表演	881	78441	39503	18653	17457	2828
艺术表演场馆	882	2562	1216	707	548	91
图书馆与档案馆	883	3998	1689	1235	970	104
文物及非物质文化遗产保护	884	2602	1045	762	719	76
博物馆	885	626	324	117	135	50
烈士陵园、纪念馆	886	109	45	45	16	3
群众文体活动	887	20784	11191	5271	3674	648
其他文化艺术业	889	154305	109422	20719	20314	3850
体育	89	90069	48963	18254	19398	3454
体育组织	891	31019	15688	7040	6935	1356
体育场地设施管理	892	5379	2873	1013	1268	225
健身休闲活动	893	43537	24907	8126	8925	1579
其他体育	899	10134	5495	2075	2270	294
娱乐业	90	295684	149601	73073	61156	11854
室内娱乐活动	901	114260	43633	32509	31505	6613
游乐园	902	6622	2632	1857	1806	327
休闲观光活动	903	22398	7973	8545	5218	662
彩票活动	904	732	400	244	72	16
文化体育娱乐活动与经纪代理服务	905	145676	92368	28762	20562	3984
其他娱乐业	909	5996	2595	1156	1993	252

2-3 按行业(大类)、直辖市和省会城市

(2022年)

行业大类	代码	企业单位数	北京	天津	石家庄	太原	呼和浩特
总　计	--	**13219694**	**1361791**	**425393**	**327031**	**232741**	**86542**
农、林、牧、渔业	A	**218905**	**4341**	**3882**	**6952**	**1886**	**1941**
农业	01	106261	2666	1696	3581	838	885
林业	02	16845	612	308	793	302	226
畜牧业	03	52227	674	1077	1870	519	537
渔业	04	21826	128	459	70	16	18
农、林、牧、渔专业及辅助性活动	05	21746	261	342	638	211	275
采矿业	B	**7749**	**78**	**77**	**316**	**310**	**213**
煤炭开采和洗选业	06	865	8	5	33	181	28
石油和天然气开采业	07	161	6	4	1	7	2
黑色金属矿采选业	08	669	8	4	121	26	42
有色金属矿采选业	09	491	5		11	7	18
非金属矿采选业	10	4381	29	23	138	49	102
开采专业及辅助性活动	11	692	20	37	7	23	9
其他采矿业	12	490	2	4	5	17	12
制造业	C	**1134002**	**26470**	**48204**	**33882**	**6989**	**4401**
农副食品加工业	13	32543	696	1021	1389	209	508
食品制造业	14	25545	772	1006	830	281	308
酒、饮料和精制茶制造业	15	11425	294	236	367	112	122
烟草制品业	16	155	2	1	2	1	1
纺织业	17	27590	333	659	2832	49	113
纺织服装、服饰业	18	54541	1456	1142	1506	90	130
皮革、毛皮、羽毛及其制品和制鞋业	19	20798	181	215	2211	8	25
木材加工和木、竹、藤、棕、草制品业	20	34749	495	974	1813	94	171
家具制造业	21	31150	803	873	891	106	45
造纸和纸制品业	22	29184	617	1543	647	75	63
印刷和记录媒介复制业	23	32578	1273	971	686	302	186
文教、工美、体育和娱乐用品制造业	24	35335	678	1989	887	106	63
石油、煤炭及其他燃料加工业	25	3055	137	202	133	73	29
化学原料和化学制品制造业	26	39862	1241	1801	3278	204	297
医药制造业	27	11381	670	401	504	95	148
化学纤维制造业	28	1717	24	27	116	14	3
橡胶和塑料制品业	29	66875	923	2484	1434	166	139
非金属矿物制品业	30	66690	1701	2338	3463	698	560
黑色金属冶炼和压延加工业	31	6517	117	1405	103	58	19
有色金属冶炼和压延加工业	32	8166	140	434	163	63	34

以及计划单列市分组的企业法人单位数

单位：个

沈阳	长春	哈尔滨	上海	南京	杭州	合肥	福州	南昌	济南	郑州	武汉	长沙	代码
232301	**120460**	**144738**	**561659**	**428924**	**615152**	**425818**	**261392**	**177973**	**433639**	**479676**	**487177**	**347068**	——
3348	**4086**	**3944**	**1544**	**1736**	**5413**	**8361**	**8049**	**4341**	**2990**	**4817**	**4248**	**7477**	A
1605	1869	2071	883	721	2999	3912	4060	1765	1363	2166	1547	3998	01
234	221	251	299	223	803	1388	699	454	248	421	501	599	02
967	1349	872	118	125	489	990	615	858	498	1458	336	1225	03
211	139	111	112	306	516	1329	1823	722	60	132	924	606	04
331	508	639	132	361	606	742	852	542	821	640	940	1049	05
102	**174**	**420**	**8**	**40**	**135**	**86**	**159**	**90**	**240**	**317**	**110**	**183**	B
14	22	11		1	2	1	1	1	21	146	1	6	06
1	7	3	2	1					4	1	5		07
6	2	11	1	5	8	16	8	6	66	5	4	11	08
2	1	8		5	11	19		4	17	22	3	19	09
61	124	343	3	22	114	38	133	63	109	128	84	123	10
10	13	19		4		6	10	7	11	7	6	14	11
8	5	25	2	2		6	7	9	12	8	7	10	12
26336	**14391**	**15741**	**58162**	**30502**	**56917**	**27208**	**18400**	**16142**	**31440**	**26065**	**30224**	**20903**	C
1369	946	2364	516	424	918	862	1052	763	951	615	755	743	13
778	459	881	894	668	943	889	682	549	818	773	748	726	14
324	260	367	147	142	538	236	314	166	329	231	169	274	15
1	2	4	3	1	1	2	3	3	4	3	5	2	16
241	130	119	1367	276	4773	581	1820	512	595	226	467	211	17
411	159	210	3478	1327	4901	1110	719	1755	479	424	994	237	18
137	20	60	552	157	923	242	665	118	73	87	90	54	19
880	688	1265	1120	439	1072	1376	668	575	967	2300	2834	906	20
1131	2189	349	1247	632	1120	1138	752	512	509	496	569	664	21
520	161	178	2031	377	2202	555	417	301	406	507	550	421	22
704	350	504	1944	909	1325	869	548	625	823	805	1202	786	23
434	138	234	1079	613	2381	452	1267	605	706	425	506	474	24
150	105	222	100	25	93	49	53	50	108	79	106	42	25
966	420	723	2295	711	1845	716	487	543	953	1218	925	1297	26
240	238	288	641	503	518	244	193	423	347	330	436	349	27
25	16	21	76	57	394	42	105	17	77	25	25	19	28
1320	507	524	3926	1104	3393	1437	934	615	998	831	1098	668	29
1877	1075	1088	1849	1518	2754	2243	1541	1288	2073	4810	2438	1950	30
98	43	61	384	104	271	120	99	60	214	134	211	57	31
259	45	64	467	221	346	127	87	293	205	595	115	213	32

2-3 续表 1 (2022年)

行业大类	代码	企业单位数	北京	天津	石家庄	太原	呼和浩特
金属制品业	33	116740	2679	6985	2240	651	381
通用设备制造业	34	125875	2413	7239	2533	1016	219
专用设备制造业	35	100288	2489	4213	1897	848	279
汽车制造业	36	32291	642	1336	442	90	36
铁路、船舶、航空航天和其他运输设备制造业	37	13492	267	1841	92	63	9
电气机械和器材制造业	38	72196	1559	2301	1640	318	178
计算机、通信和其他电子设备制造业	39	68165	1378	1335	446	372	78
仪器仪表制造业	40	24448	953	1084	245	180	36
其他制造业	41	14460	133	457	470	65	55
废弃资源综合利用业	42	5248	58	308	264	58	46
金属制品、机械和设备修理业	43	20943	1346	1383	358	524	120
电力、热力、燃气及水生产和供应业	D	**24966**	**2178**	**1308**	**971**	**623**	**430**
电力、热力生产和供应业	44	16223	1675	903	655	448	316
燃气生产和供应业	45	2445	117	116	141	81	23
水的生产和供应业	46	6298	386	289	175	94	91
建筑业	E	**1011173**	**62635**	**35445**	**33759**	**22582**	**8521**
房屋建筑业	47	205712	17475	6372	7556	4404	1689
土木工程建筑业	48	216977	10561	8529	7032	5334	2246
建筑安装业	49	120422	5007	5534	5511	2225	1359
建筑装饰、装修和其他建筑业	50	468062	29592	15010	13660	10619	3227
批发和零售业	F	**4246088**	**340342**	**118867**	**110014**	**80365**	**27242**
批发业	51	2519000	149489	84929	67812	44913	8659
零售业	52	1727088	190853	33938	42202	35452	18583
交通运输、仓储和邮政业	G	**357301**	**23031**	**19960**	**8774**	**4229**	**2290**
铁路运输业	53	1336	70	43	32	41	58
道路运输业	54	198830	14660	8684	6627	2985	1618
水上运输业	55	6503	77	455	12	19	3
航空运输业	56	2894	413	173	67	55	34
管道运输业	57	268	16	18	1	4	3
多式联运和运输代理业	58	97728	4449	7382	969	501	165
装卸搬运和仓储业	59	37456	2694	2817	922	531	294
邮政业	60	12286	652	388	144	93	115
住宿和餐饮业	H	**298076**	**38566**	**7102**	**3666**	**5804**	**1354**
住宿业	61	70819	6028	1435	880	1383	423
餐饮业	62	227257	32538	5667	2786	4421	931
信息传输、软件和信息技术服务业	I	**1026529**	**77477**	**19979**	**22035**	**24313**	**5734**
电信、广播电视和卫星传输服务	63	17252	1671	391	291	216	169
互联网和相关服务	64	116137	8030	2044	1709	1494	703
软件和信息技术服务业	65	893140	67776	17544	20035	22603	4862

单位：个

沈阳	长春	哈尔滨	上海	南京	杭州	合肥	福州	南昌	济南	郑州	武汉	长沙	代码
2532	823	1174	8003	3214	6142	2764	1089	1621	3193	1720	3236	2418	33
4707	1534	1779	8526	4292	6262	2674	875	880	6186	2687	2264	2246	34
2108	868	1150	5586	3604	3525	2454	1118	1326	5054	2912	3220	2027	35
661	1703	213	2012	752	1794	960	374	472	770	498	1430	638	36
321	184	121	494	491	470	100	157	94	155	119	284	108	37
1878	403	612	3668	2145	3493	1933	749	692	1305	1290	1503	880	38
498	226	271	1944	2293	2191	1301	613	507	763	525	1842	871	39
456	217	240	1676	1437	1244	718	250	176	1071	476	899	378	40
733	189	190	672	1456	408	210	228	228	527	289	443	423	41
94	116	130	124	129	188	190	191	125	142	196	190	258	42
483	177	335	1341	481	489	614	350	248	639	439	670	563	43
684	**437**	**676**	**288**	**547**	**902**	**665**	**771**	**392**	**775**	**598**	**538**	**715**	D
553	302	490	128	354	605	429	521	226	464	350	304	467	44
38	52	69	40	59	70	44	32	50	79	64	69	52	45
93	83	117	120	134	227	192	218	116	232	184	165	196	46
19324	**8785**	**10898**	**25167**	**46207**	**30822**	**52163**	**19641**	**20349**	**39933**	**44957**	**60219**	**30251**	E
1860	1943	1907	3326	9342	4679	9965	7714	4707	5726	8154	12532	8327	47
5300	2008	2554	4697	10878	6404	11028	3700	3403	11922	8376	14366	5030	48
3520	1550	1507	4901	6190	2853	5920	957	2023	4681	4079	4638	3085	49
8644	3284	4930	12243	19797	16886	25250	7270	10216	17604	24348	28683	13809	50
77770	**43123**	**42882**	**188911**	**112021**	**195967**	**125979**	**86104**	**55297**	**166417**	**181539**	**131113**	**92975**	F
51935	23090	23485	143727	68671	116315	62664	57720	33570	112685	105416	62258	55244	51
25835	20033	19397	45184	43350	79652	63315	28384	21727	53732	76123	68855	37731	52
7416	**4427**	**5000**	**23947**	**11550**	**11820**	**10260**	**6300**	**5114**	**7657**	**8290**	**12809**	**7326**	G
18	25	32	26	30	15	44	32	23	68	38	55	42	53
5551	2620	3121	7492	8251	8508	7234	3547	3662	4904	5397	8023	4005	54
10	11	37	527	314	139	117	916	73	45	15	209	60	55
86	30	54	102	52	85	33	32	60	70	43	65	99	56
6	4	1	74	11	2		1	2	14	6	11	2	57
582	782	771	11961	1849	1654	1636	1088	629	1544	1438	1829	2101	58
777	757	727	2820	889	934	913	494	440	839	1139	2086	807	59
386	198	257	945	154	483	283	190	225	173	214	531	210	60
3024	**1728**	**2228**	**20525**	**9718**	**14293**	**9594**	**5012**	**3662**	**8229**	**8353**	**9704**	**8214**	H
827	473	749	4836	2052	4173	1695	1379	1105	1254	2278	2543	2146	61
2197	1255	1479	15689	7666	10120	7899	3633	2557	6975	6075	7161	6068	62
17053	**7444**	**10089**	**33266**	**49595**	**83637**	**36033**	**29199**	**13216**	**31020**	**36367**	**64166**	**32055**	I
433	164	301	612	650	801	419	215	379	386	471	911	417	63
1850	778	1271	3914	5080	7716	3947	4166	2367	3384	3691	6278	4347	64
14770	6502	8517	28740	43865	75120	31667	24818	10470	27250	32205	56977	27291	65

2–3　续表 2　(2022年)

行业大类	代码	企业单位数	北京	天津	石家庄	太原	呼和浩特
金融业	J	**91162**	**8096**	**5247**	**1301**	**989**	**310**
货币金融服务	66	19848	1053	3415	248	273	136
资本市场服务	67	51830	5199	1337	343	176	52
保险业	68	7592	915	194	400	150	91
其他金融业	69	11892	929	301	310	390	31
房地产业	K	**454743**	**35079**	**16333**	**13892**	**8706**	**4133**
房地产业	70	454743	35079	16333	13892	8706	4133
租赁和商务服务业	L	**2068142**	**246625**	**58862**	**41506**	**41910**	**14139**
租赁业	71	182437	15486	6653	3771	3495	1910
商务服务业	72	1885705	231139	52209	37735	38415	12229
科学研究和技术服务业	M	**1288826**	**316646**	**59681**	**32233**	**18495**	**9065**
研究和试验发展	73	150419	8563	2552	5814	1199	311
专业技术服务业	74	470145	49902	12151	7583	7411	3578
科技推广和应用服务业	75	668262	258181	44978	18836	9885	5176
水利、环境和公共设施管理业	N	**82160**	**8271**	**2160**	**1913**	**1222**	**785**
水利管理业	76	2789	114	62	92	72	56
生态保护和环境治理业	77	13573	1486	293	239	292	108
公共设施管理业	78	48029	6473	1758	1094	750	491
土地管理业	79	17769	198	47	488	108	130
居民服务、修理和其他服务业	O	**314703**	**40937**	**10490**	**5229**	**6165**	**2257**
居民服务业	80	144559	20602	4416	2158	3089	869
机动车、电子产品和日用产品修理业	81	107765	9930	3456	2073	1907	865
其他服务业	82	62379	10405	2618	998	1169	523
教育	P	**132165**	**14321**	**4712**	**1440**	**1380**	**703**
教育	83	132165	14321	4712	1440	1380	703
卫生和社会工作	Q	**59512**	**6613**	**2457**	**1357**	**1163**	**265**
卫生	84	49974	5166	2134	1016	1002	197
社会工作	85	9538	1447	323	341	161	68
文化、体育和娱乐业	R	**403492**	**110085**	**10627**	**7791**	**5610**	**2759**
新闻和出版业	86	5992	1441	118	223	126	72
广播、电视、电影和录音制作业	87	64320	12792	2043	2146	840	537
文化艺术业	88	154539	67396	4311	2013	1890	1421
体育	89	43950	6595	1430	881	745	247
娱乐业	90	134691	21861	2725	2528	2009	482

单位：个

沈阳	长春	哈尔滨	上海	南京	杭州	合肥	福州	南昌	济南	郑州	武汉	长沙	代码
1027	**635**	**891**	**9553**	**1588**	**3799**	**1412**	**1506**	**729**	**1813**	**762**	**2223**	**1118**	J
452	298	358	1455	368	366	368	509	221	452	213	504	244	66
198	175	263	6875	643	2406	467	686	287	745	157	1274	599	67
235	108	166	468	300	247	246	119	116	295	221	256	145	68
142	54	104	755	277	780	331	192	105	321	171	189	130	69
9756	**4802**	**5983**	**25129**	**12042**	**19582**	**13340**	**7619**	**6494**	**12266**	**18785**	**18239**	**10798**	K
9756	4802	5983	25129	12042	19582	13340	7619	6494	12266	18785	18239	10798	70
32229	**15360**	**19770**	**92385**	**65437**	**93550**	**72912**	**41421**	**28744**	**64713**	**79741**	**86193**	**64837**	L
3221	2150	3113	3851	4619	5904	7978	3469	2944	6089	7531	6086	7713	71
29008	13210	16657	88534	60818	87646	64934	37952	25800	58624	72210	80107	57124	72
19783	**8139**	**16180**	**44804**	**56336**	**50180**	**40497**	**19513**	**11588**	**42114**	**44452**	**37715**	**39645**	M
4847	1627	1517	3634	11755	5027	5063	4586	739	5943	3153	5107	11877	73
8256	3232	5632	22290	25844	24513	17433	7956	6904	16125	17225	21481	14430	74
6680	3280	9031	18880	18737	20640	18001	6971	3945	20046	24074	11127	13338	75
942	**686**	**1298**	**2293**	**2720**	**2946**	**3583**	**1329**	**1581**	**3304**	**3124**	**4200**	**3037**	N
44	41	61	128	102	128	109	49	58	248	109	88	69	76
139	96	150	355	546	615	408	253	184	352	414	342	500	77
521	356	682	1718	1239	2035	2128	865	788	1513	1523	1701	1666	78
238	193	405	92	833	168	938	162	551	1191	1078	2069	802	79
4742	**2758**	**3047**	**16706**	**9822**	**14381**	**9487**	**5778**	**3748**	**6759**	**8324**	**9035**	**8075**	O
2004	1179	1228	8714	3960	7648	3556	2710	1478	3000	3528	4290	3992	80
1642	977	982	5881	2852	4633	4257	1906	1503	2367	3206	3041	2047	81
1096	602	837	2111	3010	2100	1674	1162	767	1392	1590	1704	2036	82
1785	**1163**	**1138**	**3938**	**4533**	**7835**	**4169**	**1430**	**1608**	**4098**	**3268**	**3965**	**3136**	P
1785	1163	1138	3938	4533	7835	4169	1430	1608	4098	3268	3965	3136	83
1235	**541**	**987**	**2301**	**1768**	**2289**	**1244**	**1531**	**887**	**1233**	**1040**	**1843**	**1422**	Q
1049	395	858	2025	1476	1850	1048	1241	804	977	809	1638	1189	84
186	146	129	276	292	439	196	290	83	256	231	205	233	85
5745	**1781**	**3566**	**12732**	**12762**	**20684**	**8825**	**7630**	**3991**	**8638**	**8877**	**10633**	**14901**	R
141	79	87	204	243	186	187	64	147	150	155	241	165	86
865	365	637	1683	1970	4340	1808	1018	776	1634	1539	1169	2598	87
2151	440	1055	2652	6272	4133	2516	2498	1166	2546	2851	2830	3211	88
736	171	403	2489	1599	2193	1088	1053	529	1093	799	1352	1576	89
1852	726	1384	5704	2678	9832	3226	2997	1373	3215	3533	5041	7351	90

2-3 续表 3 (2022年)

行业大类	代码	广州	南宁	海口	重庆	成都	贵阳
总　计	--	**844142**	**224880**	**103142**	**705066**	**683895**	**144768**
农、林、牧、渔业	A	**2785**	**6197**	**2209**	**73198**	**12459**	**7416**
农业	01	1417	2516	1148	34551	8461	3812
林业	02	217	499	161	2930	835	565
畜牧业	03	200	1945	202	21329	1737	2460
渔业	04	312	652	236	9430	506	270
农、林、牧、渔专业及辅助性活动	05	639	585	462	4958	920	309
采矿业	B	**73**	**381**	**74**	**1393**	**187**	**392**
煤炭开采和洗选业	06		12		167	1	38
石油和天然气开采业	07		1	10	17	10	4
黑色金属矿采选业	08	1	48	7	72	6	23
有色金属矿采选业	09	6	22	2	21	7	70
非金属矿采选业	10	42	226	26	1050	62	183
开采专业及辅助性活动	11	19	11	8	39	67	15
其他采矿业	12	5	61	21	27	34	59
制造业	C	**89412**	**12060**	**2719**	**67767**	**35550**	**7815**
农副食品加工业	13	932	871	142	4723	1097	511
食品制造业	14	1491	745	200	2258	1264	350
酒、饮料和精制茶制造业	15	345	469	91	2020	789	402
烟草制品业	16	3	2	1	7	5	4
纺织业	17	2019	139	21	1367	428	73
纺织服装、服饰业	18	11577	197	89	2013	753	95
皮革、毛皮、羽毛及其制品和制鞋业	19	8750	64	3	842	654	33
木材加工和木、竹、藤、棕、草制品业	20	1037	1296	59	2950	823	843
家具制造业	21	2720	505	116	2367	2680	282
造纸和纸制品业	22	3699	354	39	975	727	95
印刷和记录媒介复制业	23	2074	471	199	1579	1189	292
文教、工美、体育和娱乐用品制造业	24	3945	242	95	1327	530	178
石油、煤炭及其他燃料加工业	25	122	58	7	189	76	25
化学原料和化学制品制造业	26	5391	660	126	1699	1159	291
医药制造业	27	638	208	162	581	630	173
化学纤维制造业	28	67	7	3	48	40	2
橡胶和塑料制品业	29	5630	506	92	2516	1660	274
非金属矿物制品业	30	2320	1311	247	7022	2560	1081
黑色金属冶炼和压延加工业	31	190	64	13	461	207	52
有色金属冶炼和压延加工业	32	337	82	17	618	231	89

单位：个

昆明	拉萨	西安	兰州	西宁	银川	乌鲁木齐	大连	宁波	厦门	青岛	深圳	代码
279549	**13211**	**403308**	**70754**	**60141**	**78045**	**105813**	**187707**	**419696**	**256798**	**560081**	**929223**	**——**
9740	**146**	**3178**	**3888**	**1757**	**2568**	**720**	**4676**	**3088**	**798**	**4391**	**335**	**A**
5293	59	1464	902	643	902	299	1709	1808	466	2048	138	01
819	35	389	253	229	178	61	393	238	67	366	28	02
2942	36	569	2560	776	920	92	1006	278	64	519	15	03
136	1	29	58	3	75	10	1212	416	87	635	76	04
550	15	727	115	106	493	258	356	348	114	823	78	05
687	**62**	**407**	**120**	**97**	**111**	**197**	**145**	**87**	**16**	**205**	**57**	**B**
25		18	15	6	41	45	1	2		10	2	06
5		42	2		8	3	4			9	2	07
94	5	11	7	6	1	8	7	1		22		08
130	17	15	2	7		15	11		1	9	4	09
367	33	120	85	52	31	71	107	82	13	124	21	10
31	2	175	2	6	27	30	9	2		21	25	11
35	5	26	7	20	3	25	6		2	10	3	12
16136	**727**	**24926**	**4920**	**2684**	**4782**	**4851**	**25069**	**110730**	**27104**	**75869**	**128504**	**C**
841	63	546	362	178	325	190	1877	684	357	2430	313	13
745	37	574	199	153	253	200	631	520	555	1853	512	14
509	32	172	58	95	173	61	289	270	150	712	160	15
6		8	4		1	1	1		2	5	64	16
131	18	142	39	25	105	65	326	3039	697	2406	1246	17
179	18	225	64	38	60	56	1808	5299	1534	6060	3948	18
51	6	31	7	6	25	14	128	916	578	1265	1607	19
1948	6	2053	70	105	134	232	917	856	596	1602	585	20
861	44	671	192	53	162	169	369	1358	872	1877	1826	21
357	8	408	69	25	68	90	382	2998	1066	1756	4497	22
782	17	717	241	80	171	206	444	2222	869	2541	3672	23
343	67	410	84	132	67	88	314	3882	1140	4377	5077	24
80	4	81	26	12	47	44	141	123	37	142	85	25
776	58	878	354	93	314	274	992	1719	775	2169	2214	26
236	26	377	92	79	70	61	178	268	168	428	438	27
14		35	4	4	10	3	20	194	52	93	38	28
776	19	569	276	67	215	291	1061	12772	2838	4538	10274	29
1672	140	1733	861	453	559	559	1305	2372	857	4037	2337	30
109	8	172	56	40	55	47	141	515	84	237	508	31
157	18	196	50	79	50	31	118	816	176	283	947	32

2-3 续表 4 (2022年)

行业大类	代码	广州	南宁	海口	重庆	成都	贵阳
金属制品业	33	7375	1037	276	6994	3473	616
通用设备制造业	34	5572	413	60	5824	3920	555
专用设备制造业	35	5221	695	154	4385	3320	388
汽车制造业	36	1674	96	46	5129	1146	122
铁路、船舶、航空航天和其他运输设备制造业	37	589	61	32	2696	520	44
电气机械和器材制造业	38	5006	460	135	2007	1949	262
计算机、通信和其他电子设备制造业	39	6603	426	76	2268	1559	162
仪器仪表制造业	40	1219	114	24	924	715	62
其他制造业	41	957	67	20	433	391	216
废弃资源综合利用业	42	332	96	15	502	142	73
金属制品、机械和设备修理业	43	1577	344	159	1043	913	170
电力、热力、燃气及水生产和供应业	D	**816**	**461**	**214**	**2602**	**1129**	**257**
电力、热力生产和供应业	44	426	283	131	1459	624	115
燃气生产和供应业	45	108	48	32	304	179	54
水的生产和供应业	46	282	130	51	839	326	88
建筑业	E	**36030**	**15444**	**10497**	**34016**	**69577**	**11639**
房屋建筑业	47	4309	3373	1817	6998	20050	1475
土木工程建筑业	48	5069	2611	1489	6113	13597	2099
建筑安装业	49	7652	1526	1431	3816	7218	1527
建筑装饰、装修和其他建筑业	50	19000	7934	5760	17089	28712	6538
批发和零售业	F	**305100**	**72735**	**30670**	**227553**	**197537**	**52436**
批发业	51	235041	42129	16549	94882	110710	23815
零售业	52	70059	30606	14121	132671	86827	28621
交通运输、仓储和邮政业	G	**25221**	**5538**	**2315**	**18280**	**15643**	**3277**
铁路运输业	53	64	12	6	44	92	16
道路运输业	54	11308	3913	1188	11256	10986	2187
水上运输业	55	509	131	106	462	39	17
航空运输业	56	175	44	74	94	191	30
管道运输业	57	8	2	4	8	16	2
多式联运和运输代理业	58	8630	605	583	3814	2290	361
装卸搬运和仓储业	59	3283	568	198	1823	1527	404
邮政业	60	1244	263	156	779	502	260
住宿和餐饮业	H	**20448**	**5262**	**2337**	**28449**	**14812**	**5060**
住宿业	61	4518	1284	743	6895	4401	1458
餐饮业	62	15930	3978	1594	21554	10411	3602
信息传输、软件和信息技术服务业	I	**66514**	**16531**	**7964**	**38774**	**73877**	**8430**
电信、广播电视和卫星传输服务	63	1719	359	336	851	841	132
互联网和相关服务	64	8741	2677	2074	5500	6465	1165
软件和信息技术服务业	65	56054	13495	5554	32423	66571	7133

单位：个

昆明	拉萨	西安	兰州	西宁	银川	乌鲁木齐	大连	宁波	厦门	青岛	深圳	代码
1744	63	2128	674	401	623	748	2230	13378	3033	8343	12739	33
834	11	3240	254	120	326	248	5998	17611	2650	10520	9387	34
868	14	3377	261	109	279	350	1715	9524	3088	7564	14298	35
170		388	24	19	32	68	385	5480	365	1459	865	36
38	1	479	19	9	14	16	632	952	132	1303	585	37
665	17	1747	178	119	229	353	763	13792	1437	2517	14013	38
282	8	1388	67	44	72	90	293	4847	1533	1872	29121	39
274		901	43	16	66	52	416	2111	435	1018	4322	40
173	6	259	64	18	31	30	168	1363	564	911	1613	41
177	6	163	54	35	62	40	127	209	57	252	99	42
338	12	858	174	77	184	174	900	640	407	1299	1114	43
525	**70**	**941**	**200**	**182**	**405**	**374**	**512**	**1193**	**223**	**898**	**466**	D
295	52	638	155	142	312	296	315	921	144	531	194	44
71	3	91	13	15	25	27	57	63	10	93	56	45
159	15	212	32	25	68	51	140	209	69	274	216	46
31142	**1326**	**73760**	**7454**	**7963**	**7983**	**7111**	**14370**	**20992**	**13444**	**50092**	**26675**	E
4871	552	16417	1583	2032	2197	910	1783	3498	2442	10078	3649	47
7248	261	24340	1910	2188	1977	2253	2354	3744	2236	10434	3686	48
2591	98	7090	1245	675	814	1124	2416	2290	1757	7142	4470	49
16432	415	25913	2716	3068	2995	2824	7817	11460	7009	22438	14870	50
90889	**3393**	**117742**	**25328**	**19155**	**27440**	**45257**	**60642**	**130662**	**97067**	**189938**	**375616**	F
54987	1246	59265	15770	9311	14396	31419	41916	94957	63230	138353	198442	51
35902	2147	58477	9558	9844	13044	13838	18726	35705	33837	51585	177174	52
7588	**278**	**6663**	**2054**	**1335**	**2869**	**3548**	**7475**	**14162**	**6883**	**24125**	**29847**	G
42		47	15	18	14	60	19	10	26	82	77	53
5100	176	4346	1378	911	2093	2035	3300	7275	2977	10936	10576	54
41		9	4	4	1	4	364	436	361	394	582	55
103	8	83	14	10	16	42	55	26	98	109	169	56
7		9	4		1	4	3	3	3	15	3	57
1135	22	1032	242	182	391	885	2779	5039	2633	10552	15223	58
782	44	922	331	145	187	370	760	1108	516	1860	1748	59
378	28	215	66	65	166	148	195	265	269	177	1469	60
6896	**438**	**8467**	**2302**	**1358**	**1778**	**1574**	**3505**	**5633**	**5068**	**10043**	**13870**	H
2067	242	2564	668	488	410	420	1117	1660	1345	2218	2662	61
4829	196	5903	1634	870	1368	1154	2388	3973	3723	7825	11208	62
20655	**747**	**35372**	**2759**	**3121**	**4754**	**7067**	**10789**	**17787**	**22605**	**28799**	**67306**	I
347	88	849	106	106	96	158	186	192	213	342	1434	63
1939	59	4807	470	525	692	637	687	1488	3634	4421	7387	64
18369	600	29716	2183	2490	3966	6272	9916	16107	18758	24036	58485	65

2-3 续表 5 (2022年)

行业大类	代码	广州	南宁	海口	重庆	成都	贵阳
金融业	J	**6982**	**1646**	**863**	**2241**	**2217**	**545**
货币金融服务	66	1244	288	239	1150	591	176
资本市场服务	67	4698	608	480	608	778	185
保险业	68	436	116	86	299	337	79
其他金融业	69	604	634	58	184	511	105
房地产业	K	**35778**	**9815**	**7972**	**23265**	**22839**	**5317**
房地产业	70	35778	9815	7972	23265	22839	5317
租赁和商务服务业	L	**127775**	**40797**	**19458**	**95261**	**119001**	**22682**
租赁业	71	10718	3727	1715	15889	10135	2337
商务服务业	72	117057	37070	17743	79372	108866	20345
科学研究和技术服务业	M	**73558**	**18250**	**7241**	**33057**	**60420**	**7308**
研究和试验发展	73	19191	1579	580	2139	8870	407
专业技术服务业	74	26980	7567	4020	19269	28379	3813
科技推广和应用服务业	75	27387	9104	2641	11649	23171	3088
水利、环境和公共设施管理业	N	**2797**	**1248**	**944**	**7449**	**4134**	**1031**
水利管理业	76	109	43	42	195	108	41
生态保护和环境治理业	77	749	205	189	1171	881	170
公共设施管理业	78	1627	653	510	3546	2651	408
土地管理业	79	312	347	203	2537	494	412
居民服务、修理和其他服务业	O	**18743**	**9593**	**2626**	**19983**	**17538**	**6407**
居民服务业	80	8464	5998	1061	9752	7062	2466
机动车、电子产品和日用产品修理业	81	6905	2333	1035	7212	6909	2424
其他服务业	82	3374	1262	530	3019	3567	1517
教育	P	**9288**	**2855**	**1407**	**8644**	**7449**	**1660**
教育	83	9288	2855	1407	8644	7449	1660
卫生和社会工作	Q	**2953**	**855**	**495**	**4464**	**6212**	**528**
卫生	84	2434	736	395	3474	5549	449
社会工作	85	519	119	100	990	663	79
文化、体育和娱乐业	R	**19869**	**5212**	**3137**	**18670**	**23314**	**2568**
新闻和出版业	86	350	81	91	181	258	65
广播、电视、电影和录音制作业	87	3237	1102	847	3081	3636	382
文化艺术业	88	8351	1401	824	5138	7305	757
体育	89	2898	661	447	2260	3266	385
娱乐业	90	5033	1967	928	8010	8849	979

单位：个

昆明	拉萨	西安	兰州	西宁	银川	乌鲁木齐	大连	宁波	厦门	青岛	深圳	代码
2003	**243**	**1848**	**356**	**232**	**390**	**686**	**974**	**7300**	**1179**	**4548**	**13910**	J
642	68	565	186	130	155	280	552	287	254	494	1614	66
1000	153	708	69	28	123	243	200	6753	720	3232	9362	67
190	15	205	74	36	57	79	111	97	71	200	432	68
171	7	370	27	38	55	84	111	163	134	622	2502	69
10553	**427**	**16278**	**3374**	**2745**	**2679**	**4451**	**8469**	**10128**	**6162**	**14303**	**27210**	K
10553	427	16278	3374	2745	2679	4451	8469	10128	6162	14303	27210	70
43182	**3603**	**56311**	**8670**	**10898**	**11320**	**15612**	**27027**	**51021**	**34950**	**84528**	**135712**	L
4865	342	6117	1366	1467	1365	2015	2094	3953	2576	6249	9524	71
38317	3261	50194	7304	9431	9955	13597	24933	47068	32374	78279	126188	72
18182	**825**	**27724**	**3950**	**4507**	**4923**	**8731**	**10993**	**21619**	**19673**	**41267**	**59532**	M
1799	79	2787	277	237	249	338	1650	3962	4017	7334	11610	73
9456	478	16592	2347	2877	2773	4633	4562	8792	6152	15102	34407	74
6927	268	8345	1326	1393	1901	3760	4781	8865	9504	18831	13515	75
1940	**75**	**3448**	**424**	**927**	**748**	**823**	**880**	**1950**	**1061**	**4462**	**2425**	N
66	2	122	16	35	32	51	26	63	29	110	69	76
286	16	691	72	225	133	128	128	388	363	551	455	77
1128	52	1990	278	480	369	410	677	1262	566	2471	1650	78
460	5	645	58	187	214	234	49	237	103	1330	251	79
7681	**304**	**9768**	**2090**	**1327**	**1937**	**2221**	**4287**	**7056**	**6364**	**10864**	**18174**	O
2891	110	4237	788	600	833	833	2123	3385	2949	5027	7559	80
3266	154	3667	1076	530	733	1015	1562	2349	2656	3512	6902	81
1524	40	1864	226	197	371	373	602	1322	759	2325	3713	82
2881	**63**	**3873**	**846**	**311**	**1326**	**687**	**1861**	**5108**	**3135**	**4122**	**12027**	P
2881	63	3873	846	311	1326	687	1861	5108	3135	4122	12027	83
1212	**47**	**2073**	**339**	**182**	**285**	**307**	**2534**	**1540**	**992**	**1455**	**2863**	Q
1039	42	1856	294	140	220	252	2270	1212	888	1183	2667	84
173	5	217	45	42	65	55	264	328	104	272	196	85
7657	**437**	**10529**	**1680**	**1360**	**1747**	**1596**	**3499**	**9640**	**10074**	**10172**	**14694**	R
112	6	227	42	30	52	31	35	28	62	176	136	86
1368	91	2121	315	500	462	399	407	1519	1904	2059	2130	87
2012	106	3442	457	305	449	450	924	3226	2621	2890	2529	88
1068	25	1435	195	159	301	216	638	1051	918	1229	1819	89
3097	209	3304	671	366	483	500	1495	3816	4569	3818	8080	90

2–4 按行业(中类)、登记注册

(2022年)

行业中类	代码	企 业 单位数	内资企业			
				国有企业	集体企业	股份合作 企 业
总　　计	--	**32828734**	**32532959**	**83287**	**106805**	**33315**
农、林、牧、渔业	A	**1175953**	**1173184**	**3995**	**6896**	**836**
农业	01	539831	538340	1246	2934	386
谷物种植	011	130492	130375	468	681	68
豆类、油料和薯类种植	012	13919	13897	40	51	8
棉、麻、糖、烟草种植	013	5036	5031	42	34	1
蔬菜、食用菌及园艺作物种植	014	185335	184663	208	889	125
水果种植	015	95409	95085	184	498	93
坚果、含油果、香料和饮料作物种植	016	28763	28634	104	190	16
中药材种植	017	40119	40043	34	217	19
草种植及割草	018	2550	2541	8	17	3
其他农业	019	38208	38071	158	357	53
林业	02	81363	81082	1216	704	65
林木育种和育苗	021	66223	66024	399	377	52
造林和更新	022	6311	6262	150	84	3
森林经营、管护和改培	023	5106	5082	513	192	7
木材和竹材采运	024	2754	2752	103	31	1
林产品采集	025	969	962	51	20	2
畜牧业	03	344428	344003	519	1018	190
牲畜饲养	031	238915	238630	428	739	127
家禽饲养	032	87807	87690	49	210	49
狩猎和捕捉动物	033	203	203	2	1	
其他畜牧业	039	17503	17480	40	68	14
渔业	04	87570	87291	260	385	59
水产养殖	041	85521	85247	245	352	57
水产捕捞	042	2049	2044	15	33	2
农、林、牧、渔专业及辅助性活动	05	122761	122468	754	1855	136
农业专业及辅助性活动	051	102183	101947	477	1715	117
林业专业及辅助性活动	052	8936	8925	150	50	8
畜牧专业及辅助性活动	053	6693	6669	68	40	7
渔业专业及辅助性活动	054	4949	4927	59	50	4
采矿业	B	**87897**	**87493**	**627**	**1185**	**116**
煤炭开采和洗选业	06	15246	15182	199	293	31
烟煤和无烟煤开采洗选	061	13593	13536	182	274	28
褐煤开采洗选	062	377	374	7	5	1
其他煤炭采选	069	1276	1272	10	14	2
石油和天然气开采业	07	787	779	22		
石油开采	071	501	496	13		
天然气开采	072	286	283	9		
黑色金属矿采选业	08	11362	11303	51	249	17
铁矿采选	081	10316	10266	42	215	14
锰矿、铬矿采选	082	633	629	6	29	3
其他黑色金属矿采选	089	413	408	3	5	

类型分组的企业法人单位数

单位：个

国有联营企业	集体联营企业	国有与集体联营	其他联营	国有独资公司	其他有限责任公司	股份有限公司	私营独资	私营合伙	私营有限责任公司	代码
1079	**2215**	**707**	**2108**	**95838**	**1964731**	**117052**	**2529565**	**358068**	**26956183**	——
32	**176**	**18**	**120**	**2679**	**46724**	**3091**	**474690**	**8398**	**611205**	A
12	80	9	61	1184	21730	1397	213092	3373	285692	01
3	25	3	21	202	3777	206	76552	614	45525	011
	3	1		43	481	31	6394	91	6587	012
				22	154	7	2984	32	1698	013
6	13	3	10	347	7735	458	54672	1048	117048	014
2	13		11	163	3194	236	43320	852	45431	015
	5		6	66	1049	72	9722	269	16850	016
	5		2	66	2114	172	11062	226	25662	017
			2	16	189	12	406	16	1837	018
1	16	2	9	259	3037	203	7980	225	25054	019
6	15	2	12	390	3585	228	16488	792	56736	02
1	8		9	190	2829	191	14028	581	46703	021
1	2			60	346	21	1113	95	4314	022
3	5	2	1	115	255	11	707	93	3111	023
1			2	18	101	3	414	14	2028	024
				7	54	2	226	9	580	025
6	24	5	27	337	9902	745	184955	2355	140345	03
2	17	3	21	271	6947	516	129417	1656	95939	031
3	7	1	6	54	2377	195	46559	592	36717	032
					7	1	85	2	102	033
1		1		12	571	33	8894	105	7587	039
3	6		3	142	2688	239	39727	939	42030	04
3	6		3	137	2565	227	39481	930	40452	041
				5	123	12	246	9	1578	042
5	51	2	17	626	8819	482	20428	939	86402	05
4	46	1	13	531	7700	407	16251	759	72293	051
1	3	1	4	55	431	31	643	53	7375	052
	2			28	415	23	1852	76	4038	053
				12	273	21	1682	51	2696	054
9	**19**	**3**	**15**	**876**	**9960**	**678**	**11487**	**2231**	**59090**	B
3	3		1	262	2912	140	1161	331	9638	06
2	3		1	233	2677	127	1026	305	8499	061
1				16	85	6	21	2	227	062
				13	150	7	114	24	912	069
				25	183	40	21	2	481	07
				9	84	25	16	2	344	071
				16	99	15	5		137	072
1	1	2	3	69	1102	73	1624	285	7719	08
1	1	1	2	61	1016	57	1525	273	6964	081
		1	1	6	51	10	55	5	454	082
				2	35	6	44	7	301	089

2-4 续表 1 (2022年)

行业中类	代码	企业单位数	内资企业	国有企业	集体企业	股份合作企业
有色金属矿采选业	09	7973	7893	83	131	15
常用有色金属矿采选	091	5431	5370	46	66	9
贵金属矿采选	092	1596	1579	26	48	4
稀有稀土金属矿采选	093	946	944	11	17	2
非金属矿采选业	10	42438	42283	221	481	47
土砂石开采	101	36526	36419	163	370	40
化学矿开采	102	1116	1106	17	28	3
采盐	103	297	291	23	32	
石棉及其他非金属矿采选	109	4499	4467	18	51	4
开采专业及辅助性活动	11	6549	6522	30	15	4
煤炭开采和洗选专业及辅助性活动	111	829	824	8	7	1
石油和天然气开采专业及辅助性活动	112	4908	4887	16	6	2
其他开采专业及辅助性活动	119	812	811	6	2	1
其他采矿业	12	3542	3531	21	16	2
其他采矿业	120	3542	3531	21	16	2
制造业	C	**4505251**	**4409768**	**6779**	**18283**	**11068**
农副食品加工业	13	165428	162695	1129	718	248
谷物磨制	131	26247	26091	131	91	20
饲料加工	132	19341	18811	48	47	31
植物油加工	133	11857	11674	59	85	11
制糖业	134	1152	1120	15	1	2
屠宰及肉类加工	135	30646	30260	733	212	59
水产品加工	136	13145	12674	33	79	67
蔬菜、菌类、水果和坚果加工	137	23468	22907	19	58	22
其他农副食品加工	139	39572	39158	91	145	36
食品制造业	14	103299	100891	236	300	158
焙烤食品制造	141	23754	23240	39	57	38
糖果、巧克力及蜜饯制造	142	5611	5424	10	26	18
方便食品制造	143	17495	17136	55	42	12
乳制品制造	144	2380	2244	17	8	4
罐头食品制造	145	3162	3012	6	18	5
调味品、发酵制品制造	146	10992	10728	26	60	19
其他食品制造	149	39905	39107	83	89	62
酒、饮料和精制茶制造业	15	78909	77644	234	446	116
酒的制造	151	29510	29144	91	163	76
饮料制造	152	22547	21805	67	115	26
精制茶加工	153	26852	26695	76	168	14
烟草制品业	16	300	293	20	4	1
烟叶复烤	161	45	42	4		
卷烟制造	162	133	131	10	1	
其他烟草制品制造	169	122	120	6	3	1
纺织业	17	183311	179435	179	579	301
棉纺织及印染精加工	171	55972	54640	75	231	99
毛纺织及染整精加工	172	9064	8844	9	50	27

单位：个

国有联营企业	集体联营企业	国有与集体联营	其他联营	国有独资公司	其他有限责任公司	股份有限公司	私营独资	私营合伙	私营有限责任公司	代码
1	4		1	69	1378	130	556	149	5242	09
1	1		1	40	799	76	455	109	3684	091
	3			19	361	41	68	24	953	092
				10	218	13	33	16	605	093
4	11	1	10	371	3402	232	7635	1389	27913	10
2	10	1	8	317	2695	178	7039	1276	23832	101
1	1			9	173	16	83	17	746	102
1				21	64	9	12		125	103
			2	24	470	29	501	96	3210	109
				45	560	31	255	24	5451	11
				18	83	4	78	10	595	111
				20	389	24	107	7	4242	112
				7	88	3	70	7	614	119
				35	423	32	235	51	2646	12
				35	423	32	235	51	2646	120
109	**337**	**105**	**333**	**7654**	**253942**	**21037**	**481225**	**35894**	**3520171**	**C**
13	20	14	20	510	11827	987	24879	1267	118646	13
1	3		3	102	1681	169	5706	230	17504	131
	3	1	2	31	2318	130	1528	71	14280	132
	2	2	1	35	826	88	2385	89	7905	133
				18	156	14	213	13	674	134
7	7	7	6	126	2212	182	4095	383	21826	135
1	1	1	1	10	770	83	1662	113	9691	136
2		2	1	47	1501	139	3092	130	17527	137
2	4	1	6	141	2363	182	6198	238	29239	139
4	13	3	9	169	6800	570	13452	593	77142	14
	2	1	5	23	1184	67	3945	146	17507	141
		1	1	2	252	29	1124	43	3855	142
2	3		1	25	1010	76	3599	107	11971	143
		1		21	416	46	94	8	1558	144
	1			8	253	25	288	46	2304	145
1	1			15	706	84	1571	54	8006	146
1	6		2	75	2979	243	2831	189	31941	149
4	9	2	3	226	5225	504	14827	695	54205	15
1	2	1	2	94	2027	258	6560	217	19111	151
1	1			68	1931	151	2836	239	16043	152
2	6	1	1	64	1267	95	5431	239	19051	153
				32	81	1	17	4	129	16
				1	23		4		10	161
				21	38	1	5	3	50	162
				10	20		8	1	69	169
1	17	4	7	97	5745	606	20772	1158	147556	17
	4	3	1	48	2033	257	6671	415	44172	171
	3		1	8	311	29	1363	66	6796	172

2-4 续表 2 (2022年)

行业中类	代码	企业单位数	内资企业	国有企业	集体企业	股份合作企业
麻纺织及染整精加工	173	1170	1133	10	14	6
丝绢纺织及印染精加工	174	2598	2521	15	25	11
化纤织造及印染精加工	175	14309	13988	3	16	14
针织或钩针编织物及其制品制造	176	28946	28358	24	76	34
家用纺织制成品制造	177	41819	41211	28	72	49
产业用纺织制成品制造	178	29433	28740	15	95	61
纺织服装、服饰业	18	233840	227899	146	687	289
机织服装制造	181	94544	91381	84	386	128
针织或钩针编织服装制造	182	28703	27425	13	56	74
服饰制造	183	110593	109093	49	245	87
皮革、毛皮、羽毛及其制品和制鞋业	19	105064	102202	56	258	294
皮革鞣制加工	191	5140	4959	6	26	36
皮革制品制造	192	36888	35714	13	68	44
毛皮鞣制及制品加工	193	7537	7465	6	26	2
羽毛(绒)加工及制品制造	194	2927	2861	5	11	2
制鞋业	195	52572	51203	26	127	210
木材加工和木、竹、藤、棕、草制品业	20	197738	196811	240	457	148
木材加工	201	109049	108861	163	214	71
人造板制造	202	27760	27567	23	33	8
木质制品制造	203	46323	45948	28	134	51
竹、藤、棕、草等制品制造	204	14606	14435	26	76	18
家具制造业	21	122880	121269	37	179	95
木质家具制造	211	83245	82349	28	133	66
竹、藤家具制造	212	1370	1350	2	2	
金属家具制造	213	12635	12351	4	21	14
塑料家具制造	214	1056	1023		2	1
其他家具制造	219	24574	24196	3	21	14
造纸和纸制品业	22	97254	95530	79	597	374
纸浆制造	221	411	396	2	1	
造纸	222	16842	16445	34	133	62
纸制品制造	223	80001	78689	43	463	312
印刷和记录媒介复制业	23	99868	98709	518	1571	734
印刷	231	89170	88082	425	1278	646
装订及印刷相关服务	232	10192	10137	90	289	85
记录媒介复制	233	506	490	3	4	3
文教、工美、体育和娱乐用品制造业	24	158435	153788	109	465	342
文教办公用品制造	241	14968	14587	23	72	40
乐器制造	242	3600	3437	5	10	8
工艺美术及礼仪用品制造	243	94191	92062	66	309	239
体育用品制造	244	18574	17856	5	22	17
玩具制造	245	21657	20499	8	44	29
游艺器材及娱乐用品制造	246	5445	5347	2	8	9
石油、煤炭及其他燃料加工业	25	15688	15436	47	96	23

单位：个

国有联营企业	集体联营企业	国有与集体联营	其他联营	国有独资公司	其他有限责任公司	股份有限公司	私营独资	私营合伙	私营有限责任公司	代码
				3	103	11	112	9	837	173
	1			9	157	21	401	19	1795	174
	2				244	34	1884	75	11254	175
	3		1	5	638	105	3021	174	23921	176
	1	1	2	15	1097	74	4103	172	35289	177
1	3		2	9	1162	75	3217	228	23492	178
	10	1	13	346	8161	761	29724	1191	184746	18
	4		8	182	3826	306	13713	595	71355	181
	4		1	38	907	70	2864	150	22995	182
	2	1	4	126	3428	385	13147	446	90396	183
1	10	1	6	49	3882	273	12028	620	83861	19
	4			2	334	18	392	35	4069	191
	2		3	18	1366	101	3414	150	30151	192
	2			2	129	28	823	30	6348	193
	2		1	2	119	14	324	23	2330	194
1		1	2	25	1934	112	7075	382	40963	195
1	10	2	8	132	5663	475	47657	1562	138467	20
	2	1	5	62	2939	217	29747	827	73475	201
	1	1		24	755	97	9112	160	17107	202
1	4		1	39	1530	117	5724	298	37519	203
	3		2	7	439	44	3074	277	10366	204
	3		16	112	4787	356	13620	547	100104	21
	2		8	70	3180	219	10269	353	67133	211
			1	1	37	4	173	9	1098	212
	1		3	8	409	37	881	65	10770	213
				4	45	4	102	8	844	214
			4	29	1116	92	2195	112	20259	219
	11	2	10	108	4886	322	12064	1199	74925	22
					109	5	21	5	247	221
	5	1	4	27	993	102	1958	218	12692	222
	6	1	6	81	3784	215	10085	976	61986	223
7	17	7	10	164	5151	400	14571	1218	73313	23
6	15	6	9	149	4599	365	12699	1090	65866	231
1	2	1	1	13	504	33	1831	125	7067	232
				2	48	2	41	3	380	233
	15	2	12	116	5940	420	20014	1114	123635	24
	3		2	9	576	41	1434	126	12121	241
				1	132	18	408	33	2779	242
	10	1	9	62	3330	230	13156	758	73071	243
	2	1	1	13	819	55	1188	87	15419	244
				17	900	65	3551	94	15477	245
				14	183	11	277	16	4768	246
	1	1	3	51	1500	179	1131	91	12089	25

2-4 续表 3 (2022年)

行业中类	代码	企业单位数	内资企业	国有企业	集体企业	股份合作企业
精炼石油产品制造	251	6481	6308	25	61	14
煤炭加工	252	4758	4700	18	34	8
生物质燃料加工	254	4449	4428	4	1	1
化学原料和化学制品制造业	26	142260	137116	322	1076	467
基础化学原料制造	261	18624	17734	84	218	79
肥料制造	262	19861	19582	58	70	40
农药制造	263	2715	2632	14	25	13
涂料、油墨、颜料及类似产品制造	264	24147	23181	25	177	80
合成材料制造	265	16676	15903	18	66	39
专用化学产品制造	266	34254	32999	84	328	131
炸药、火工及焰火产品制造	267	2848	2829	17	80	14
日用化学产品制造	268	23135	22256	22	112	71
医药制造业	27	40122	38528	113	89	72
化学药品原料药制造	271	3985	3789	12	12	14
化学药品制剂制造	272	3328	3002	15	7	7
中药饮片加工	273	6531	6462	25	9	8
中成药生产	274	5775	5613	22	17	8
兽用药品制造	275	2411	2354	13	7	8
生物药品制品制造	276	5755	5352	15	5	5
卫生材料及医药用品制造	277	11277	10960	9	28	20
药用辅料及包装材料	278	1060	996	2	4	2
化学纤维制造业	28	9513	9134	13	27	10
纤维素纤维原料及纤维制造	281	1168	1104	2	5	1
合成纤维制造	282	6954	6676	8	21	6
生物基材料制造	283	1391	1354	3	1	3
橡胶和塑料制品业	29	256160	249754	155	1082	981
橡胶制品业	291	43763	42646	49	283	198
塑料制品业	292	212397	207108	106	799	783
非金属矿物制品业	30	360220	356670	723	2142	638
水泥、石灰和石膏制造	301	16740	16523	132	192	45
石膏、水泥制品及类似制品制造	302	88164	87607	216	342	120
砖瓦、石材等建筑材料制造	303	137322	136504	190	899	225
玻璃制造	304	8485	8303	11	19	16
玻璃制品制造	305	23295	22870	31	69	51
玻璃纤维和玻璃纤维增强塑料制品制造	306	9728	9535	18	62	27
陶瓷制品制造	307	32022	31500	48	128	64
耐火材料制品制造	308	15751	15559	20	249	38
石墨及其他非金属矿物制品制造	309	28713	28269	57	182	52
黑色金属冶炼和压延加工业	31	26315	25792	59	164	98
炼铁	311	817	806	7	18	1
炼钢	312	518	494	4	7	1
钢压延加工	313	20448	19999	39	114	80
铁合金冶炼	314	4532	4493	9	25	16

单位：个

国有联营企业	集体联营企业	国有与集体联营	其他联营	国有独资公司	其他有限责任公司	股份有限公司	私营独资	私营合伙	私营有限责任公司	代码
	1		2	26	664	109	330	33	4939	251
		1	1	19	560	56	579	38	3332	252
				6	276	14	222	20	3818	254
6	28	3	28	363	12919	1426	10013	1341	106670	26
2	4		4	101	2429	298	1099	175	12878	261
	7		4	64	1935	189	1021	94	15726	262
	1	1	1	8	363	62	89	11	1962	263
	6		5	30	1670	166	2151	189	18326	264
	2		3	43	1771	178	815	102	12577	265
3	2	2	5	70	3004	359	2535	351	25481	266
				23	215	42	628	275	1499	267
1	6		6	24	1532	132	1675	144	18221	268
5	2	4	2	98	5389	846	1555	161	29120	27
3				10	738	119	111	18	2597	271
	1	2	1	16	742	156	83	9	1845	272
		2		22	843	94	366	29	4899	273
1	1		1	23	955	222	206	27	3895	274
				3	270	35	183	6	1778	275
				16	905	127	104	25	3991	276
1				6	847	79	455	38	9310	277
				2	89	14	47	9	805	278
	1			17	595	85	653	78	7478	28
				1	94	20	63	3	897	281
	1			10	339	53	541	65	5490	282
				6	162	12	49	10	1091	283
3	18	3	17	262	13863	947	29607	2939	196991	29
	2		7	45	2557	180	4488	462	33921	291
3	16	3	10	217	11306	767	25119	2477	163070	292
33	39	11	31	707	21910	1508	45856	3888	275276	30
5	4	2	4	117	1844	139	2043	177	11617	301
13	6	4	6	281	6652	363	11615	614	66447	302
9	20	2	11	155	6809	491	20436	2105	103695	303
1	1	1		12	541	47	460	29	7045	304
	1		2	35	1156	69	1956	137	19122	305
	1		1	9	474	39	699	86	7985	306
2	1		3	31	1465	114	4001	347	25015	307
	2	1	1	9	764	88	1638	139	12429	308
3	3	1	3	58	2205	158	3008	254	21921	309
1	3	4	1	78	1765	152	2124	234	20833	31
				4	90	3	116	8	554	311
				6	70	6	41	5	351	312
1	2	3	1	48	1218	126	1661	180	16319	313
	1	1		20	387	17	306	41	3609	314

2-4 续表 4 (2022年)

行业中类	代码	企业单位数	内资企业	国有企业	集体企业	股份合作企业
有色金属冶炼和压延加工业	32	36792	35888	90	201	102
常用有色金属冶炼	321	4528	4430	20	32	16
贵金属冶炼	322	643	630	14	12	
稀有稀土金属冶炼	323	1032	996	8	9	4
有色金属合金制造	324	9738	9488	13	44	15
有色金属压延加工	325	20851	20344	35	104	67
金属制品业	33	466141	459928	299	1819	1089
结构性金属制品制造	331	182536	181203	109	597	263
金属工具制造	332	31785	31144	34	145	80
集装箱及金属包装容器制造	333	10125	9793	13	71	24
金属丝绳及其制品制造	334	22227	21972	10	90	48
建筑、安全用金属制品制造	335	68560	67534	28	190	188
金属表面处理及热处理加工	336	18711	18225	13	130	127
搪瓷制品制造	337	3637	3596	5	16	2
金属制日用品制造	338	28551	27900	13	75	54
铸造及其他金属制品制造	339	100009	98561	74	505	303
通用设备制造业	34	457117	449421	450	2021	1554
锅炉及原动设备制造	341	11988	11699	39	113	57
金属加工机械制造	342	71932	70831	89	300	169
物料搬运设备制造	343	18754	18226	21	48	41
泵、阀门、压缩机及类似机械制造	344	52113	50745	41	267	403
轴承、齿轮和传动部件制造	345	28471	27880	20	71	97
烘炉、风机、包装等设备制造	346	45538	44322	41	156	130
文化、办公用机械制造	347	4126	3831	6	4	14
通用零部件制造	348	179317	177649	150	991	587
其他通用设备制造业	349	44878	44238	43	71	56
专用设备制造业	35	343597	336337	401	869	844
采矿、冶金、建筑专用设备制造	351	47101	46501	99	198	98
化工、木材、非金属加工专用设备制造	352	90482	88539	36	160	216
食品、饮料、烟草及饲料生产专用设备制造	353	9984	9823	11	48	63
印刷、制药、日化及日用品生产专用设备制造	354	11517	11153	13	48	45
纺织、服装和皮革加工专用设备制造	355	12944	12531	18	64	116
电子和电工机械专用设备制造	356	23645	22884	43	42	28
农、林、牧、渔专用机械制造	357	20981	20713	46	94	52
医疗仪器设备及器械制造	358	34028	32568	42	60	102
环保、邮政、社会公共服务及其他专用设备制造	359	92915	91625	93	155	124
汽车制造业	36	105031	100128	150	277	394
汽车整车制造	361	1913	1766	20	5	3
汽车用发动机制造	362	707	653	5		1
改装汽车制造	363	1472	1436	18	6	2
低速汽车制造	364	159	154	1	3	
电车制造	365	587	581		1	
汽车车身、挂车制造	366	11795	11623	15	12	5
汽车零部件及配件制造	367	88398	83915	91	250	383

单位：个

国有联营企业	集体联营企业	国有与集体联营	其他联营	国有独资公司	其他有限责任公司	股份有限公司	私营独资	私营合伙	私营有限责任公司	代码
2	2	1	5	119	3140	321	2934	320	28141	32
			1	41	637	82	353	52	3138	321
1			2	12	111	21	42	3	404	322
	1			9	161	29	44	6	709	323
				15	722	62	818	70	7611	324
1	1	1	2	42	1509	127	1677	189	16279	325
5	32	10	39	708	24843	1580	49444	3782	371375	33
2	9	3	12	260	10079	541	17018	876	149833	331
	3		4	19	1455	98	4178	282	24529	332
	1			13	659	57	696	58	8062	333
1	1		1	8	655	132	1309	143	19016	334
	5	1	9	75	3161	199	8504	859	53691	335
	1	2	1	18	1055	59	2364	317	13965	336
	1			4	92	5	484	20	2941	337
	1		2	28	1227	70	3521	152	22508	338
2	10	4	10	283	6460	419	11370	1075	76830	339
2	27	11	24	362	19896	1706	42606	3824	372299	34
	2		3	33	1369	108	905	74	8825	341
	5	2	3	60	3372	302	5956	488	59308	342
			2	31	1035	105	1038	89	15548	343
	3		3	43	1987	249	4043	430	42639	344
	2	2	1	28	845	116	2838	343	23221	345
	4		2	40	2152	211	2852	270	37871	346
	1			13	281	36	211	9	3193	347
2	9	7	7	73	5367	389	22876	1893	144016	348
	1		3	41	3488	190	1887	228	37678	349
6	13	4	16	424	20217	1734	22997	2159	282605	35
2	3	1		113	2731	261	4305	207	37917	351
	3	2	5	114	5140	273	7674	779	73352	352
	2		1	14	426	45	834	52	8186	353
	2		2	8	746	64	678	102	9276	354
1			1	6	386	84	1625	228	9877	355
1				41	2102	151	884	135	19112	356
	1	1		18	919	87	1692	127	17405	357
			1	27	2659	276	1801	212	26875	358
2	2		6	83	5108	493	3504	317	80605	359
3	6	2	1	198	6642	582	7161	910	82558	36
				25	443	72	25	4	1135	361
				5	197	10	16	3	405	362
1				13	269	37	30	3	1004	363
					14	1	4		130	364
					44	9	32	2	486	365
	1			19	584	22	607	39	10194	366
2	5	2	1	136	5091	431	6447	859	69204	367

2-4 续表 5 (2022年)

行业中类	代码	企业单位数	内资企业	国有企业	集体企业	股份合作企业
铁路、船舶、航空航天和其他运输设备制造业	37	40608	39478	127	229	167
铁路运输设备制造	371	4858	4745	21	109	27
城市轨道交通设备制造	372	933	911	6	1	
船舶及相关装置制造	373	11669	11378	53	59	34
航空、航天器及设备制造	374	2796	2665	29	2	2
摩托车制造	375	7609	7456	4	28	89
自行车和残疾人座车制造	376	5103	4837	7	22	9
助动车制造	377	4881	4827	2	3	1
非公路休闲车及零配件制造	378	1306	1245		1	1
潜水救捞及其他未列明运输设备制造	379	1453	1414	5	4	4
电气机械和器材制造业	38	267577	260488	281	815	769
电机制造	381	20498	19776	54	64	80
输配电及控制设备制造	382	93256	90964	86	351	377
电线、电缆、光缆及电工器材制造	383	34180	33147	36	173	118
电池制造	384	10034	9554	25	11	11
家用电力器具制造	385	33235	32234	16	81	60
非电力家用器具制造	386	6241	6099	8	9	3
照明器具制造	387	50235	49078	29	73	86
其他电气机械及器材制造	389	19898	19636	27	53	34
计算机、通信和其他电子设备制造业	39	176377	166832	223	238	264
计算机制造	391	16155	15056	17	18	13
通信设备制造	392	13229	12585	28	25	21
广播电视设备制造	393	3647	3461	12	9	4
雷达及配套设备制造	394	407	395	2	2	3
非专业视听设备制造	395	7422	6891	7	8	6
智能消费设备制造	396	11790	11315	13	5	9
电子器件制造	397	36750	34585	58	36	57
电子元件及电子专用材料制造	398	65602	61851	69	112	113
其他电子设备制造	399	21375	20693	17	23	38
仪器仪表制造业	40	64598	62634	99	245	249
通用仪器仪表制造	401	43768	42744	41	140	175
专用仪器仪表制造	402	8946	8660	28	45	25
钟表与计时仪器制造	403	3390	3023	9	20	9
光学仪器制造	404	3459	3290	9	9	10
衡器制造	405	1212	1175	3	15	7
其他仪器仪表制造业	409	3823	3742	9	16	23
其他制造业	41	65844	64733	66	152	100
日用杂品制造	411	21667	21025	17	65	62
其他未列明制造业	419	44177	43708	49	87	38
废弃资源综合利用业	42	31823	31554	55	76	28
金属废料和碎屑加工处理	421	16058	15930	36	40	12
非金属废料和碎屑加工处理	422	15765	15624	19	36	16

单位：个

国有联营企业	集体联营企业	国有与集体联营	其他联营	国有独资公司	其他有限责任公司	股份有限公司	私营独资	私营合伙	私营有限责任公司	代码
1	2	3	2	142	2592	259	3411	286	31817	37
	1	1		50	496	68	248	20	3619	371
				10	155	4	21	6	697	372
1		1		34	681	81	810	76	9440	373
				35	509	44	32	15	1942	374
				8	247	18	1112	93	5788	375
		1	1	1	146	21	595	35	3974	376
	1		1	2	209	13	372	29	4137	377
					58	1	66	5	1097	378
				2	91	9	155	7	1123	379
1	14	5	16	1405	17283	1569	16676	1716	216201	38
	1		1	48	1250	137	1420	189	16190	381
1	6	1	4	114	5993	640	4223	585	77341	382
	3	1	5	29	2122	214	2059	227	27662	383
			3	30	1668	122	267	35	7220	384
	1	1	1	101	1777	123	2160	288	27285	385
		1		12	444	43	435	31	5005	386
	1		2	1056	2962	211	5352	274	38178	387
	2	1		15	1067	79	760	87	17320	389
5	5	3	19	366	18857	1479	7634	944	134197	39
1			2	35	2137	139	442	88	11910	391
	2		2	26	1328	173	388	49	10312	392
1		1		5	309	37	211	23	2772	393
				6	60	5	8	4	290	394
				5	488	63	499	35	5715	395
			1	21	1813	121	226	64	8829	396
2		1	4	137	4401	367	1546	223	27149	397
1	2	1	8	88	5169	402	3364	329	51422	398
	1		2	43	3152	172	950	129	15798	399
1	2		4	91	4306	501	2649	380	53123	40
1	1		2	46	2844	307	1609	244	36672	401
	1		1	23	684	111	337	39	7189	402
			1	7	224	20	214	14	2479	403
				6	260	31	158	40	2721	404
					53	7	81	13	979	405
				9	241	25	250	30	3083	409
		2	3	56	5057	223	5430	1296	51513	41
			1	10	1170	52	2365	1038	16064	411
		2	2	46	3887	171	3065	258	35449	419
3	4		4	69	2272	111	2360	129	26105	42
3	3		3	30	1158	65	1018	60	13335	421
	1		1	39	1114	46	1342	69	12770	422

2-4 续表 6 (2022年)

行业中类	代码	企业单位数	内资企业	国有企业	集体企业	股份合作企业
金属制品、机械和设备修理业	43	53142	52751	123	404	119
金属制品修理	431	1354	1336		12	5
通用设备修理	432	9369	9322	11	48	14
专用设备修理	433	8937	8861	30	85	22
铁路、船舶、航空航天等运输设备修理	434	8901	8788	38	106	40
电气设备修理	435	6062	6042	10	53	10
仪器仪表修理	436	1052	1033	3	9	5
其他机械和设备修理业	439	17467	17369	31	91	23
电力、热力、燃气及水生产和供应业	D	**148645**	**145047**	**5202**	**5404**	**509**
电力、热力生产和供应业	44	104570	102535	2724	3700	428
电力生产	441	80862	79134	1985	3532	403
电力供应	442	11504	11351	448	105	9
热力生产和供应	443	12204	12050	291	63	16
燃气生产和供应业	45	12409	11548	208	50	15
燃气生产和供应业	451	11269	10428	204	45	14
生物质燃气生产和供应业	452	1140	1120	4	5	1
水的生产和供应业	46	31666	30964	2270	1654	66
自来水生产和供应	461	18094	17891	1732	1547	30
污水处理及其再生利用	462	12621	12144	522	103	10
海水淡化处理	463	75	69	1	1	
其他水的处理、利用与分配	469	876	860	15	3	26
建筑业	E	**2901128**	**2898157**	**4299**	**4820**	**1173**
房屋建筑业	47	656058	655574	1287	2434	350
住宅房屋建筑	471	524161	523803	1077	2142	291
体育场馆建筑	472	1728	1720	4	9	4
其他房屋建筑业	479	130169	130051	206	283	55
土木工程建筑业	48	630907	630268	2064	1035	206
铁路、道路、隧道和桥梁工程建筑	481	197805	197600	1047	419	80
水利和水运工程建筑	482	22264	22226	475	106	8
海洋工程建筑	483	739	732	1	1	
工矿工程建筑	484	10910	10899	46	28	5
架线和管道工程建筑	485	32131	32065	122	113	17
节能环保工程施工	486	11692	11665	20	4	9
电力工程施工	487	13858	13829	40	22	6
其他土木工程建筑	489	341508	341252	313	342	81
建筑安装业	49	318291	317689	351	566	166
电气安装	491	88580	88371	104	176	37
管道和设备安装	492	78847	78695	120	202	54
其他建筑安装业	499	150864	150623	127	188	75
建筑装饰、装修和其他建筑业	50	1295872	1294626	597	785	451
建筑装饰和装修业	501	845871	844866	294	466	275
建筑物拆除和场地准备活动	502	57942	57909	95	80	80
提供施工设备服务	503	31768	31748	16	19	22
其他未列明建筑业	509	360291	360103	192	220	74

单位：个

国有联营企业	集体联营企业	国有与集体联营	其他联营	国有独资公司	其他有限责任公司	股份有限公司	私营独资	私营合伙	私营有限责任公司	代码
1	3		4	77	2748	154	3359	248	45051	43
				3	109	4	137	5	1044	431
	1			7	444	22	512	23	8163	432
1	2		2	13	477	25	565	41	7511	433
			1	25	537	36	659	76	7195	434
				13	325	22	381	27	5151	435
					52	3	37	5	908	436
			1	16	804	42	1068	71	15079	439
70	**131**	**34**	**56**	**5370**	**30725**	**1619**	**11824**	**7914**	**74344**	D
40	102	18	45	3098	21643	1147	7966	7423	52906	44
34	101	16	45	2285	16947	932	7345	7311	37245	441
5	1	2		311	2078	98	343	87	7689	442
1				502	2618	117	278	25	7972	443
10	2			207	3037	159	791	88	6768	45
10	1			200	2883	153	686	77	5957	451
	1			7	154	6	105	11	811	452
20	27	16	11	2065	6045	313	3067	403	14670	46
11	27	13	11	1449	3166	187	2714	338	6486	461
9		3		589	2753	121	275	43	7571	462
				3	17	2	1		44	463
				24	109	3	77	22	569	469
49	**84**	**40**	**128**	**6837**	**139385**	**6658**	**81860**	**5712**	**2624752**	E
14	30	16	31	2012	36233	1823	21199	1486	583565	47
11	20	12	25	1633	28885	1522	14354	1108	468869	471
				9	122	7	48	5	1494	472
3	10	4	6	370	7226	294	6797	373	113202	479
22	32	10	32	3342	33406	1672	18234	1174	563745	48
14	10	5	13	1966	12423	664	5499	407	173305	481
1	3		4	377	2009	112	904	42	17975	482
				6	80	5	27	3	602	483
	2			81	887	26	243	26	9470	484
2	3		1	210	2217	130	736	40	28201	485
2				38	784	58	203	34	10388	486
2			1	54	985	46	266	28	12245	487
1	14	5	13	610	14021	631	10356	594	311559	489
3	5	3	11	416	16077	762	8125	576	287891	49
1	1	1	4	134	4789	248	2051	158	79951	491
1		1	3	124	3801	195	2176	131	71230	492
1	4	1	4	158	7487	319	3898	287	136710	499
10	17	11	54	1067	53669	2401	34302	2476	1189551	50
7	7	7	26	449	35104	1659	22375	1648	777029	501
1	1		2	136	2691	115	1905	99	52372	502
1	2		9	43	1112	56	954	77	29196	503
1	7	4	17	439	14762	571	9068	652	330954	509

2-4 续表 7 (2022年)

行业中类	代码	企业单位数	内资企业	国有企业	集体企业	股份合作企业
批发和零售业	F	**10708678**	**10636993**	**16963**	**31345**	**7422**
批发业	51	5763075	5707466	10335	14149	3614
农、林、牧、渔产品批发	511	228580	227699	1923	1421	144
食品、饮料及烟草制品批发	512	566847	562203	2548	1327	298
纺织、服装及家庭用品批发	513	865346	851427	415	932	345
文化、体育用品及器材批发	514	197707	195162	230	274	161
医药及医疗器材批发	515	202144	200647	483	110	106
矿产品、建材及化工产品批发	516	1681619	1673187	2741	7020	1236
机械设备、五金产品及电子产品批发	517	1246505	1231176	1058	1556	923
贸易经纪与代理	518	246391	241408	384	201	102
其他批发业	519	527936	524557	553	1308	299
零售业	52	4945603	4929527	6628	17196	3808
综合零售	521	772333	769804	1386	8028	589
食品、饮料及烟草制品专门零售	522	524600	523115	1725	1673	457
纺织、服装及日用品专门零售	523	535129	532035	374	1374	324
文化、体育用品及器材专门零售	524	250406	249340	537	664	316
医药及医疗器材专门零售	525	357288	356867	528	493	412
汽车、摩托车、零配件和燃料及其他动力销售	526	478498	476589	930	1891	501
家用电器及电子产品专门零售	527	481982	480102	192	393	327
五金、家具及室内装饰材料专门零售	528	662927	661622	477	1320	533
货摊、无店铺及其他零售业	529	882440	880053	479	1360	349
交通运输、仓储和邮政业	G	**964055**	**957227**	**6023**	**3547**	**723**
铁路运输业	53	3624	3614	67	38	5
铁路旅客运输	531	536	535	15	2	1
铁路货物运输	532	2075	2068	33	9	1
铁路运输辅助活动	533	1013	1011	19	27	3
道路运输业	54	619276	617564	2014	1763	452
城市公共交通运输	541	19803	19694	402	216	51
公路旅客运输	542	12702	12586	340	207	38
道路货物运输	543	551902	550652	560	827	310
道路运输辅助活动	544	34869	34632	712	513	53
水上运输业	55	20419	20098	183	350	24
水上旅客运输	551	1523	1499	38	67	3
水上货物运输	552	12320	12236	65	238	13
水上运输辅助活动	553	6576	6363	80	45	8
航空运输业	56	4953	4855	71	5	6
航空客货运输	561	1459	1419	24	3	
通用航空服务	562	2297	2283	20	1	4
航空运输辅助活动	563	1197	1153	27	1	2
管道运输业	57	625	597	12	3	1
海底管道运输	571	108	106		1	
陆地管道运输	572	517	491	12	2	1

单位：个

国有联营企业	集体联营企业	国有与集体联营	其他联营	国有独资公司	其他有限责任公司	股份有限公司	私营独资	私营合伙	私营有限责任公司	代码
250	**623**	**186**	**628**	**12962**	**473676**	**23783**	**832507**	**35175**	**9128677**	F
121	295	87	284	8205	267982	12963	276556	15363	5059148	51
14	36	7	21	1104	13135	795	33010	1036	172768	511
14	23	7	26	1286	28918	1631	32962	1844	486978	512
4	22	5	20	1030	29239	1489	33102	1748	778889	513
3	3	2	3	198	8268	441	6812	488	177126	514
10	2	2	12	259	13390	625	10316	637	172907	515
56	126	35	94	2867	77602	3819	93272	4316	1469119	516
14	38	16	65	827	57256	2443	32674	2963	1123956	517
2	8	5	15	249	14795	664	5191	918	217055	518
4	37	8	28	385	25379	1056	29217	1413	460350	519
129	328	99	344	4757	205694	10820	555951	19812	4069529	52
17	116	17	75	722	32105	1571	93621	2647	622658	521
18	38	8	25	974	24348	1267	59696	2232	426485	522
4	22	4	23	323	18626	1044	68644	1719	436389	523
3	17	3	10	610	10682	720	18049	822	215316	524
14	23	15	59	487	15464	1074	130449	2691	201812	525
52	53	38	57	504	29574	1630	47163	3652	387145	526
7	8	2	17	267	21459	1010	23187	1470	428523	527
4	27	5	21	362	25277	1112	48244	2179	577771	528
10	24	7	57	508	28159	1392	66898	2400	773430	529
76	**75**	**36**	**81**	**5630**	**62803**	**3552**	**35738**	**2741**	**828414**	G
1				98	745	44	131	12	2430	53
				17	146	8	21		319	531
1				55	464	31	60	7	1383	532
				26	135	5	50	5	728	533
27	44	16	43	2491	35227	1918	21761	1611	545563	54
6	3	2	4	711	2921	182	476	70	14394	541
3	8	3	8	339	2035	191	364	57	8848	542
8	19	7	22	706	26641	1376	18795	1243	496269	543
10	14	4	9	735	3630	169	2126	241	26052	544
6	4		3	229	2213	157	501	56	16178	55
1				36	247	18	39	17	1006	551
2	4		3	77	1068	85	304	19	10252	552
3				116	898	54	158	20	4920	553
1				193	991	66	75	21	3338	56
				33	249	18	26	3	1029	561
1				35	412	25	40	9	1697	562
				125	330	23	9	9	612	563
				14	145	13	27	1	370	57
					12	1	8		80	571
				14	133	12	19	1	290	572

2-4 续表 8 (2022年)

行业中类	代码	企业单位数				
			内资企业	国有企业	集体企业	股份合作企业
多式联运和运输代理业	58	185275	182672	255	216	118
多式联运	581	11870	11830	16	20	5
运输代理业	582	173405	170842	239	196	113
装卸搬运和仓储业	59	97423	95433	2774	1131	96
装卸搬运	591	38915	38729	105	702	41
通用仓储	592	17082	16146	135	153	19
低温仓储	593	4243	4171	27	23	2
危险品仓储	594	994	921	29	7	
谷物、棉花等农产品仓储	595	10860	10830	2320	93	9
中药材仓储	596	154	153	1	1	
其他仓储业	599	25175	24483	157	152	25
邮政业	60	32460	32394	647	41	21
邮政基本服务	601	1883	1883	573	26	5
快递服务	602	29544	29489	66	14	15
其他寄递服务	609	1033	1022	8	1	1
住宿和餐饮业	**H**	**667190**	**660534**	**3222**	**2432**	**955**
住宿业	61	176062	174518	2258	1426	346
旅游饭店	611	47909	46930	1059	294	71
一般旅馆	612	95286	94822	961	946	236
民宿服务	613	10354	10335	32	49	7
露营地服务	614	835	831	3	2	
其他住宿业	619	21678	21600	203	135	32
餐饮业	62	491128	486016	964	1006	609
正餐服务	621	371742	368416	847	834	446
快餐服务	622	32166	31409	32	51	62
饮料及冷饮服务	623	15410	14890	8	27	25
餐饮配送及外卖送餐服务	624	16524	16448	16	3	17
其他餐饮业	629	55286	54853	61	91	59
信息传输、软件和信息技术服务业	**I**	**1739295**	**1720308**	**1645**	**596**	**667**
电信、广播电视和卫星传输服务	63	35857	34957	637	138	21
电信	631	31627	30741	460	44	14
广播电视传输服务	632	3484	3476	166	89	3
卫星传输服务	633	746	740	11	5	4
互联网和相关服务	64	255507	254064	187	65	110
互联网接入及相关服务	641	21948	21870	21	11	11
互联网信息服务	642	126390	125872	71	24	43
互联网平台	643	29087	28733	27	6	17
互联网安全服务	644	3434	3418	5	1	3
互联网数据服务	645	15912	15696	39	7	14
其他互联网服务	649	58736	58475	24	16	22
软件和信息技术服务业	65	1447931	1431287	821	393	536
软件开发	651	730464	720750	307	126	223
集成电路设计	652	36644	36013	16	5	18

单位：个

国有联营企业	集体联营企业	国有与集体联营	其他联营	国有独资公司	其他有限责任公司	股份有限公司	私营独资	私营合伙	私营有限责任公司	代码
9	4	3	18	454	13024	633	6280	609	159469	58
3			2	28	569	44	713	30	10285	581
6	4	3	16	426	12455	589	5567	579	149184	582
14	23	16	12	1625	8348	430	5529	346	74276	59
3	9	5	4	79	2125	101	2208	164	32929	591
			2	155	1793	62	713	44	12939	592
1	2			32	421	40	596	13	2975	593
				25	222	9	36	5	578	594
7	8	6	1	1164	1374	113	604	33	4972	595
				1	21	1	14	2	111	596
3	4	5	5	169	2392	104	1358	85	19772	599
18		1	5	526	2110	291	1434	85	26790	60
15			2	463	99	63	154	9	434	601
3		1	3	56	1921	220	1213	69	25534	602
				7	90	8	67	7	822	609
23	**71**	**21**	**55**	**2021**	**45458**	**1978**	**91477**	**6460**	**500804**	H
14	38	14	18	1171	15892	821	25789	2117	123005	61
8	8	6	6	723	6614	295	3811	396	33174	611
5	23	6	6	333	6533	389	17678	1438	65552	612
	4		1	28	792	35	1570	92	7624	613
				6	123	5	32	7	640	614
1	3	2	5	81	1830	97	2698	184	16015	619
9	33	7	37	850	29566	1157	65688	4343	377799	62
8	22	6	31	667	22517	889	49862	3208	286266	621
1	1		1	40	1651	73	4236	461	24558	622
	1		1	36	1314	42	2568	159	10517	623
			1	48	1011	50	924	83	14143	624
	9	1	3	59	3073	103	8098	432	42315	629
38	**15**	**9**	**56**	**2325**	**121241**	**6692**	**47207**	**20086**	**1504092**	I
5	2	2	3	537	3433	1040	1802	186	26693	63
3	1		3	386	2627	906	1634	161	24102	631
2	1	2		143	696	116	155	17	2039	632
				8	110	18	13	8	552	633
7	4	2	15	394	17733	968	9983	1967	220079	64
1			2	33	1424	83	967	154	18952	641
2	4		8	155	8054	475	4778	884	110219	642
			2	60	2800	135	893	278	24094	643
1				7	260	17	89	27	2968	644
3		2		66	1684	94	383	199	13015	645
			3	73	3511	164	2873	425	50831	649
26	9	5	38	1394	100075	4684	35422	17933	1257320	65
11	7	1	16	596	52258	2695	11003	6131	641066	651
1		1	2	43	2808	150	882	362	31336	652

2-4 续表 9 (2022年)

行业中类	代码	企业单位数	内资企业	国有企业	集体企业	股份合作企业
信息系统集成和物联网技术服务	653	120732	119826	115	17	45
运行维护服务	654	16945	16746	20	9	9
信息处理和存储支持服务	655	10976	10717	17	3	13
信息技术咨询服务	656	388662	384898	262	194	173
数字内容服务	657	18132	17934	24	3	5
其他信息技术服务业	659	125376	124403	60	36	50
金融业	J	**157538**	**150175**	**2735**	**439**	**669**
货币金融服务	66	42457	38496	1614	367	564
货币银行服务	662	12572	11811	1412	336	543
非货币银行服务	663	29734	26541	183	28	18
银行理财服务	664	151	144	19	3	3
资本市场服务	67	75037	73867	343	32	47
证券市场服务	671	1123	1085	26	1	3
公开募集证券投资基金	672	2235	2171	16	2	
非公开募集证券投资基金	673	19538	19144	66	5	6
期货市场服务	674	1030	1015	19		2
资本投资服务	676	29457	29017	147	19	19
其他资本市场服务	679	21654	21435	69	5	17
保险业	68	20978	19057	626	19	41
人身保险	681	6337	5156	121	3	14
财产保险	682	6840	6247	436	8	16
再保险	683	40	32	1		
商业养老金	684	287	282	2	1	
保险中介服务	685	5636	5547	54	3	10
保险资产管理	686	168	163		1	
其他保险活动	689	1670	1630	12	3	1
其他金融业	69	19066	18755	152	21	17
金融信托与管理服务	691	1963	1944	24	4	
控股公司服务	692	3700	3643	16	4	1
非金融机构支付服务	693	429	427	4	1	
金融信息服务	694	4566	4515	19	5	9
金融资产管理公司	695	1023	1004	15	2	2
其他未列明金融业	699	7385	7222	74	5	5
房地产业	K	**1110776**	**1095956**	**7714**	**8449**	**2086**
房地产业	70	1110776	1095956	7714	8449	2086
房地产开发经营	701	291996	284561	2784	762	207
物业管理	702	375571	372983	1249	1682	347
房地产中介服务	703	333714	332649	406	305	166
房地产租赁经营	704	90234	86697	2948	5476	1349
其他房地产业	709	19261	19066	327	224	17
租赁和商务服务业	L	**4119814**	**4085935**	**9748**	**13010**	**2725**
租赁业	71	470747	469438	411	355	192
机械设备经营租赁	711	459548	458305	387	326	186

单位：个

国有联营企业	集体联营企业	国有与集体联营	其他联营	国有独资公司	其他有限责任公司	股份有限公司	私营独资	私营合伙	私营有限责任公司	代码
1		2	6	172	8388	441	3235	1385	104708	653
				44	1234	74	583	185	14406	654
			1	54	1287	83	308	126	8708	655
9	2	1	9	343	24003	835	15691	8414	332090	656
				16	1346	107	415	99	15701	657
4			4	126	8751	299	3305	1231	109305	659
38	**4**	**11**	**19**	**1578**	**24942**	**16860**	**2222**	**27795**	**69599**	J
21	2	5	5	310	8074	8095	573	275	16891	66
14		5	3	57	580	7286	54	25	626	662
5	2		2	253	7470	762	514	247	16230	663
2					24	47	5	3	35	664
11		4	9	592	10873	515	667	25774	34272	67
		1		19	219	193	16	88	484	671
2		2		14	564	9	27	471	1035	672
1			2	54	3805	64	78	5206	9678	673
				14	271	27	7	200	455	674
5			5	389	3798	151	338	9549	14288	676
3		1	2	102	2216	71	201	10260	8332	679
4	2	1	2	167	2684	7976	754	81	6142	68
1	1	1		15	740	3448	44	18	561	681
1	1			117	575	4122	88	7	638	682
					6	4		1	20	683
					12	196	5	2	54	684
			2	29	1158	152	259	27	3753	685
				3	38	8	4	19	87	686
2				3	155	46	354	7	1029	689
2		1	3	509	3311	274	228	1665	12294	69
			2	22	332	37	39	220	1240	691
		1	1	69	418	45	31	805	2193	692
				3	131	14	12	5	247	693
1				26	612	55	58	171	3497	694
				43	197	19	9	134	571	695
1				346	1621	104	79	330	4546	699
119	**105**	**57**	**88**	**9785**	**145483**	**5506**	**29141**	**4376**	**873046**	K
119	105	57	88	9785	145483	5506	29141	4376	873046	70
41	11	11	27	5325	71827	2234	2678	508	195347	701
21	38	12	24	2210	36604	1583	6482	1020	318069	702
9	2	5	12	394	21909	871	15652	2074	288274	703
47	52	26	20	1504	12566	691	3926	648	56703	704
1	2	3	5	352	2577	127	403	126	14653	709
128	**301**	**79**	**244**	**21530**	**290692**	**11591**	**148051**	**160389**	**3392744**	L
2	9	2	29	627	20807	973	22035	1191	419119	71
2	9	2	28	595	20217	951	21381	1131	409483	711

2-4 续表 10 (2022年)

行业中类	代码	企业单位数	内资企业	国有企业	集体企业	股份合作企业
文体设备和用品出租	712	10136	10086	18	22	6
日用品出租	713	1063	1047	6	7	
商务服务业	72	3649067	3616497	9337	12655	2533
组织管理服务	721	607459	600127	4039	5983	719
综合管理服务	722	139217	137511	923	2191	151
法律服务	723	124976	124515	196	140	82
咨询与调查	724	1097458	1080903	865	1069	648
广告业	725	528158	526806	478	295	195
人力资源服务	726	476965	476482	770	1385	187
安全保护服务	727	50094	49953	410	166	26
会议、展览及相关服务	728	93294	92646	200	177	120
其他商务服务业	729	531446	527554	1456	1249	405
科学研究和技术服务业	**M**	**2310825**	**2288800**	**6995**	**4103**	**1849**
研究和试验发展	73	292734	287895	462	522	467
自然科学研究和试验发展	731	15103	14885	30	26	20
工程和技术研究和试验发展	732	204614	201581	293	205	184
农业科学研究和试验发展	733	29750	29529	87	73	42
医学研究和试验发展	734	41051	39707	38	196	188
社会人文科学研究	735	2216	2193	14	22	33
专业技术服务业	74	892405	885544	5133	1896	723
气象服务	741	1412	1408	136	66	
地震服务	742	1197	1194	11	4	1
海洋服务	743	1487	1439	10	4	2
测绘地理信息服务	744	17486	17474	404	170	24
质检技术服务	745	63386	62641	968	504	138
环境与生态监测检测服务	746	18766	18718	80	16	24
地质勘查	747	12205	12134	288	35	6
工程技术与设计服务	748	436829	434516	2793	673	282
工业与专业设计及其他专业技术服务	749	339637	336020	443	424	246
科技推广和应用服务业	75	1125686	1115361	1400	1685	659
技术推广服务	751	732412	725766	1103	1444	476
知识产权服务	752	39561	39282	36	24	33
科技中介服务	753	23871	23570	80	39	15
创业空间服务	754	9864	9759	49	10	1
其他科技推广服务业	759	319978	316984	132	168	134
水利、环境和公共设施管理业	**N**	**251731**	**250722**	**2335**	**1097**	**153**
水利管理业	76	8982	8940	448	151	7
防洪除涝设施管理	761	971	969	56	20	1
水资源管理	762	2498	2480	158	56	1
天然水收集与分配	763	671	664	84	21	
水文服务	764	380	380	13	3	1
其他水利管理业	769	4462	4447	137	51	4
生态保护和环境治理业	77	35830	35443	342	70	29

单位：个

国有联营企业	集体联营企业	国有与集体联营	其他联营	国有独资公司	其他有限责任公司	股份有限公司	私营独资	私营合伙	私营有限责任公司	代码
			1	28	533	19	578	57	8752	712
				4	57	3	76	3	884	713
126	292	77	215	20903	269885	10618	126016	159198	2973625	72
56	153	35	48	13190	73549	2884	11577	87677	393650	721
11	35	8	19	1272	16206	560	5137	2796	106751	722
2	3	3	20	139	6934	241	8222	5633	101265	723
17	21	8	42	1254	71523	2358	41039	52857	901849	724
5	9	3	16	700	25666	1222	17416	1493	475509	725
11	30	5	24	1310	24675	1037	16646	1555	425061	726
5	7		6	600	4457	210	1235	245	42071	727
5	6	1	8	308	6919	263	3246	523	80213	728
14	28	14	32	2130	39956	1843	21498	6419	447256	729
59	**98**	**49**	**126**	**6326**	**176708**	**7335**	**61183**	**22998**	**1979973**	**M**
4	15	2	16	529	23099	1114	6569	2964	249282	73
	3	1	1	24	1414	66	288	129	12725	731
2	5	1	11	348	14565	679	2554	1633	179247	732
2	3		1	93	2474	143	905	221	25088	733
	4		3	59	4348	213	2650	929	30661	734
				5	298	13	172	52	1561	735
38	51	31	60	4021	60905	3021	26678	4895	770044	74
1	3	2		29	223	14	40	8	867	741
				2	62	3	73	8	1015	742
				11	184	12	39	11	1159	743
1	1	2	3	171	1086	69	328	62	14969	744
4	10	7	9	734	6544	382	1322	459	50935	745
1	1	3	1	83	1430	82	384	82	16343	746
2	1	2		189	1077	75	361	35	9943	747
25	18	8	33	2375	29737	1478	12610	2197	378345	748
4	17	7	14	427	20562	906	11521	2033	296468	749
17	32	16	50	1776	92704	3200	27936	15139	960647	75
13	29	13	37	1274	60614	2315	19028	7760	624568	751
		2	3	56	2677	97	1139	2058	32806	752
1			1	84	1679	65	887	602	19877	753
	1			85	1387	43	171	183	7688	754
3	2	1	9	277	26347	680	6711	4536	275708	759
27	**29**	**7**	**19**	**5256**	**23876**	**1104**	**10967**	**966**	**202105**	**N**
7	2	2	2	590	1500	59	364	49	5633	76
1	1	1		88	151	3	41	2	590	761
4	1			279	522	22	99	11	1285	762
1				59	185	7	48	9	240	763
				5	38	5	9	1	301	764
1		1	2	159	604	22	167	26	3217	769
4	5	1	3	429	4133	194	949	159	28707	77

2-4 续表 11 (2022年)

行业中类	代码	企业单位数	内资企业	国有企业	集体企业	股份合作企业
生态保护	771	2851	2827	98	18	4
环境治理业	772	32979	32616	244	52	25
公共设施管理业	78	147365	146845	1358	774	90
市政设施管理	781	19246	19180	433	100	9
环境卫生管理	782	28536	28426	315	187	13
城乡市容管理	783	3686	3686	38	19	3
绿化管理	784	69352	69256	202	200	43
城市公园管理	785	1542	1524	54	34	1
游览景区管理	786	25003	24773	316	234	21
土地管理业	79	59554	59494	187	102	27
土地整治服务	791	24643	24625	102	48	8
土地调查评估服务	792	8509	8504	4	4	7
土地登记服务	793	1279	1279	3	4	
土地登记代理服务	794	10575	10553	3	5	6
其他土地管理服务	799	14548	14533	75	41	6
居民服务、修理和其他服务业	**O**	**725391**	**723428**	**1253**	**2928**	**1057**
居民服务业	80	324360	323359	607	1320	436
家庭服务	801	76673	76574	44	101	34
托儿所服务	802	16609	16591	8	2	9
洗染服务	803	9136	9084	11	33	31
理发及美容服务	804	58855	58488	24	147	131
洗浴和保健养生服务	805	53564	53381	34	137	96
摄影扩印服务	806	24490	24374	51	109	70
婚姻服务	807	21465	21423	22	35	11
殡葬服务	808	10452	10402	283	406	15
其他居民服务业	809	53116	53042	130	350	39
机动车、电子产品和日用产品修理业	81	258595	258064	406	1114	481
汽车、摩托车等修理与维护	811	198016	197732	347	908	388
计算机和办公设备维修	812	24840	24708	15	48	23
家用电器修理	813	25217	25142	26	102	54
其他日用产品修理业	819	10522	10482	18	56	16
其他服务业	82	142436	142005	240	494	140
清洁服务	821	86787	86613	95	218	67
宠物服务	822	9587	9537	17	20	8
其他未列明服务业	829	46062	45855	128	256	65
教育	**P**	**331910**	**330937**	**631**	**638**	**395**
教育	83	331910	330937	631	638	395
学前教育	831	21918	21873	45	23	18
初等教育	832	4027	4017	12	4	1
中等教育	833	3663	3656	12	5	3
高等教育	834	623	622	11	2	
特殊教育	835	704	702	1	1	
技能培训、教育辅助及其他教育	839	300975	300067	550	603	373

单位：个

国有联营企业	集体联营企业	国有与集体联营	其他联营	国有独资公司	其他有限责任公司	股份有限公司	私营独资	私营合伙	私营有限责任公司	代码
	3		2	82	388	19	142	20	2003	771
4	2	1	1	347	3745	175	807	139	26704	772
14	19	4	10	3578	14852	733	4193	407	119202	78
5	1		3	1498	2823	114	480	58	13463	781
3	3		3	446	2640	95	927	77	23434	782
				137	389	17	130	9	2895	783
1	4	1	2	324	4016	212	2087	169	61278	784
		1		91	292	12	34	4	975	785
5	11	2	2	1082	4692	283	535	90	17157	786
2	3		4	659	3391	118	5461	351	48563	79
	2			404	1494	47	1694	77	20486	791
1			1	19	311	17	871	75	7130	792
1				5	61	5	155	12	1021	793
			1	20	651	22	1589	117	8045	794
	1		2	211	874	27	1152	70	11881	799
12	**75**	**31**	**54**	**1156**	**35584**	**1734**	**70237**	**4455**	**599442**	O
4	33	23	24	634	15873	758	34018	2161	265245	80
	3		4	45	3054	151	5144	223	67288	801
			1	48	698	31	1412	63	14224	802
				9	440	23	1204	88	7181	803
1	5	1	1	30	3022	136	8944	598	45111	804
	2		1	62	3024	144	9052	653	39787	805
	1		4	8	1145	67	2135	155	20463	806
			1	6	830	41	1781	102	18452	807
1	13	17	9	224	884	50	722	70	7609	808
2	9	5	3	202	2776	115	3624	209	45130	809
6	27	4	21	266	11555	612	29025	1558	211073	81
5	23	4	16	232	8739	466	24891	1358	158842	811
			2	11	1183	66	1267	76	21841	812
	1		1	14	1125	60	2061	90	21461	813
1	3		2	9	508	20	806	34	8929	819
2	15	4	9	256	8156	364	7194	736	123124	82
2	7	2	1	114	4279	200	4076	252	76636	821
			2	6	792	23	781	71	7715	822
	8	2	6	136	3085	141	2337	413	38773	829
10	**23**	**10**	**29**	**650**	**18839**	**995**	**16343**	**2216**	**287187**	P
10	23	10	29	650	18839	995	16343	2216	287187	83
	2	2	2	65	1421	81	1257	107	18561	831
			1	10	263	12	436	29	3196	832
		1	1	14	397	12	278	18	2860	833
1				2	92	6	18	6	475	834
				1	37	1	58	5	593	835
9	21	7	25	558	16629	883	14296	2051	261502	839

2-4 续表 12 (2022年)

行业中类	代码	企业单位数	内资企业	国有企业	集体企业	股份合作企业
卫生和社会工作	**Q**	**135157**	**134502**	**443**	**424**	**264**
卫生	84	109157	108718	319	297	244
医院	841	36984	36767	157	61	108
基层医疗卫生服务	842	60076	59941	81	203	123
专业公共卫生服务	843	3023	3002	47	21	5
其他卫生活动	849	9074	9008	34	12	8
社会工作	85	26000	25784	124	127	20
提供住宿社会工作	851	23493	23294	93	68	18
不提供住宿社会工作	852	2507	2490	31	59	2
文化、体育和娱乐业	**R**	**787500**	**783793**	**2678**	**1209**	**648**
新闻和出版业	86	8935	8920	687	107	17
新闻业	861	2420	2415	30	3	2
出版业	862	6515	6505	657	104	15
广播、电视、电影和录音制作业	87	129385	128932	1030	168	58
广播	871	25783	25723	35	9	8
电视	872	2403	2399	33	7	1
影视节目制作	873	63615	63467	93	38	37
广播电视集成播控	874	1766	1764	13	3	
电影和广播电视节目发行	875	5139	5111	80	4	3
电影放映	876	12133	11950	764	97	7
录音制作	877	18546	18518	12	10	2
文化艺术业	88	263427	262211	544	409	256
文艺创作与表演	881	78441	78177	221	142	78
艺术表演场馆	882	2562	2546	61	13	1
图书馆与档案馆	883	3998	3994	29	20	1
文物及非物质文化遗产保护	884	2602	2594	41	20	2
博物馆	885	626	612	23	7	4
烈士陵园、纪念馆	886	109	109	6	3	
群众文体活动	887	20784	20703	84	67	40
其他文化艺术业	889	154305	153476	79	137	130
体育	89	90069	89381	136	120	84
体育组织	891	31019	30844	45	29	25
体育场地设施管理	892	5379	5316	48	23	5
健身休闲活动	893	43537	43164	38	64	47
其他体育	899	10134	10057	5	4	7
娱乐业	90	295684	294349	281	405	233
室内娱乐活动	901	114260	114090	63	121	107
游乐园	902	6622	6548	34	23	3
休闲观光活动	903	22398	22247	54	102	6
彩票活动	904	732	730	2	2	2
文化体育娱乐活动与经纪代理服务	905	145676	144765	110	144	110
其他娱乐业	909	5996	5969	18	13	5

单位：个

国有联营企业	集体联营企业	国有与集体联营	其他联营	国有独资公司	其他有限责任公司	股份有限公司	私营独资	私营合伙	私营有限责任公司	代码
5	**15**	**4**	**16**	**449**	**13293**	**545**	**24073**	**3556**	**89757**	Q
3	12	1	14	284	10479	437	21894	3256	70153	84
1	4		5	113	4074	177	6228	1374	23962	841
1	8		7	98	4626	196	14633	1703	37585	842
			1	20	348	17	447	47	2025	843
1		1	1	53	1431	47	586	132	6581	849
2	3	3	2	165	2814	108	2179	300	19604	85
1	1	1		148	2586	95	1974	280	17728	851
1	2	2	2	17	228	13	205	20	1876	852
25	**34**	**7**	**41**	**2754**	**51400**	**2294**	**99333**	**6706**	**610781**	R
2	1	2	2	545	1473	97	198	30	5670	86
				32	208	11	78	11	2002	861
2	1	2	2	513	1265	86	120	19	3668	862
6	1	2	5	639	10568	525	5532	621	108460	87
				56	1496	66	1498	137	22159	871
				77	247	11	98	9	1885	872
		1	3	183	4969	255	2483	278	54560	873
			1	25	154	12	71	14	1442	874
				34	594	27	97	37	4183	875
6	1	1	1	238	2124	97	372	54	8046	876
				26	984	57	913	92	16185	877
6	10		8	877	17109	648	12358	1650	226532	88
1	4		5	501	4724	231	6904	524	64290	881
1	1			43	323	15	125	8	1933	882
			1	8	195	8	223	22	3459	883
	1			60	264	17	149	33	1961	884
				27	86	2	59	5	389	885
				3	15		2	1	78	886
1	1		1	56	1351	51	1023	118	17756	887
3	3		1	179	10151	324	3873	939	136666	889
3	3	2	4	217	6548	273	6910	560	73828	89
3		1	1	69	2259	95	2810	188	25067	891
	1			72	597	23	239	32	4231	892
	2	1	3	57	2929	125	3534	276	35776	893
				19	763	30	327	64	8754	899
8	19	1	22	476	15702	751	74335	3845	196291	90
1	5		12	30	3256	218	65375	2910	41237	901
1			3	44	738	41	545	42	5001	902
1	5	1	1	140	2066	130	4052	159	15272	903
			1	3	44	1	26		642	904
4	8		2	233	9107	331	3793	689	129408	905
1	1		3	26	491	30	544	45	4731	909

2-4 续表 13

(2022年)

行业中类	代码	私营股份有限公司	其他	港、澳、台商投资企业	与港、澳、台商合资经营	与港、澳、台商合作经营
总　　计	**—**	**164970**	**117036**	**153328**	**29474**	**2708**
农、林、牧、渔业	**A**	**4564**	**9760**	**1939**	**422**	**51**
农业	01	1924	5220	1110	238	22
谷物种植	011	282	1948	75	23	1
豆类、油料和薯类种植	012	49	118	17	3	
棉、麻、糖、烟草种植	013	6	51	4	1	
蔬菜、食用菌及园艺作物种植	014	699	1402	488	106	11
水果种植	015	332	756	254	47	5
坚果、含油果、香料和饮料作物种植	016	120	165	96	12	2
中药材种植	017	210	254	65	20	2
草种植及割草	018	18	17	3		
其他农业	019	208	509	108	26	1
林业	02	403	440	193	33	11
林木育种和育苗	021	324	332	139	30	9
造林和更新	022	37	36	32	1	1
森林经营、管护和改培	023	23	44	17	2	1
木材和竹材采运	024	12	24	1		
林产品采集	025	7	4	4		
畜牧业	03	1098	2477	236	69	4
牲畜饲养	031	751	1796	151	42	2
家禽饲养	032	269	602	71	22	2
狩猎和捕捉动物	033	1	2			
其他畜牧业	039	77	77	14	5	
渔业	04	293	517	213	44	7
水产养殖	041	284	505	212	44	7
水产捕捞	042	9	12	1		
农、林、牧、渔专业及辅助性活动	05	846	1106	187	38	7
农业专业及辅助性活动	051	681	952	156	30	6
林业专业及辅助性活动	052	63	57	7	1	
畜牧专业及辅助性活动	053	65	55	10	2	1
渔业专业及辅助性活动	054	37	42	14	5	
采矿业	**B**	**791**	**406**	**242**	**99**	**11**
煤炭开采和洗选业	06	144	64	34	15	
烟煤和无烟煤开采洗选	061	133	46	30	12	
褐煤开采洗选	062	1	2	2	2	
其他煤炭采选	069	10	16	2	1	
石油和天然气开采业	07	1	4	3		1
石油开采	071	1	2	1		1
天然气开采	072		2	2		
黑色金属矿采选业	08	76	31	39	19	1
铁矿采选	081	66	28	33	17	
锰矿、铬矿采选	082	7	1	3	1	1
其他黑色金属矿采选	089	3	2	3	1	

单位：个

港、澳、台商独资	港、澳、台商投资股份有限公司	其他港、澳、台商投资	外商投资企业	中外合资经营	中外合作经营	外资企业	外商投资股份有限公司	其他外商投资	代码
115057	**2602**	**3487**	**142447**	**34087**	**1816**	**97572**	**3576**	**5396**	——
1364	**27**	**75**	**830**	**246**	**28**	**480**	**43**	**33**	A
798	12	40	381	121	10	215	18	17	01
47	2	2	42	16	2	22	2		011
13		1	5	2		3			012
2		1	1	1					013
357	2	12	184	51	5	116	6	6	014
194	1	7	70	26	2	34	4	4	015
78	1	3	33	9		15	4	5	016
27	3	13	11	6	1	3	1		017
3			6	1		4		1	018
77	3	1	29	9		18	1	1	019
145	2	2	88	18	3	56	7	4	02
99	1		60	14	2	37	5	2	021
30			17	1	1	12	2	1	022
11	1	2	7			7			023
1			1					1	024
4			3	3					025
146	2	15	189	55	10	110	10	4	03
98	1	8	134	36	6	79	10	3	031
39	1	7	46	16	3	26		1	032
									033
9			9	3	1	5			039
150	3	9	66	23		37	4	2	04
149	3	9	62	22		35	3	2	041
1			4	1		2	1		042
125	8	9	106	29	5	62	4	6	05
109	6	5	80	20	4	46	4	6	051
4		2	4	2		2			052
6		1	14	3	1	10			053
6	2	1	8	4		4			054
103	**6**	**23**	**162**	**68**	**15**	**61**	**8**	**10**	B
10	2	7	30	17	3	9	1		06
9	2	7	27	16	3	7	1		061
			1	1					062
1			2			2			069
1		1	5	1	1	2		1	07
			4	1	1	1		1	071
1		1	1			1			072
16		3	20	11	1	5	1	2	08
15		1	17	10		5		2	081
		1	1		1				082
1		1	2	1			1		089

2-4 续表 14 (2022年)

行业中类	代码	私营股份有限公司	其他	港、澳、台商投资企业	与港、澳、台商合资经营	与港、澳、台商合作经营
有色金属矿采选业	09	113	21	48	23	4
常用有色金属矿采选	091	67	16	37	18	4
贵金属矿采选	092	29	3	10	5	
稀有稀土金属矿采选	093	17	2	1		
非金属矿采选业	10	348	218	100	38	3
土砂石开采	101	297	191	71	24	3
化学矿开采	102	10	2	5	3	
采盐	103	3	1	4	1	
石棉及其他非金属矿采选	109	38	24	20	10	
开采专业及辅助性活动	11	70	37	11	2	2
煤炭开采和洗选专业及辅助性活动	111	9	11	4		1
石油和天然气开采专业及辅助性活动	112	59	15	7	2	1
其他开采专业及辅助性活动	119	2	11			
其他采矿业	12	39	31	7	2	
其他采矿业	120	39	31	7	2	
制造业	C	**40150**	**12681**	**48340**	**10797**	**789**
农副食品加工业	13	1886	531	1072	380	31
谷物磨制	131	323	127	75	29	2
饲料加工	132	263	58	153	53	3
植物油加工	133	149	37	77	34	
制糖业	134	12	2	12	6	
屠宰及肉类加工	135	322	83	174	51	9
水产品加工	136	143	19	173	72	2
蔬菜、菌类、水果和坚果加工	137	303	64	220	72	7
其他农副食品加工	139	371	141	188	63	8
食品制造业	14	1069	373	1099	299	13
焙烤食品制造	141	157	69	285	54	3
糖果、巧克力及蜜饯制造	142	45	18	105	26	4
方便食品制造	143	166	67	175	63	1
乳制品制造	144	62	9	28	7	
罐头食品制造	145	51	7	65	23	
调味品、发酵制品制造	146	142	43	97	33	1
其他食品制造	149	446	160	344	93	4
酒、饮料和精制茶制造业	15	952	196	548	185	16
酒的制造	151	452	89	127	55	4
饮料制造	152	248	79	311	104	11
精制茶加工	153	252	28	110	26	1
烟草制品业	16	3	1	5	3	
烟叶复烤	161			3	2	
卷烟制造	162	1	1			
其他烟草制品制造	169	2		2	1	
纺织业	17	2055	358	2435	647	33
棉纺织及印染精加工	171	547	84	923	280	15
毛纺织及染整精加工	172	117	64	159	51	2

单位：个

港、澳、台商独资	港、澳、台商投资股份有限公司	其他港、澳、台商投资	外商投资企业	中外合资经营	中外合作经营	外资企业	外商投资股份有限公司	其他外商投资	代码
18	1	2	32	13	7	10	2		09
13		2	24	8	6	8	2		091
4	1		7	4	1	2			092
1			1	1					093
49	1	9	55	21	3	24	3	4	10
38	1	5	36	13	2	17	1	3	101
1		1	5	1		2	1	1	102
3			2			2			103
7		3	12	7	1	3	1		109
5	1	1	16	3		9	1	3	11
2		1	1			1			111
3	1		14	3		8	1	2	112
			1					1	119
4	1		4	2		2			12
4	1		4	2		2			120
35010	**1077**	**667**	**47143**	**14398**	**648**	**30463**	**985**	**649**	**C**
615	27	19	1661	683	51	858	48	21	13
40	2	2	81	33	1	45	1	1	131
89	6	2	377	124	13	226	12	2	132
40	2	1	106	38	2	62	2	2	133
6			20	9	1	7	3		134
104	6	4	212	90	2	110	6	4	135
91	6	2	298	153	23	113	5	4	136
138	1	2	341	154	5	169	9	4	137
107	4	6	226	82	4	126	10	4	139
731	32	24	1309	427	20	814	31	17	14
215	7	6	229	52	7	164	4	2	141
70	5		82	19	2	57	1	3	142
104	3	4	184	70	2	107	4	1	143
21			108	50	1	46	7	4	144
40	2		85	44	1	40			145
57	6		167	52	5	110			146
224	9	14	454	140	2	290	15	7	149
331	9	7	717	316	10	359	19	13	15
63	1	4	239	94	3	129	9	4	151
187	7	2	431	210	7	197	9	8	152
81	1	1	47	12		33	1	1	153
2			2	1				1	16
1									161
			2	1				1	162
1									169
1699	36	20	1441	485	21	897	28	10	17
612	11	5	409	132	6	251	14	6	171
105	1		61	30	1	29		1	172

2-4 续表 15 (2022年)

行业中类	代码	私营股份有限公司	其他	港、澳、台商投资企业	与港、澳、台商合资经营	与港、澳、台商合作经营
麻纺织及染整精加工	173	21	7	27	7	1
丝绢纺织及印染精加工	174	66	1	41	18	
化纤织造及印染精加工	175	456	6	217	68	1
针织或钩针编织物及其制品制造	176	298	58	408	69	5
家用纺织制成品制造	177	242	66	269	73	4
产业用纺织制成品制造	178	308	72	391	81	5
纺织服装、服饰业	18	1255	569	3746	747	48
机织服装制造	181	602	192	1998	412	27
针织或钩针编织服装制造	182	211	42	871	151	11
服饰制造	183	442	335	877	184	10
皮革、毛皮、羽毛及其制品和制鞋业	19	591	272	1932	264	42
皮革鞣制加工	191	26	11	121	29	6
皮革制品制造	192	253	131	803	79	22
毛皮鞣制及制品加工	193	42	27	41	12	1
羽毛(绒)加工及制品制造	194	23	5	41	13	3
制鞋业	195	247	98	926	131	10
木材加工和木、竹、藤、棕、草制品业	20	1095	894	506	124	15
木材加工	201	459	679	101	23	3
人造板制造	202	216	30	116	43	3
木质制品制造	203	343	159	191	37	5
竹、藤、棕、草等制品制造	204	77	26	98	21	4
家具制造业	21	1157	256	943	158	10
木质家具制造	211	736	152	529	83	4
竹、藤家具制造	212	18	5	14	3	1
金属家具制造	213	107	31	168	38	2
塑料家具制造	214	8	5	24	7	
其他家具制造	219	288	63	208	27	3
造纸和纸制品业	22	700	253	1181	246	28
纸浆制造	221	3	3	12	1	
造纸	222	178	38	258	76	6
纸制品制造	223	519	212	911	169	22
印刷和记录媒介复制业	23	741	287	775	167	20
印刷	231	673	256	731	151	18
装订及印刷相关服务	232	66	29	34	12	1
记录媒介复制	233	2	2	10	4	1
文教、工美、体育和娱乐用品制造业	24	969	635	2878	381	52
文教办公用品制造	241	89	51	204	45	2
乐器制造	242	33	10	60	17	
工艺美术及礼仪用品制造	243	543	278	1291	172	20
体育用品制造	244	117	110	372	57	5
玩具制造	245	144	170	898	81	25
游艺器材及娱乐用品制造	246	43	16	53	9	
石油、煤炭及其他燃料加工业	25	155	69	112	53	3

单位：个

港、澳、台商独资	港、澳、台商投资股份有限公司	其他港、澳、台商投资	外商投资企业	中外合资经营	中外合作经营	外资企业	外商投资股份有限公司	其他外商投资	代码
19			10	4		6			173
22	1		36	21		14	1		174
141	5	2	104	35	2	65	1	1	175
323	7	4	180	60	5	111	3	1	176
185	2	5	339	122	4	207	6		177
292	9	4	302	81	3	214	3	1	178
2896	41	14	2195	792	37	1321	22	23	18
1531	18	10	1165	439	21	682	9	14	181
696	10	3	407	162	5	237	3		182
669	13	1	623	191	11	402	10	9	183
1588	24	14	930	229	10	667	13	11	19
85	1		60	15	1	44			191
683	14	5	371	92	6	263	6	4	192
26		2	31	12		18		1	193
23	1	1	25	9		15	1		194
771	8	6	443	101	3	327	6	6	195
352	8	7	421	135	9	259	7	11	20
74		1	87	16		65	1	5	201
64	4	2	77	26	1	44	5	1	202
143	4	2	184	63	4	114	1	2	203
71		2	73	30	4	36		3	204
749	14	12	668	188	8	448	7	17	21
425	11	6	367	117	4	230	5	11	211
10			6	2		4			212
123	1	4	116	20	3	90	1	2	213
17			9	2		7			214
174	2	2	170	47	1	117	1	4	219
877	16	14	543	171	5	350	8	9	22
10		1	3			3			221
166	6	4	139	54	1	79	3	2	222
701	10	9	401	117	4	268	5	7	223
566	13	9	384	125	13	235	5	6	23
541	13	8	357	112	11	223	5	6	231
20		1	21	11		10			232
5			6	2	2	2			233
2351	47	47	1769	445	25	1248	26	25	24
150	3	4	177	51	3	118	2	3	241
39	2	2	103	33	1	66	2	1	242
1058	23	18	838	218	10	586	11	13	243
295	5	10	346	69	1	267	4	5	244
766	13	13	260	62	10	179	7	2	245
43	1		45	12		32		1	246
53	1	2	140	62	3	70	3	2	25

2-4 续表 16 (2022年)

行业中类	代码	私营股份有限公司	其他	港、澳、台商投资企业	与港、澳、台商合资经营	与港、澳、台商合作经营
精炼石油产品制造	251	81	23	75	31	1
煤炭加工	252	40	14	24	16	1
生物质燃料加工	254	34	32	13	6	1
化学原料和化学制品制造业	26	2073	381	2266	658	50
基础化学原料制造	261	323	40	331	137	6
肥料制造	262	311	63	120	48	6
农药制造	263	72	10	27	10	
涂料、油墨、颜料及类似产品制造	264	299	57	510	114	9
合成材料制造	265	230	59	320	86	3
专用化学产品制造	266	583	61	503	166	6
炸药、火工及焰火产品制造	267	35	1	9	6	
日用化学产品制造	268	220	90	446	91	20
医药制造业	27	956	116	699	282	6
化学药品原料药制造	271	137	18	78	42	1
化学药品制剂制造	272	106	12	135	59	2
中药饮片加工	273	160	5	32	11	
中成药生产	274	212	23	100	45	2
兽用药品制造	275	41	10	20	9	
生物药品制品制造	276	142	17	179	65	1
卫生材料及医药用品制造	277	138	29	130	40	
药用辅料及包装材料	278	20	2	25	11	
化学纤维制造业	28	157	20	215	80	2
纤维素纤维原料及纤维制造	281	12	6	42	13	1
合成纤维制造	282	133	9	154	63	
生物基材料制造	283	12	5	19	4	1
橡胶和塑料制品业	29	2271	615	3744	613	66
橡胶制品业	291	336	118	549	92	7
塑料制品业	292	1935	497	3195	521	59
非金属矿物制品业	30	2928	980	1914	584	65
水泥、石灰和石膏制造	301	152	50	129	45	5
石膏、水泥制品及类似制品制造	302	656	272	351	138	7
砖瓦、石材等建筑材料制造	303	1054	403	471	111	10
玻璃制造	304	102	18	105	44	1
玻璃制品制造	305	192	49	225	65	2
玻璃纤维和玻璃纤维增强塑料制品制造	306	108	26	87	19	
陶瓷制品制造	307	220	61	303	75	35
耐火材料制品制造	308	161	20	59	21	2
石墨及其他非金属矿物制品制造	309	283	81	184	66	3
黑色金属冶炼和压延加工业	31	230	46	263	111	8
炼铁	311	3	2	6	4	
炼钢	312	2	1	15	10	2
钢压延加工	313	178	29	225	91	6
铁合金冶炼	314	47	14	17	6	

单位：个

港、澳、台商独资	港、澳、台商投资股份有限公司	其他港、澳、台商投资	外商投资企业	中外合资经营	中外合作经营	外资企业	外商投资股份有限公司	其他外商投资	代码
41		2	98	40	2	52	2	2	251
7			34	20	1	12	1		252
5	1		8	2		6			254
1451	75	32	2878	948	52	1751	88	39	26
162	17	9	559	228	8	300	17	6	261
61	3	2	159	64	6	81	7	1	262
14	2	1	56	36	1	17	2		263
373	13	1	456	124	10	300	15	7	264
216	8	7	453	130	7	295	14	7	265
305	21	5	752	241	10	467	23	11	266
3			10	5	1	4			267
317	11	7	433	120	9	287	10	7	268
360	42	9	895	378	19	429	46	23	27
29	5	1	118	52	4	53	6	3	271
62	12		191	83	7	87	10	4	272
18	3		37	19		16	2		273
47	4	2	62	27	1	30	4		274
10	1		37	21		12	3	1	275
97	12	4	224	95	3	103	14	9	276
83	5	2	187	68	2	108	5	4	277
14			39	13	2	20	2	2	278
120	10	3	164	62		95	4	3	28
27	1		22	9		13			281
80	9	2	124	45		75	3	1	282
13		1	18	8		7	1	2	283
2962	57	46	2662	593	38	1960	42	29	29
431	7	12	568	122	9	424	10	3	291
2531	50	34	2094	471	29	1536	32	26	292
1175	49	41	1636	619	47	898	54	18	30
74	3	2	88	27	6	45	10		301
190	9	7	206	83	8	102	8	5	302
318	15	17	347	141	8	184	10	4	303
56	2	2	77	21	1	52	2	1	304
147	7	4	200	65	4	125	5	1	305
65	1	2	106	41	2	61	2		306
188	4	1	219	78	16	117	7	1	307
34	2		133	60		67	4	2	308
103	6	6	260	103	2	145	6	4	309
135	5	4	260	122	2	125	8	3	31
2			5	4				1	311
3			9	5		2	2		312
121	4	3	224	100	2	114	6	2	313
9	1	1	22	13		9			314

2-4 续表 17 (2022年)

行业中类	代码	私营股份有限公司	其他	港、澳、台商投资企业	与港、澳、台商合资经营	与港、澳、台商合作经营
有色金属冶炼和压延加工业	32	453	57	431	149	12
常用有色金属冶炼	321	54	4	49	25	5
贵金属冶炼	322	8		8	6	
稀有稀土金属冶炼	323	15	1	14	6	1
有色金属合金制造	324	99	19	115	35	
有色金属压延加工	325	277	33	245	77	6
金属制品业	33	3428	1475	3430	701	69
结构性金属制品制造	331	1145	456	731	165	15
金属工具制造	332	216	101	334	77	10
集装箱及金属包装容器制造	333	121	18	172	59	5
金属丝绳及其制品制造	334	303	255	129	29	2
建筑、安全用金属制品制造	335	448	176	575	112	9
金属表面处理及热处理加工	336	137	36	233	59	2
搪瓷制品制造	337	18	8	23	4	1
金属制日用品制造	338	186	63	434	68	16
铸造及其他金属制品制造	339	854	362	799	128	9
通用设备制造业	34	3646	993	2904	717	30
锅炉及原动设备制造	341	135	36	88	33	1
金属加工机械制造	342	555	222	450	93	5
物料搬运设备制造	343	234	34	185	65	1
泵、阀门、压缩机及类似机械制造	344	571	66	386	116	3
轴承、齿轮和传动部件制造	345	263	33	188	58	3
烘炉、风机、包装等设备制造	346	456	137	478	129	6
文化、办公用机械制造	347	45	18	157	21	
通用零部件制造	348	1046	236	708	142	6
其他通用设备制造业	349	341	211	264	60	5
专用设备制造业	35	3062	986	3187	687	47
采矿、冶金、建筑专用设备制造	351	427	139	187	64	1
化工、木材、非金属加工专用设备制造	352	538	247	979	155	10
食品、饮料、烟草及饲料生产专用设备制造	353	99	42	65	14	3
印刷、制药、日化及日用品生产专用设备制造	354	132	37	165	41	3
纺织、服装和皮革加工专用设备制造	355	118	7	232	42	5
电子和电工机械专用设备制造	356	237	108	352	74	4
农、林、牧、渔专用机械制造	357	212	59	83	17	1
医疗仪器设备及器械制造	358	384	129	633	148	13
环保、邮政、社会公共服务及其他专用设备制造	359	915	218	491	132	7
汽车制造业	36	1084	160	1213	379	9
汽车整车制造	361	27	7	44	18	1
汽车用发动机制造	362	7	4	7	2	
改装汽车制造	363	39	14	12	7	
低速汽车制造	364	1		1		
电车制造	365	6	1	3	1	
汽车车身、挂车制造	366	58	67	55	12	1
汽车零部件及配件制造	367	946	67	1091	339	7

单位：个

港、澳、台商独资	港、澳、台商投资股份有限公司	其他港、澳、台商投资	外商投资企业	中外合资经营	中外合作经营	外资企业	外商投资股份有限公司	其他外商投资	代码
256	9	5	473	173	11	273	7	9	32
16	2	1	49	23		23	3		321
1	1		5	1	2	2			322
7			22	16	2	4			323
76	3	1	135	46	4	82		3	324
156	3	3	262	87	3	162	4	6	325
2544	77	39	2783	804	44	1861	41	33	33
523	18	10	602	212	11	355	12	12	331
233	10	4	307	79	3	214	7	4	332
100	6	2	160	63	2	91	3	1	333
96	1	1	126	39	3	80	3	1	334
439	11	4	451	112	4	322	8	5	335
164	7	1	253	61	3	185	2	2	336
18			18	4		14			337
338	7	5	217	47	8	156	3	3	338
633	17	12	649	187	10	444	3	5	339
2044	74	39	4792	1410	44	3212	76	50	34
51	3		201	102	3	88	5	3	341
335	12	5	651	174	8	459	6	4	342
112	6	1	343	131	7	194	7	4	343
252	11	4	982	272	4	682	17	7	344
123	2	2	403	119	2	273	7	2	345
321	17	5	738	213	5	505	10	5	346
127	7	2	138	30		102	2	4	347
538	8	14	960	239	14	682	11	14	348
185	8	6	376	130	1	227	11	7	349
2307	88	58	4073	1186	51	2676	95	65	35
117	5		413	141	7	254	7	4	351
786	17	11	964	211	8	723	13	9	352
47		1	96	23	2	69	1	1	353
117	4		199	47	3	144	2	3	354
177	6	2	181	50	4	122	3	2	355
256	7	11	409	102	4	278	12	13	356
58	7		185	55		124	4	2	357
421	26	25	827	301	11	470	30	15	358
328	16	8	799	256	12	492	23	16	359
770	35	20	3690	1156	28	2414	57	35	36
17	7	1	103	73		22	6	2	361
4	1		47	30		16	1		362
5			24	14		10			363
1			4	2		2			364
2			3	2		1			365
40	2		117	44	3	68		2	366
701	25	19	3392	991	25	2295	50	31	367

2-4 续表 18 (2022年)

行业中类	代码	私营股份有限公司	其他	港、澳、台商投资企业	与港、澳、台商合资经营	与港、澳、台商合作经营
铁路、船舶、航空航天和其他运输设备制造业	37	369	71	434	134	3
铁路运输设备制造	371	76	9	32	19	
城市轨道交通设备制造	372	4	7	10	5	
船舶及相关装置制造	373	89	19	85	31	1
航空、航天器及设备制造	374	49	6	40	17	
摩托车制造	375	57	12	61	27	1
自行车和残疾人座车制造	376	23	2	136	20	1
助动车制造	377	48	9	31	4	
非公路休闲车及零配件制造	378	14	2	22	8	
潜水救捞及其他未列明运输设备制造	379	9	5	17	3	
电气机械和器材制造业	38	3108	629	3697	814	51
电机制造	381	300	42	302	85	6
输配电及控制设备制造	382	1061	181	1150	228	10
电线、电缆、光缆及电工器材制造	383	407	91	565	100	6
电池制造	384	144	18	238	75	2
家用电力器具制造	385	290	50	567	131	12
非电力家用器具制造	386	84	24	58	22	3
照明器具制造	387	687	167	684	141	9
其他电气机械及器材制造	389	135	56	133	32	3
计算机、通信和其他电子设备制造业	39	2056	542	4897	897	40
计算机制造	391	187	67	577	74	3
通信设备制造	392	198	33	321	62	2
广播电视设备制造	393	68	9	88	16	
雷达及配套设备制造	394	14	1	5	1	
非专业视听设备制造	395	51	14	322	48	1
智能消费设备制造	396	176	37	257	53	1
电子器件制造	397	476	128	1058	238	7
电子元件及电子专用材料制造	398	677	94	1893	351	24
其他电子设备制造	399	209	159	376	54	2
仪器仪表制造业	40	816	168	888	151	9
通用仪器仪表制造	401	561	101	364	91	2
专用仪器仪表制造	402	150	27	95	20	1
钟表与计时仪器制造	403	16	10	322	14	3
光学仪器制造	404	41	5	64	21	3
衡器制造	405	12	5	10	1	
其他仪器仪表制造业	409	36	20	33	4	
其他制造业	41	402	433	639	86	7
日用杂品制造	411	142	39	412	48	4
其他未列明制造业	419	260	394	227	38	3
废弃资源综合利用业	42	204	134	130	57	1
金属废料和碎屑加工处理	421	91	76	59	27	
非金属废料和碎屑加工处理	422	113	58	71	30	1

单位：个

									代码
			外商投资企业						
港、澳、台商独资	港、澳、台商投资股份有限公司	其他港、澳、台商投资		中外合资经营	中外合作经营	外资企业	外商投资股份有限公司	其他外商投资	
280	10	7	696	276	7	396	12	5	37
10	3		81	51	1	29			371
5			12	8		4			372
49	1	3	206	86		113	5	2	373
22		1	91	49	2	38	1	1	374
32	1		92	35	2	54		1	375
109	3	3	130	18	1	106	4	1	376
26	1		23	10		13			377
14			39	13		24	2		378
13	1		22	6	1	15			379
2682	96	54	3392	1006	40	2200	87	59	38
200	8	3	420	126	9	273	8	4	381
850	39	23	1142	347	10	734	33	18	382
438	13	8	468	120	5	326	5	12	383
152	7	2	242	99	6	116	14	7	384
402	17	5	434	119	4	284	20	7	385
33			84	31	2	47	2	2	386
510	12	12	473	122	4	333	5	9	387
97		1	129	42		87			389
3725	140	95	4648	1025	34	3388	116	85	39
472	18	10	522	80	5	423	6	8	391
239	12	6	323	82	2	216	16	7	392
67	3	2	98	15		79	3	1	393
4			7	5		1		1	394
258	8	7	209	51	1	149	5	3	395
184	9	10	218	80		128	4	6	396
756	34	23	1107	308	7	731	42	19	397
1444	45	29	1858	349	15	1427	34	33	398
301	11	8	306	55	4	234	6	7	399
690	26	12	1076	313	11	719	21	12	40
252	15	4	660	200	3	436	14	7	401
71	1	2	191	44	2	142	3		402
297	5	3	45	9	2	32		2	403
34	4	2	105	39	1	62	3		404
9			27	8	2	16	1		405
27	1	1	48	13	1	31		3	409
530	8	8	472	129	4	323	7	9	41
353	3	4	230	55	1	168	4	2	411
177	5	4	242	74	3	155	3	7	419
64	5	3	139	61	1	74	1	2	42
29	3		69	30		39			421
35	2	3	70	31	1	35	1	2	422

2-4 续表 19 (2022年)

行业中类	代码	私营股份有限公司	其他	港、澳、台商投资企业	与港、澳、台商合资经营	与港、澳、台商合作经营
金属制品、机械和设备修理业	43	279	181	157	43	3
金属制品修理	431	8	9	11	3	
通用设备修理	432	38	39	25	3	
专用设备修理	433	54	33	27	9	
铁路、船舶、航空航天等运输设备修理	434	59	16	29	16	2
电气设备修理	435	27	23	9	2	
仪器仪表修理	436	6	5	12	1	1
其他机械和设备修理业	439	87	56	44	9	
电力、热力、燃气及水生产和供应业	D	**1069**	**776**	**2052**	**781**	**66**
电力、热力生产和供应业	44	750	545	1270	397	37
电力生产	441	582	371	1126	343	31
电力供应	442	66	109	79	13	3
热力生产和供应	443	102	65	65	41	3
燃气生产和供应业	45	148	65	409	225	10
燃气生产和供应业	451	139	59	398	219	10
生物质燃气生产和供应业	452	9	6	11	6	
水的生产和供应业	46	171	166	373	159	19
自来水生产和供应	461	83	97	131	70	15
污水处理及其再生利用	462	82	63	231	85	4
海水淡化处理	463			4		
其他水的处理、利用与分配	469	6	6	7	4	
建筑业	E	**10926**	**11434**	**1921**	**462**	**42**
房屋建筑业	47	2807	2287	328	99	8
住宅房屋建筑	471	2274	1580	248	70	8
体育场馆建筑	472	5	13	3	2	
其他房屋建筑业	479	528	694	77	27	
土木工程建筑业	48	2475	2819	380	107	11
铁路、道路、隧道和桥梁工程建筑	481	874	874	111	42	5
水利和水运工程建筑	482	129	81	26	6	2
海洋工程建筑	483	3	4	5	2	
工矿工程建筑	484	51	34	4	1	
架线和管道工程建筑	485	173	100	34	16	1
节能环保工程施工	486	82	43	11	4	
电力工程施工	487	78	56	14	5	1
其他土木工程建筑	489	1085	1627	175	31	2
建筑安装业	49	1498	1239	324	79	8
电气安装	491	423	293	117	30	3
管道和设备安装	492	382	275	67	21	1
其他建筑安装业	499	693	671	140	28	4
建筑装饰、装修和其他建筑业	50	4146	5089	889	177	15
建筑装饰和装修业	501	2972	2548	740	149	12
建筑物拆除和场地准备活动	502	201	131	23	5	1
提供施工设备服务	503	91	150	15	7	
其他未列明建筑业	509	882	2260	111	16	2

单位：个

港、澳、台商独资	港、澳、台商投资股份有限公司	其他港、澳、台商投资	外商投资企业	中外合资经营	中外合作经营	外资企业	外商投资股份有限公司	其他外商投资	代码
105	3	3	234	78	3	143	6	4	43
8			7	2		5			431
21		1	22	3		17	1	1	432
17	1		49	11	1	35	1	1	433
9		2	84	48	2	32	1	1	434
6	1		11	2		9			435
10			7	2		5			436
34	1		54	10		40	3	1	439
1130	**41**	**34**	**1546**	**653**	**61**	**748**	**42**	**42**	**D**
789	27	20	765	298	39	379	23	26	44
711	24	17	602	250	30	286	16	20	441
59	1	3	74	16	2	50	3	3	442
19	2		89	32	7	43	4	3	443
163	7	4	452	237	6	183	15	11	45
158	7	4	443	232	6	179	15	11	451
5			9	5		4			452
178	7	10	329	118	16	186	4	5	46
42	2	2	72	29	13	27	2	1	461
129	5	8	246	85	3	153	2	3	462
4			2	2					463
3			9	2		6		1	469
1343	**35**	**39**	**1050**	**342**	**29**	**603**	**29**	**47**	**E**
206	5	10	156	39	3	96	7	11	47
162	4	4	110	26	2	68	5	9	471
1			5	1		4			472
43	1	6	41	12	1	24	2	2	479
250	6	6	259	110	12	119	7	11	48
61	3		94	43	9	32	5	5	481
16	1	1	12	6	1	5			482
2		1	2			2			483
3			7	1		5		1	484
16	1		32	13	1	17	1		485
7			16	9		7			486
8			15	5		9		1	487
137	1	4	81	33	1	42	1	4	489
222	8	7	278	84	7	174	6	7	49
77	3	4	92	35		54	1	2	491
41	2	2	85	21	5	55	1	3	492
104	3	1	101	28	2	65	4	2	499
665	16	16	357	109	7	214	9	18	50
549	15	15	265	83	2	163	6	11	501
16		1	10	4		5	1		502
8			5	1	1	3			503
92	1		77	21	4	43	2	7	509

2-4 续表 20 (2022年)

行业中类	代码	私营股份有限公司	其他	港、澳、台商投资企业	与港、澳、台商合资经营	与港、澳、台商合作经营
批发和零售业	F	**40375**	**32421**	**33196**	**3880**	**232**
批发业	51	22756	15608	24519	2727	153
农、林、牧、渔产品批发	511	1330	955	457	83	4
食品、饮料及烟草制品批发	512	2691	1650	2445	452	20
纺织、服装及家庭用品批发	513	2710	1477	5248	459	26
文化、体育用品及器材批发	514	754	399	1270	122	7
医药及医疗器材批发	515	1220	568	569	138	5
矿产品、建材及化工产品批发	516	6217	4667	4120	605	32
机械设备、五金产品及电子产品批发	517	4668	2719	7176	524	30
贸易经纪与代理	518	1001	818	1745	162	15
其他批发业	519	2165	2355	1489	182	14
零售业	52	17619	16813	8677	1153	79
综合零售	521	2285	3967	1249	173	15
食品、饮料及烟草制品专门零售	522	2310	1859	795	143	9
纺织、服装及日用品专门零售	523	1727	1438	1637	195	10
文化、体育用品及器材专门零售	524	925	666	581	69	7
医药及医疗器材专门零售	525	1428	1918	141	32	5
汽车、摩托车、零配件和燃料及其他动力销售	526	2191	1208	805	164	21
家用电器及电子产品专门零售	527	2166	1074	1354	96	6
五金、家具及室内装饰材料专门零售	528	2307	1983	844	86	5
货摊、无店铺及其他零售业	529	2280	2700	1271	195	1
交通运输、仓储和邮政业	G	**4647**	**3141**	**3897**	**779**	**476**
铁路运输业	53	10	33	6	4	
铁路旅客运输	531	1	5	1		
铁路货物运输	532	8	16	4	3	
铁路运输辅助活动	533	1	12	1	1	
道路运输业	54	2821	1813	1034	179	386
城市公共交通运输	541	175	81	56	20	16
公路旅客运输	542	110	35	86	12	61
道路货物运输	543	2380	1489	773	132	258
道路运输辅助活动	544	156	208	119	15	51
水上运输业	55	130	64	167	99	14
水上旅客运输	551	25	2	14	8	2
水上货物运输	552	78	28	49	21	8
水上运输辅助活动	553	27	34	104	70	4
航空运输业	56	47	41	39	10	2
航空客货运输	561	19	15	18	3	
通用航空服务	562	19	20	8	2	1
航空运输辅助活动	563	9	6	13	5	1
管道运输业	57	9	2	9	7	1
海底管道运输	571	4		1	1	
陆地管道运输	572	5	2	8	6	1

单位：个

港、澳、台商独资	港、澳、台商投资股份有限公司	其他港、澳、台商投资	外商投资企业	中外合资经营	中外合作经营	外资企业	外商投资股份有限公司	其他外商投资	代码
27976	**421**	**687**	**38489**	**5140**	**238**	**30599**	**776**	**1736**	F
20905	287	447	31090	3905	173	25061	473	1478	51
346	8	16	424	80	4	314	17	9	511
1880	35	58	2199	473	18	1611	48	49	512
4605	73	85	8671	670	52	7072	87	790	513
1112	10	19	1275	162	11	1000	21	81	514
393	14	19	928	208	8	670	14	28	515
3369	51	63	4312	724	24	3375	96	93	516
6465	61	96	8153	1038	33	6743	104	235	517
1492	19	57	3238	278	14	2763	49	134	518
1243	16	34	1890	272	9	1513	37	59	519
7071	134	240	7399	1235	65	5538	303	258	52
1015	17	29	1280	154	16	1046	37	27	521
605	11	27	690	141	10	477	30	32	522
1350	27	55	1457	161	4	1202	50	40	523
480	11	14	485	69	2	377	14	23	524
93	3	8	280	68	1	177	21	13	525
579	17	24	1104	263	12	712	89	28	526
1219	14	19	526	91	3	389	15	28	527
718	12	23	461	82	9	338	16	16	528
1012	22	41	1116	206	8	820	31	51	529
2521	**67**	**54**	**2931**	**774**	**126**	**1867**	**79**	**85**	G
	2		4	4					53
	1								531
	1		3	3					532
			1	1					533
442	11	16	678	185	100	341	26	26	54
19		1	53	18	6	20	8	1	541
10	2	1	30	5	13	9	1	2	542
364	5	14	477	133	28	281	15	20	543
49	4		118	29	53	31	2	3	544
47	6	1	154	95	2	52	4	1	55
4			10	7		3			551
19		1	35	17		15	3		552
24	6		109	71	2	34	1	1	553
19	6	2	59	11	1	40	5	2	56
10	5		22	2		18	1	1	561
4		1	6	3		3			562
5	1	1	31	6	1	19	4	1	563
1			19	11		8			57
			1	1					571
1			18	10		8			572

2-4 续表 21 (2022年)

行业中类	代码	私营股份有限公司	其他	港、澳、台商投资企业	与港、澳、台商合资经营	与港、澳、台商合作经营
多式联运和运输代理业	58	912	668	1466	212	54
多式联运	581	27	88	15	1	
运输代理业	582	885	580	1451	211	54
装卸搬运和仓储业	59	480	333	1141	264	19
装卸搬运	591	160	94	103	58	3
通用仓储	592	92	39	550	96	8
低温仓储	593	33	6	42	10	2
危险品仓储	594	6	4	36	20	2
谷物、棉花等农产品仓储	595	87	39	20	5	
中药材仓储	596	1				
其他仓储业	599	101	151	390	75	4
邮政业	60	238	187	35	4	
邮政基本服务	601	3	37			
快递服务	602	229	145	29	3	
其他寄递服务	609	6	5	6	1	
住宿和餐饮业	**H**	**3060**	**2497**	**3332**	**785**	**96**
住宿业	61	973	636	911	303	57
旅游饭店	611	303	162	609	223	45
一般旅馆	612	518	198	247	65	10
民宿服务	613	34	67	11	2	
露营地服务	614	4	9	1		
其他住宿业	619	114	200	43	13	2
餐饮业	62	2087	1861	2421	482	39
正餐服务	621	1604	1209	1627	349	35
快餐服务	622	125	117	309	36	2
饮料及冷饮服务	623	84	108	240	49	
餐饮配送及外卖送餐服务	624	86	66	37	12	1
其他餐饮业	629	188	361	208	36	1
信息传输、软件和信息技术服务业	**I**	**10143**	**5496**	**10713**	**1150**	**70**
电信、广播电视和卫星传输服务	63	260	198	452	31	4
电信	631	226	174	444	29	4
广播电视传输服务	632	28	19	6	2	
卫星传输服务	633	6	5	2		
互联网和相关服务	64	1558	992	904	122	7
互联网接入及相关服务	641	130	81	54	9	
互联网信息服务	642	718	437	317	40	2
互联网平台	643	249	172	217	28	1
互联网安全服务	644	27	13	11	2	
互联网数据服务	645	126	64	132	22	
其他互联网服务	649	308	225	173	21	4
软件和信息技术服务业	65	8325	4306	9357	997	59
软件开发	651	4853	1457	5561	591	27
集成电路设计	652	170	219	264	55	3

单位：个

港、澳、台商独资	港、澳、台商投资股份有限公司	其他港、澳、台商投资	外商投资企业	中外合资经营	中外合作经营	外资企业	外商投资股份有限公司	其他外商投资	代码
1150	31	19	1137	237	10	831	21	38	58
13		1	25	4		20	1		581
1137	31	18	1112	233	10	811	20	38	582
832	10	16	849	226	12	574	22	15	59
40		2	83	35	2	43	1	2	591
435	4	7	386	80	6	284	10	6	592
26	2	2	30	12	2	15		1	593
14			37	24		13			594
13		2	10	4		6			595
			1	1					596
304	4	3	302	70	2	213	11	6	599
30	1		31	5	1	21	1	3	60
									601
25	1		26	5	1	17	1	2	602
5			5			4		1	609
2280	**61**	**110**	**3324**	**615**	**42**	**2439**	**107**	**121**	H
513	16	22	633	194	22	377	15	25	61
322	8	11	370	130	17	206	7	10	611
155	7	10	217	49	3	149	5	11	612
9			8	3	2	3			613
1			3	1			2		614
26	1	1	35	11		19	1	4	619
1767	45	88	2691	421	20	2062	92	96	62
1157	33	53	1699	310	17	1258	49	65	621
262	5	4	448	42	1	382	16	7	622
179	2	10	280	27	1	230	13	9	623
18	2	4	39	7		29	2	1	624
151	3	17	225	35	1	163	12	14	629
9053	**193**	**247**	**8274**	**1870**	**61**	**5807**	**218**	**318**	I
358	43	16	448	16	3	369	42	18	63
353	42	16	442	14	3	366	41	18	631
3	1		2			1	1		632
2			4	2		2			633
728	18	29	539	151	1	338	15	34	64
43		2	24	4		17	2	1	641
254	9	12	201	42		144	6	9	642
178	3	7	137	53		66	3	15	643
7	1	1	5			5			644
106	2	2	84	29		49	3	3	645
140	3	5	88	23	1	57	1	6	649
7967	132	202	7287	1703	57	5100	161	266	65
4768	75	100	4153	1059	27	2859	95	113	651
178	11	17	367	109	6	219	12	21	652

2-4 续表 22 (2022年)

行业中类	代码	私营股份有限公司	其他	港、澳、台商投资企业	与港、澳、台商合资经营	与港、澳、台商合作经营
信息系统集成和物联网技术服务	653	775	536	436	75	4
运行维护服务	654	108	74	92	7	1
信息处理和存储支持服务	655	84	33	138	19	1
信息技术咨询服务	656	1647	1225	2245	173	20
数字内容服务	657	183	35	103	12	
其他信息技术服务业	659	505	727	518	65	3
金融业	J	**2499**	**765**	**3627**	**1742**	**25**
货币金融服务	66	1517	183	2675	1503	17
货币银行服务	662	794	76	209	7	
非货币银行服务	663	721	106	2463	1496	17
银行理财服务	664	2	1	3		
资本市场服务	67	396	332	590	125	6
证券市场服务	671	16	19	17	10	
公开募集证券投资基金	672	14	15	18	7	
非公开募集证券投资基金	673	94	85	194	42	2
期货市场服务	674	6	14	8	3	
资本投资服务	676	189	120	232	50	3
其他资本市场服务	679	77	79	121	13	1
保险业	68	411	147	187	51	
人身保险	681	145	44	127	23	
财产保险	682	183	55	25	11	
再保险	683			1		
商业养老金	684	9	1			
保险中介服务	685	64	36	27	16	
保险资产管理	686		3			
其他保险活动	689	10	8	7	1	
其他金融业	69	175	103	175	63	2
金融信托与管理服务	691	13	11	9	3	
控股公司服务	692	20	39	30	4	
非金融机构支付服务	693	8	2	1		
金融信息服务	694	43	19	27	1	
金融资产管理公司	695	4	8	12	6	1
其他未列明金融业	699	87	24	96	49	1
房地产业	K	**6191**	**3810**	**9668**	**2755**	**449**
房地产业	70	6191	3810	9668	2755	449
房地产开发经营	701	1983	816	4873	1748	263
物业管理	702	2049	1593	1593	328	63
房地产中介服务	703	1451	1119	730	127	18
房地产租赁经营	704	585	156	2351	519	89
其他房地产业	709	123	126	121	33	16
租赁和商务服务业	L	**18514**	**16189**	**19003**	**2759**	**154**
租赁业	71	1864	1822	817	329	10
机械设备经营租赁	711	1814	1793	779	319	9

单位：个

港、澳、台商独资	港、澳、台商投资股份有限公司	其他港、澳、台商投资	外商投资企业	中外合资经营	中外合作经营	外资企业	外商投资股份有限公司	其他外商投资	代码
339	9	9	470	110	5	323	12	20	653
80	2	2	107	23	2	77		5	654
116	2		121	38	1	74	4	4	655
1971	26	55	1519	259	13	1138	21	88	656
85	4	2	95	18	1	71	4	1	657
430	3	17	455	87	2	339	13	14	659
1674	**69**	**117**	**3736**	**1169**	**14**	**1863**	**529**	**161**	**J**
1086	48	21	1286	398	6	669	182	31	66
197	4	1	552	60		354	137	1	662
886	44	20	730	335	6	314	45	30	663
3			4	3		1			664
397	10	52	580	159	7	279	21	114	67
6	1		21	7		10	4		671
10		1	46	35		7	2	2	672
126	3	21	200	63	2	99	4	32	673
1	1	3	7			6		1	674
159	4	16	208	37	4	109	10	48	676
95	1	11	98	17	1	48	1	31	679
90	4	42	1734	568	1	835	323	7	68
60	2	42	1054	451		439	161	3	681
13	1		568	92		325	150	1	682
1			7			4	1	2	683
			5				5		684
11			62	24		33	5		685
			5	1		3		1	686
5	1		33		1	31	1		689
101	7	2	136	44		80	3	9	69
5		1	10	6		3	1		691
20	5	1	27	7		16	1	3	692
1			1			1			693
26			24	4		18		2	694
4	1		7	2		4		1	695
45	1		67	25		38	1	3	699
6142	**149**	**173**	**5152**	**1634**	**167**	**3060**	**127**	**164**	**K**
6142	149	173	5152	1634	167	3060	127	164	70
2701	70	91	2562	1001	97	1334	53	77	701
1133	32	37	995	223	18	676	40	38	702
557	10	18	335	75	5	228	9	18	703
1687	35	21	1186	303	41	794	22	26	704
64	2	6	74	32	6	28	3	5	709
15061	**226**	**803**	**14876**	**2472**	**127**	**10553**	**287**	**1437**	**L**
442	21	15	492	133	2	317	17	23	71
415	21	15	464	129	2	295	16	22	711

2-4 续表 23 (2022年)

行业中类	代码	私营股份有限公司	其他	港、澳、台商投资企业	与港、澳、台商合资经营	与港、澳、台商合作经营
文体设备和用品出租	712	44	28	33	8	1
日用品出租	713	6	1	5	2	
商务服务业	72	16650	14367	18186	2430	144
组织管理服务	721	3440	3127	3801	658	35
综合管理服务	722	676	775	935	157	11
法律服务	723	306	1329	219	33	3
咨询与调查	724	4667	2686	9371	853	48
广告业	725	2446	1353	896	96	13
人力资源服务	726	1788	1998	244	54	
安全保护服务	727	268	247	76	18	3
会议、展览及相关服务	728	408	249	337	78	4
其他商务服务业	729	2651	2603	2307	483	27
科学研究和技术服务业	**M**	**11485**	**9513**	**10907**	**1849**	**108**
研究和试验发展	73	1810	1040	2283	465	24
自然科学研究和试验发展	731	95	63	115	28	1
工程和技术研究和试验发展	732	1194	660	1507	261	17
农业科学研究和试验发展	733	209	188	133	42	1
医学研究和试验发展	734	302	116	518	133	5
社会人文科学研究	735	10	13	10	1	
专业技术服务业	74	4545	3503	3515	432	33
气象服务	741	7	12			
地震服务	742	2	13	1		
海洋服务	743	5	2	18	2	1
测绘地理信息服务	744	121	63	6	2	1
质检技术服务	745	465	160	216	40	2
环境与生态监测检测服务	746	112	76	24	5	
地质勘查	747	67	53	29	6	3
工程技术与设计服务	748	2150	1792	1265	152	9
工业与专业设计及其他专业技术服务	749	1616	1332	1956	225	17
科技推广和应用服务业	75	5130	4970	5109	952	51
技术推广服务	751	3716	3376	3146	611	35
知识产权服务	752	163	188	156	22	
科技中介服务	753	146	94	174	22	
创业空间服务	754	86	55	62	16	1
其他科技推广服务业	759	1019	1257	1571	281	15
水利、环境和公共设施管理业	**N**	**1362**	**1419**	**598**	**218**	**20**
水利管理业	76	47	79	21	9	
防洪除涝设施管理	761	7	7	1	1	
水资源管理	762	13	29	9	1	
天然水收集与分配	763	4	6	4	2	
水文服务	764	2	2			
其他水利管理业	769	21	35	7	5	
生态保护和环境治理业	77	245	173	205	79	6

单位：个

港、澳、台商独资	港、澳、台商投资股份有限公司	其他港、澳、台商投资	外商投资企业	中外合资经营	中外合作经营	外资企业	外商投资股份有限公司	其他外商投资	代码
24			17	2		13	1	1	712
3			11	2		9			713
14619	205	788	14384	2339	125	10236	270	1414	72
2696	67	345	3531	616	39	2108	87	681	721
723	17	27	771	133	6	579	14	39	722
163	5	15	242	36	3	173	5	25	723
8094	69	307	7184	989	45	5538	93	519	724
754	13	20	456	108	3	308	15	22	725
176	5	9	239	56	6	156	7	14	726
55			65	23	2	37		3	727
247	4	4	311	81	3	212	6	9	728
1711	25	61	1585	297	18	1125	43	102	729
8513	**148**	**289**	**11118**	**3585**	**151**	**6746**	**248**	**388**	**M**
1678	40	76	2556	1004	29	1354	75	94	73
77	4	5	103	43	1	52	4	3	731
1168	22	39	1526	542	15	866	45	58	732
82	2	6	88	31	3	49	3	2	733
345	11	24	826	383	10	379	23	31	734
6	1	2	13	5		8			735
2935	33	82	3346	840	35	2318	58	95	74
			4	2		2			741
1			2			2			742
15			30	4		25		1	743
3			6	1		5			744
168	2	4	529	140	8	361	8	12	745
19			24	13		8	1	2	746
18		2	42	8	8	24		2	747
1059	12	33	1048	275	3	730	12	28	748
1652	19	43	1661	397	16	1161	37	50	749
3900	75	131	5216	1741	87	3074	115	199	75
2379	44	77	3500	1283	49	1951	76	141	751
121	2	11	123	17		98	2	6	752
144	6	2	127	20	3	91	1	12	753
44		1	43	16	1	20	2	4	754
1212	23	40	1423	405	34	914	34	36	759
332	**17**	**11**	**411**	**160**	**11**	**210**	**14**	**16**	**N**
12			21	11		9		1	76
			1	1					761
8			9	3		5		1	762
2			3	3					763
									764
2			8	4		4			769
110	9	1	182	84	8	78	5	7	77

2-4 续表 24 (2022年)

行业中类	代码					
		私营股份有限公司	其他	港、澳、台商投资企业	与港、澳、台商合资经营	与港、澳、台商合作经营
生态保护	771	29	19	7	1	2
环境治理业	772	216	154	198	78	4
公共设施管理业	78	919	692	343	124	13
市政设施管理	781	76	117	56	24	6
环境卫生管理	782	151	132	55	25	
城乡市容管理	783	22	27			
绿化管理	784	379	338	69	8	1
城市公园管理	785	18	8	12	6	1
游览景区管理	786	273	70	151	61	5
土地管理业	79	151	475	29	6	1
土地整治服务	791	73	190	8	3	
土地调查评估服务	792	20	44	3		
土地登记服务	793	2	10			
土地登记代理服务	794	18	76	10	2	
其他土地管理服务	799	38	155	8	1	1
居民服务、修理和其他服务业	**O**	**3096**	**2314**	**1012**	**235**	**27**
居民服务业	80	1254	969	527	129	18
家庭服务	801	286	197	69	17	1
托儿所服务	802	32	63	6	2	
洗染服务	803	38	26	26	6	2
理发及美容服务	804	235	102	156	32	1
洗浴和保健养生服务	805	224	165	102	33	4
摄影扩印服务	806	124	42	67	12	2
婚姻服务	807	95	47	24	4	1
殡葬服务	808	58	41	35	18	6
其他居民服务业	809	162	286	42	5	1
机动车、电子产品和日用产品修理业	81	1214	702	280	62	7
汽车、摩托车等修理与维护	811	959	554	152	44	5
计算机和办公设备维修	812	117	59	74	12	
家用电器修理	813	95	52	31	1	2
其他日用产品修理业	819	43	37	23	5	
其他服务业	82	628	643	205	44	2
清洁服务	821	414	250	97	23	1
宠物服务	822	34	68	15	4	1
其他未列明服务业	829	180	325	93	17	
教育	**P**	**1824**	**1147**	**441**	**96**	**9**
教育	83	1824	1147	441	96	9
学前教育	831	141	148	18	4	1
初等教育	832	16	37	3		
中等教育	833	19	36	4	2	
高等教育	834	3	6			
特殊教育	835	1	4			
技能培训、教育辅助及其他教育	839	1644	916	416	90	8

单位：个

港、澳、台商独资	港、澳、台商投资股份有限公司	其他港、澳、台商投资	外商投资企业	中外合资经营	中外合作经营	外资企业	外商投资股份有限公司	其他外商投资	代码
4			17	5	3	6	2	1	771
106	9	1	165	79	5	72	3	6	772
191	6	9	177	55	3	104	7	8	78
24	1	1	10	5		3		2	781
26	1	3	55	11	1	38	3	2	782
									783
58	2		27	8	1	15		3	784
5			6	1		5			785
78	2	5	79	30	1	43	4	1	786
19	2	1	31	10		19	2		79
5			10	2		6	2		791
2	1		2			2			792
									793
7		1	12	4		8			794
5	1		7	4		3			799
695	**15**	**40**	**951**	**214**	**18**	**625**	**25**	**69**	**O**
348	9	23	474	109	10	310	9	36	80
46	2	3	30	7		16	3	4	801
3		1	12	4		7		1	802
18			26	7	1	16	2		803
118	1	4	211	35	2	156	2	16	804
56	3	6	81	34	1	39	2	5	805
45	2	6	49	4	2	41		2	806
18		1	18	4		11		3	807
10		1	15	4	4	3		4	808
34	1	1	32	10		21		1	809
196	4	11	251	53	3	166	14	15	81
93	2	8	132	37	2	74	9	10	811
60	1	1	58	5		48	2	3	812
26	1	1	44	7		35	1	1	813
17		1	17	4	1	9	2	1	819
151	2	6	226	52	5	149	2	18	82
73			77	21	3	47	1	5	821
10			35	6	1	26		2	822
68	2	6	114	25	1	76	1	11	829
317	**6**	**13**	**532**	**127**	**15**	**357**	**16**	**17**	**P**
317	6	13	532	127	15	357	16	17	83
13			27	9		16	2		831
3			7	2		5			832
2			3			3			833
			1			1			834
			2			2			835
299	6	13	492	116	15	330	14	17	839

2-4 续表 25 (2022年)

行业中类	代码	私营股份有限公司	其他	港、澳、台商投资企业	与港、澳、台商合资经营	与港、澳、台商合作经营
卫生和社会工作	Q	**795**	**863**	**289**	**130**	**17**
卫生	84	593	732	180	83	13
医院	841	258	245	96	42	11
基层医疗卫生服务	842	260	417	59	28	2
专业公共卫生服务	843	11	13	6	2	
其他卫生活动	849	64	57	19	11	
社会工作	85	202	131	109	47	4
提供住宿社会工作	851	187	114	104	47	4
不提供住宿社会工作	852	15	17	5		
文化、体育和娱乐业	R	**3479**	**2404**	**2151**	**535**	**66**
新闻和出版业	86	39	50	6	4	
新闻业	861	9	29	3	1	
出版业	862	30	21	3	3	
广播、电视、电影和录音制作业	87	722	595	282	72	7
广播	871	65	194	38	9	3
电视	872	18	13	2		
影视节目制作	873	438	129	75	22	1
广播电视集成播控	874	8	21			
电影和广播电视节目发行	875	35	17	23	4	1
电影放映	876	101	41	128	34	1
录音制作	877	57	180	16	3	1
文化艺术业	88	983	821	691	177	7
文艺创作与表演	881	256	296	164	46	1
艺术表演场馆	882	8	14	12	5	2
图书馆与档案馆	883	15	13	2		
文物及非物质文化遗产保护	884	23	23	7	1	1
博物馆	885	6	4	9	3	
烈士陵园、纪念馆	886	1				
群众文体活动	887	98	56	45	6	2
其他文化艺术业	889	576	415	452	116	1
体育	89	387	306	319	81	35
体育组织	891	109	143	83	24	2
体育场地设施管理	892	28	17	29	4	1
健身休闲活动	893	215	97	177	46	31
其他体育	899	35	49	30	7	1
娱乐业	90	1348	632	853	201	17
室内娱乐活动	901	433	322	92	37	6
游乐园	902	48	25	38	15	3
休闲观光活动	903	199	59	107	36	3
彩票活动	904	5	2	1	1	
文化体育娱乐活动与经纪代理服务	905	635	191	596	105	3
其他娱乐业	909	28	33	19	7	2

单位：个

港、澳、台商独资	港、澳、台商投资股份有限公司	其他港、澳、台商投资	外商投资企业	中外合资经营	中外合作经营	外资企业	外商投资股份有限公司	其他外商投资	代码
122	**3**	**17**	**366**	**156**	**22**	**166**	**6**	**16**	Q
69	2	13	259	110	19	114	4	12	84
37	1	5	121	54	10	49	3	5	841
22	1	6	76	32	5	32	1	6	842
3		1	15	5	2	8			843
7		1	47	19	2	25		1	849
53	1	4	107	46	3	52	2	4	85
48	1	4	95	44	3	44	2	2	851
5			12	2		8		2	852
1421	**41**	**88**	**1556**	**464**	**43**	**925**	**37**	**87**	R
1		1	9	6		2		1	86
1		1	2	1				1	861
			7	5		2			862
186	5	12	171	60	6	78	7	20	87
23		3	22	4		13	1	4	871
2			2			1		1	872
44	2	6	73	28	2	30	2	11	873
			2			1	1		874
17		1	5	2		3			875
88	3	2	55	24	3	22	3	3	876
12			12	2	1	8		1	877
468	13	26	525	145	5	347	12	16	88
105	4	8	100	28		62		10	881
5			4	1	1	2			882
2			2	1		1			883
4	1		1			1			884
6			5	1	1	3			885
									886
32	1	4	36	8	1	24		3	887
314	7	14	377	106	2	254	12	3	889
187	6	10	369	115	25	213	4	12	89
52	2	3	92	32	6	50		4	891
23	1		34	14	1	15		4	892
92	3	5	196	58	16	115	4	3	893
20		2	47	11	2	33		1	899
579	17	39	482	138	7	285	14	38	90
35	2	12	78	22	3	40	4	9	901
19		1	36	13	2	18	2	1	902
64	2	2	44	16		23	2	3	903
			1	1					904
451	13	24	315	85	1	198	6	25	905
10			8	1	1	6			909

2–5 按地区、登记注册类型

（2022年）

地　区	企　业单位数	内资企业	国有企业	集体企业	股份合作企　业	国有联营企　业	集体联营企　业
全　国	**32828734**	**32532959**	**83287**	**106805**	**33315**	**1079**	**2215**
北　京	1361791	1341124	2086	10167	5721	94	141
天　津	425393	419128	1415	1400	343	25	48
河　北	1630410	1627459	3147	5333	1325	12	42
山　西	776575	775764	2134	3321	115	6	6
内蒙古	422887	422195	925	834	140	2	7
辽　宁	715559	709134	3470	6125	1203	38	84
吉　林	270241	269286	1345	1135	156	6	30
黑龙江	358180	357165	2716	1846	716	26	34
上　海	561659	526396	1830	3024	947	39	86
江　苏	3120366	3085068	5321	6097	1552	88	120
浙　江	2501809	2473346	1946	5009	7254	24	30
安　徽	1289469	1286795	2532	2954	454	47	138
福　建	1419816	1401061	2219	4279	374	11	15
江　西	1058341	1054983	4651	2474	637	46	70
山　东	3202958	3186517	5195	5517	673	58	92
河　南	1761349	1758591	4006	5991	499	19	26
湖　北	1333259	1328503	4268	4339	298	31	84
湖　南	1046672	1044491	2319	3123	156	34	95
广　东	3531927	3444229	8819	12107	5533	165	416
广　西	760559	757519	2666	3830	407	11	26
海　南	193121	191798	1140	537	384	23	19
重　庆	705066	702221	852	1514	445	11	38
四　川	1341701	1337165	6092	4129	2450	108	269
贵　州	638787	637975	1840	3206	118	18	62
云　南	682662	680817	1973	2884	327	30	56
西　藏	33092	33023	529	239	19	17	32
陕　西	810083	807353	2954	3072	530	34	66
甘　肃	288360	288109	1728	1142	221	19	50
青　海	99784	99614	579	323	105	9	9
宁　夏	136425	136223	297	274	19	3	1
新　疆	350433	349907	2293	580	194	25	23

分组的企业法人单位数

单位：个

国有与集体联营	其他联营	国有独资公司	其他有限责任公司	股份有限公司	私营独资	私营合伙	私营有限责任公司
707	**2108**	**95838**	**1964731**	**117052**	**2529565**	**358068**	**26956183**
17	41	1091	125218	3800	30091	20919	1136507
16	46	1204	50155	2660	21082	8661	324603
13	67	4080	96822	3900	154842	10855	1331785
3	4	2765	22788	1078	59861	2503	678618
1	6	2341	23890	1033	12436	1803	377067
27	61	1984	60860	5769	94895	3798	520509
3	8	1563	21077	1991	23134	983	215332
9	26	1277	36955	2953	35830	2728	262973
80	58	2347	62521	2892	41792	11450	394953
69	156	4257	83193	9740	132553	33905	2783421
22	25	4805	69604	3660	135209	65642	2168689
23	61	2387	87085	4551	101429	10784	1058897
5	26	2870	23622	1212	90353	14593	1258358
16	199	1886	50431	3996	84993	25230	868324
26	86	4601	120734	7947	182876	22725	2817750
12	52	3127	75464	3106	126824	5963	1526086
16	38	2204	51964	2882	128938	12399	1114483
17	37	2577	43744	3013	136828	14791	826870
178	636	13379	394520	23550	216444	41497	2677652
6	24	3229	37656	1098	65717	5416	636097
10	14	472	56727	1542	7647	3723	115235
6	26	1689	7672	1309	155743	4940	526298
41	244	12293	149595	9023	159625	14103	959493
14	30	6426	31762	1248	133953	4137	453863
18	30	2597	35248	2824	80907	3333	546785
6	6	369	13816	687	6187	758	9196
23	33	2682	45326	2529	40927	4165	693692
17	28	1581	38514	3536	34135	1121	197965
2	5	488	6418	483	9069	792	80038
		545	3080	320	8518	965	121385
11	35	2722	38270	2720	16727	3386	273259

2-5　续表　　（2022年）

地　区	私营股份有限公司	其他	港、澳、台商投资企业	与港、澳、台商合资经营	与港、澳、台商合作经营	港、澳、台商独资
全　国	**164970**	**117036**	**153328**	**29474**	**2708**	**115057**
北　京	4806	425	7918	1637	145	5947
天　津	2396	5074	2395	932	32	1307
河　北	6126	9110	1109	433	33	610
山　西	2552	10	328	100	12	197
内蒙古	1319	391	251	80	9	156
辽　宁	4228	6083	1824	676	51	1044
吉　林	1656	867	242	90	4	136
黑龙江	2888	6188	385	116	10	234
上　海	3585	792	13772	2327	248	10780
江　苏	13762	10834	15277	3911	108	10741
浙　江	10239	1188	9697	3106	86	6223
安　徽	8941	6512	1140	360	15	672
福　建	3038	86	12562	2777	82	9262
江　西	7442	4588	2287	379	37	1780
山　东	11030	7207	5428	1662	98	3427
河　南	3125	4291	1244	414	36	753
湖　北	4321	2238	1986	599	26	1286
湖　南	6949	3938	1176	392	20	696
广　东	31938	17395	66038	7413	1474	54783
广　西	1310	26	1554	467	54	989
海　南	2521	1804	792	218	21	427
重　庆	1676	2	1275	246	13	960
四　川	10293	9407	1805	424	37	1207
贵　州	1252	46	437	136	13	265
云　南	3309	496	755	215	16	480
西　藏	611	551	19	3		14
陕　西	4148	7172	1157	193	18	417
甘　肃	4130	3922	105	40	3	58
青　海	735	559	63	20	1	39
宁　夏	721	95	93	30	2	53
新　疆	3923	5739	214	78	4	114

单位：个

港、澳、台商投资股份有限公司	其他港、澳、台商投资	外商投资企业	中外合资经营	中外合作经营	外资企业	外商投资股份有限公司	其他外商投资
2602	**3487**	**142447**	**34087**	**1816**	**97572**	**3576**	**5396**
91	98	12749	3422	199	8824	230	74
61	63	3870	1005	55	2533	113	164
16	17	1842	704	63	1037	28	10
17	2	483	186	17	245	30	5
4	2	441	160	19	245	10	7
28	25	4601	1471	93	2907	56	74
9	3	713	238	12	423	25	15
11	14	630	185	16	337	64	28
218	199	21491	3458	271	17184	253	325
238	279	20021	5169	135	13677	285	755
201	81	18766	4713	156	12201	212	1484
36	57	1534	451	7	909	113	54
213	228	6193	1487	36	4473	86	111
29	62	1071	314	14	635	36	72
101	140	11013	2853	137	7591	191	241
22	19	1514	466	27	754	250	17
33	42	2770	790	23	1715	141	101
32	36	1005	348	24	536	35	62
1008	1360	21660	3865	345	15362	816	1272
23	21	1486	394	30	811	235	16
32	94	531	170	19	247	34	61
32	24	1570	440	12	998	74	46
76	61	2731	755	50	1668	91	167
11	12	375	100	7	240	20	8
25	19	1090	236	20	771	29	34
1	1	50	17	1	12	2	18
16	513	1573	462	14	938	51	108
1	3	146	57	2	51	15	21
2	1	107	24	5	42	30	6
4	4	109	46	1	56	2	4
11	7	312	101	6	150	19	36

2–6 按行业(中类)、成立时间

行业中类	代码	企业单位数	1949年及以前	1950–1977年	1978–1991年	1992–1995年
总　　计	——	**32828734**	**969**	**13244**	**105777**	**142449**
农、林、牧、渔业	A	**1175953**	**40**	**539**	**1806**	**1630**
农业	01	539831	15	177	437	572
谷物种植	011	130492	4	80	105	99
豆类、油料和薯类种植	012	13919	3	10	7	12
棉、麻、糖、烟草种植	013	5036		13	23	11
蔬菜、食用菌及园艺作物种植	014	185335	3	13	101	197
水果种植	015	95409	2	21	81	119
坚果、含油果、香料和饮料作物种植	016	28763		16	58	47
中药材种植	017	40119	2	4	14	22
草种植及割草	018	2550		1	3	4
其他农业	019	38208	1	19	45	61
林业	02	81363	8	192	586	255
林木育种和育苗	021	66223	5	44	151	113
造林和更新	022	6311		17	73	39
森林经营、管护和改培	023	5106	3	102	265	74
木材和竹材采运	024	2754		12	77	17
林产品采集	025	969		17	20	12
畜牧业	03	344428	10	41	167	265
牲畜饲养	031	238915	7	32	98	154
家禽饲养	032	87807	3	7	44	92
狩猎和捕捉动物	033	203			1	
其他畜牧业	039	17503		2	24	19
渔业	04	87570	3	27	244	245
水产养殖	041	85521	3	25	215	228
水产捕捞	042	2049		2	29	17
农、林、牧、渔专业及辅助性活动	05	122761	4	102	372	293
农业专业及辅助性活动	051	102183	4	69	243	204
林业专业及辅助性活动	052	8936		13	66	35
畜牧专业及辅助性活动	053	6693		17	18	22
渔业专业及辅助性活动	054	4949		3	45	32
采矿业	B	**87897**	**20**	**186**	**996**	**836**
煤炭开采和洗选业	06	15246	7	108	354	226
烟煤和无烟煤开采洗选	061	13593	7	103	337	212
褐煤开采洗选	062	377		5	10	5
其他煤炭采选	069	1276			7	9
石油和天然气开采业	07	787	1	2	8	12
石油开采	071	501	1	2	7	9
天然气开采	072	286			1	3
黑色金属矿采选业	08	11362	2	6	115	127
铁矿采选	081	10316	2	6	88	116
锰矿、铬矿采选	082	633			21	9
其他黑色金属矿采选	089	413			6	2

分组的企业法人单位数

单位：个

1996年	1997年	1998年	1999年	2000年	2001年	2002年	2003年	2004年	2005年	2006年	2007年	代码
46304	**54941**	**79297**	**95391**	**125485**	**154714**	**189188**	**237775**	**255830**	**270173**	**309686**	**319097**	——
494	**660**	**934**	**913**	**1568**	**1792**	**2209**	**2911**	**2859**	**3805**	**4221**	**5149**	A
175	220	348	346	543	652	808	980	1012	1216	1557	1644	01
39	34	53	60	65	67	69	115	108	183	183	154	011
1	6	4	4	6	11	5	16	15	22	33	33	012
3	3	10	5	3	9	8	8	7	9	8	11	013
52	83	139	148	247	306	425	440	478	479	661	756	014
45	54	74	59	118	125	152	193	188	256	331	319	015
16	14	25	26	31	42	60	64	66	92	104	144	016
5	4	8	14	35	36	44	75	74	74	108	100	017
	2	5	2	4	9	5	6	8	9	3	9	018
14	20	30	28	34	47	40	63	68	92	126	118	019
83	103	132	152	248	277	356	490	417	495	593	672	02
40	55	80	97	200	222	298	386	318	373	467	503	021
6	12	10	15	21	21	26	51	48	63	65	100	022
25	29	35	26	20	26	25	39	31	37	34	46	023
7	3	4	10	5	7	2	9	9	15	14	14	024
5	4	3	4	2	1	5	5	11	7	13	9	025
92	167	218	165	386	420	501	713	732	1148	1211	1825	03
52	105	151	98	250	284	341	510	553	802	824	1316	031
31	52	55	46	91	104	126	145	135	274	288	426	032
					1				2	2		033
9	10	12	21	45	31	34	58	44	70	97	83	039
69	95	106	120	185	223	226	299	295	414	382	469	04
61	93	96	113	179	206	218	290	281	396	371	463	041
8	2	10	7	6	17	8	9	14	18	11	6	042
75	75	130	130	206	220	318	429	403	532	478	539	05
49	51	89	94	148	173	243	333	290	347	353	398	051
13	9	14	11	17	18	27	41	35	44	44	50	052
8	7	17	11	25	18	30	30	43	54	46	57	053
5	8	10	14	16	11	18	25	35	87	35	34	054
313	**366**	**570**	**571**	**824**	**1077**	**1288**	**2018**	**2838**	**2928**	**3056**	**2957**	B
86	128	181	175	235	304	346	657	768	693	503	493	06
81	118	180	164	225	289	332	625	737	662	467	456	061
2	5	1	6	4	7	5	15	9	18	13	21	062
3	5		5	6	8	9	17	22	13	23	16	069
3	8	3	16	17	10	15	12	5	10	14	17	07
1	8	1	14	15	8	12	9	4	9	10	13	071
2		2	2	2	2	3	3	1	1	4	4	072
52	43	102	94	137	209	230	424	846	806	635	620	08
45	39	94	81	123	194	212	387	793	732	582	561	081
7	4	6	10	11	9	16	31	38	49	28	31	082
		2	3	3	6	2	6	15	25	25	28	089

2-6 续表 1

行业中类	代码	企业单位数	1949年及以前	1950–1977年	1978–1991年	1992–1995年
有色金属矿采选业	09	7973	2	25	158	134
常用有色金属矿采选	091	5431	1	17	89	81
贵金属矿采选	092	1596		6	54	39
稀有稀土金属矿采选	093	946	1	2	15	14
非金属矿采选业	10	42438	5	40	327	287
土砂石开采	101	36526	3	23	227	221
化学矿开采	102	1116		3	27	17
采盐	103	297	2	8	27	18
石棉及其他非金属矿采选	109	4499		6	46	31
开采专业及辅助性活动	11	6549		3	21	38
煤炭开采和洗选专业及辅助性活动	111	829			7	9
石油和天然气开采专业及辅助性活动	112	4908		3	12	27
其他开采专业及辅助性活动	119	812			2	2
其他采矿业	12	3542	3	2	13	12
其他采矿业	120	3542	3	2	13	12
制造业	**C**	**4505251**	**193**	**2891**	**31488**	**48599**
农副食品加工业	13	165428	2	196	1341	1616
谷物磨制	131	26247	1	27	127	207
饲料加工	132	19341		3	110	228
植物油加工	133	11857		12	96	111
制糖业	134	1152		12	29	28
屠宰及肉类加工	135	30646	1	110	562	299
水产品加工	136	13145		4	156	310
蔬菜、菌类、水果和坚果加工	137	23468		7	82	225
其他农副食品加工	139	39572		21	179	208
食品制造业	14	103299	6	79	723	1139
焙烤食品制造	141	23754	1	18	131	249
糖果、巧克力及蜜饯制造	142	5611	1	5	90	177
方便食品制造	143	17495		10	93	133
乳制品制造	144	2380	1	11	38	37
罐头食品制造	145	3162	1	1	46	79
调味品、发酵制品制造	146	10992	1	18	135	152
其他食品制造	149	39905	1	16	190	312
酒、饮料和精制茶制造业	15	78909	11	94	701	892
酒的制造	151	29510	8	68	427	456
饮料制造	152	22547	2	6	109	277
精制茶加工	153	26852	1	20	165	159
烟草制品业	16	300	4	4	26	17
烟叶复烤	161	45			1	4
卷烟制造	162	133	4	4	13	9
其他烟草制品制造	169	122			12	4
纺织业	17	183311	5	80	1158	1780
棉纺织及印染精加工	171	55972	3	32	495	624
毛纺织及染整精加工	172	9064	1	4	106	195

单位：个

1996年	1997年	1998年	1999年	2000年	2001年	2002年	2003年	2004年	2005年	2006年	2007年	代码
64	59	90	96	125	181	225	255	379	444	597	604	09
36	34	60	64	84	124	147	161	236	274	418	434	091
23	17	24	21	32	39	52	63	87	84	110	111	092
5	8	6	11	9	18	26	31	56	86	69	59	093
95	112	166	167	270	317	399	583	729	838	1121	1004	10
62	74	110	119	193	235	306	445	569	662	879	800	101
13	17	20	18	24	30	28	29	46	40	68	48	102
7	4	8	5	7	7	10	14	11	15	17	5	103
13	17	28	25	46	45	55	95	103	121	157	151	109
10	13	23	16	30	36	49	61	78	86	125	140	11
2	4	2	4	3	5	9	11	21	16	1	6	111
7	9	20	12	24	25	36	45	54	65	112	116	112
1		1		3	6	4	5	3	5	12	18	119
3	3	5	7	10	20	24	26	33	51	61	79	12
3	3	5	7	10	20	24	26	33	51	61	79	120
16312	**18621**	**26290**	**34204**	**42200**	**53684**	**64587**	**77201**	**78130**	**77566**	**90392**	**86613**	**C**
572	722	1093	1352	1757	2059	2333	2946	3166	3398	3576	3445	13
44	91	184	230	329	360	413	652	668	741	710	658	131
115	147	207	233	256	268	293	330	405	534	522	406	132
34	32	69	102	130	147	180	270	281	242	267	256	133
3	6	8	8	18	33	28	34	27	18	18	23	134
122	162	207	248	326	345	450	510	609	617	635	694	135
93	92	123	183	219	286	286	308	272	335	333	335	136
83	95	150	200	269	346	337	423	500	467	563	527	137
78	97	145	148	210	274	346	419	404	444	528	546	139
454	489	677	749	971	1093	1178	1399	1468	1449	1666	1606	14
99	90	149	130	187	193	207	253	262	253	337	344	141
47	73	88	88	83	100	123	110	154	120	187	183	142
37	39	77	82	123	125	151	174	182	213	230	241	143
16	22	27	33	46	69	64	90	72	73	69	57	144
27	37	38	56	72	77	89	110	113	112	111	80	145
85	89	119	127	205	174	191	221	232	215	256	263	146
143	139	179	233	255	355	353	441	453	463	476	438	149
339	466	660	795	949	1003	1074	1248	1177	1191	1319	1316	15
188	282	359	444	483	447	470	574	502	436	470	384	151
91	126	183	228	308	344	373	418	396	433	485	487	152
60	58	118	123	158	212	231	256	279	322	364	445	153
3	3	4	9	4	4	6	12	9	8	9	3	16
1		2	3	1			4	1	1	2	1	161
2		2	1	1		3	6	5	2	4		162
	3		5	2	4	3	2	3	5	3	2	169
702	856	1227	1832	2570	2955	4140	4781	3987	3895	4671	3799	17
263	313	474	713	981	1151	1721	1955	1543	1647	1825	1414	171
72	71	79	157	151	201	235	214	204	182	203	179	172

2-6 续表 2

行业中类	代码	企业单位数	1949年及以前	1950–1977年	1978–1991年	1992–1995年
麻纺织及染整精加工	173	1170		3	22	11
丝绢纺织及印染精加工	174	2598	1	8	54	82
化纤织造及印染精加工	175	14309		1	56	91
针织或钩针编织物及其制品制造	176	28946		9	155	257
家用纺织制成品制造	177	41819		9	94	219
产业用纺织制成品制造	178	29433		14	176	301
纺织服装、服饰业	18	233840	9	94	1140	2300
机织服装制造	181	94544	7	52	620	1203
针织或钩针编织服装制造	182	28703	2	14	182	495
服饰制造	183	110593		28	338	602
皮革、毛皮、羽毛及其制品和制鞋业	19	105064	4	40	640	1318
皮革鞣制加工	191	5140	2	4	55	101
皮革制品制造	192	36888		4	130	296
毛皮鞣制及制品加工	193	7537	1	4	19	55
羽毛(绒)加工及制品制造	194	2927			26	48
制鞋业	195	52572	1	28	410	818
木材加工和木、竹、藤、棕、草制品业	20	197738	6	35	484	637
木材加工	201	109049	3	18	199	164
人造板制造	202	27760			46	99
木质制品制造	203	46323	3	8	153	265
竹、藤、棕、草等制品制造	204	14606		9	86	109
家具制造业	21	122880		16	276	621
木质家具制造	211	83245		12	192	400
竹、藤家具制造	212	1370			3	13
金属家具制造	213	12635		1	32	103
塑料家具制造	214	1056			6	8
其他家具制造	219	24574		3	43	97
造纸和纸制品业	22	97254	3	39	860	1308
纸浆制造	221	411			2	6
造纸	222	16842		25	240	295
纸制品制造	223	80001	3	14	618	1007
印刷和记录媒介复制业	23	99868	22	133	2590	2738
印刷	231	89170	21	111	2209	2395
装订及印刷相关服务	232	10192	1	22	371	332
记录媒介复制	233	506			10	11
文教、工美、体育和娱乐用品制造业	24	158435	3	78	934	1639
文教办公用品制造	241	14968	1	13	112	200
乐器制造	242	3600		5	31	51
工艺美术及礼仪用品制造	243	94191	2	53	544	923
体育用品制造	244	18574		4	82	138
玩具制造	245	21657		3	149	294
游艺器材及娱乐用品制造	246	5445			16	33
石油、煤炭及其他燃料加工业	25	15688	4	21	130	187

单位：个

1996年	1997年	1998年	1999年	2000年	2001年	2002年	2003年	2004年	2005年	2006年	2007年	代码
4	12	11	20	32	15	36	53	47	38	37	17	173
21	33	53	69	111	132	134	152	125	123	123	95	174
37	86	128	169	344	346	531	681	503	327	453	360	175
102	123	169	264	375	404	610	637	529	586	798	636	176
88	106	138	200	275	301	427	532	519	492	555	503	177
115	112	175	240	301	405	446	557	517	500	677	595	178
645	735	993	1373	2236	2406	2878	3294	3229	3168	3643	3594	18
332	384	526	694	1127	1223	1388	1736	1699	1620	1906	1937	181
132	157	188	289	438	499	629	602	587	570	637	556	182
181	194	279	390	671	684	861	956	943	978	1100	1101	183
417	407	448	612	763	921	1189	1258	1283	1369	1571	1468	19
36	34	43	39	45	70	126	105	104	139	111	72	191
91	106	136	189	220	257	334	389	427	466	551	507	192
14	21	23	21	62	54	72	86	107	110	140	92	193
18	16	24	31	59	57	56	48	44	62	60	54	194
258	230	222	332	377	483	601	630	601	592	709	743	195
218	252	375	457	720	865	1093	1445	1521	1673	2045	2096	20
59	72	124	107	198	191	265	414	437	536	628	573	201
37	46	68	115	173	187	274	402	433	374	542	590	202
87	97	135	175	243	340	420	457	463	576	666	717	203
35	37	48	60	106	147	134	172	188	187	209	216	204
240	291	379	440	535	655	769	1010	1111	1134	1398	1371	21
153	203	238	289	353	439	479	670	703	736	873	855	211
1	3	2	4	10	4	10	14	9	12	17	22	212
38	38	63	69	94	103	132	159	173	168	229	194	213
4	6	3	7	7	9	13	20	17	18	18	26	214
44	41	73	71	71	100	135	147	209	200	261	274	219
457	505	690	790	1059	1374	1792	2095	2032	1950	2325	2211	22
1	1		1	5	1	8	11	8	8	6	12	221
99	117	158	186	262	320	450	515	498	465	523	486	222
357	387	532	603	792	1053	1334	1569	1526	1477	1796	1713	223
827	986	1271	1535	1795	2407	3007	3429	3135	2743	2806	2528	23
729	856	1148	1379	1604	2190	2691	3101	2808	2449	2521	2308	231
93	126	116	144	184	213	309	313	312	287	276	212	232
5	4	7	12	7	4	7	15	15	7	9	8	233
490	524	723	1034	1278	1544	1999	2354	2360	2267	2657	2614	24
86	71	114	169	196	229	251	336	309	286	302	317	241
12	18	28	38	41	65	59	73	84	75	65	65	242
277	294	411	601	729	872	1194	1333	1315	1370	1604	1562	243
44	50	69	86	128	144	202	228	292	221	288	261	244
61	71	80	119	156	202	254	321	303	272	336	344	245
10	20	21	21	28	32	39	63	57	43	62	65	246
64	55	107	129	163	184	233	310	281	260	324	329	25

2-6 续表 3

行业中类	代码	企业单位数	1949年及以前	1950—1977年	1978—1991年	1992—1995年
精炼石油产品制造	251	6481	4	18	96	137
煤炭加工	252	4758		3	33	50
生物质燃料加工	254	4449			1	
化学原料和化学制品制造业	26	142260	9	186	1729	2734
基础化学原料制造	261	18624	3	33	331	456
肥料制造	262	19861	1	35	104	157
农药制造	263	2715		9	101	104
涂料、油墨、颜料及类似产品制造	264	24147	3	21	300	550
合成材料制造	265	16676	1	6	103	206
专用化学产品制造	266	34254		31	498	772
炸药、火工及焰火产品制造	267	2848	1	33	84	54
日用化学产品制造	268	23135		18	208	435
医药制造业	27	40122	13	96	508	934
化学药品原料药制造	271	3985	1	10	67	115
化学药品制剂制造	272	3328	6	26	127	232
中药饮片加工	273	6531		6	40	54
中成药生产	274	5775	4	37	125	223
兽用药品制造	275	2411		6	35	50
生物药品制品制造	276	5755	2	5	41	115
卫生材料及医药用品制造	277	11277		5	62	121
药用辅料及包装材料	278	1060		1	11	24
化学纤维制造业	28	9513		2	72	122
纤维素纤维原料及纤维制造	281	1168			11	23
合成纤维制造	282	6954		2	58	94
生物基材料制造	283	1391			3	5
橡胶和塑料制品业	29	256160	4	94	1938	3336
橡胶制品业	291	43763	1	31	439	696
塑料制品业	292	212397	3	63	1499	2640
非金属矿物制品业	30	360220	12	239	2558	3317
水泥、石灰和石膏制造	301	16740	4	72	281	307
石膏、水泥制品及类似制品制造	302	88164	2	34	421	494
砖瓦、石材等建筑材料制造	303	137322	4	55	851	1055
玻璃制造	304	8485		8	36	82
玻璃制品制造	305	23295		9	141	194
玻璃纤维和玻璃纤维增强塑料制品制造	306	9728		2	95	127
陶瓷制品制造	307	32022	1	24	235	421
耐火材料制品制造	308	15751	1	22	283	348
石墨及其他非金属矿物制品制造	309	28713		13	215	289
黑色金属冶炼和压延加工业	31	26315	2	50	249	427
炼铁	311	817		1	12	17
炼钢	312	518		4	5	30
钢压延加工	313	20448	2	40	193	340
铁合金冶炼	314	4532		5	39	40

单位：个

1996年	1997年	1998年	1999年	2000年	2001年	2002年	2003年	2004年	2005年	2006年	2007年	代码
49	44	76	104	122	128	162	181	156	158	199	183	251
15	10	31	24	37	51	67	125	122	93	102	117	252
	1		1	4	5	4	4	3	9	23	29	254
980	1103	1659	1997	2375	2959	3328	3912	4029	3923	4376	3780	26
175	171	312	349	399	495	563	754	762	814	815	719	261
79	97	133	130	187	222	326	331	400	411	406	377	262
31	47	77	102	91	110	84	97	83	105	92	78	263
211	201	324	386	462	595	700	814	763	695	787	650	264
75	78	125	162	182	222	295	339	337	321	390	382	265
263	298	445	586	689	828	912	1069	1169	1108	1239	1054	266
13	24	31	24	79	152	91	117	107	113	175	108	267
133	187	212	258	286	335	357	391	408	356	472	412	268
280	310	461	455	596	739	830	970	913	817	765	643	27
41	42	65	66	80	93	120	132	109	117	111	105	271
58	54	87	62	105	115	134	138	118	90	72	55	272
16	19	29	30	38	58	71	110	136	126	95	116	273
81	86	125	104	138	166	165	210	172	90	74	61	274
15	32	41	57	59	84	72	70	87	96	111	61	275
29	30	36	42	68	82	101	102	105	124	105	91	276
37	38	66	73	88	117	132	172	165	149	168	128	277
3	9	12	21	20	24	35	36	21	25	29	26	278
35	56	72	102	162	171	244	344	286	208	371	270	28
5	4	6	15	22	15	22	32	23	28	42	25	281
29	48	62	82	131	145	212	294	246	169	310	233	282
1	4	4	5	9	11	10	18	17	11	19	12	283
1096	1246	1826	2486	3051	4113	4834	5421	5344	5445	6432	6109	29
245	239	377	506	587	743	823	942	1002	1064	1126	1095	291
851	1007	1449	1980	2464	3370	4011	4479	4342	4381	5306	5014	292
1041	1160	1850	2361	2679	3426	4345	5456	5334	5284	6712	6605	30
81	116	207	197	228	285	338	459	443	386	425	441	301
162	166	276	289	448	514	867	1082	930	913	1334	1492	302
332	334	543	688	779	945	1176	1583	1437	1610	2336	2197	303
22	21	29	50	47	80	96	117	137	141	171	151	304
72	77	103	157	212	261	302	353	364	367	409	425	305
42	55	75	94	107	123	188	214	227	230	219	229	306
114	151	193	310	292	419	476	560	566	521	629	611	307
104	117	201	286	225	363	399	506	571	514	502	418	308
112	123	223	290	341	436	503	582	659	602	687	641	309
155	162	213	306	360	470	589	1052	1004	928	855	799	31
6	4	10	8	15	15	27	53	52	42	32	37	311
5	2	5	5	7	14	23	41	17	21	20	17	312
127	137	179	265	293	362	466	724	715	739	711	632	313
17	19	19	28	45	79	73	234	220	126	92	113	314

2-6　续表 4

行业中类	代码	企业单位数	1949年及以前	1950—1977年	1978—1991年	1992—1995年
有色金属冶炼和压延加工业	32	36792	4	37	304	526
常用有色金属冶炼	321	4528	3	13	59	79
贵金属冶炼	322	643		3	14	12
稀有稀土金属冶炼	323	1032		2	10	23
有色金属合金制造	324	9738		7	55	108
有色金属压延加工	325	20851	1	12	166	304
金属制品业	33	466141	8	193	2772	4180
结构性金属制品制造	331	182536	2	48	657	1071
金属工具制造	332	31785	3	28	231	377
集装箱及金属包装容器制造	333	10125		12	151	199
金属丝绳及其制品制造	334	22227		13	136	174
建筑、安全用金属制品制造	335	68560		15	325	558
金属表面处理及热处理加工	336	18711	1	13	317	297
搪瓷制品制造	337	3637		3	22	16
金属制日用品制造	338	28551		11	150	343
铸造及其他金属制品制造	339	100009	2	50	783	1145
通用设备制造业	34	457117	16	355	3503	5237
锅炉及原动设备制造	341	11988	1	50	220	283
金属加工机械制造	342	71932	7	52	454	604
物料搬运设备制造	343	18754	1	23	171	263
泵、阀门、压缩机及类似机械制造	344	52113	2	70	588	943
轴承、齿轮和传动部件制造	345	28471		29	236	377
烘炉、风机、包装等设备制造	346	45538		25	316	606
文化、办公用机械制造	347	4126			27	65
通用零部件制造	348	179317	4	92	1373	1889
其他通用设备制造业	349	44878	1	14	118	207
专用设备制造业	35	343597	10	198	1843	2804
采矿、冶金、建筑专用设备制造	351	47101	3	49	340	400
化工、木材、非金属加工专用设备制造	352	90482	2	19	355	608
食品、饮料、烟草及饲料生产专用设备制造	353	9984		12	88	162
印刷、制药、日化及日用品生产专用设备制造	354	11517	2	13	99	182
纺织、服装和皮革加工专用设备制造	355	12944		24	180	263
电子和电工机械专用设备制造	356	23645	1	7	87	109
农、林、牧、渔专用机械制造	357	20981	1	21	157	144
医疗仪器设备及器械制造	358	34028	1	20	182	389
环保、邮政、社会公共服务及其他专用设备制造	359	92915		33	355	547
汽车制造业	36	105031	8	111	886	1451
汽车整车制造	361	1913	1	6	26	32
汽车用发动机制造	362	707	1	1	4	6
改装汽车制造	363	1472	2	10	35	35
低速汽车制造	364	159			1	3
电车制造	365	587			2	2
汽车车身、挂车制造	366	11795		6	36	31
汽车零部件及配件制造	367	88398	4	88	782	1342

单位：个

1996年	1997年	1998年	1999年	2000年	2001年	2002年	2003年	2004年	2005年	2006年	2007年	代码
191	212	300	394	454	723	723	860	932	989	1104	1204	32
35	31	48	53	73	97	111	144	186	197	208	234	321
6	12	8	12	11	20	24	27	28	29	17	28	322
9	8	15	14	26	28	25	44	37	50	53	61	323
27	46	69	85	97	131	154	166	185	198	229	239	324
114	115	160	230	247	447	409	479	496	515	597	642	325
1433	1700	2318	3161	3751	4967	5984	7162	7514	7425	8753	8565	33
385	469	691	880	1081	1394	1720	2159	2224	2166	2768	2692	331
129	163	224	296	398	437	581	632	627	691	751	738	332
54	85	100	139	122	156	207	227	252	261	255	220	333
73	75	112	146	152	212	239	309	377	369	381	371	334
203	236	310	393	544	757	914	976	1043	1032	1299	1293	335
108	122	178	226	290	356	398	523	488	463	503	458	336
8	10	10	19	16	35	21	32	30	39	43	45	337
107	111	128	185	202	317	346	377	451	459	521	446	338
366	429	565	877	946	1303	1558	1927	2022	1945	2232	2302	339
1859	2030	2972	3863	4463	5788	7049	8617	9140	9181	10495	10488	34
95	106	181	226	203	241	262	340	346	349	310	334	341
199	258	354	467	581	780	928	1299	1271	1349	1577	1570	342
93	106	139	140	160	265	331	413	409	377	460	430	343
335	349	514	602	759	951	1158	1286	1347	1222	1407	1341	344
160	172	211	298	372	502	547	628	667	633	727	731	345
221	239	351	462	494	656	809	882	942	966	1015	1032	346
16	23	23	31	36	74	67	69	84	91	100	105	347
650	690	1042	1429	1629	2029	2617	3236	3557	3667	4265	4307	348
90	87	157	208	229	290	330	464	517	527	634	638	349
966	1188	1589	2207	2555	3522	4221	4986	5584	5561	6594	6297	35
143	206	243	312	349	566	710	824	963	1037	1121	1108	351
222	238	307	468	618	863	1092	1265	1500	1545	1915	1875	352
51	57	79	87	92	122	138	186	155	171	192	172	353
56	72	117	124	137	193	197	266	303	253	283	269	354
100	106	147	246	326	373	490	487	442	391	440	334	355
48	46	71	110	126	182	224	274	317	312	379	414	356
57	54	97	109	142	154	214	261	272	290	367	327	357
111	141	173	206	251	336	379	432	479	482	508	467	358
178	268	355	545	514	733	777	991	1153	1080	1389	1331	359
456	525	703	919	1064	1509	1900	2415	2416	2321	2575	2516	36
11	21	16	13	15	16	26	26	20	27	26	22	361
4	2	9	2	3	9	7	12	9	20	15	16	362
10	14	17	13	23	30	51	28	55	51	46	29	363
	3	3	1	3	2	1	1	1	1	1	2	364
		4		1	3	2	3	5	9	6	12	365
7	12	19	22	39	45	61	63	78	70	76	85	366
424	473	635	868	980	1404	1752	2282	2248	2143	2405	2350	367

2-6 续表 5

行业中类	代码	企业单位数	1949年及以前	1950–1977年	1978–1991年	1992–1995年
铁路、船舶、航空航天和其他运输设备制造业	37	40608	9	64	433	670
铁路运输设备制造	371	4858	3	21	143	118
城市轨道交通设备制造	372	933		1	2	1
船舶及相关装置制造	373	11669	5	25	130	153
航空、航天器及设备制造	374	2796		6	14	23
摩托车制造	375	7609		7	88	248
自行车和残疾人座车制造	376	5103	1	2	33	79
助动车制造	377	4881			9	20
非公路休闲车及零配件制造	378	1306			1	15
潜水救捞及其他未列明运输设备制造	379	1453		2	13	13
电气机械和器材制造业	38	267577	10	155	1784	3167
电机制造	381	20498	1	34	177	334
输配电及控制设备制造	382	93256	5	59	783	1227
电线、电缆、光缆及电工器材制造	383	34180	4	18	335	579
电池制造	384	10034		6	34	84
家用电力器具制造	385	33235		18	156	388
非电力家用器具制造	386	6241		1	30	67
照明器具制造	387	50235		10	178	350
其他电气机械及器材制造	389	19898		9	91	138
计算机、通信和其他电子设备制造业	39	176377	1	57	656	1605
计算机制造	391	16155		1	36	121
通信设备制造	392	13229	1	8	66	176
广播电视设备制造	393	3647		3	23	57
雷达及配套设备制造	394	407		3	4	8
非专业视听设备制造	395	7422		2	34	106
智能消费设备制造	396	11790		1	13	29
电子器件制造	397	36750		15	108	244
电子元件及电子专用材料制造	398	65602		23	323	743
其他电子设备制造	399	21375		1	49	121
仪器仪表制造业	40	64598	4	81	562	970
通用仪器仪表制造	401	43768	2	44	331	584
专用仪器仪表制造	402	8946		14	102	124
钟表与计时仪器制造	403	3390		7	51	93
光学仪器制造	404	3459	1	5	19	71
衡器制造	405	1212	1	2	24	33
其他仪器仪表制造业	409	3823		9	35	65
其他制造业	41	65844	2	21	225	422
日用杂品制造	411	21667		13	128	260
其他未列明制造业	419	44177	2	8	97	162
废弃资源综合利用业	42	31823		5	76	83
金属废料和碎屑加工处理	421	16058		2	43	48
非金属废料和碎屑加工处理	422	15765		3	33	35

单位：个

1996年	1997年	1998年	1999年	2000年	2001年	2002年	2003年	2004年	2005年	2006年	2007年	代码
233	231	308	476	502	639	685	790	817	947	1097	1040	37
41	35	48	79	84	107	105	135	122	151	141	166	371
1	1	2	4	3	1	1	8	8	5	9	10	372
45	46	75	99	101	135	143	160	228	271	353	367	373
15	13	10	20	18	21	29	29	35	45	48	49	374
75	89	106	182	156	188	203	203	213	253	224	194	375
33	24	39	42	70	92	78	98	90	89	102	92	376
12	13	14	31	34	59	84	94	72	71	156	96	377
4	4	4	7	21	15	18	34	27	24	19	28	378
7	6	10	12	15	21	24	29	22	38	45	38	379
1093	1211	1686	2210	2616	3468	3947	4664	4666	4551	5630	5532	38
119	131	169	231	260	375	390	478	548	466	546	506	381
410	479	659	876	1023	1303	1517	1852	1771	1763	2087	2024	382
215	233	338	399	443	678	676	746	711	834	1012	958	383
20	33	43	44	65	87	101	126	113	142	181	149	384
152	123	194	269	315	395	475	539	552	491	663	645	385
24	30	41	39	58	78	89	106	98	122	141	147	386
105	141	175	235	322	388	506	555	591	500	676	760	387
48	41	67	117	130	164	193	262	282	233	324	343	389
468	572	742	979	1341	1864	2181	2476	2712	2778	3393	3311	39
31	45	69	70	101	158	177	205	228	260	300	296	391
62	70	80	120	153	197	200	215	203	237	268	272	392
16	19	24	46	46	57	76	80	85	69	98	74	393
2	3	5	4	2	3	9	9	6	11	11	13	394
29	45	40	54	58	96	124	130	151	147	169	163	395
13	11	21	28	26	43	57	64	88	93	94	105	396
54	79	86	107	180	302	304	385	434	458	529	548	397
225	252	353	469	669	880	1058	1185	1266	1239	1585	1513	398
36	48	64	81	106	128	176	203	251	264	339	327	399
314	331	509	619	688	953	974	1186	1206	1189	1297	1282	40
212	206	323	417	448	606	622	736	740	754	807	818	401
41	46	78	77	95	137	140	198	196	171	219	202	402
16	28	22	23	34	38	51	56	64	68	59	72	403
15	19	30	36	52	67	66	73	91	72	74	68	404
11	15	20	25	19	31	35	55	42	41	50	50	405
19	17	36	41	40	74	60	68	73	83	88	72	409
135	146	176	271	375	452	514	611	656	657	894	730	41
89	94	99	158	226	270	336	339	387	351	487	437	411
46	52	77	113	149	182	178	272	269	306	407	293	419
30	34	54	61	75	125	149	233	261	261	321	346	42
16	22	38	32	41	62	91	149	171	148	180	187	421
14	12	16	29	34	63	58	84	90	113	141	159	422

2-6 续表 6

行业中类	代码	企业单位数	1949年及以前	1950—1977年	1978—1991年	1992—1995年
金属制品、机械和设备修理业	43	53142	2	38	387	422
金属制品修理	431	1354		1	8	9
通用设备修理	432	9369		6	38	61
专用设备修理	433	8937		6	93	68
铁路、船舶、航空航天等运输设备修理	434	8901	1	14	139	122
电气设备修理	435	6062		5	33	53
仪器仪表修理	436	1052		1	9	9
其他机械和设备修理业	439	17467	1	5	67	100
电力、热力、燃气及水生产和供应业	D	**148645**	**35**	**622**	**3224**	**2037**
电力、热力生产和供应业	44	104570	16	389	1849	1291
电力生产	441	80862	7	325	1597	1035
电力供应	442	11504	9	59	157	123
热力生产和供应	443	12204		5	95	133
燃气生产和供应业	45	12409	1	5	81	119
燃气生产和供应业	451	11269	1	5	80	115
生物质燃气生产和供应业	452	1140			1	4
水的生产和供应业	46	31666	18	228	1294	627
自来水生产和供应	461	18094	18	225	1278	577
污水处理及其再生利用	462	12621			8	30
海水淡化处理	463	75		1		1
其他水的处理、利用与分配	469	876		2	8	19
建筑业	E	**2901128**	**56**	**1869**	**8311**	**10811**
房屋建筑业	47	656058	29	1340	4614	3684
住宅房屋建筑	471	524161	27	1237	4148	3242
体育场馆建筑	472	1728	1	6	22	30
其他房屋建筑业	479	130169	1	97	444	412
土木工程建筑业	48	630907	8	377	1892	2400
铁路、道路、隧道和桥梁工程建筑	481	197805	5	149	763	1120
水利和水运工程建筑	482	22264		110	412	332
海洋工程建筑	483	739			2	3
工矿工程建筑	484	10910		18	88	68
架线和管道工程建筑	485	32131	1	38	230	270
节能环保工程施工	486	11692		3	23	31
电力工程施工	487	13858		26	50	58
其他土木工程建筑	489	341508	2	33	324	518
建筑安装业	49	318291	6	89	988	1873
电气安装	491	88580	1	21	328	598
管道和设备安装	492	78847	3	29	318	558
其他建筑安装业	499	150864	2	39	342	717
建筑装饰、装修和其他建筑业	50	1295872	13	63	817	2854
建筑装饰和装修业	501	845871	5	30	558	2306
建筑物拆除和场地准备活动	502	57942	2	2	74	237
提供施工设备服务	503	31768	1	6	19	44
其他未列明建筑业	509	360291	5	25	166	267

单位：个

1996年	1997年	1998年	1999年	2000年	2001年	2002年	2003年	2004年	2005年	2006年	2007年	代码
119	113	205	230	293	326	399	465	557	596	718	716	43
3	4	6	3	7	9	4	14	12	12	20	15	431
27	20	37	38	44	48	72	77	109	86	117	107	432
26	14	34	41	57	56	67	80	98	116	110	119	433
27	33	55	62	57	73	85	91	98	138	176	183	434
9	12	16	27	31	36	49	48	60	54	72	61	435
2	1	3	8	7	10	12	16	11	15	15	11	436
25	29	54	51	90	94	110	139	169	175	208	220	439
717	**815**	**1050**	**1068**	**1353**	**1727**	**2474**	**3902**	**3977**	**3382**	**3219**	**2774**	D
505	567	735	715	945	1267	1825	3036	3134	2539	2357	1891	44
445	502	633	626	821	1091	1642	2717	2874	2230	2094	1577	441
34	30	36	38	24	62	59	101	58	86	54	67	442
26	35	66	51	100	114	124	218	202	223	209	247	443
46	51	74	78	104	136	188	272	208	261	244	223	45
45	51	70	77	102	133	184	264	204	252	237	213	451
1		4	1	2	3	4	8	4	9	7	10	452
166	197	241	275	304	324	461	594	635	582	618	660	46
153	178	204	245	233	255	301	411	438	379	378	335	461
7	12	33	26	57	62	149	170	185	190	227	310	462
						2		1	1			463
6	7	4	4	14	7	9	13	11	12	13	15	469
3304	**3710**	**5355**	**5501**	**6689**	**9137**	**10277**	**11508**	**13159**	**14323**	**15740**	**15815**	E
969	1071	1608	1493	1745	2920	2772	2317	2555	2913	3171	3017	47
849	973	1422	1327	1539	2596	2418	1958	2130	2482	2618	2498	471
3	5	6	6	5	11	11	4	9	18	11	14	472
117	93	180	160	201	313	343	355	416	413	542	505	479
605	736	1125	1236	1483	1995	2193	2843	3075	3149	3323	3310	48
274	307	477	493	582	752	832	1105	1133	1151	1209	1206	481
53	74	100	136	126	186	185	175	195	207	208	232	482
1		2	3	5	2	2	5	8	7	9	6	483
22	15	31	40	47	57	66	81	81	90	112	134	484
77	101	146	161	161	304	236	340	417	396	393	390	485
17	14	28	28	37	50	42	63	74	93	117	115	486
17	16	26	34	39	47	69	71	70	96	88	112	487
144	209	315	341	486	597	761	1003	1097	1109	1187	1115	489
653	775	1099	1164	1365	1744	2035	2313	2702	2934	3196	3192	49
222	269	380	418	470	626	701	785	859	945	1060	1025	491
188	210	291	300	361	503	542	640	759	814	864	842	492
243	296	428	446	534	615	792	888	1084	1175	1272	1325	499
1077	1128	1523	1608	2096	2478	3277	4035	4827	5327	6050	6296	50
911	948	1211	1295	1649	1960	2434	2952	3379	3767	4217	4439	501
63	56	113	115	153	194	327	470	553	508	492	519	502
13	16	29	29	38	47	64	97	108	154	189	166	503
90	108	170	169	256	277	452	516	787	898	1152	1172	509

2-6 续表 7

行业中类	代码	企业单位数	1949年及以前	1950—1977年	1978—1991年	1992—1995年
批发和零售业	F	**10708678**	**311**	**3200**	**27544**	**30670**
批发业	51	5763075	100	1404	14421	18611
农、林、牧、渔产品批发	511	228580	11	201	1534	892
食品、饮料及烟草制品批发	512	566847	9	240	2098	1812
纺织、服装及家庭用品批发	513	865346	8	103	1097	1824
文化、体育用品及器材批发	514	197707	10	32	360	601
医药及医疗器材批发	515	202144	2	79	586	804
矿产品、建材及化工产品批发	516	1681619	37	540	5436	6503
机械设备、五金产品及电子产品批发	517	1246505	16	106	1770	4400
贸易经纪与代理	518	246391	1	20	392	654
其他批发业	519	527936	6	83	1148	1121
零售业	52	4945603	211	1796	13123	12059
综合零售	521	772333	70	945	5513	1645
食品、饮料及烟草制品专门零售	522	524600	7	221	1678	1060
纺织、服装及日用品专门零售	523	535129	7	100	1172	1007
文化、体育用品及器材专门零售	524	250406	91	194	816	791
医药及医疗器材专门零售	525	357288	9	104	647	553
汽车、摩托车、零配件和燃料及其他动力销售	526	478498	5	52	1045	2900
家用电器及电子产品专门零售	527	481982	4	26	374	1029
五金、家具及室内装饰材料专门零售	528	662927	9	74	1026	1830
货摊、无店铺及其他零售业	529	882440	9	80	852	1244
交通运输、仓储和邮政业	G	**964055**	**84**	**826**	**4845**	**4829**
铁路运输业	53	3624	2	6	43	31
铁路旅客运输	531	536	1	3	3	8
铁路货物运输	532	2075	1	3	18	18
铁路运输辅助活动	533	1013			22	5
道路运输业	54	619276	32	380	2084	2499
城市公共交通运输	541	19803	4	118	381	779
公路旅客运输	542	12702	18	124	408	295
道路货物运输	543	551902	9	87	1020	1073
道路运输辅助活动	544	34869	1	51	275	352
水上运输业	55	20419	5	63	440	310
水上旅客运输	551	1523		11	77	37
水上货物运输	552	12320	3	37	278	195
水上运输辅助活动	553	6576	2	15	85	78
航空运输业	56	4953		1	27	50
航空客货运输	561	1459			11	20
通用航空服务	562	2297			6	10
航空运输辅助活动	563	1197		1	10	20
管道运输业	57	625			3	3
海底管道运输	571	108			1	
陆地管道运输	572	517			2	3

单位：个

1996年	1997年	1998年	1999年	2000年	2001年	2002年	2003年	2004年	2005年	2006年	2007年	代码
11455	**14582**	**22303**	**26105**	**34561**	**41603**	**52837**	**66211**	**69875**	**75055**	**89369**	**94098**	F
7056	8942	13872	16556	21575	26732	33230	42744	44854	48158	57897	60997	51
246	329	512	704	754	1021	1200	1409	1421	1963	2096	2002	511
623	766	1227	1446	1818	2063	2368	2954	2914	3242	4266	4715	512
752	1058	1495	1751	2856	3115	3822	4765	5049	5892	7352	7822	513
270	349	502	582	781	992	1164	1556	1840	1744	2039	2133	514
297	364	605	682	855	1086	1349	1940	1989	2214	2325	1974	515
2414	2971	4603	5607	6881	8691	10860	13814	14216	14892	17882	18730	516
1830	2379	3861	4588	5934	7771	9804	12440	12640	13362	16231	17542	517
226	244	340	364	570	664	956	1277	1586	1656	1946	2027	518
398	482	727	832	1126	1329	1707	2589	3199	3193	3760	4052	519
4399	5640	8431	9549	12986	14871	19607	23467	25021	26897	31472	33101	52
529	712	953	1039	1289	1450	1670	2028	1923	1985	2336	2406	521
383	455	676	883	1243	1207	1443	1779	1891	2156	2696	2965	522
479	568	775	902	1244	1353	1565	1997	2186	2480	2836	3168	523
290	373	501	635	850	912	1249	1498	1549	1648	1950	2012	524
192	217	427	495	675	752	1666	2185	2518	2701	2497	2256	525
837	1114	1668	1892	2552	2915	4423	4286	4511	4641	5198	5116	526
539	720	1176	1312	1860	2513	2928	3971	4256	4654	5912	6341	527
695	908	1409	1422	1758	2277	2794	3409	3646	3899	4809	5295	528
455	573	846	969	1515	1492	1869	2314	2541	2733	3238	3542	529
1405	**1690**	**2780**	**2765**	**3337**	**4422**	**5532**	**6673**	**9219**	**10492**	**10802**	**11002**	G
11	11	15	15	16	25	28	17	31	34	44	31	53
5	3	1	1		5	3	1	2	6	7	7	531
5	7	10	9	11	18	20	13	22	22	26	20	532
1	1	4	5	5	2	5	3	7	6	11	4	533
786	961	1369	1423	1825	2638	3341	3885	5102	5298	5848	6138	54
227	267	314	321	322	381	435	454	471	379	360	383	541
102	131	229	158	254	402	365	388	389	377	382	331	542
337	435	655	745	1055	1599	2214	2614	3810	4072	4719	4992	543
120	128	171	199	194	256	327	429	432	470	387	432	544
94	103	143	140	169	225	289	346	508	477	447	417	55
17	15	20	20	25	34	38	42	39	21	38	26	551
53	67	79	88	96	141	197	209	349	307	278	263	552
24	21	44	32	48	50	54	95	120	149	131	128	553
14	12	33	20	23	29	34	61	61	50	53	46	56
10	2	14	6	13	12	15	27	25	23	31	21	561
1	4	5	7	3	4	9	10	10	9	8	8	562
3	6	14	7	7	13	10	24	26	18	14	17	563
1	1		2	11	7	8	11	19	14	17	25	57
				2	1					1	1	571
1	1		2	9	6	8	11	19	14	16	24	572

2-6 续表 8

行业中类	代码	企　业 单位数	1949年 及以前	1950– 1977年	1978– 1991年	1992– 1995年
多式联运和运输代理业	58	185275	1	21	324	698
多式联运	581	11870		1	16	17
运输代理业	582	173405	1	20	308	681
装卸搬运和仓储业	59	97423	30	340	1874	1187
装卸搬运	591	38915	7	55	498	274
通用仓储	592	17082		20	212	198
低温仓储	593	4243		5	40	29
危险品仓储	594	994			15	38
谷物、棉花等农产品仓储	595	10860	22	239	905	399
中药材仓储	596	154		1	2	1
其他仓储业	599	25175	1	20	202	248
邮政业	60	32460	14	15	50	51
邮政基本服务	601	1883	14	15	39	34
快递服务	602	29544			10	16
其他寄递服务	609	1033			1	1
住宿和餐饮业	**H**	**667190**	**30**	**347**	**2937**	**2632**
住宿业	61	176062	16	222	2069	1551
旅游饭店	611	47909	12	125	857	699
一般旅馆	612	95286	4	67	1042	739
民宿服务	613	10354			24	12
露营地服务	614	835			1	
其他住宿业	619	21678		30	145	101
餐饮业	62	491128	14	125	868	1081
正餐服务	621	371742	13	107	741	885
快餐服务	622	32166		6	45	88
饮料及冷饮服务	623	15410	1	3	5	17
餐饮配送及外卖送餐服务	624	16524		1	8	15
其他餐饮业	629	55286		8	69	76
信息传输、软件和信息技术服务业	**I**	**1739295**	**12**	**87**	**421**	**1599**
电信、广播电视和卫星传输服务	63	35857	6	6	84	168
电信	631	31627	4	3	42	80
广播电视传输服务	632	3484	2	3	38	82
卫星传输服务	633	746			4	6
互联网和相关服务	64	255507		22	39	104
互联网接入及相关服务	641	21948		1	5	17
互联网信息服务	642	126390		16	19	42
互联网平台	643	29087		3	2	13
互联网安全服务	644	3434			2	2
互联网数据服务	645	15912			4	10
其他互联网服务	649	58736		2	7	20
软件和信息技术服务业	65	1447931	6	59	298	1327
软件开发	651	730464	2	15	142	647
集成电路设计	652	36644	1		3	20

单位：个

1996年	1997年	1998年	1999年	2000年	2001年	2002年	2003年	2004年	2005年	2006年	2007年	代码
243	273	364	394	528	706	925	1251	2150	3009	2790	2484	58
6	6	6	5	7	9	6	17	23	22	32	21	581
237	267	358	389	521	697	919	1234	2127	2987	2758	2463	582
242	304	607	551	565	689	794	970	1128	1359	1367	1542	59
64	71	124	96	158	186	210	256	333	357	383	524	591
39	57	75	72	98	137	175	235	235	275	323	286	592
11	14	22	22	32	38	49	64	76	61	75	95	593
9	9	12	10	12	17	23	23	34	46	37	34	594
73	98	295	264	143	148	149	175	209	313	255	311	595
		1				1	1	1	1	1		596
46	55	78	87	122	163	187	216	240	306	293	292	599
14	25	249	220	200	103	113	132	220	251	236	319	60
6	15	218	181	134	31	31	23	24	36	16	20	601
7	9	27	37	64	68	80	106	192	208	211	287	602
1	1	4	2	2	4	2	3	4	7	9	12	609
908	**1115**	**1455**	**1588**	**2109**	**2316**	**2653**	**3413**	**3906**	**4697**	**5152**	**5690**	**H**
480	604	763	767	895	998	1141	1558	1813	2161	2474	2696	61
217	276	319	328	384	394	464	616	660	792	794	856	611
220	272	383	374	448	537	592	817	1031	1211	1484	1606	612
7	5	7	8	12	7	20	14	13	30	31	43	613
								1		2	1	614
36	51	54	57	51	60	65	111	108	128	163	190	619
428	511	692	821	1214	1318	1512	1855	2093	2536	2678	2994	62
362	410	567	684	1016	1085	1231	1526	1737	2085	2223	2433	621
35	45	52	61	81	87	106	112	126	155	142	185	622
6	9	16	19	32	45	61	73	63	82	96	116	623
4	8	8	10	18	20	32	34	40	55	66	65	624
21	39	49	47	67	81	82	110	127	159	151	195	629
608	**863**	**1369**	**1959**	**3326**	**4164**	**4492**	**6047**	**7331**	**7901**	**9144**	**9451**	**I**
58	74	163	307	425	639	452	588	656	444	463	419	63
34	52	110	252	347	540	376	499	563	345	364	319	631
17	20	51	44	72	92	68	77	79	86	83	88	632
7	2	2	11	6	7	8	12	14	13	16	12	633
46	65	99	151	359	396	469	678	881	842	1050	1055	64
7	10	20	33	54	80	73	116	146	128	157	167	641
27	29	37	59	189	172	225	332	417	426	501	517	642
3	7	11	18	22	29	31	43	66	73	72	84	643
	3	6	3	13	10	5	16	16	16	16	18	644
7	4	4	9	12	18	20	41	49	38	58	48	645
2	12	21	29	69	87	115	130	187	161	246	221	649
504	724	1107	1501	2542	3129	3571	4781	5794	6615	7631	7977	65
280	409	607	881	1492	1853	2141	2830	3463	3915	4575	4835	651
10	11	20	17	36	72	65	90	123	128	121	141	652

2-6 续表 9

行业中类	代码	企业单位数	1949年及以前	1950—1977年	1978—1991年	1992—1995年
信息系统集成和物联网技术服务	653	120732	2	3	33	145
运行维护服务	654	16945			5	31
信息处理和存储支持服务	655	10976		1	6	9
信息技术咨询服务	656	388662	1	29	87	342
数字内容服务	657	18132		2	2	28
其他信息技术服务业	659	125376		9	20	105
金融业	**J**	**157538**	**7**	**92**	**1652**	**1189**
货币金融服务	66	42457	6	87	1477	810
货币银行服务	662	12572	6	84	1419	648
非货币银行服务	663	29734		1	46	160
银行理财服务	664	151		2	12	2
资本市场服务	67	75037		1	58	234
证券市场服务	671	1123			12	34
公开募集证券投资基金	672	2235				2
非公开募集证券投资基金	673	19538			4	8
期货市场服务	674	1030			2	88
资本投资服务	676	29457		1	23	65
其他资本市场服务	679	21654			17	37
保险业	68	20978	1	3	52	76
人身保险	681	6337	1		4	10
财产保险	682	6840		1	44	55
再保险	683	40				
商业养老金	684	287				1
保险中介服务	685	5636		1	2	7
保险资产管理	686	168				
其他保险活动	689	1670		1	2	3
其他金融业	69	19066		1	65	69
金融信托与管理服务	691	1963		1	37	21
控股公司服务	692	3700			21	22
非金融机构支付服务	693	429			1	1
金融信息服务	694	4566			3	5
金融资产管理公司	695	1023				4
其他未列明金融业	699	7385			3	16
房地产业	**K**	**1110776**	**33**	**939**	**9461**	**15326**
房地产业	70	1110776	33	939	9461	15326
房地产开发经营	701	291996	4	30	1545	6162
物业管理	702	375571	4	83	889	2571
房地产中介服务	703	333714	5	21	212	720
房地产租赁经营	704	90234	19	788	6652	5498
其他房地产业	709	19261	1	17	163	375
租赁和商务服务业	**L**	**4119814**	**69**	**585**	**6047**	**10824**
租赁业	71	470747	5	26	334	562
机械设备经营租赁	711	459548	5	25	313	529

单位：个

1996年	1997年	1998年	1999年	2000年	2001年	2002年	2003年	2004年	2005年	2006年	2007年	代码
49	81	141	171	278	365	362	506	560	592	701	653	653
7	9	24	29	48	60	61	84	95	98	106	114	654
6	2	10	5	14	19	25	32	45	63	45	69	655
120	139	224	284	468	527	659	853	1059	1264	1411	1475	656
3	9	10	20	48	49	53	80	101	123	139	143	657
29	64	71	94	158	184	205	306	348	432	533	547	659
808	**774**	**531**	**471**	**407**	**552**	**1269**	**1641**	**1419**	**2025**	**2061**	**3203**	**J**
460	400	318	279	163	149	331	307	253	611	536	1181	66
417	336	198	220	118	109	88	69	156	300	230	644	662
43	63	120	59	44	40	243	238	94	309	305	529	663
	1			1				3	2	1	8	664
71	77	82	88	117	177	165	234	242	264	310	606	67
12	10	5	3	8	19	22	12	7	7	5	15	671
		5	5	1	3	10	11	14	12	9	14	672
2	14	9	8	18	32	15	32	63	40	59	145	673
23	1			1	2	2	5	5	5	3	3	674
22	28	51	57	63	87	83	122	112	142	167	329	676
12	24	12	15	26	34	33	52	41	58	67	100	679
260	276	114	47	50	154	671	941	768	976	998	1188	68
118	133	36	18	16	68	384	431	189	178	216	344	681
135	136	75	21	15	48	229	262	254	516	523	553	682
1				1			4	6				683
	1			1	2			1	1	1	53	684
1	2	1	5	10	30	47	230	300	265	230	214	685
	1						3		4	6	4	686
5	3	2	3	7	6	11	11	18	12	22	20	689
17	21	17	57	77	72	102	159	156	174	217	228	69
2	2	2	4	7	10	14	12	5	6	8	14	691
7	8	5	8	10	15	16	17	13	18	28	46	692
1		1	4	3	3	7	3	9	10	14	9	693
1	3	2	5	3	3	6	5	9	5	10	7	694
			7	5	2	3	5	4	8	4	5	695
6	8	7	29	49	39	56	117	116	127	153	147	699
3610	**4250**	**6096**	**6529**	**8822**	**10789**	**12025**	**15037**	**14692**	**15479**	**17806**	**20361**	**K**
3610	4250	6096	6529	8822	10789	12025	15037	14692	15479	17806	20361	70
1166	1445	2422	2345	3661	4310	4428	5366	4972	5976	7588	9404	701
964	1113	1525	1819	2382	2851	3362	4509	4679	4903	5235	5847	702
196	277	362	491	732	1111	1243	1619	1837	1786	2075	2650	703
1197	1328	1676	1753	1904	2335	2727	3242	2908	2560	2578	2065	704
87	87	111	121	143	182	265	301	296	254	330	395	709
2975	**3671**	**4864**	**6472**	**10176**	**10468**	**12265**	**17148**	**21242**	**23626**	**27002**	**29724**	**L**
220	241	305	316	474	671	757	979	1232	1430	1648	1855	71
209	225	286	296	452	645	717	935	1170	1374	1574	1772	711

2-6 续表 10

行业中类	代码	企业单位数	1949年及以前	1950—1977年	1978—1991年	1992—1995年
文体设备和用品出租	712	10136			13	29
日用品出租	713	1063		1	8	4
商务服务业	72	3649067	64	559	5713	10262
组织管理服务	721	607459	18	299	2453	3636
综合管理服务	722	139217	6	81	615	683
法律服务	723	124976	5	6	200	309
咨询与调查	724	1097458	10	47	526	1719
广告业	725	528158	7	17	199	1401
人力资源服务	726	476965	6	16	323	412
安全保护服务	727	50094		3	254	263
会议、展览及相关服务	728	93294		3	61	172
其他商务服务业	729	531446	12	87	1082	1667
科学研究和技术服务业	**M**	**2310825**	**21**	**503**	**3042**	**6220**
研究和试验发展	73	292734	4	71	210	521
自然科学研究和试验发展	731	15103	1	3	12	26
工程和技术研究和试验发展	732	204614	2	57	126	338
农业科学研究和试验发展	733	29750		6	29	51
医学研究和试验发展	734	41051	1	5	34	99
社会人文科学研究	735	2216			9	7
专业技术服务业	74	892405	9	350	2217	4229
气象服务	741	1412		2	11	41
地震服务	742	1197			3	5
海洋服务	743	1487			4	13
测绘地理信息服务	744	17486		4	41	88
质检技术服务	745	63386	1	20	196	412
环境与生态监测检测服务	746	18766			12	29
地质勘查	747	12205		17	129	147
工程技术与设计服务	748	436829	6	259	1510	2775
工业与专业设计及其他专业技术服务	749	339637	2	48	311	719
科技推广和应用服务业	75	1125686	8	82	615	1470
技术推广服务	751	732412	7	66	506	1168
知识产权服务	752	39561		2	23	55
科技中介服务	753	23871		1	21	43
创业空间服务	754	9864			10	15
其他科技推广服务业	759	319978	1	13	55	189
水利、环境和公共设施管理业	**N**	**251731**	**1**	**45**	**475**	**911**
水利管理业	76	8982		17	99	126
防洪除涝设施管理	761	971		1	6	10
水资源管理	762	2498		8	30	45
天然水收集与分配	763	671		5	14	17
水文服务	764	380			4	3
其他水利管理业	769	4462		3	45	51
生态保护和环境治理业	77	35830		10	73	87

单位：个

1996年	1997年	1998年	1999年	2000年	2001年	2002年	2003年	2004年	2005年	2006年	2007年	代码
9	13	16	15	15	20	31	37	53	49	66	71	712
2	3	3	5	7	6	9	7	9	7	8	12	713
2755	3430	4559	6156	9702	9797	11508	16169	20010	22196	25354	27869	72
733	967	1103	1152	1622	1894	2016	2891	3105	3366	4023	5043	721
231	230	393	431	537	609	763	1242	1056	1231	1164	1017	722
78	91	103	157	266	392	270	288	304	302	357	340	723
521	643	842	1832	3425	2353	3147	4253	5787	6773	7579	8320	724
554	756	975	1111	1584	1868	2130	2897	3938	4290	5091	5489	725
74	99	164	206	359	334	603	944	1420	1497	1947	2170	726
48	66	79	95	130	203	201	322	364	383	430	511	727
44	54	95	129	205	283	418	502	736	815	901	1110	728
472	524	805	1043	1574	1861	1960	2830	3300	3539	3862	3869	729
1746	**1929**	**2783**	**3655**	**5174**	**6622**	**7987**	**10277**	**12120**	**13172**	**14694**	**14725**	M
157	155	241	348	509	626	743	905	1060	1133	1400	1600	73
4	8	12	9	24	26	31	32	40	53	53	68	731
96	92	146	222	331	393	473	588	692	792	1005	1155	732
20	12	28	39	35	53	63	79	79	69	97	106	733
35	42	53	72	108	142	164	194	235	209	236	260	734
2	1	2	6	11	12	12	12	14	10	9	11	735
1164	1270	1816	2316	3148	4245	5140	6469	7606	8160	9059	8337	74
10	12	11	15	17	30	23	53	39	57	32	17	741
4		1		1	3	3	1	3	6	4		742
1	3	4		6	9	22	15	24	20	27	26	743
17	24	26	65	97	135	225	326	314	371	304	265	744
108	98	161	213	258	349	463	752	969	1012	1537	1054	745
6	6	15	18	20	35	34	63	80	76	96	105	746
22	28	41	47	52	67	60	98	153	173	198	254	747
775	767	1125	1418	1917	2517	3091	3471	3937	4089	4150	3814	748
221	332	432	540	780	1100	1219	1690	2087	2356	2711	2802	749
425	504	726	991	1517	1751	2104	2903	3454	3879	4235	4788	75
304	372	545	667	959	1184	1491	1873	2314	2732	3143	3604	751
26	32	32	44	58	184	140	389	361	273	288	295	752
13	9	19	29	35	37	53	78	81	92	109	93	753
3	6	8	10	23	21	23	26	32	22	36	40	754
79	85	122	241	442	325	397	537	666	760	659	756	759
236	**301**	**433**	**573**	**809**	**1000**	**1298**	**1647**	**1576**	**1735**	**1841**	**1903**	N
34	26	42	60	47	78	78	88	114	120	107	96	76
4	10	6	13	9	12	11	14	14	14	14	8	761
12	8	11	24	12	17	26	24	35	32	23	26	762
6	2	8	4	5	10	9	14	12	11	14	14	763
		2	2	1	3	2	2	5	5	4	5	764
12	6	15	17	20	36	30	34	48	58	52	43	769
19	32	40	68	99	102	143	202	220	218	265	245	77

2-6 续表 11

行业中类	代码	企业单位数	1949年及以前	1950–1977年	1978–1991年	1992–1995年
生态保护	771	2851		10	34	19
环境治理业	772	32979			39	68
公共设施管理业	78	147365	1	17	278	610
市政设施管理	781	19246		4	53	134
环境卫生管理	782	28536	1	3	22	54
城乡市容管理	783	3686			2	10
绿化管理	784	69352		7	95	245
城市公园管理	785	1542			21	29
游览景区管理	786	25003		3	85	138
土地管理业	79	59554		1	25	88
土地整治服务	791	24643			4	28
土地调查评估服务	792	8509			1	10
土地登记服务	793	1279				2
土地登记代理服务	794	10575			3	4
其他土地管理服务	799	14548		1	17	44
居民服务、修理和其他服务业	**O**	**725391**	**11**	**115**	**1807**	**2633**
居民服务业	80	324360	7	54	519	757
家庭服务	801	76673	3	2	23	38
托儿所服务	802	16609			1	
洗染服务	803	9136		2	30	47
理发及美容服务	804	58855		16	85	79
洗浴和保健养生服务	805	53564	3	2	58	102
摄影扩印服务	806	24490	1	12	112	122
婚姻服务	807	21465			2	17
殡葬服务	808	10452		7	100	220
其他居民服务业	809	53116		13	108	132
机动车、电子产品和日用产品修理业	81	258595	2	50	1077	1535
汽车、摩托车等修理与维护	811	198016	2	42	908	1284
计算机和办公设备维修	812	24840			28	84
家用电器修理	813	25217		3	80	123
其他日用产品修理业	819	10522		5	61	44
其他服务业	82	142436	2	11	211	341
清洁服务	821	86787	1	2	80	189
宠物服务	822	9587			8	10
其他未列明服务业	829	46062	1	9	123	142
教育	**P**	**331910**	**3**	**24**	**192**	**342**
教育	83	331910	3	24	192	342
学前教育	831	21918		9	24	18
初等教育	832	4027		2	1	3
中等教育	833	3663		2	2	5
高等教育	834	623			2	
特殊教育	835	704				1
技能培训、教育辅助及其他教育	839	300975	3	11	163	315

单位：个

1996年	1997年	1998年	1999年	2000年	2001年	2002年	2003年	2004年	2005年	2006年	2007年	代码
4	8	6	8	14	16	18	15	20	14	32	25	771
15	24	34	60	85	86	125	187	200	204	233	220	772
170	228	330	411	578	737	980	1221	1136	1266	1345	1434	78
19	21	54	54	67	80	103	157	125	149	169	193	781
14	18	37	40	58	73	120	121	162	201	174	212	782
3	5	6	6	8	5	6	17	12	21	18	15	783
80	109	139	197	293	404	514	629	561	595	667	660	784
6	11	10	11	13	22	19	28	24	22	22	15	785
48	64	84	103	139	153	218	269	252	278	295	339	786
13	15	21	34	85	83	97	136	106	131	124	128	79
4	5	7	8	35	13	31	46	31	53	41	51	791
4	3	5	5	32	40	35	41	41	42	47	32	792
	2		2	1	1	1	1	4		2	5	793
2	1	1	4	5	4	3	3	9	6	6	8	794
3	4	8	15	12	25	27	45	21	30	28	32	799
931	**996**	**1540**	**1920**	**2367**	**2750**	**3358**	**4515**	**4922**	**5316**	**5848**	**5955**	**O**
268	320	527	626	807	928	1188	1482	1663	1721	1793	1828	80
11	13	39	41	82	88	133	181	236	266	277	328	801
1		1	1	4	1	3	5	2	1	5	7	802
21	20	42	42	71	80	108	95	98	87	87	115	803
36	51	92	143	160	236	344	416	440	476	409	372	804
41	63	110	143	138	183	240	326	332	332	351	362	805
57	60	101	105	127	140	139	149	190	175	198	197	806
16	13	19	23	28	27	33	45	68	83	130	145	807
43	60	70	63	93	72	74	132	136	138	136	132	808
42	40	53	65	104	101	114	133	161	163	200	170	809
571	546	807	1014	1179	1347	1584	2202	2287	2487	2763	2636	81
458	433	616	803	887	983	1178	1608	1666	1719	1865	1808	811
45	49	66	92	130	158	181	303	285	337	389	403	812
53	48	87	95	120	172	178	224	272	354	425	348	813
15	16	38	24	42	34	47	67	64	77	84	77	819
92	130	206	280	381	475	586	831	972	1108	1292	1491	82
51	68	134	191	275	332	383	530	628	719	868	1027	821
3	3	7	8	10	12	19	22	22	41	35	33	822
38	59	65	81	96	131	184	279	322	348	389	431	829
91	**133**	**202**	**249**	**365**	**416**	**611**	**785**	**1278**	**1779**	**1583**	**1413**	**P**
91	133	202	249	365	416	611	785	1278	1779	1583	1413	83
6	14	15	15	25	17	35	28	35	37	36	39	831
		1	1	2	1	3	2	1	5	5	2	832
1	1	3	1	4	8	7	9	6	6	7	9	833
	1		1	2	3	2	1			2	2	834
								1	3	3		835
84	117	183	231	332	387	564	745	1235	1728	1530	1361	839

2-6 续表 12

行业中类	代码	企业单位数	1949年及以前	1950—1977年	1978—1991年	1992—1995年
卫生和社会工作	Q	**135157**	**8**	**93**	**155**	**159**
卫生	84	109157	7	87	125	124
医院	841	36984	3	51	53	35
基层医疗卫生服务	842	60076	2	33	58	68
专业公共卫生服务	843	3023	1	2	8	15
其他卫生活动	849	9074	1	1	6	6
社会工作	85	26000	1	6	30	35
提供住宿社会工作	851	23493		6	18	18
不提供住宿社会工作	852	2507	1		12	17
文化、体育和娱乐业	R	**787500**	**35**	**281**	**1374**	**1202**
新闻和出版业	86	8935	11	51	399	282
新闻业	861	2420	1	1	7	11
出版业	862	6515	10	50	392	271
广播、电视、电影和录音制作业	87	129385	12	123	650	264
广播	871	25783		1	7	9
电视	872	2403		1	7	16
影视节目制作	873	63615	2	7	25	84
广播电视集成播控	874	1766			3	4
电影和广播电视节目发行	875	5139	2	11	53	12
电影放映	876	12133	8	103	550	130
录音制作	877	18546			5	9
文化艺术业	88	263427	6	71	174	198
文艺创作与表演	881	78441	5	49	57	59
艺术表演场馆	882	2562		7	39	12
图书馆与档案馆	883	3998		1	6	6
文物及非物质文化遗产保护	884	2602			7	15
博物馆	885	626		1	7	5
烈士陵园、纪念馆	886	109				1
群众文体活动	887	20784		9	34	29
其他文化艺术业	889	154305	1	4	24	71
体育	89	90069	1	4	49	151
体育组织	891	31019		1	8	18
体育场地设施管理	892	5379		1	9	25
健身休闲活动	893	43537		1	30	107
其他体育	899	10134	1	1	2	1
娱乐业	90	295684	5	32	102	307
室内娱乐活动	901	114260	3	4	43	139
游乐园	902	6622		3	13	24
休闲观光活动	903	22398		4	13	32
彩票活动	904	732			1	2
文化体育娱乐活动与经纪代理服务	905	145676	2	21	27	95
其他娱乐业	909	5996			5	15

单位：个

1996年	1997年	1998年	1999年	2000年	2001年	2002年	2003年	2004年	2005年	2006年	2007年	代码
69	**60**	**95**	**71**	**136**	**175**	**370**	**705**	**717**	**914**	**848**	**777**	Q
58	50	64	51	113	148	349	659	688	872	801	731	84
16	24	17	25	39	66	174	271	305	374	366	307	841
32	20	37	20	66	64	149	358	327	447	360	315	842
8	4	2	2	4	9	6	11	30	17	38	71	843
2	2	8	4	4	9	20	19	26	34	37	38	849
11	10	31	20	23	27	21	46	29	42	47	46	85
6	7	19	16	18	19	17	38	20	35	37	34	851
5	3	12	4	5	8	4	8	9	7	10	12	852
322	**405**	**647**	**777**	**1262**	**2020**	**3656**	**6136**	**6570**	**5978**	**6908**	**7487**	R
50	32	67	80	92	110	98	116	148	150	128	108	86
3	4	1	2	4	4		7	7	6	4	6	861
47	28	66	78	88	106	98	109	141	144	124	102	862
62	90	101	103	157	162	227	286	374	439	499	556	87
6	2	9	5	12	9	6	24	15	29	22	17	871
5	8	6	7	4	11	7	17	28	23	16	18	872
24	46	44	58	101	95	141	158	226	274	323	342	873
3	3	1	2	2	3	2	3	3	5	5	4	874
4	5	11	5	8	18	19	18	25	20	25	29	875
17	23	29	26	21	19	40	48	51	59	91	128	876
3	3	1		9	7	12	18	26	29	17	18	877
61	69	126	189	268	298	341	488	638	802	875	1038	88
25	15	48	42	82	87	95	123	184	194	229	231	881
1	3	3	5	2	4	9	6	6	8	11	15	882
1	1	3	3	3	5	8	7	10	10	15	13	883
2	3	5	12	7	8	16	9	8	20	21	24	884
1	1	1	3	6	5	8	7	8	7	10	10	885
1		1	1	1		4	3		2	1		886
4	9	12	23	32	39	44	68	91	93	118	139	887
26	37	53	100	135	150	157	265	331	468	470	606	889
35	42	65	76	101	142	183	252	268	342	355	420	89
9	10	13	23	23	19	42	52	56	66	63	81	891
3	5	11	10	14	17	29	29	20	41	45	44	892
20	26	37	40	61	99	103	164	176	221	232	276	893
3	1	4	3	3	7	9	7	16	14	15	19	899
114	172	288	329	644	1308	2807	4994	5142	4245	5051	5365	90
58	97	172	181	420	1056	2457	4541	4446	3457	4067	4337	901
7	6	15	9	20	16	27	21	27	24	28	28	902
8	10	23	21	30	41	45	67	82	101	135	148	903
1	2		1	1	1	6	2	3	1	3	2	904
38	49	67	107	163	181	255	333	554	642	784	809	905
2	8	11	10	10	13	17	30	30	20	34	41	909

2-6 续表 13

行业中类	代码	2008年	2009年	2010年	2011年	2012年
总　计	——	**345760**	**445869**	**571940**	**663987**	**716066**
农、林、牧、渔业	A	**8271**	**10915**	**13736**	**20171**	**33579**
农业	01	2484	3473	4986	7670	12426
谷物种植	011	284	396	553	691	1192
豆类、油料和薯类种植	012	59	96	139	168	218
棉、麻、糖、烟草种植	013	10	20	27	35	194
蔬菜、食用菌及园艺作物种植	014	1143	1551	2363	3594	4822
水果种植	015	457	661	871	1553	3050
坚果、含油果、香料和饮料作物种植	016	184	257	363	560	1085
中药材种植	017	132	207	317	581	1256
草种植及割草	018	17	19	27	43	54
其他农业	019	198	266	326	445	555
林业	02	905	1422	1774	2706	3842
林木育种和育苗	021	722	1141	1448	2281	3304
造林和更新	022	106	185	188	288	358
森林经营、管护和改培	023	51	70	110	100	125
木材和竹材采运	024	12	13	10	20	23
林产品采集	025	14	13	18	17	32
畜牧业	03	3497	4217	4564	6046	11989
牲畜饲养	031	2685	3238	3246	4081	8519
家禽饲养	032	677	820	1097	1641	2801
狩猎和捕捉动物	033	4	3		3	2
其他畜牧业	039	131	156	221	321	667
渔业	04	653	846	1145	2345	3411
水产养殖	041	640	834	1126	2311	3340
水产捕捞	042	13	12	19	34	71
农、林、牧、渔专业及辅助性活动	05	732	957	1267	1404	1911
农业专业及辅助性活动	051	477	659	910	1035	1333
林业专业及辅助性活动	052	68	95	123	129	208
畜牧专业及辅助性活动	053	129	131	136	126	221
渔业专业及辅助性活动	054	58	72	98	114	149
采矿业	B	**3397**	**3318**	**3512**	**3737**	**3826**
煤炭开采和洗选业	06	636	637	733	709	663
烟煤和无烟煤开采洗选	061	603	597	681	656	615
褐煤开采洗选	062	16	17	17	14	13
其他煤炭采选	069	17	23	35	39	35
石油和天然气开采业	07	17	25	13	18	24
石油开采	071	14	17	5	9	14
天然气开采	072	3	8	8	9	10
黑色金属矿采选业	08	793	480	559	581	445
铁矿采选	081	742	437	513	546	417
锰矿、铬矿采选	082	33	26	27	25	11
其他黑色金属矿采选	089	18	17	19	10	17

单位：个

2013年	2014年	2015年	2016年	2017年	2018年	2019年	2020年	2021年	2022年	代码
938070	**1414375**	**1710930**	**2296571**	**2797174**	**3191123**	**3394514**	**3787081**	**4359971**	**3794983**	——
46338	**66302**	**81391**	**97482**	**98521**	**76819**	**94997**	**130908**	**146558**	**218435**	A
20055	32149	40557	45398	46684	36614	46222	57350	70458	102603	01
4481	7441	10321	11546	11143	8571	10184	12800	19002	30469	011
324	621	882	1029	1017	663	899	1489	2526	3601	012
233	192	312	444	220	180	264	270	379	2125	013
6767	10757	11741	13971	15139	12011	16429	21662	25315	33542	014
4432	6559	8749	9052	9159	6658	8138	9253	10341	14339	015
1314	1939	2569	2380	2455	1825	2390	2622	3160	4855	016
1495	2661	3399	3814	4086	3376	3364	4076	4486	6250	017
80	159	203	266	246	195	216	287	343	325	018
929	1820	2381	2896	3219	3135	4338	4891	4906	7097	019
4892	6321	6314	6591	7074	5854	7189	6885	7464	7071	02
4166	5651	5534	5791	6262	5179	6026	5571	5313	4482	021
527	438	504	476	486	359	401	447	459	522	022
134	142	168	183	190	171	453	435	890	1067	023
33	44	48	77	64	77	232	334	695	867	024
32	46	60	64	72	68	77	98	107	133	025
14047	18689	22979	30988	29383	17889	24496	43546	39546	64491	03
10243	14095	15547	19833	19929	11288	15005	30664	28449	46516	031
2923	3429	5749	8831	7331	5108	7923	11326	9806	16426	032
3	10	7	14	16	16	25	17	13	64	033
878	1155	1676	2310	2107	1477	1543	1539	1278	1485	039
4433	4425	5676	6528	6117	5263	6517	8099	10758	17952	04
4342	4342	5587	6363	5990	5147	6333	7819	10487	17622	041
91	83	89	165	127	116	184	280	271	330	042
2911	4718	5865	7977	9263	11199	10573	15028	18332	26318	05
2117	3631	4722	6318	7486	9183	8856	12841	15945	23582	051
246	398	454	513	712	850	936	1180	1288	1299	052
269	430	420	629	644	689	479	675	656	656	053
279	259	269	517	421	477	302	332	443	781	054
3776	**4184**	**4019**	**4365**	**4695**	**5445**	**6149**	**5917**	**5465**	**5248**	B
491	508	433	535	652	583	649	657	915	1181	06
453	450	389	480	561	493	525	523	734	838	061
5	9	8	9	16	20	17	15	21	54	062
33	49	36	46	75	70	107	119	160	289	069
30	28	27	27	29	50	97	80	87	82	07
17	13	12	12	21	30	59	51	51	53	071
13	15	15	15	8	20	38	29	36	29	072
412	411	258	303	306	378	411	493	554	530	08
378	371	230	276	261	333	362	437	498	460	081
25	22	18	16	24	34	26	26	24	26	082
9	18	10	11	21	11	23	30	32	44	089

2-6 续表 14

行业中类	代码	2008年	2009年	2010年	2011年	2012年
有色金属矿采选业	09	466	325	283	320	317
常用有色金属矿采选	091	325	215	193	206	227
贵金属矿采选	092	94	76	60	76	53
稀有稀土金属矿采选	093	47	34	30	38	37
非金属矿采选业	10	1226	1574	1696	1796	2039
土砂石开采	101	1009	1352	1454	1554	1766
化学矿开采	102	62	60	52	38	69
采盐	103	7	12	13	7	2
石棉及其他非金属矿采选	109	148	150	177	197	202
开采专业及辅助性活动	11	167	191	141	193	217
煤炭开采和洗选专业及辅助性活动	111	11	19	19	13	19
石油和天然气开采专业及辅助性活动	112	140	156	104	162	175
其他开采专业及辅助性活动	119	16	16	18	18	23
其他采矿业	12	92	86	87	120	121
其他采矿业	120	92	86	87	120	121
制造业	C	**83458**	**102261**	**131558**	**141137**	**141529**
农副食品加工业	13	3796	4022	4503	5425	6997
谷物磨制	131	884	899	890	1205	1618
饲料加工	132	483	566	653	588	735
植物油加工	133	349	391	379	412	552
制糖业	134	19	15	19	38	52
屠宰及肉类加工	135	760	732	828	978	1286
水产品加工	136	276	309	366	448	509
蔬菜、菌类、水果和坚果加工	137	499	528	672	827	1016
其他农副食品加工	139	526	582	696	929	1229
食品制造业	14	1673	1666	1983	3063	3856
焙烤食品制造	141	393	318	514	1013	1188
糖果、巧克力及蜜饯制造	142	149	131	149	250	395
方便食品制造	143	278	289	330	500	733
乳制品制造	144	43	51	49	50	39
罐头食品制造	145	85	82	102	117	144
调味品、发酵制品制造	146	240	244	239	366	478
其他食品制造	149	485	551	600	767	879
酒、饮料和精制茶制造业	15	1307	1423	1569	1947	2833
酒的制造	151	438	419	477	581	855
饮料制造	152	492	567	544	799	1046
精制茶加工	153	377	437	548	567	932
烟草制品业	16	3	9	6	10	12
烟叶复烤	161		5	2	3	4
卷烟制造	162	2	1	2	3	5
其他烟草制品制造	169	1	3	2	4	3
纺织业	17	3100	4144	5636	5702	4913
棉纺织及印染精加工	171	1106	1323	1848	1829	1431
毛纺织及染整精加工	172	142	165	251	291	257

单位：个

2013年	2014年	2015年	2016年	2017年	2018年	2019年	2020年	2021年	2022年	代码
250	289	245	272	274	267	267	285	357	318	09
171	207	176	186	195	199	189	200	255	227	091
48	52	40	43	56	45	45	44	59	43	092
31	30	29	43	23	23	33	41	43	48	093
2194	2426	2438	2710	2812	3255	3588	3504	2578	2142	10
1960	2190	2228	2456	2569	2980	3278	3094	2111	1597	101
38	34	33	35	30	45	52	42	49	49	102
5	6	4	15	11	7	13	7	15	8	103
191	196	173	204	202	223	245	361	403	488	109
274	379	424	294	422	621	869	495	561	572	11
18	17	25	16	27	39	54	74	142	236	111
222	331	363	240	347	524	733	351	286	207	112
34	31	36	38	48	58	82	70	133	129	119
125	143	194	224	200	291	268	403	413	423	12
125	143	194	224	200	291	268	403	413	423	120
176834	**220000**	**234163**	**296591**	**374776**	**380653**	**352796**	**390748**	**411607**	**318169**	C
8029	8719	10652	11660	11650	11853	11028	13130	12242	12148	13
1796	1630	1725	1665	1493	1388	1103	1395	1448	1666	131
708	1092	988	1011	1160	1116	1085	1548	1883	1668	132
626	675	873	958	887	703	656	729	667	771	133
46	43	88	70	125	118	65	69	49	43	134
1364	1478	1877	1975	1912	2015	2290	2826	2361	2067	135
674	652	674	785	831	970	1128	913	658	617	136
1216	1334	1698	1873	1900	1793	1681	1723	1266	1168	137
1599	1815	2729	3323	3342	3750	3020	3927	3910	4148	139
4598	5038	6608	7129	7385	7306	7721	10073	10525	9529	14
1466	1474	1713	1773	1784	1634	1833	2161	1975	1612	141
421	355	375	335	320	296	299	211	189	107	142
916	1048	1394	1403	1380	1290	1572	1855	1375	1222	143
81	98	113	141	142	152	154	184	205	153	144
127	143	174	185	158	139	197	190	148	122	145
580	537	762	737	753	686	658	815	746	668	146
1007	1383	2077	2555	2848	3109	3008	4657	5887	5645	149
3298	3912	5335	5395	5397	5286	5716	6595	7032	8629	15
794	986	1605	1847	1815	1969	2536	2776	2966	3448	151
1238	1516	2007	1643	1549	1447	1401	1463	1346	1223	152
1266	1410	1723	1905	2033	1870	1779	2356	2720	3958	153
7	11	5	5	11	8	16	20	39	13	16
1	1	1	3	1		1		1	1	161
5	6	1	1	3	3	11	14	19	1	162
1	4	3	1	7	5	4	6	19	11	169
6521	7607	8830	12048	14136	14057	12608	18534	16178	10859	17
2030	2164	2846	3637	4235	4229	3577	4096	3714	2753	171
322	446	725	777	685	758	596	521	603	271	172

2-6 续表 15

行业中类	代码	2008年	2009年	2010年	2011年	2012年
麻纺织及染整精加工	173	24	31	36	29	37
丝绢纺织及印染精加工	174	66	76	89	92	81
化纤织造及印染精加工	175	250	461	702	704	483
针织或钩针编织物及其制品制造	176	512	696	949	978	884
家用纺织制成品制造	177	482	644	847	946	990
产业用纺织制成品制造	178	518	748	914	833	750
纺织服装、服饰业	18	3127	3926	5915	6517	6383
机织服装制造	181	1574	1933	3072	3412	2969
针织或钩针编织服装制造	182	472	637	890	880	928
服饰制造	183	1081	1356	1953	2225	2486
皮革、毛皮、羽毛及其制品和制鞋业	19	1362	2008	2800	3194	3106
皮革鞣制加工	191	72	113	142	172	208
皮革制品制造	192	501	699	958	1188	1246
毛皮鞣制及制品加工	193	94	218	253	222	268
羽毛(绒)加工及制品制造	194	53	61	77	90	112
制鞋业	195	642	917	1370	1522	1272
木材加工和木、竹、藤、棕、草制品业	20	2079	2513	3402	3466	4357
木材加工	201	687	837	1163	1271	2086
人造板制造	202	464	558	779	724	688
木质制品制造	203	715	876	1136	1147	1204
竹、藤、棕、草等制品制造	204	213	242	324	324	379
家具制造业	21	1350	1945	2707	2774	3545
木质家具制造	211	857	1265	1778	1924	2338
竹、藤家具制造	212	10	17	27	28	42
金属家具制造	213	203	252	307	278	322
塑料家具制造	214	22	25	33	34	36
其他家具制造	219	258	386	562	510	807
造纸和纸制品业	22	1946	2765	3300	3147	3282
纸浆制造	221	8	5	5	13	12
造纸	222	428	557	679	610	651
纸制品制造	223	1510	2203	2616	2524	2619
印刷和记录媒介复制业	23	2211	2711	3170	3141	2922
印刷	231	2016	2457	2878	2849	2628
装订及印刷相关服务	232	186	246	287	287	285
记录媒介复制	233	9	8	5	5	9
文教、工美、体育和娱乐用品制造业	24	2301	2930	3940	4309	4847
文教办公用品制造	241	234	316	400	433	424
乐器制造	242	53	70	92	116	119
工艺美术及礼仪用品制造	243	1425	1780	2428	2663	3172
体育用品制造	244	240	306	386	391	434
玩具制造	245	275	376	499	587	572
游艺器材及娱乐用品制造	246	74	82	135	119	126
石油、煤炭及其他燃料加工业	25	323	390	388	414	474

单位：个

2013年	2014年	2015年	2016年	2017年	2018年	2019年	2020年	2021年	2022年	代码
44	62	54	66	99	90	75	55	63	47	173
93	97	114	99	123	102	93	64	58	35	174
661	614	575	936	1026	1211	826	700	696	351	175
1156	1318	1371	1819	2087	2154	2341	2445	2817	1765	176
1244	1671	1924	3068	3698	3405	3308	5327	5827	3980	177
971	1235	1221	1646	2183	2108	1792	5326	2400	1657	178
9237	11526	12879	16589	20720	23934	19221	19051	23727	19351	18
4281	5093	5515	6905	8449	9799	5938	6045	7496	5609	181
1291	1422	1530	1933	2373	2695	2005	1971	2278	1421	182
3665	5011	5834	7751	9898	11440	11278	11035	13953	12321	183
4782	6093	5677	7126	9018	9482	8116	8171	11862	8559	19
297	296	371	406	463	414	220	255	354	271	191
1690	1990	2229	2874	3667	3583	2937	3062	3848	2313	192
493	596	484	743	639	726	609	534	569	208	193
105	90	127	179	213	258	210	235	254	260	194
2197	3121	2466	2924	4036	4501	4140	4085	6837	5507	195
5314	6195	7521	9983	14576	16924	24867	26493	30090	26036	20
2047	2494	3326	4383	6183	9929	16947	17313	19215	17180	201
1014	1017	1198	1684	3030	1963	2423	3199	3392	2241	202
1740	2084	2226	3004	4309	3753	4244	4611	5625	4844	203
513	600	771	912	1054	1279	1253	1370	1858	1771	204
4671	6591	6953	9750	14503	12383	10549	12283	12471	10159	21
3096	4520	4850	6854	10524	8750	7126	7578	7753	7437	211
57	66	68	105	129	120	141	113	161	162	212
445	528	555	774	1087	1005	1023	1689	1936	635	213
41	61	50	64	86	76	108	123	93	42	214
1032	1416	1430	1953	2677	2432	2151	2780	2528	1883	219
4205	4963	4957	5926	8023	8359	7313	7353	7143	5082	22
15	23	41	49	20	18	31	35	41	25	221
777	847	789	1022	1426	1258	930	910	775	544	222
3413	4093	4127	4855	6577	7083	6352	6408	6327	4513	223
3649	4148	4605	5484	6768	6420	5772	6020	6345	4550	23
3264	3724	4083	4835	6014	5766	5214	5363	5566	3993	231
376	410	499	626	735	627	512	603	711	491	232
9	14	23	23	19	27	46	54	68	66	233
6479	8560	9691	12430	14567	14039	13381	12913	14596	10954	24
626	727	848	997	1204	1242	1199	1214	1186	926	241
118	157	224	291	349	324	286	264	231	196	242
4171	5442	6018	7566	9022	8310	8059	7258	7663	6130	243
575	946	1016	1388	1525	1598	1457	1984	2405	1686	244
815	1009	1253	1706	1913	2118	1884	1700	2456	1529	245
174	279	332	482	554	447	496	493	655	487	246
483	720	766	1001	1287	1475	1146	1223	1354	1463	25

2-6 续表 16

行业中类	代码	2008年	2009年	2010年	2011年	2012年
精炼石油产品制造	251	149	219	212	217	256
煤炭加工	252	153	139	139	147	133
生物质燃料加工	254	21	32	37	50	85
化学原料和化学制品制造业	26	3545	4298	4598	4639	4699
基础化学原料制造	261	650	702	664	691	677
肥料制造	262	482	603	609	655	699
农药制造	263	44	72	66	51	59
涂料、油墨、颜料及类似产品制造	264	611	766	861	811	819
合成材料制造	265	326	430	521	548	511
专用化学产品制造	266	993	1173	1225	1181	1177
炸药、火工及焰火产品制造	267	85	83	128	150	118
日用化学产品制造	268	354	469	524	552	639
医药制造业	27	608	861	971	978	1041
化学药品原料药制造	271	94	128	140	129	116
化学药品制剂制造	272	59	74	87	83	89
中药饮片加工	273	95	145	184	227	228
中成药生产	274	64	76	89	102	100
兽用药品制造	275	56	79	80	62	93
生物药品制品制造	276	111	137	170	154	163
卫生材料及医药用品制造	277	108	197	189	203	224
药用辅料及包装材料	278	21	25	32	18	28
化学纤维制造业	28	178	246	432	394	248
纤维素纤维原料及纤维制造	281	23	26	38	39	27
合成纤维制造	282	141	206	375	337	202
生物基材料制造	283	14	14	19	18	19
橡胶和塑料制品业	29	5577	7016	8611	8599	8541
橡胶制品业	291	1013	1162	1441	1470	1458
塑料制品业	292	4564	5854	7170	7129	7083
非金属矿物制品业	30	7266	9148	11652	13552	13672
水泥、石灰和石膏制造	301	597	651	675	666	539
石膏、水泥制品及类似制品制造	302	1559	2235	3236	3969	4093
砖瓦、石材等建筑材料制造	303	2651	3203	3995	4962	5395
玻璃制造	304	155	234	349	328	332
玻璃制品制造	305	398	487	687	767	735
玻璃纤维和玻璃纤维增强塑料制品制造	306	228	273	279	284	288
陶瓷制品制造	307	465	743	1016	947	900
耐火材料制品制造	308	482	551	523	531	489
石墨及其他非金属矿物制品制造	309	731	771	892	1098	901
黑色金属冶炼和压延加工业	31	805	849	997	979	836
炼铁	311	42	37	32	28	16
炼钢	312	20	15	15	15	17
钢压延加工	313	620	698	861	837	708
铁合金冶炼	314	123	99	89	99	95

单位：个

2013年	2014年	2015年	2016年	2017年	2018年	2019年	2020年	2021年	2022年	代码
219	271	283	351	397	417	418	467	441	347	251
184	274	258	322	433	355	261	328	368	384	252
80	175	225	328	457	703	467	428	545	732	254
5311	6535	7340	8238	9363	9424	8628	9768	9202	7593	26
671	760	779	849	926	993	907	850	747	607	261
747	1023	1296	1375	1458	1475	1356	1602	1668	1417	262
74	93	92	91	108	125	137	159	195	138	263
1052	1151	1220	1412	1673	1458	1291	1395	1198	967	264
581	708	743	903	1236	1339	1339	1493	1495	1279	265
1302	1539	1628	1818	2106	2085	1829	1845	1793	1599	266
158	129	184	104	130	107	46	76	78	66	267
726	1132	1398	1686	1726	1842	1723	2348	2028	1520	268
1198	1499	1884	2211	2583	2621	2552	6274	2934	2577	27
132	162	149	161	229	240	288	305	238	200	271
74	97	108	137	135	182	153	204	218	149	272
313	339	539	610	677	644	435	505	337	309	273
119	182	216	308	396	367	406	543	489	457	274
55	70	90	72	100	112	98	148	215	205	275
224	256	332	428	500	521	482	463	457	279	276
248	357	405	460	502	492	623	3962	875	911	277
33	36	45	35	44	63	67	144	105	67	278
346	324	383	395	566	653	526	723	895	687	28
39	45	57	55	73	69	57	120	137	90	281
267	238	282	279	395	472	373	395	487	390	282
40	41	44	61	98	112	96	208	271	207	283
10735	12648	12996	16715	20905	20333	17805	20622	19269	13013	29
1859	2249	2372	3048	3567	3477	2552	3266	3075	1838	291
8876	10399	10624	13667	17338	16856	15253	17356	16194	11175	292
15554	17853	17133	21953	29892	31129	32298	32218	30484	24037	30
587	709	719	890	1118	1071	1172	1244	1037	795	301
4380	4642	4054	5458	7516	7318	7716	8832	7814	5918	302
6234	7228	6971	8545	12407	13453	12286	13067	11951	9049	303
438	492	414	551	798	742	603	680	717	464	304
1112	1156	1165	1540	1886	1946	1940	2054	2239	1737	305
315	431	436	586	664	701	728	850	1038	600	306
1067	1414	1513	1975	2421	2326	4504	2240	2469	2499	307
463	546	580	743	965	1106	1301	1079	857	675	308
958	1235	1281	1665	2117	2466	2048	2172	2362	2300	309
933	1152	1067	1427	2043	1772	1486	1661	1569	1118	31
12	16	26	27	33	36	49	43	47	42	311
16	12	12	12	27	21	31	33	33	23	312
836	1041	946	1268	1755	1537	905	1020	938	553	313
69	83	83	120	228	178	501	565	551	500	314

2–6 续表 17

行业中类	代码	2008年	2009年	2010年	2011年	2012年
有色金属冶炼和压延加工业	32	1012	1027	1248	1239	1203
常用有色金属冶炼	321	184	143	158	166	147
贵金属冶炼	322	20	19	20	12	26
稀有稀土金属冶炼	323	34	31	36	48	38
有色金属合金制造	324	211	218	282	303	283
有色金属压延加工	325	563	616	752	710	709
金属制品业	33	8314	9946	12865	13943	13952
结构性金属制品制造	331	2855	3558	4734	5119	5173
金属工具制造	332	675	746	1062	1074	1043
集装箱及金属包装容器制造	333	232	276	353	350	366
金属丝绳及其制品制造	334	369	478	428	501	903
建筑、安全用金属制品制造	335	1222	1503	1927	2228	2073
金属表面处理及热处理加工	336	389	438	598	601	519
搪瓷制品制造	337	41	47	71	64	88
金属制日用品制造	338	460	608	730	738	788
铸造及其他金属制品制造	339	2071	2292	2962	3268	2999
通用设备制造业	34	10048	11256	15159	16034	13730
锅炉及原动设备制造	341	298	376	424	438	362
金属加工机械制造	342	1417	1654	2469	2490	2198
物料搬运设备制造	343	412	467	651	641	591
泵、阀门、压缩机及类似机械制造	344	1318	1547	1851	1912	1508
轴承、齿轮和传动部件制造	345	646	640	881	922	722
烘炉、风机、包装等设备制造	346	967	1198	1473	1580	1406
文化、办公用机械制造	347	83	113	137	157	154
通用零部件制造	348	4211	4317	6020	6473	5388
其他通用设备制造业	349	696	944	1253	1421	1401
专用设备制造业	35	6288	7970	10370	10864	10374
采矿、冶金、建筑专用设备制造	351	1027	1193	1379	1474	1423
化工、木材、非金属加工专用设备制造	352	1766	2102	3038	3246	3097
食品、饮料、烟草及饲料生产专用设备制造	353	171	286	310	281	286
印刷、制药、日化及日用品生产专用设备制造	354	290	415	490	481	401
纺织、服装和皮革加工专用设备制造	355	288	375	519	541	452
电子和电工机械专用设备制造	356	394	537	684	763	715
农、林、牧、渔专用机械制造	357	372	513	695	689	673
医疗仪器设备及器械制造	358	452	644	820	814	848
环保、邮政、社会公共服务及其他专用设备制造	359	1528	1905	2435	2575	2479
汽车制造业	36	2311	2695	3984	3816	3373
汽车整车制造	361	14	27	57	45	48
汽车用发动机制造	362	8	13	9	16	15
改装汽车制造	363	33	51	53	54	42
低速汽车制造	364	2		7	3	3
电车制造	365	9	9	20	14	15
汽车车身、挂车制造	366	86	86	123	122	130
汽车零部件及配件制造	367	2159	2509	3715	3562	3120

单位：个

2013年	2014年	2015年	2016年	2017年	2018年	2019年	2020年	2021年	2022年	代码
1441	1672	1586	2031	2744	2692	2065	2189	3155	2531	32
113	120	154	189	228	231	254	184	341	345	321
21	20	18	26	15	24	27	36	50	58	322
29	38	29	35	54	54	49	36	61	55	323
358	414	408	527	776	756	500	658	1238	1010	324
920	1080	977	1254	1671	1627	1235	1275	1465	1063	325
18523	24177	24626	32347	41600	42363	37226	41506	44382	30485	33
6813	9207	9799	13045	16448	17192	15212	18195	19821	14958	331
1408	1661	1680	2173	2653	2704	2229	2191	2367	1813	332
395	461	406	540	660	686	586	817	817	740	333
1631	2035	1741	1690	1615	1581	1199	1738	2015	1164	334
2927	3439	3385	4642	6472	6642	6459	6496	5998	3249	335
708	822	769	893	1327	1316	1271	1461	1706	1152	336
98	159	135	197	255	284	451	419	502	477	337
1004	1330	1394	1798	2286	2525	2850	3119	2923	1844	338
3539	5063	5317	7369	9884	9433	6969	7070	8233	5088	339
16365	21744	22028	27787	38717	37992	33951	36042	41786	29422	34
421	610	704	960	626	624	613	710	686	589	341
2546	3426	3481	4139	5826	6001	5272	6320	7556	5387	342
687	903	981	1265	1443	1361	1645	1760	1330	836	343
1866	2299	2221	2541	3719	3597	3449	3907	4282	3222	344
896	1036	1060	1221	2354	2055	2467	2185	3010	2086	345
1744	2151	2145	2707	3458	3408	3168	3794	4203	3120	346
167	205	203	266	331	299	266	281	379	274	347
6496	8434	8322	10721	16070	16102	13577	13775	16247	10688	348
1542	2680	2911	3967	4890	4545	3494	3310	4093	3220	349
12823	16371	17001	21726	29304	29758	28294	34468	33697	24164	35
1354	1659	1503	1883	2553	3166	5017	6110	5415	3571	351
4096	4949	5180	6896	9639	8602	6005	6328	7382	5264	352
312	438	467	612	727	715	925	974	942	774	353
522	579	554	698	801	795	655	824	837	609	354
578	588	526	601	817	786	639	638	725	522	355
851	1013	1028	1323	1611	1898	2345	2706	2852	2218	356
798	1074	1146	1399	1736	1698	1498	2328	2155	1540	357
1227	1450	1533	1990	2362	2485	2568	5206	3825	3247	358
3085	4621	5064	6324	9058	9613	8642	9354	9564	6419	359
4366	5337	5296	6813	8783	8298	6869	7006	7938	6371	36
48	80	101	181	195	226	139	152	149	147	361
17	23	33	30	37	41	98	76	55	116	362
42	75	69	80	107	120	86	89	79	43	363
7	3	7	12	14	13	17	16	15	17	364
25	50	58	72	42	46	52	65	31	30	365
145	244	231	332	538	805	1901	2265	2448	1689	366
4082	4862	4797	6106	7850	7047	4576	4343	5161	4329	367

2-6 续表 18

行业中类	代码	2008年	2009年	2010年	2011年	2012年
铁路、船舶、航空航天和其他运输设备制造业	37	1041	1143	1447	1339	1241
铁路运输设备制造	371	133	162	180	162	139
城市轨道交通设备制造	372	10	9	19	20	26
船舶及相关装置制造	373	410	410	474	385	325
航空、航天器及设备制造	374	61	49	70	87	82
摩托车制造	375	216	216	292	276	251
自行车和残疾人座车制造	376	87	101	147	131	130
助动车制造	377	68	126	178	176	193
非公路休闲车及零配件制造	378	20	23	35	39	47
潜水救捞及其他未列明运输设备制造	379	36	47	52	63	48
电气机械和器材制造业	38	5442	7134	9085	9637	8815
电机制造	381	560	660	845	854	690
输配电及控制设备制造	382	2062	2591	3313	3461	2793
电线、电缆、光缆及电工器材制造	383	834	1000	1156	1216	1146
电池制造	384	146	219	263	295	286
家用电力器具制造	385	596	857	1064	1101	1167
非电力家用器具制造	386	207	266	279	284	244
照明器具制造	387	721	1097	1593	1799	1977
其他电气机械及器材制造	389	316	444	572	627	512
计算机、通信和其他电子设备制造业	39	3298	4302	5874	6405	6450
计算机制造	391	280	393	511	597	614
通信设备制造	392	276	378	425	501	483
广播电视设备制造	393	97	122	135	140	133
雷达及配套设备制造	394	7	11	16	16	7
非专业视听设备制造	395	152	235	276	322	358
智能消费设备制造	396	110	154	217	253	268
电子器件制造	397	530	733	1044	1084	1142
电子元件及电子专用材料制造	398	1474	1813	2573	2709	2699
其他电子设备制造	399	372	463	677	783	746
仪器仪表制造业	40	1175	1582	1830	2146	2122
通用仪器仪表制造	401	735	1024	1206	1390	1321
专用仪器仪表制造	402	183	247	274	325	298
钟表与计时仪器制造	403	66	88	105	165	209
光学仪器制造	404	76	71	76	112	115
衡器制造	405	38	51	53	41	41
其他仪器仪表制造业	409	77	101	116	113	138
其他制造业	41	728	911	1234	1400	1488
日用杂品制造	411	356	454	582	602	606
其他未列明制造业	419	372	457	652	798	882
废弃资源综合利用业	42	393	411	542	583	634
金属废料和碎屑加工处理	421	210	212	281	292	302
非金属废料和碎屑加工处理	422	183	199	261	291	332

单位：个

2013年	2014年	2015年	2016年	2017年	2018年	2019年	2020年	2021年	2022年	代码
1668	2180	2067	2715	2791	2574	2444	3110	3379	2528	37
169	222	216	278	313	277	284	287	322	215	371
30	42	44	67	92	81	84	129	142	81	372
373	549	547	607	594	635	798	1002	1126	1098	373
102	138	149	215	228	291	271	231	275	172	374
381	343	292	397	406	326	288	526	536	434	375
199	280	268	394	452	377	345	507	525	196	376
295	420	373	549	491	402	224	248	214	159	377
62	96	106	119	121	109	76	77	82	73	378
57	90	72	89	94	76	74	103	157	100	379
10815	13612	13562	17434	21747	21353	19443	21043	24001	18064	38
799	969	966	1139	1403	1285	1261	1390	1676	1236	381
3248	4346	4215	5588	6884	6720	6163	7378	8944	7712	382
1522	1810	1693	2046	2627	2376	2033	2456	2457	1629	383
353	398	517	700	984	955	883	879	946	982	384
1442	1897	1868	2317	2882	3007	2550	2751	2547	1814	385
281	344	356	466	636	523	359	296	367	262	386
2508	2989	2936	3876	4837	4789	4703	3780	4492	2646	387
662	859	1011	1302	1494	1698	1491	2113	2572	1783	389
8299	10466	11048	15188	17184	17927	12031	12011	12565	8193	39
765	916	1012	1384	1166	1226	1379	1455	1621	738	391
641	808	854	1131	1206	1210	804	876	766	542	392
135	169	177	218	216	211	211	294	323	293	393
12	31	24	29	31	38	30	19	20	23	394
449	460	498	658	791	671	372	329	329	174	395
405	546	657	1082	1084	1347	1234	1333	1361	1053	396
1458	1702	1773	2396	2691	2705	3750	4278	4591	3040	397
3482	4284	4462	5949	7519	8439	2330	2084	2394	1608	398
952	1550	1591	2341	2480	2080	1921	1343	1160	722	399
2515	3151	3315	3970	4987	5288	4490	4852	5953	5057	40
1594	2088	2236	2623	3456	3647	3125	3425	4413	3835	401
373	462	481	535	633	649	630	686	756	574	402
225	201	203	290	332	329	151	160	113	71	403
126	183	183	240	269	278	199	233	298	241	404
55	46	44	66	54	80	42	52	47	48	405
142	171	168	216	243	305	343	296	326	288	409
2150	3456	4158	5902	6567	6835	7705	6338	5874	4811	41
857	1090	1215	1833	1723	1603	1441	1984	2060	1587	411
1293	2366	2943	4069	4844	5232	6264	4354	3814	3224	419
651	851	1051	1282	2330	3074	3543	3850	5151	5363	42
288	349	433	548	1136	1372	1601	1983	2850	2971	421
363	502	618	734	1194	1702	1942	1867	2301	2392	422

2-6 续表 19

行业中类	代码	2008年	2009年	2010年	2011年	2012年
金属制品、机械和设备修理业	43	851	1014	1340	1481	1583
金属制品修理	431	15	19	19	20	29
通用设备修理	432	129	178	197	265	278
专用设备修理	433	127	176	228	237	253
铁路、船舶、航空航天等运输设备修理	434	188	216	262	260	271
电气设备修理	435	80	92	140	134	158
仪器仪表修理	436	21	21	25	38	36
其他机械和设备修理业	439	291	312	469	527	558
电力、热力、燃气及水生产和供应业	D	**2831**	**3223**	**3365**	**3245**	**3559**
电力、热力生产和供应业	44	1716	1880	1991	1928	1985
电力生产	441	1388	1513	1553	1461	1492
电力供应	442	57	46	63	62	75
热力生产和供应	443	271	321	375	405	418
燃气生产和供应业	45	295	377	482	457	547
燃气生产和供应业	451	289	359	457	444	525
生物质燃气生产和供应业	452	6	18	25	13	22
水的生产和供应业	46	820	966	892	860	1027
自来水生产和供应	461	418	457	471	464	565
污水处理及其再生利用	462	383	482	402	370	434
海水淡化处理	463	1	5	1	1	3
其他水的处理、利用与分配	469	18	22	18	25	25
建筑业	E	**17926**	**23897**	**30522**	**35850**	**37973**
房屋建筑业	47	3363	4588	5857	6669	7562
住宅房屋建筑	471	2733	3833	4839	5516	6231
体育场馆建筑	472	12	17	18	16	17
其他房屋建筑业	479	618	738	1000	1137	1314
土木工程建筑业	48	3727	5555	6751	7840	8386
铁路、道路、隧道和桥梁工程建筑	481	1351	1964	2380	2689	2936
水利和水运工程建筑	482	239	366	405	544	590
海洋工程建筑	483	7	10	10	12	13
工矿工程建筑	484	133	159	155	199	209
架线和管道工程建筑	485	411	599	750	789	834
节能环保工程施工	486	131	193	188	232	235
电力工程施工	487	152	198	229	287	279
其他土木工程建筑	489	1303	2066	2634	3088	3290
建筑安装业	49	3662	4466	5655	6451	6603
电气安装	491	1256	1467	1707	2055	2002
管道和设备安装	492	917	1078	1415	1585	1630
其他建筑安装业	499	1489	1921	2533	2811	2971
建筑装饰、装修和其他建筑业	50	7174	9288	12259	14890	15422
建筑装饰和装修业	501	5133	6772	9067	11557	11901
建筑物拆除和场地准备活动	502	601	774	965	909	909
提供施工设备服务	503	184	264	254	290	286
其他未列明建筑业	509	1256	1478	1973	2134	2326

单位：个

2013年	2014年	2015年	2016年	2017年	2018年	2019年	2020年	2021年	2022年	代码
1868	2889	3143	3931	4629	5041	3986	5208	5769	4823	43
36	75	74	121	97	102	97	133	204	186	431
299	517	504	589	770	808	702	1001	1226	1019	432
360	526	558	726	856	853	628	774	826	824	433
301	354	429	481	542	677	709	1022	991	844	434
188	315	317	396	486	512	402	684	875	717	435
43	77	75	94	90	90	47	92	100	73	436
641	1025	1186	1524	1788	1999	1401	1502	1547	1160	439
3938	**5366**	**6749**	**11063**	**13292**	**9878**	**8724**	**9454**	**15265**	**16317**	D
2268	3372	4470	8530	10466	6937	5793	6166	11267	12740	44
1727	2630	3496	6818	8438	5326	4184	3960	7656	9004	441
69	140	314	866	1070	698	769	1166	2417	2695	442
472	602	660	846	958	913	840	1040	1194	1041	443
605	623	623	691	827	908	830	939	1039	1075	45
578	579	581	625	752	823	724	810	842	848	451
27	44	42	66	75	85	106	129	197	227	452
1065	1371	1656	1842	1999	2033	2101	2349	2959	2502	46
599	722	883	935	947	985	1018	1169	1480	1373	461
424	606	715	849	995	989	994	1095	1381	1036	462
5	2	5	9	9	6	6	5	6	5	463
37	41	53	49	48	53	83	80	92	88	469
50427	**87770**	**97434**	**167723**	**242988**	**289148**	**382819**	**436347**	**481407**	**383332**	E
9855	16048	16672	33727	54844	68878	83379	105280	111564	91554	47
8113	13320	13669	27712	46382	56809	61746	82344	87393	72057	471
26	46	41	73	91	92	203	305	355	254	472
1716	2682	2962	5942	8371	11977	21430	22631	23816	19243	479
10789	17888	19385	35355	51456	59472	85923	100901	103369	84360	48
3789	6300	6488	13495	20185	21640	33033	32321	22716	14960	481
705	995	1136	1867	2383	2439	2656	2615	1679	914	482
26	41	30	59	57	63	112	97	89	58	483
206	292	336	468	732	983	1357	1337	1565	1829	484
861	1501	1629	2705	3195	3315	4218	3516	2636	1511	485
306	509	588	808	1293	1790	1647	1211	1126	700	486
348	543	691	1155	1425	1605	1633	1655	1538	1301	487
4548	7707	8487	14798	22186	27637	41267	58149	72020	63087	489
8198	13464	14529	23319	30324	32908	40802	37245	39239	25298	49
2302	3672	3961	6107	7689	8176	9282	9184	12371	8641	491
2076	3450	3759	5934	7633	8289	11093	9177	8863	4726	492
3820	6342	6809	11278	15002	16443	20427	18884	18005	11931	499
21585	40370	46848	75322	106364	127890	172715	192921	227235	182120	50
16644	32058	37539	58783	81138	91936	105988	110195	133559	101540	501
1341	2037	1970	3421	4841	4923	5262	7498	9939	8674	502
356	599	580	1039	1577	1769	3529	8218	9146	2657	503
3244	5676	6759	12079	18808	29262	57936	67010	74591	69249	509

2-6　续表 20

行业中类	代码	2008年	2009年	2010年	2011年	2012年
批发和零售业	F	**109744**	**147971**	**191743**	**233254**	**248651**
批发业	51	70086	93155	119517	142814	149477
农、林、牧、渔产品批发	511	2656	3518	4180	5088	6532
食品、饮料及烟草制品批发	512	5515	7350	9798	12614	15632
纺织、服装及家庭用品批发	513	9067	12441	16681	21333	22090
文化、体育用品及器材批发	514	2352	3253	4324	5252	5571
医药及医疗器材批发	515	2196	3231	3935	4718	5191
矿产品、建材及化工产品批发	516	21419	28694	36073	41457	41211
机械设备、五金产品及电子产品批发	517	19972	26223	33293	38710	38905
贸易经纪与代理	518	2017	2603	3403	4174	4540
其他批发业	519	4892	5842	7830	9468	9805
零售业	52	39658	54816	72226	90440	99174
综合零售	521	2951	3922	5289	6766	7872
食品、饮料及烟草制品专门零售	522	3716	4543	6549	9142	11413
纺织、服装及日用品专门零售	523	3757	4982	6965	9853	10411
文化、体育用品及器材专门零售	524	2546	3397	4415	5807	6122
医药及医疗器材专门零售	525	2801	4653	5970	7021	8043
汽车、摩托车、零配件和燃料及其他动力销售	526	5792	8350	10686	10845	11589
家用电器及电子产品专门零售	527	7458	10614	12539	15088	15615
五金、家具及室内装饰材料专门零售	528	6354	8372	11560	14920	16414
货摊、无店铺及其他零售业	529	4283	5983	8253	10998	11695
交通运输、仓储和邮政业	G	**12645**	**16014**	**20325**	**20508**	**22188**
铁路运输业	53	63	63	67	55	50
铁路旅客运输	531	11	17	21	9	6
铁路货物运输	532	30	37	30	30	31
铁路运输辅助活动	533	22	9	16	16	13
道路运输业	54	7303	9408	11060	11719	13302
城市公共交通运输	541	364	355	388	414	501
公路旅客运输	542	321	298	325	300	379
道路货物运输	543	6143	8218	9758	10361	11761
道路运输辅助活动	544	475	537	589	644	661
水上运输业	55	450	532	589	562	421
水上旅客运输	551	37	34	46	32	29
水上货物运输	552	276	319	349	323	230
水上运输辅助活动	553	137	179	194	207	162
航空运输业	56	47	59	76	91	100
航空客货运输	561	23	24	34	34	33
通用航空服务	562	11	14	17	32	42
航空运输辅助活动	563	13	21	25	25	25
管道运输业	57	15	19	22	20	18
海底管道运输	571		2	3	2	2
陆地管道运输	572	15	17	19	18	16

单位：个

2013年	2014年	2015年	2016年	2017年	2018年	2019年	2020年	2021年	2022年	代码
326414	**495959**	**591668**	**791462**	**913952**	**1027660**	**1084759**	**1223607**	**1387670**	**1274385**	F
191649	282858	314928	409912	483913	554111	587450	649132	712139	584785	51
8903	12199	14690	17868	19161	20926	16645	23386	27253	29280	511
19504	28960	37201	45566	49351	53730	55384	64132	68868	60681	512
30781	47007	50684	66546	76622	89395	92553	95295	102094	83996	513
7540	11742	13097	16809	18150	19538	18691	19208	20855	16370	514
6435	9420	11649	14604	15692	19185	17782	24929	24958	21068	515
51021	73096	77141	105098	136375	158385	180324	200880	218321	178047	516
48609	70509	75113	95702	111616	116381	116225	117210	132412	90951	517
6019	9227	10915	14546	17454	22441	23122	37422	43415	32170	518
12837	20698	24438	33173	39492	54130	66724	66670	73963	72222	519
134765	213101	276740	381550	430039	473549	497309	574475	675531	689600	52
12093	20470	30381	44223	48219	60965	105771	114026	130858	152034	521
14444	21224	29846	39561	45436	49582	43328	60278	77506	87289	522
15090	23914	30598	44606	48246	55757	53065	59394	71969	74683	523
8420	14065	17058	22917	24514	25962	22269	23380	28126	26049	524
8592	14502	26657	32214	32044	34053	33495	51110	42912	35327	525
15556	23491	28427	36263	46083	48145	40844	43947	54856	50469	526
20481	31380	36060	47868	50511	49030	37648	36372	39773	33930	527
23143	34542	37620	52299	67237	72075	65550	73370	79137	65074	528
16946	29513	40093	61599	67749	77980	95339	112598	150394	164745	529
30035	**43885**	**51364**	**64686**	**79274**	**87117**	**93738**	**115818**	**126058**	**99697**	G
47	84	82	114	108	153	508	603	722	545	53
8	15	8	19	11	30	67	99	102	57	531
25	42	49	57	66	86	314	341	419	295	532
14	27	25	38	31	37	127	163	201	193	533
18171	26920	31550	42881	55412	60237	62731	76559	82128	66286	54
600	649	676	744	809	853	3350	1598	1526	1380	541
366	413	582	624	665	686	857	915	954	664	542
16381	24686	28775	39265	51463	56232	55428	69635	74575	59785	543
824	1172	1517	2248	2475	2466	3096	4411	5073	4457	544
492	835	896	1028	1117	1391	1594	1812	2561	1963	55
61	78	101	111	111	108	114	71	90	40	551
273	482	509	599	633	828	914	1067	1592	1286	552
158	275	286	318	373	455	566	674	879	637	553
119	210	227	303	334	523	524	639	690	497	56
45	67	75	84	102	145	124	165	168	106	561
42	89	88	131	140	246	261	361	411	318	562
32	54	64	88	92	132	139	113	111	73	563
19	27	17	22	27	38	48	78	84	49	57
2	2	2		3	4	11	19	37	13	571
17	25	15	22	24	34	37	59	47	36	572

2-6 续表 21

行业中类	代码	2008年	2009年	2010年	2011年	2012年
多式联运和运输代理业	58	2660	2952	3900	4285	4626
多式联运	581	29	36	44	58	46
运输代理业	582	2631	2916	3856	4227	4580
装卸搬运和仓储业	59	1618	1956	2355	2615	2684
装卸搬运	591	601	649	810	877	1041
通用仓储	592	291	356	447	525	530
低温仓储	593	90	93	124	127	156
危险品仓储	594	26	36	38	35	33
谷物、棉花等农产品仓储	595	313	413	381	417	369
中药材仓储	596	1	1	5	2	
其他仓储业	599	296	408	550	632	555
邮政业	60	489	1025	2256	1161	987
邮政基本服务	601	38	26	39	28	34
快递服务	602	438	986	2198	1114	934
其他寄递服务	609	13	13	19	19	19
住宿和餐饮业	**H**	**6615**	**7592**	**10085**	**11658**	**14684**
住宿业	61	3029	3129	4347	4842	5810
旅游饭店	611	916	1000	1247	1329	1554
一般旅馆	612	1870	1881	2736	3143	3775
民宿服务	613	44	42	61	63	87
露营地服务	614			2	3	2
其他住宿业	619	199	206	301	304	392
餐饮业	62	3586	4463	5738	6816	8874
正餐服务	621	2897	3552	4642	5554	7264
快餐服务	622	230	307	346	401	487
饮料及冷饮服务	623	113	147	181	218	311
餐饮配送及外卖送餐服务	624	104	135	160	170	213
其他餐饮业	629	242	322	409	473	599
信息传输、软件和信息技术服务业	**I**	**10939**	**13770**	**16829**	**20686**	**23203**
电信、广播电视和卫星传输服务	63	739	622	658	712	767
电信	631	594	476	510	584	630
广播电视传输服务	632	133	136	127	113	126
卫星传输服务	633	12	10	21	15	11
互联网和相关服务	64	1090	1445	1814	2124	2422
互联网接入及相关服务	641	171	243	263	304	358
互联网信息服务	642	505	683	871	950	1125
互联网平台	643	109	141	173	225	250
互联网安全服务	644	27	26	31	46	39
互联网数据服务	645	47	55	79	101	123
其他互联网服务	649	231	297	397	498	527
软件和信息技术服务业	65	9110	11703	14357	17850	20014
软件开发	651	5488	7075	8688	10769	12275
集成电路设计	652	150	214	217	300	326

单位：个

2013年	2014年	2015年	2016年	2017年	2018年	2019年	2020年	2021年	2022年	代码
6081	8728	9771	10894	12300	13815	18741	23986	26913	19462	58
77	115	202	209	353	463	2255	2779	2909	2101	581
6004	8613	9569	10685	11947	13352	16486	21207	24004	17361	582
3538	5194	6007	6168	6990	8152	7317	9777	10448	9055	59
1445	2292	2948	3040	3498	4155	3046	3555	3922	3440	591
697	866	912	955	1216	1333	1124	1650	2014	1729	592
255	271	284	292	316	329	206	366	354	347	593
33	34	31	36	44	49	51	70	90	69	594
403	674	629	576	478	429	306	419	530	525	595
4	11	16	17	20	11	14	11	12	19	596
701	1046	1187	1252	1418	1846	2570	3706	3526	2926	599
1568	1887	2814	3276	2986	2808	2275	2364	2512	1840	60
27	33	74	59	63	102	85	126	190	122	601
1520	1817	2679	3146	2854	2603	2084	2120	2175	1554	602
21	37	61	71	69	103	106	118	147	164	609
19724	**27159**	**38447**	**50713**	**59412**	**68987**	**63510**	**67761**	**92027**	**87868**	**H**
7419	9161	11592	13663	14835	17169	15312	13877	17135	14534	61
1737	2251	2800	3488	4001	4424	3938	3694	4367	3370	611
5014	5931	7388	8311	8575	9245	7029	6058	7303	6200	612
132	237	402	661	808	1401	1332	1340	1868	1643	613
7	8	15	25	29	28	48	80	150	433	614
529	734	987	1178	1422	2071	2965	2705	3447	2888	619
12305	17998	26855	37050	44577	51818	48198	53884	74892	73334	62
10054	14608	21720	29569	35112	39901	34657	38563	54281	52263	621
714	1016	1549	2218	2847	3279	3477	3803	5185	4981	622
373	609	749	904	1326	1649	1701	1627	2599	2259	623
295	429	634	1030	1268	1453	1841	2528	3060	2820	624
869	1336	2203	3329	4024	5536	6522	7363	9767	11011	629
32800	**62670**	**89293**	**120971**	**154692**	**195061**	**204077**	**216035**	**272707**	**246788**	**I**
960	1920	2353	2674	2772	2889	2416	2999	4019	4405	63
844	1755	2149	2448	2525	2644	2212	2696	3668	3962	631
97	137	159	176	200	199	150	204	261	364	632
19	28	45	50	47	46	54	99	90	79	633
3504	7454	12133	16610	20407	25565	26911	34112	46628	47032	64
466	944	1333	1707	1967	2227	2598	2583	2879	2891	641
1612	3543	5917	8284	10199	12606	11948	16876	23533	24730	642
393	792	1264	1578	1963	2596	4125	4399	5394	5208	643
56	92	117	151	230	266	239	404	782	802	644
152	294	500	599	788	1277	2589	2560	3319	3107	645
825	1789	3002	4291	5260	6593	5412	7290	10721	10294	649
28336	53296	74807	101687	131513	166607	174750	178924	222060	195351	65
17499	32893	46310	62622	80891	97086	94307	82190	84104	60180	651
386	681	763	1029	1491	2373	6781	8018	7341	5716	652

2-6 续表 22

行业中类	代码	2008年	2009年	2010年	2011年	2012年
信息系统集成和物联网技术服务	653	761	967	1155	1444	1544
运行维护服务	654	122	152	182	227	240
信息处理和存储支持服务	655	58	76	98	131	141
信息技术咨询服务	656	1696	2201	2693	3353	3695
数字内容服务	657	194	242	308	432	415
其他信息技术服务业	659	641	776	1016	1194	1378
金融业	J	**3938**	**3822**	**4775**	**6165**	**6158**
货币金融服务	66	1378	1687	2238	2632	2637
货币银行服务	662	845	461	712	699	571
非货币银行服务	663	528	1224	1525	1928	2057
银行理财服务	664	5	2	1	5	9
资本市场服务	67	623	828	1431	2060	2069
证券市场服务	671	11	10	24	26	23
公开募集证券投资基金	672	9	20	28	34	39
非公开募集证券投资基金	673	139	208	428	592	616
期货市场服务	674	6	4	11	24	18
资本投资服务	676	329	440	672	935	849
其他资本市场服务	679	129	146	268	449	524
保险业	68	1625	791	633	907	963
人身保险	681	765	324	282	392	367
财产保险	682	593	203	149	272	383
再保险	683	2			2	
商业养老金	684	30	5	8	7	31
保险中介服务	685	217	243	172	181	124
保险资产管理	686	1	2	3	4	5
其他保险活动	689	17	14	19	49	53
其他金融业	69	312	516	473	566	489
金融信托与管理服务	691	21	37	35	33	45
控股公司服务	692	36	47	64	77	77
非金融机构支付服务	693	24	24	24	44	12
金融信息服务	694	14	30	40	57	99
金融资产管理公司	695	9	12	10	16	16
其他未列明金融业	699	208	366	300	339	240
房地产业	K	**16841**	**23215**	**32711**	**32211**	**28344**
房地产业	70	16841	23215	32711	32211	28344
房地产开发经营	701	6703	9838	15833	14368	10973
物业管理	702	5966	7314	9068	9977	10137
房地产中介服务	703	2066	3597	4687	4844	4392
房地产租赁经营	704	1792	2077	2543	2458	2290
其他房地产业	709	314	389	580	564	552
租赁和商务服务业	L	**34457**	**43733**	**57016**	**69541**	**77359**
租赁业	71	2326	3524	4832	6093	6754
机械设备经营租赁	711	2221	3401	4675	5868	6528

单位：个

2013年	2014年	2015年	2016年	2017年	2018年	2019年	2020年	2021年	2022年	代码
1902	3638	4631	5992	7404	8957	12123	16941	25365	23266	653
295	561	745	894	1070	1229	1945	2371	3456	2685	654
199	412	524	791	934	1233	1503	1388	1645	1492	655
5685	10675	15421	21403	28670	38435	37086	49288	78682	80737	656
571	1011	1279	1705	2116	3019	1000	1132	1894	2004	657
1799	3425	5134	7251	8937	14275	20005	17596	19573	19271	659
7415	**10537**	**16164**	**15009**	**14552**	**11896**	**8688**	**10022**	**10871**	**9425**	**J**
2783	2822	2662	2667	2597	3273	2061	2178	1932	1542	66
625	599	572	527	387	339	275	460	298	160	662
2147	2215	2087	2138	2207	2929	1769	1700	1619	1367	663
11	8	3	2	3	5	17	18	15	15	664
3052	5484	10315	9384	9190	6063	4320	5136	6481	5875	67
33	80	93	89	77	56	80	109	140	101	671
92	172	299	234	172	64	107	122	326	431	672
871	1785	3525	1960	1291	367	1383	1593	2386	1945	673
36	53	59	37	50	42	120	124	189	117	674
1244	2058	3459	3127	3437	2814	1900	2174	2369	2298	676
776	1336	2880	3937	4163	2720	730	1014	1071	983	679
829	654	797	1167	1006	853	928	1179	1166	905	68
284	222	253	316	226	165	131	169	175	120	681
350	240	248	252	260	209	223	296	184	111	682
		1	1	1	1	6	4	4	6	683
3	12	27	22	11	12	10	14	13	21	684
89	109	140	248	207	208	457	612	700	584	685
11	4	8	12	9	9	20	14	22	26	686
92	67	120	316	292	249	81	70	68	37	689
751	1577	2390	1791	1759	1707	1379	1529	1292	1103	69
111	190	293	200	178	172	144	161	105	93	691
105	182	324	419	349	318	140	431	473	424	692
15	14	13	15	9	12	56	25	36	40	693
163	579	988	402	395	396	504	354	266	212	694
32	71	115	112	104	68	119	142	78	72	695
325	541	657	643	724	741	416	416	334	262	699
38909	**44752**	**43167**	**66445**	**87713**	**110485**	**113844**	**118274**	**117890**	**74720**	**K**
38909	44752	43167	66445	87713	110485	113844	118274	117890	74720	70
14915	12852	9150	14183	19722	22973	23409	24961	20195	11097	701
13002	17856	17844	24072	27281	35956	38612	40730	42134	32886	702
7405	9904	11900	22187	33905	43388	46824	47496	50101	25681	703
2872	3371	3484	4573	5149	6300	3161	3303	3734	3897	704
715	769	789	1430	1656	1868	1838	1784	1726	1159	709
103146	**176350**	**227213**	**289220**	**357207**	**433542**	**478025**	**501403**	**595116**	**489328**	**L**
8906	16134	20327	29976	42226	49398	64366	73301	76363	55166	71
8557	15567	19603	29000	41132	48221	63290	72195	74868	53895	711

2-6 续表 23

行业中类	代码	2008年	2009年	2010年	2011年	2012年
文体设备和用品出租	712	91	111	140	194	202
日用品出租	713	14	12	17	31	24
商务服务业	72	32131	40209	52184	63448	70605
组织管理服务	721	5293	7318	10377	13245	13876
综合管理服务	722	1304	1529	1699	1777	1885
法律服务	723	433	580	664	622	731
咨询与调查	724	9821	11743	14889	18364	20603
广告业	725	6444	8263	10792	13089	15271
人力资源服务	726	2817	3202	4056	4642	5434
安全保护服务	727	507	579	827	1200	1163
会议、展览及相关服务	728	1335	1679	2054	2488	2878
其他商务服务业	729	4177	5316	6826	8021	8764
科学研究和技术服务业	**M**	**16425**	**22122**	**27615**	**33384**	**36812**
研究和试验发展	73	1859	2537	3379	4194	4755
自然科学研究和试验发展	731	76	110	162	185	188
工程和技术研究和试验发展	732	1322	1794	2444	3034	3366
农业科学研究和试验发展	733	151	215	245	330	412
医学研究和试验发展	734	296	404	510	626	759
社会人文科学研究	735	14	14	18	19	30
专业技术服务业	74	9058	11774	14590	17125	18472
气象服务	741	20	21	30	21	37
地震服务	742	3	7	6	5	9
海洋服务	743	33	48	44	59	38
测绘地理信息服务	744	304	341	391	399	422
质检技术服务	745	957	1390	1470	1582	1727
环境与生态监测检测服务	746	142	180	217	257	355
地质勘查	747	251	212	262	287	300
工程技术与设计服务	748	4168	5460	6808	7917	8319
工业与专业设计及其他专业技术服务	749	3180	4115	5362	6598	7265
科技推广和应用服务业	75	5508	7811	9646	12065	13585
技术推广服务	751	4113	5899	7268	9114	10319
知识产权服务	752	344	474	617	742	850
科技中介服务	753	122	150	186	219	244
创业空间服务	754	54	66	83	108	119
其他科技推广服务业	759	875	1222	1492	1882	2053
水利、环境和公共设施管理业	**N**	**2248**	**2951**	**3323**	**3822**	**4327**
水利管理业	76	117	171	152	207	202
防洪除涝设施管理	761	19	12	17	18	22
水资源管理	762	30	52	51	59	64
天然水收集与分配	763	11	13	16	14	19
水文服务	764	5	8	9	13	12
其他水利管理业	769	52	86	59	103	85
生态保护和环境治理业	77	319	370	379	460	573

单位：个

2013年	2014年	2015年	2016年	2017年	2018年	2019年	2020年	2021年	2022年	代码
308	500	633	834	972	1045	1001	1047	1420	1201	712
41	67	91	142	122	132	75	59	75	70	713
94240	160216	206886	259244	314981	384144	413659	428102	518753	434162	72
19036	32886	48238	46573	47359	52758	52291	63679	85491	74718	721
2676	4098	4973	6609	8069	10894	14491	17061	25299	26564	722
979	1682	2176	3106	4586	7114	21645	24878	26790	25522	723
29102	50739	65300	87190	110888	136599	121493	116019	144738	112193	724
19141	33748	38257	47388	54996	59720	50945	46586	51757	39454	725
6510	10001	13387	22004	35487	47250	62424	76708	92746	79723	726
1718	2682	2711	3405	4040	4432	5945	5806	6543	5184	727
3431	5313	6126	7692	8525	9863	10863	8625	9923	6971	728
11647	19067	25718	35277	41031	55514	73562	68740	75466	63833	729
49844	**86151**	**107288**	**148785**	**190512**	**245161**	**254334**	**298718**	**373034**	**315970**	M
6762	12085	16439	24359	30926	38223	34159	30601	39152	33621	73
316	650	957	1558	1420	2388	2244	1472	1676	1299	731
4959	8788	11887	17371	22477	27232	23785	20796	26603	22248	732
553	1039	1398	1806	2076	2727	2883	3720	5902	5527	733
890	1494	2058	3309	4560	5546	4991	4426	4824	4469	734
44	114	139	315	393	330	256	187	147	78	735
24575	39760	44754	59765	77574	92465	83582	103761	122952	106663	74
32	72	80	131	126	100	119	82	96	75	741
6	23	18	26	46	56	135	230	297	296	742
45	55	87	98	89	105	123	172	165	152	743
547	921	1004	1351	1564	1715	1487	1622	1817	1299	744
2200	3447	3796	4584	5437	6146	4791	6242	6062	5952	745
405	706	971	1306	1910	2305	2396	2344	2577	2100	746
278	442	412	578	828	1089	1362	1353	1704	1361	747
11050	17168	18249	26194	36023	43083	38951	56474	66296	55048	748
10012	16926	20137	25497	31551	37866	34218	35242	43938	40380	749
18507	34306	46095	64661	82012	114473	136593	164356	210930	175686	75
14130	25618	33739	46021	58903	77686	87403	100458	125447	105359	751
1127	1670	2114	2619	3389	3981	4362	4888	5630	4552	752
360	653	919	1332	1853	2454	2350	3072	4440	4804	753
173	322	673	1074	1018	1151	1133	1003	1251	1361	754
2717	6043	8650	13615	16849	29201	41345	54935	74162	59610	759
5444	**8418**	**10277**	**14754**	**18773**	**21309**	**29597**	**35717**	**41300**	**34687**	N
254	313	441	626	668	609	777	1086	1266	961	76
34	39	49	66	82	61	179	105	63	59	761
81	87	107	165	197	177	166	275	322	332	762
26	18	42	40	46	33	43	47	85	73	763
5	16	18	17	29	38	37	45	49	41	764
108	153	225	338	314	300	352	614	747	456	769
653	1116	1400	2058	2868	3687	4325	5181	5660	4958	77

2-6 续表 24

行业中类	代码	2008年	2009年	2010年	2011年	2012年
生态保护	771	18	33	29	41	69
环境治理业	772	301	337	350	419	504
公共设施管理业	78	1681	2250	2616	2955	3330
市政设施管理	781	212	324	296	272	346
环境卫生管理	782	271	320	343	346	420
城乡市容管理	783	22	43	50	54	48
绿化管理	784	781	1069	1353	1616	1764
城市公园管理	785	22	28	35	54	49
游览景区管理	786	373	466	539	613	703
土地管理业	79	131	160	176	200	222
土地整治服务	791	52	78	82	98	107
土地调查评估服务	792	26	28	25	25	32
土地登记服务	793	5		3	5	11
土地登记代理服务	794	13	9	7	10	14
其他土地管理服务	799	35	45	59	62	58
居民服务、修理和其他服务业	O	**6934**	**8698**	**10763**	**13274**	**14887**
居民服务业	80	2254	2804	3598	4627	5314
家庭服务	801	459	605	795	989	1269
托儿所服务	802	11	22	16	28	26
洗染服务	803	138	129	186	240	286
理发及美容服务	804	496	595	720	995	1068
洗浴和保健养生服务	805	387	509	657	783	867
摄影扩印服务	806	232	307	394	534	583
婚姻服务	807	149	198	297	399	550
殡葬服务	808	123	145	162	164	174
其他居民服务业	809	259	294	371	495	491
机动车、电子产品和日用产品修理业	81	2958	3859	4808	5758	6290
汽车、摩托车等修理与维护	811	1960	2642	3251	3934	4383
计算机和办公设备维修	812	442	535	709	831	846
家用电器修理	813	453	560	672	779	845
其他日用产品修理业	819	103	122	176	214	216
其他服务业	82	1722	2035	2357	2889	3283
清洁服务	821	1192	1421	1585	1979	2359
宠物服务	822	41	60	60	65	96
其他未列明服务业	829	489	554	712	845	828
教育	P	**1525**	**2097**	**2672**	**3267**	**4164**
教育	83	1525	2097	2672	3267	4164
学前教育	831	73	66	133	133	148
初等教育	832	4	10	15	20	32
中等教育	833	10	8	10	15	17
高等教育	834		4	1	3	5
特殊教育	835	1	2		2	2
技能培训、教育辅助及其他教育	839	1437	2007	2513	3094	3960

单位：个

2013年	2014年	2015年	2016年	2017年	2018年	2019年	2020年	2021年	2022年	代码
75	96	155	197	230	320	270	327	400	348	771
578	1020	1245	1861	2638	3367	4055	4854	5260	4610	772
4214	6577	7818	11289	13956	14745	15564	17719	17884	14025	78
444	605	770	1227	1379	1356	1839	3120	3136	2538	781
593	889	1361	1910	2549	2916	3176	3644	4622	3866	782
56	94	122	187	257	288	470	543	674	644	783
2164	3618	3614	5066	6589	7212	8092	8408	7587	5224	784
53	70	81	106	129	121	94	119	185	143	785
904	1301	1870	2793	3053	2852	1893	1885	1680	1610	786
323	412	618	781	1281	2268	8931	11731	16490	14743	79
153	221	347	409	662	1182	4297	5029	5865	5704	791
36	36	29	46	75	100	492	1259	3535	2427	792
5	9	21	23	36	69	276	236	295	264	793
31	37	69	102	185	360	1836	2088	2993	2762	794
98	109	152	201	323	557	2030	3119	3802	3586	799
19447	**31931**	**42882**	**58679**	**69190**	**78245**	**68991**	**77211**	**94446**	**84829**	**O**
6878	11671	15954	23220	29738	35767	30265	37522	51407	48853	80
1659	3260	4189	6429	7772	8868	7671	9005	11347	10595	801
42	103	169	243	442	661	1331	3026	5935	4522	802
326	508	671	921	995	1006	652	621	754	758	803
1222	1839	2777	4272	6474	8344	4942	5059	8319	8378	804
1124	1715	2475	3752	5261	6601	4410	5477	8710	8050	805
853	1402	1783	2360	2814	3056	1705	1727	2506	2349	806
677	1231	1644	2000	2250	2515	1801	1741	2684	2680	807
246	387	467	633	716	946	978	1115	1391	1329	808
729	1226	1779	2610	3014	3770	6775	9751	9761	10192	809
8374	13095	17644	23364	26823	27526	22889	24094	26967	22059	81
5935	9198	13137	17304	20202	21050	18882	20051	22249	17578	811
1079	1789	2036	2705	2973	2737	1561	1366	1575	1106	812
1065	1682	1948	2634	2847	2818	1605	1476	1598	1653	813
295	426	523	721	801	921	841	1201	1545	1722	819
4195	7165	9284	12095	12629	14952	15837	15595	16072	13917	82
2962	4984	6124	8065	8472	9491	8233	8040	8889	7513	821
117	178	258	521	852	1097	1205	1593	1999	1212	822
1116	2003	2902	3509	3305	4364	6399	5962	5184	5192	829
5372	**9716**	**15460**	**23609**	**31865**	**46554**	**51111**	**48838**	**52591**	**23603**	**P**
5372	9716	15460	23609	31865	46554	51111	48838	52591	23603	83
187	365	582	1043	1692	3667	3584	3798	3720	2374	831
31	73	110	187	268	469	643	756	814	566	832
18	27	43	87	131	269	594	791	894	678	833
3	5	7	8	15	29	126	167	140	94	834
7	13	20	20	40	49	133	152	179	76	835
5126	9233	14698	22264	29719	42071	46031	43174	46844	19815	839

2-6 续表 25

行业中类	代码	2008年	2009年	2010年	2011年	2012年
卫生和社会工作	Q	**922**	**829**	**1127**	**1354**	**1822**
卫生	84	846	756	1005	1211	1635
医院	841	341	371	441	542	640
基层医疗卫生服务	842	425	306	453	565	849
专业公共卫生服务	843	31	25	30	25	49
其他卫生活动	849	49	54	81	79	97
社会工作	85	76	73	122	143	187
提供住宿社会工作	851	67	59	105	128	166
不提供住宿社会工作	852	9	14	17	15	21
文化、体育和娱乐业	R	**6644**	**9441**	**10263**	**10723**	**13001**
新闻和出版业	86	176	187	229	202	321
新闻业	861	3	7	15	9	16
出版业	862	173	180	214	193	305
广播、电视、电影和录音制作业	87	695	814	1210	1500	1606
广播	871	34	36	52	72	102
电视	872	20	32	31	38	38
影视节目制作	873	398	485	668	820	873
广播电视集成播控	874	5	7	10	11	13
电影和广播电视节目发行	875	56	45	67	56	64
电影放映	876	159	179	339	440	446
录音制作	877	23	30	43	63	70
文化艺术业	88	1357	1738	2271	2920	3827
文艺创作与表演	881	340	443	583	845	1157
艺术表演场馆	882	13	24	24	30	41
图书馆与档案馆	883	21	33	42	35	54
文物及非物质文化遗产保护	884	19	27	26	38	64
博物馆	885	16	23	12	22	27
烈士陵园、纪念馆	886	1	1	1	4	6
群众文体活动	887	172	193	288	316	366
其他文化艺术业	889	775	994	1295	1630	2112
体育	89	399	591	569	670	788
体育组织	891	75	105	113	159	188
体育场地设施管理	892	33	74	60	69	75
健身休闲活动	893	270	374	368	406	481
其他体育	899	21	38	28	36	44
娱乐业	90	4017	6111	5984	5431	6459
室内娱乐活动	901	2743	4308	3624	2517	2869
游乐园	902	52	61	89	101	121
休闲观光活动	903	181	258	325	437	569
彩票活动	904	2	3	3	3	2
文化体育娱乐活动与经纪代理服务	905	1000	1433	1870	2306	2815
其他娱乐业	909	39	48	73	67	83

单位：个

2013年	2014年	2015年	2016年	2017年	2018年	2019年	2020年	2021年	2022年	代码
2117	**3213**	**5859**	**8884**	**11989**	**15709**	**17090**	**17912**	**22184**	**18794**	Q
1858	2572	4587	6837	9181	12236	13627	14519	18090	15270	84
776	1038	1751	2195	2565	2955	5498	5476	5942	4327	841
905	1228	2313	3886	5521	7927	6371	7371	10151	9449	842
48	74	114	166	234	327	423	460	450	339	843
129	232	409	590	861	1027	1335	1212	1547	1155	849
259	641	1272	2047	2808	3473	3463	3393	4094	3524	85
230	571	1154	1867	2597	3114	3189	3050	3670	3218	851
29	70	118	180	211	359	274	343	424	306	852
16090	**30012**	**48092**	**66130**	**73771**	**87454**	**81265**	**82391**	**113775**	**93388**	R
220	225	271	365	415	428	790	1087	1151	946	86
21	31	48	73	105	129	433	531	502	429	861
199	194	223	292	310	299	357	556	649	517	862
2001	3718	5868	8829	10469	12015	16637	18757	23356	17805	87
102	192	309	609	851	1255	4496	5033	7332	5135	871
43	86	98	110	178	197	325	349	392	292	872
1128	2254	3668	5922	7267	7909	6932	7774	8574	6993	873
15	17	29	35	42	88	189	368	475	419	874
71	124	243	339	318	375	524	795	989	808	875
542	851	1245	1408	1124	1132	891	640	817	577	876
100	194	276	406	689	1059	3280	3798	4777	3581	877
4522	8664	12173	18463	22703	30444	34906	33425	45655	34717	88
1231	2273	3436	4805	6160	7876	8647	10183	16064	12873	881
40	65	86	117	119	179	348	407	543	395	882
68	133	184	313	396	466	435	550	726	450	883
89	131	134	192	228	236	192	258	443	368	884
20	30	32	37	46	67	57	54	68	35	885
4	5	5	6	6	9	6	11	15	14	886
478	831	1215	1729	2084	2542	2188	2365	3187	2086	887
2592	5196	7081	11264	13664	19069	23033	19597	24609	18496	889
1118	2365	3864	6190	8223	10386	10418	10067	16887	15048	89
204	451	983	1599	2006	2784	3888	4093	7380	6507	891
127	218	302	442	558	580	504	491	775	768	892
732	1578	2346	3707	5097	6173	4407	3949	6400	5656	893
55	118	233	442	562	849	1619	1534	2332	2117	899
8229	15040	25916	32283	31961	34181	18514	19055	26726	24872	90
3207	5812	13203	14010	8781	8022	4252	3903	6029	5502	901
175	341	471	664	678	575	554	549	1002	921	902
917	1438	1935	2580	3115	3244	1407	1698	1770	1764	903
2	10	11	21	23	60	95	111	209	151	904
3843	7263	10027	14499	18770	21834	11503	12137	16778	15471	905
85	176	269	509	594	446	703	657	938	1063	909

2-7 按地区、成立时间

地 区	企业单位数	1949年及以前	1950—1977年	1978—1991年	1992—1995年	1996年	1997年
全 国	**32828734**	**969**	**13244**	**105777**	**142449**	**46304**	**54941**
北 京	1361791	48	780	5516	10764	3209	3765
天 津	425393	33	132	1803	2914	841	921
河 北	1630410	26	217	3874	3919	1493	1823
山 西	776575	34	425	2819	1855	668	871
内蒙古	422887	5	105	648	642	318	515
辽 宁	715559	84	681	5676	6392	1727	2074
吉 林	270241	26	162	1414	1041	386	510
黑龙江	358180	87	497	2253	2066	628	657
上 海	561659	35	232	4453	12998	3316	3712
江 苏	3120366	67	555	10014	12857	5052	5530
浙 江	2501809	10	315	7499	15354	5611	6104
安 徽	1289469	29	350	2189	2435	962	1368
福 建	1419816	1	29	4854	6340	2213	2325
江 西	1058341	26	682	3145	1890	536	632
山 东	3202958	90	571	5937	8784	2754	3305
河 南	1761349	61	702	3364	2956	1360	2122
湖 北	1333259	22	356	2945	3250	1378	1518
湖 南	1046672	40	1057	2159	2189	663	815
广 东	3531927	40	1475	16869	24466	6213	7452
广 西	760559	4	458	3192	2685	735	894
海 南	193121	1	200	930	1202	219	257
重 庆	705066	5	192	1869	2628	926	1407
四 川	1341701	34	723	3583	4742	1854	2174
贵 州	638787	5	264	1121	1053	378	662
云 南	682662	13	486	1886	2042	883	1053
西 藏	33092	1	69	101	73	36	42
陕 西	810083	51	779	2916	2447	944	1208
甘 肃	288360	48	349	1372	1163	409	538
青 海	99784	34	61	222	183	104	135
宁 夏	136425	2	76	240	315	158	188
新 疆	350433	7	264	914	804	330	364

分组的企业法人单位数

单位：个

1998年	1999年	2000年	2001年	2002年	2003年	2004年	2005年	2006年
79297	**95391**	**125485**	**154714**	**189188**	**237775**	**255830**	**270173**	**309686**
5724	7335	10706	13511	15350	18875	21991	23777	24206
1344	1332	1684	2267	2744	3612	3812	4055	4800
2883	3271	4256	6090	8177	9000	11087	11481	13676
1660	1565	1957	2286	2827	3766	4234	4766	5540
934	1028	1396	1592	1946	2421	2800	3235	3925
3427	3902	4600	5671	6492	8187	8864	9031	9828
777	987	1250	1641	1694	2090	2345	2919	3536
1166	1300	1608	1972	2279	2911	3046	3371	3834
4913	5125	7153	9247	12102	15241	16024	16607	14939
8655	15910	15992	20035	25606	31183	30272	30908	37717
8478	10263	14018	16733	21384	24445	21779	21703	26921
1669	1731	3021	3508	4565	5905	6482	7152	9317
2920	3586	5788	5249	6475	8593	9239	9480	10644
953	1081	2240	2508	3360	4167	4170	4763	5338
5787	6448	8868	10895	13526	17848	18236	19616	22488
2691	3046	3306	4293	5247	7139	8446	10120	10794
2155	2318	3208	4533	6043	7472	8734	8454	8994
1151	1322	2077	2825	3102	4230	4851	5205	5903
8825	10988	14215	18384	21574	28801	34095	35909	42870
1158	1090	1443	1824	2479	3117	3571	3857	4345
353	358	484	621	731	943	1120	1247	1501
1807	1399	1936	2397	2993	3774	3962	4011	4651
3364	3330	5114	5977	6502	8806	9499	10149	11881
781	1054	1126	1218	1311	1781	2023	2078	2567
1600	1389	1859	2092	2416	3444	4072	4153	5284
61	77	113	107	125	171	209	224	310
1895	1872	2717	3095	3448	4189	4788	5352	6019
801	769	1135	1439	1593	1847	2015	2150	2478
266	233	437	534	516	573	554	582	694
347	374	489	532	567	863	850	816	935
752	908	1289	1638	2014	2381	2660	3002	3751

2-7 续表

地 区	2007年	2008年	2009年	2010年	2011年	2012年	2013年
全 国	**319097**	**345760**	**445869**	**571940**	**663987**	**716066**	**938070**
北 京	27510	31869	39118	44519	47711	47843	55716
天 津	4754	5542	6647	8057	9657	9306	11344
河 北	13290	14792	19732	23189	28345	29771	42609
山 西	5716	6266	7567	9007	10709	12121	13770
内蒙古	4557	5218	6428	9010	9620	9121	10715
辽 宁	9978	11149	14195	19303	19642	18453	20977
吉 林	3547	3873	5098	6046	7056	6992	8778
黑龙江	3909	4788	5920	6827	7427	7915	9189
上 海	13734	14912	19217	23110	24354	25155	27272
江 苏	36626	37794	46041	61762	65301	66175	79650
浙 江	27096	25529	34777	45270	48203	46329	81425
安 徽	9637	11113	13569	18443	21076	23345	30989
福 建	10425	10593	13771	19892	23332	23797	29491
江 西	5193	5943	8879	11325	12692	15407	19272
山 东	21606	23548	30740	39825	43775	46828	64272
河 南	11544	13669	16904	21378	25890	28149	39534
湖 北	10015	11453	15335	19326	22929	24955	36037
湖 南	6094	6907	8977	12184	13686	15784	21060
广 东	45594	45528	62313	83087	106514	114661	168066
广 西	5627	5753	8774	10716	15011	19171	21682
海 南	1635	1908	2292	3347	3456	3293	4330
重 庆	5340	6889	8017	14087	23428	25087	29417
四 川	11859	13662	17037	20997	24315	27410	34131
贵 州	3114	3279	4336	5285	7509	21004	20152
云 南	5154	6269	8139	8996	10735	12097	14595
西 藏	343	331	385	531	713	1076	1519
陕 西	6904	7774	10399	12621	14337	14791	17084
甘 肃	2678	3084	3733	4828	5534	7045	9269
青 海	818	844	1006	1257	1610	2068	2424
宁 夏	1047	1244	1654	2133	2319	2748	3467
新 疆	3753	4237	4869	5582	7101	8169	9834

单位：个

2014年	2015年	2016年	2017年	2018年	2019年	2020年	2021年	2022年
1414375	**1710930**	**2296571**	**2797174**	**3191123**	**3394514**	**3787081**	**4359971**	**3794983**
89784	104741	112655	104183	107488	101159	101377	116817	63744
17978	22650	30628	36307	40413	50026	48863	53236	37691
72626	92146	138820	167949	193399	183261	213074	244344	71790
22503	28103	37993	48473	60298	86575	109504	121379	161318
19828	25513	31657	39359	40541	49784	54782	48910	36334
33577	38328	49609	60219	81110	85272	91043	52880	33188
12821	14946	19955	23732	24084	26702	26933	34474	24426
14701	17624	24255	30482	36192	34937	40535	46520	39284
38237	42411	47894	51243	47783	22208	15637	15205	7190
121055	144632	208131	249188	272552	318858	370286	435662	356300
96459	97583	135420	176758	208548	270188	313255	357923	336429
48805	60360	87469	109435	133085	152019	163952	189612	165877
51461	62813	76504	92844	107661	176201	192051	239784	211460
31631	40479	59320	79553	97792	113237	140741	184573	196813
104256	135580	179997	220386	243933	422123	490737	527272	462927
70459	89387	123027	156627	187664	207198	241274	250235	212763
49391	56637	76960	93826	121329	135756	146492	201583	249855
33257	43596	61985	77720	81377	100469	100349	168197	257441
230066	276772	383708	465977	536617	228660	216482	204424	91282
29537	37219	42329	51835	74709	83110	102053	113375	108806
6551	8050	10938	13848	16442	17615	26549	42077	20623
37625	45610	53910	55251	60197	56608	69320	95280	85043
51564	62680	88549	113824	124914	140100	171933	193660	167334
30032	34806	47309	65065	64843	66498	69898	75601	102634
25667	36044	42552	51690	53875	62817	81070	95977	134313
2220	3636	6082	5483	5534	1248	1440	708	124
31332	37157	47113	69279	84516	113610	78166	137436	85844
16742	22673	30111	34584	36911	27192	32705	24584	8581
4986	6145	8651	9989	10017	11499	15017	12749	5576
5149	6748	8843	11053	8214	11721	21025	27063	15245
14075	15861	24197	31012	29085	37863	40538	48431	44748

2-8 按行业(大类)、运营状态分组的企业法人单位数

(2022年) 单位：个

行业大类	代码	企业单位数	正常运营	停业(歇业)	筹建
总　计	--	**32828734**	**29449022**	**1726894**	**1426184**
农、林、牧、渔业	A	**1175953**	**1028368**	**82366**	**58836**
农业	01	539831	471985	37331	27412
林业	02	81363	72945	5068	2935
畜牧业	03	344428	302110	26604	14356
渔业	04	87570	75320	5413	6383
农、林、牧、渔专业及辅助性活动	05	122761	106008	7950	7750
采矿业	B	**87897**	**66735**	**17453**	**3023**
煤炭开采和洗选业	06	15246	11862	2738	458
石油和天然气开采业	07	787	688	57	35
黑色金属矿采选业	08	11362	7175	3779	333
有色金属矿采选业	09	7973	5261	2421	246
非金属矿采选业	10	42438	33426	7228	1514
开采专业及辅助性活动	11	6549	5689	569	225
其他采矿业	12	3542	2634	661	212
制造业	C	**4505251**	**4036909**	**264628**	**180722**
农副食品加工业	13	165428	143195	14364	7112
食品制造业	14	103299	90096	6879	5752
酒、饮料和精制茶制造业	15	78909	67632	6541	4457
烟草制品业	16	300	281	14	4
纺织业	17	183311	163786	12213	6675
纺织服装、服饰业	18	233840	209025	14582	9343
皮革、毛皮、羽毛及其制品和制鞋业	19	105064	93923	5710	5079
木材加工和木、竹、藤、棕、草制品业	20	197738	175840	11053	8816
家具制造业	21	122880	110543	6727	5013
造纸和纸制品业	22	97254	88275	5148	3475
印刷和记录媒介复制业	23	99868	93087	4105	2261
文教、工美、体育和娱乐用品制造业	24	158435	141958	8766	7059
石油、煤炭及其他燃料加工业	25	15688	12992	1764	813
化学原料和化学制品制造业	26	142260	123427	11604	6384
医药制造业	27	40122	35073	2383	2452
化学纤维制造业	28	9513	8353	569	543
橡胶和塑料制品业	29	256160	231168	13742	10232
非金属矿物制品业	30	360220	315421	28702	14243
黑色金属冶炼和压延加工业	31	26315	23169	2421	622
有色金属冶炼和压延加工业	32	36792	32490	2853	1308

2-8 续表 1 (2022年) 单位：个

行业大类	代码	企业单位数	正常运营	停业(歇业)	筹建
金属制品业	33	466141	423752	23713	16199
通用设备制造业	34	457117	414505	24525	16178
专用设备制造业	35	343597	311547	16177	13790
汽车制造业	36	105031	93743	5617	5216
铁路、船舶、航空航天和其他运输设备制造业	37	40608	35995	2834	1570
电气机械和器材制造业	38	267577	242892	13100	10352
计算机、通信和其他电子设备制造业	39	176377	161597	7779	5693
仪器仪表制造业	40	64598	59031	2413	2750
其他制造业	41	65844	59360	3350	2765
废弃资源综合利用业	42	31823	26646	2307	2639
金属制品、机械和设备修理业	43	53142	48107	2673	1927
电力、热力、燃气及水生产和供应业	D	**148645**	**133672**	**6510**	**7692**
电力、热力生产和供应业	44	104570	93408	4693	5889
燃气生产和供应业	45	12409	11149	619	586
水的生产和供应业	46	31666	29115	1198	1217
建筑业	E	**2901128**	**2617969**	**121279**	**139300**
房屋建筑业	47	656058	591158	27403	32976
土木工程建筑业	48	630907	569980	25639	30550
建筑安装业	49	318291	290329	14458	11192
建筑装饰、装修和其他建筑业	50	1295872	1166502	53779	64582
批发和零售业	F	**10708678**	**9618397**	**572792**	**446260**
批发业	51	5763075	5181744	315128	229591
零售业	52	4945603	4436653	257664	216669
交通运输、仓储和邮政业	G	**964055**	**870758**	**47203**	**40095**
铁路运输业	53	3624	3192	151	227
道路运输业	54	619276	559773	30468	25465
水上运输业	55	20419	18031	1167	1061
航空运输业	56	4953	4336	287	295
管道运输业	57	625	562	29	31
多式联运和运输代理业	58	185275	167758	7651	8367
装卸搬运和仓储业	59	97423	86736	6163	3973
邮政业	60	32460	30370	1287	676
住宿和餐饮业	H	**667190**	**598902**	**38143**	**26619**
住宿业	61	176062	159036	9069	7237
餐饮业	62	491128	439866	29074	19382
信息传输、软件和信息技术服务业	I	**1739295**	**1557458**	**78342**	**85636**
电信、广播电视和卫星传输服务	63	35857	33140	1371	1063
互联网和相关服务	64	255507	226601	11926	14612
软件和信息技术服务业	65	1447931	1297717	65045	69961

2-8 续表 2 (2022年) 单位：个

行业大类	代码	企 业单位数	正常运营	停业(歇业)	筹建
金融业	J	**157538**	**142682**	**9230**	**4622**
货币金融服务	66	42457	39170	2291	816
资本市场服务	67	75037	66903	4677	2873
保险业	68	20978	20225	409	279
其他金融业	69	19066	16384	1853	654
房地产业	K	**1110776**	**1002069**	**63797**	**35829**
房地产业	70	1110776	1002069	63797	35829
租赁和商务服务业	L	**4119814**	**3673388**	**219061**	**194632**
租赁业	71	470747	425613	20679	21331
商务服务业	72	3649067	3247775	198382	173301
科学研究和技术服务业	M	**2310825**	**2084628**	**97270**	**110631**
研究和试验发展	73	292734	259993	15165	14216
专业技术服务业	74	892405	809835	36030	39545
科技推广和应用服务业	75	1125686	1014800	46075	56870
水利、环境和公共设施管理业	N	**251731**	**222123**	**13149**	**14370**
水利管理业	76	8982	8031	467	411
生态保护和环境治理业	77	35830	31524	1765	2253
公共设施管理业	78	147365	129976	8853	7561
土地管理业	79	59554	52592	2064	4145
居民服务、修理和其他服务业	O	**725391**	**662026**	**33732**	**25758**
居民服务业	80	324360	293316	16139	13293
机动车、电子产品和日用产品修理业	81	258595	239109	10704	7458
其他服务业	82	142436	129601	6889	5007
教育	P	**331910**	**300435**	**16180**	**13415**
教育	83	331910	300435	16180	13415
卫生和社会工作	Q	**135157**	**121597**	**5265**	**7623**
卫生	84	109157	99514	3546	5567
社会工作	85	26000	22083	1719	2056
文化、体育和娱乐业	R	**787500**	**710906**	**40494**	**31121**
新闻和出版业	86	8935	8311	245	308
广播、电视、电影和录音制作业	87	129385	116554	5303	6415
文化艺术业	88	263427	241445	10422	9994
体育	89	90069	80851	4179	4514
娱乐业	90	295684	263745	20345	9890

2-9 按地区、运营状态分组的企业法人单位数

(2022年)

单位：个

地区	企业单位数	正常运营	停业(歇业)	筹建
全国	**32828734**	**29449022**	**1726894**	**1426184**
北京	1361791	1289931	68949	890
天津	425393	353650	30837	40770
河北	1630410	1486855	104681	32458
山西	776575	769088	3042	4418
内蒙古	422887	373296	39149	10430
辽宁	715559	583119	97406	26555
吉林	270241	237636	23466	6323
黑龙江	358180	310020	36266	6490
上海	561659	538027	13665	7075
江苏	3120366	2804515	181599	109700
浙江	2501809	2141341	130842	226310
安徽	1289469	1021896	61750	204020
福建	1419816	1240231	23227	156239
江西	1058341	978071	43852	26903
山东	3202958	2817868	174253	173200
河南	1761349	1669916	56184	25911
湖北	1333259	1224070	41756	52274
湖南	1046672	992058	27009	11475
广东	3531927	3227386	184595	72561
广西	760559	705196	51181	3923
海南	193121	151646	8916	29570
重庆	705066	632053	33177	39752
四川	1341701	1245340	69733	22833
贵州	638787	527265	76467	34039
云南	682662	589069	41886	47702
西藏	33092	29455	2883	358
陕西	810083	739315	36942	21476
甘肃	288360	270148	14715	2465
青海	99784	86093	9363	4258
宁夏	136425	127469	3763	4481
新疆	350433	286999	35340	21325

2-10 按行业(大类)、控股情况分组的企业法人单位数

(2022年) 单位：个

行业大类	代码	企　业 单位数	国有 控股	集体 控股	私人 控股	港澳台 商控股	外商 控股	其他
总　　计	**——**	**32828734**	**361996**	**195375**	**31491401**	**141236**	**115304**	**523422**
农、林、牧、渔业	**A**	**1175953**	**9464**	**11227**	**1129904**	**1494**	**627**	**23237**
农业	01	539831	3710	5084	518743	844	284	11166
林业	02	81363	1898	1003	76427	146	71	1818
畜牧业	03	344428	1427	1814	335440	185	147	5415
渔业	04	87570	544	559	84603	157	48	1659
农、林、牧、渔专业及辅助性活动	05	122761	1885	2767	114691	162	77	3179
采矿业	**B**	**87897**	**4002**	**1732**	**80549**	**192**	**110**	**1312**
煤炭开采和洗选业	06	15246	1668	445	12949	26	21	137
石油和天然气开采业	07	787	176	10	579	2	1	19
黑色金属矿采选业	08	11362	299	305	10604	31	7	116
有色金属矿采选业	09	7973	496	225	7093	38	27	94
非金属矿采选业	10	42438	1108	664	39877	76	38	675
开采专业及辅助性活动	11	6549	142	53	6154	11	14	175
其他采矿业	12	3542	113	30	3293	8	2	96
制造业	**C**	**4505251**	**31608**	**31893**	**4298878**	**42924**	**37786**	**62162**
农副食品加工业	13	165428	2653	1393	157221	906	1193	2062
食品制造业	14	103299	973	594	98138	971	1017	1606
酒、饮料和精制茶制造业	15	78909	986	782	75298	499	562	782
烟草制品业	16	300	108	6	180	3		3
纺织业	17	183311	592	949	177003	2082	1086	1599
纺织服装、服饰业	18	233840	691	1053	224421	3302	1604	2769
皮革、毛皮、羽毛及其制品和制鞋业	19	105064	176	498	100643	1779	777	1191
木材加工和木、竹、藤、棕、草制品业	20	197738	681	708	193137	437	320	2455
家具制造业	21	122880	194	301	119216	875	533	1761
造纸和纸制品业	22	97254	315	906	93117	1089	433	1394
印刷和记录媒介复制业	23	99868	1054	2193	94057	706	318	1540
文教、工美、体育和娱乐用品制造业	24	158435	380	770	150932	2651	1451	2251
石油、煤炭及其他燃料加工业	25	15688	405	176	14666	93	95	253
化学原料和化学制品制造业	26	142260	2277	1805	131909	1935	2280	2054
医药制造业	27	40122	876	337	37032	598	649	630
化学纤维制造业	28	9513	122	55	8952	158	121	105
橡胶和塑料制品业	29	256160	761	1936	243735	3435	2233	4060
非金属矿物制品业	30	360220	4099	3129	345831	1611	1231	4319
黑色金属冶炼和压延加工业	31	26315	461	295	24965	189	181	224
有色金属冶炼和压延加工业	32	36792	843	348	34496	352	351	402

2-10　续表 1　(2022年)　单位：个

行业大类	代码	企业单位数	国有控股	集体控股	私人控股	港澳台商控股	外商控股	其他
金属制品业	33	466141	1800	2922	448549	3087	2210	7573
通用设备制造业	34	457117	2061	3549	440754	2516	3872	4365
专用设备制造业	35	343597	2180	1882	328393	2829	3277	5036
汽车制造业	36	105031	1341	785	97778	1026	3177	924
铁路、船舶、航空航天和其他运输设备制造业	37	40608	759	413	38081	387	522	446
电气机械和器材制造业	38	267577	1578	1843	253359	3271	2750	4776
计算机、通信和其他电子设备制造业	39	176377	1618	726	161559	4516	3999	3959
仪器仪表制造业	40	64598	510	515	60931	797	884	961
其他制造业	41	65844	266	269	62956	583	368	1402
废弃资源综合利用业	42	31823	404	185	30620	108	99	407
金属制品、机械和设备修理业	43	53142	444	570	50949	133	193	853
电力、热力、燃气及水生产和供应业	D	**148645**	**21504**	**9106**	**111269**	**1780**	**1091**	**3895**
电力、热力生产和供应业	44	104570	13106	6794	80213	1056	512	2889
燃气生产和供应业	45	12409	1477	170	9782	387	327	266
水的生产和供应业	46	31666	6921	2142	21274	337	252	740
建筑业	E	**2901128**	**24462**	**10380**	**2819948**	**1956**	**802**	**43580**
房屋建筑业	47	656058	6827	4198	635620	329	119	8965
土木工程建筑业	48	630907	11068	2746	606576	384	165	9968
建筑安装业	49	318291	2067	1323	309366	318	238	4979
建筑装饰、装修和其他建筑业	50	1295872	4500	2113	1268386	925	280	19668
批发和零售业	F	**10708678**	**61298**	**47098**	**10393016**	**32263**	**33493**	**141510**
批发业	51	5763075	37422	22427	5576917	23755	27313	75241
零售业	52	4945603	23876	24671	4816099	8508	6180	66269
交通运输、仓储和邮政业	G	**964055**	**20950**	**6315**	**915105**	**3483**	**2371**	**15831**
铁路运输业	53	3624	589	63	2866	2		104
道路运输业	54	619276	8941	3435	596632	888	506	8874
水上运输业	55	20419	1164	474	18186	110	85	400
航空运输业	56	4953	596	28	4115	26	47	141
管道运输业	57	625	112	6	471	5	15	16
多式联运和运输代理业	58	185275	1944	538	176467	1372	966	3988
装卸搬运和仓储业	59	97423	6250	1631	86170	1044	728	1600
邮政业	60	32460	1354	140	30198	36	24	708
住宿和餐饮业	H	**667190**	**8713**	**4528**	**637400**	**3038**	**2811**	**10700**
住宿业	61	176062	5603	2396	163891	801	519	2852
餐饮业	62	491128	3110	2132	473509	2237	2292	7848
信息传输、软件和信息技术服务业	I	**1739295**	**11536**	**3214**	**1678612**	**10303**	**6547**	**29083**
电信、广播电视和卫星传输服务	63	35857	2973	289	30978	395	385	837
互联网和相关服务	64	255507	1607	475	247434	860	419	4712
软件和信息技术服务业	65	1447931	6956	2450	1400200	9048	5743	23534

2-10 续表 2 (2022年) 单位：个

行业大类	代码	企业单位数	国有控股	集体控股	私人控股	港澳台商控股	外商控股	其他
金融业	J	**157538**	**20024**	**3059**	**123056**	**2712**	**2270**	**6417**
货币金融服务	66	42457	8714	2012	27189	1907	863	1772
资本市场服务	67	75037	2936	319	68458	534	343	2447
保险业	68	20978	6878	619	10795	130	963	1593
其他金融业	69	19066	1496	109	16614	141	101	605
房地产业	K	**1110776**	**36111**	**17309**	**1019793**	**8908**	**4147**	**24508**
房地产业	70	1110776	36111	17309	1019793	8908	4147	24508
租赁和商务服务业	L	**4119814**	**55485**	**27913**	**3930608**	**17873**	**11903**	**76032**
租赁业	71	470747	2571	905	459244	700	375	6952
商务服务业	72	3649067	52914	27008	3471364	17173	11528	69080
科学研究和技术服务业	M	**2310825**	**26731**	**9142**	**2209282**	**10109**	**8426**	**47135**
研究和试验发展	73	292734	2211	1273	279300	2021	1843	6086
专业技术服务业	74	892405	16284	4083	849538	3436	2719	16345
科技推广和应用服务业	75	1125686	8236	3786	1080444	4652	3864	24704
水利、环境和公共设施管理业	N	**251731**	**12859**	**2656**	**229951**	**531**	**294**	**5440**
水利管理业	76	8982	1654	250	6790	17	12	259
生态保护和环境治理业	77	35830	1491	235	33004	182	123	795
公共设施管理业	78	147365	8328	1954	133785	309	134	2855
土地管理业	79	59554	1386	217	56372	23	25	1531
居民服务、修理和其他服务业	O	**725391**	**3897**	**4689**	**704200**	**970**	**766**	**10869**
居民服务业	80	324360	1858	2060	314820	499	376	4747
机动车、电子产品和日用产品修理业	81	258595	1098	1713	251603	276	209	3696
其他服务业	82	142436	941	916	137777	195	181	2426
教育	P	**331910**	**2031**	**1389**	**322281**	**422**	**417**	**5370**
教育	83	331910	2031	1389	322281	422	417	5370
卫生和社会工作	Q	**135157**	**1406**	**918**	**129337**	**263**	**263**	**2970**
卫生	84	109157	927	687	104773	173	194	2403
社会工作	85	26000	479	231	24564	90	69	567
文化、体育和娱乐业	R	**787500**	**9915**	**2807**	**758212**	**2015**	**1180**	**13371**
新闻和出版业	86	8935	2037	162	6500	6	6	224
广播、电视、电影和录音制作业	87	129385	2803	429	123063	263	108	2719
文化艺术业	88	263427	2841	842	253684	647	429	4984
体育	89	90069	705	302	86879	311	278	1594
娱乐业	90	295684	1529	1072	288086	788	359	3850

2-11 按地区、控股情况分组的企业法人单位数

(2022年) 单位：个

地 区	企 业 单位数	国有 控股	集体 控股	私人 控股	港澳台 商控股	外商 控股	其他
全 国	**32828734**	**361996**	**195375**	**31491401**	**141236**	**115304**	**523422**
北 京	1361791	17280	16495	1291592	7491	10701	18232
天 津	425393	8002	2451	409282	2113	3359	186
河 北	1630410	17888	8183	1579658	997	1446	22238
山 西	776575	10812	5472	759624	284	304	79
内蒙古	422887	6838	2019	413409	239	382	
辽 宁	715559	12208	8619	667210	1575	3455	22492
吉 林	270241	5241	1808	256402	219	533	6038
黑龙江	358180	8636	3401	324887	343	427	20486
上 海	561659	13709	7126	491949	13376	19097	16402
江 苏	3120366	22052	11296	3028144	13490	16215	29169
浙 江	2501809	16541	13860	2441212	8015	14641	7540
安 徽	1289469	13208	7278	1249692	1217	1169	16905
福 建	1419816	11183	4923	1385002	11106	5194	2408
江 西	1058341	12906	4374	1022737	2182	852	15290
山 东	3202958	21243	10054	3125563	4625	8717	32756
河 南	1761349	15464	8003	1723499	1018	969	12396
湖 北	1333259	11603	6448	1301768	1598	2037	9805
湖 南	1046672	9925	5142	1005828	1057	721	23999
广 东	3531927	27363	22056	3239884	62999	17719	161906
广 西	760559	9070	5778	741437	1527	1327	1420
海 南	193121	3126	1642	163628	783	402	23540
重 庆	705066	6912	2212	693574	1132	1229	7
四 川	1341701	20185	12230	1300930	1687	1701	4968
贵 州	638787	13361	4894	619753	348	277	154
云 南	682662	9794	8370	661002	692	838	1966
西 藏	33092	1507	810	27875	26	19	2855
陕 西	810083	12090	5044	767882	631	1118	23318
甘 肃	288360	7031	2223	260726	120	85	18175
青 海	99784	2222	828	96187	63	65	419
宁 夏	136425	1579	409	133511	76	78	772
新 疆	350433	13017	1927	307554	207	227	27501

2-12 按行业(大类)、地区分组的

(2022年)

行业大类	代码	企业单位数	北京	天津	河北	山西
总　计	--	**361996**	**17280**	**8002**	**17888**	**10812**
农、林、牧、渔业	A	**9464**	**88**	**50**	**405**	**222**
农业	01	3710	43	15	179	68
林业	02	1898	17	3	71	28
畜牧业	03	1427	14	9	68	71
渔业	04	544	6	8	10	2
农、林、牧、渔专业及辅助性活动	05	1885	8	15	77	53
采矿业	B	**4002**	**11**	**10**	**158**	**709**
煤炭开采和洗选业	06	1668			51	628
石油和天然气开采业	07	176	2	1	2	36
黑色金属矿采选业	08	299	4		54	13
有色金属矿采选业	09	496			10	13
非金属矿采选业	10	1108		4	35	10
开采专业及辅助性活动	11	142	4	5	5	7
其他采矿业	12	113	1		1	2
制造业	C	**31608**	**759**	**682**	**1945**	**961**
农副食品加工业	13	2653	25	27	57	69
食品制造业	14	973	18	23	43	34
酒、饮料和精制茶制造业	15	986	19	9	33	27
烟草制品业	16	108	1	1	3	1
纺织业	17	592	4	14	49	12
纺织服装、服饰业	18	691	16	6	31	22
皮革、毛皮、羽毛及其制品和制鞋业	19	176	1	4	23	
木材加工和木、竹、藤、棕、草制品业	20	681	1	4	38	3
家具制造业	21	194	2	3	27	
造纸和纸制品业	22	315	12	11	18	1
印刷和记录媒介复制业	23	1054	56	17	54	42
文教、工美、体育和娱乐用品制造业	24	380	9	6	42	4
石油、煤炭及其他燃料加工业	25	405	7	8	30	34
化学原料和化学制品制造业	26	2277	32	59	125	90
医药制造业	27	876	40	32	45	20
化学纤维制造业	28	122	2	3	8	5
橡胶和塑料制品业	29	761	12	26	66	20
非金属矿物制品业	30	4099	74	43	232	118
黑色金属冶炼和压延加工业	31	461	5	24	45	14
有色金属冶炼和压延加工业	32	843	7	10	17	26

国有控股企业法人单位数

单位：个

内蒙古	辽宁	吉林	黑龙江	上海	江苏	浙江	安徽	福建	江西	山东	河南	代码
6838	**12208**	**5241**	**8636**	**13709**	**22052**	**16541**	**13208**	**11183**	**12906**	**21243**	**15464**	——
253	**295**	**328**	**541**	**61**	**252**	**174**	**349**	**404**	**663**	**286**	**413**	A
112	112	66	224	30	104	66	146	122	209	102	188	01
44	44	171	140	6	27	21	43	198	233	24	55	02
46	67	43	68	8	31	14	45	13	49	34	62	03
5	25	10	12	10	35	18	22	33	46	46	12	04
46	47	38	97	7	55	55	93	38	126	80	96	05
190	**71**	**53**	**107**	**3**	**41**	**68**	**119**	**87**	**156**	**230**	**265**	B
113	11	16	36		10	2	27	19	31	85	154	06
8	1	8	11	2	2		1			13	5	07
15	21	4	1	1	2	3	14	8	7	17	7	08
34	7	9	11		4	3	11	18	38	37	38	09
15	17	8	33		23	58	62	39	69	64	57	10
2	9	7	7				2		3	9	4	11
3	5	1	8			2	2	3	8	5		12
490	**1381**	**402**	**762**	**991**	**2089**	**902**	**1279**	**753**	**1240**	**2102**	**1271**	C
38	67	35	121	21	84	56	107	80	99	98	134	13
23	45	9	34	35	48	25	32	24	28	75	37	14
21	19	19	22	6	35	26	25	35	38	71	23	15
2	3	3	4	3	4	1	5	8	3	8	6	16
6	19	1	12	12	70	9	31	4	25	35	26	17
11	36	6	12	22	61	30	38	11	33	34	51	18
1	6		1	13	6	6	4	13	11	3	14	19
15	21	24	56	8	27	6	24	21	62	37	20	20
	19	3	5	7	13	2	7	2	18	5	8	21
2	13		10	10	13	5	11	10	16	25	8	22
16	56	12	29	43	48	27	28	40	51	59	40	23
4	15	2	6	17	24	10	16	8	13	20	26	24
21	41	5	16	5	14	6	9	7	12	39	16	25
48	99	22	49	73	106	78	87	62	57	178	99	26
15	21	25	23	52	41	27	36	20	22	58	30	27
	3	4	1	2	21	5		4	1	11	7	28
3	26	8	12	27	37	19	42	6	22	59	19	29
66	112	59	74	66	181	172	203	116	239	324	191	30
13	42	11	3	11	20	13	13	14	13	34	13	31
46	22	3	6	7	28	5	16	25	63	52	64	32

2–12 续表 1 (2022年)

行业大类	代码	企业单位数	北京	天津	河北	山西
金属制品业	33	1800	31	41	243	36
通用设备制造业	34	2061	54	39	158	69
专用设备制造业	35	2180	60	81	232	132
汽车制造业	36	1341	49	30	77	13
铁路、船舶、航空航天和其他运输设备制造业	37	759	27	27	36	27
电气机械和器材制造业	38	1578	37	57	82	45
计算机、通信和其他电子设备制造业	39	1618	93	35	39	29
仪器仪表制造业	40	510	44	25	15	15
其他制造业	41	266	1	6	19	5
废弃资源综合利用业	42	404	6	4	37	15
金属制品、机械和设备修理业	43	444	14	7	21	33
电力、热力、燃气及水生产和供应业	D	**21504**	**179**	**257**	**1173**	**1173**
电力、热力生产和供应业	44	13106	115	164	652	797
燃气生产和供应业	45	1477	20	24	111	117
水的生产和供应业	46	6921	44	69	410	259
建筑业	E	**24462**	**821**	**469**	**1589**	**603**
房屋建筑业	47	6827	285	104	368	159
土木工程建筑业	48	11068	274	220	651	336
建筑安装业	49	2067	78	72	131	48
建筑装饰、装修和其他建筑业	50	4500	184	73	439	60
批发和零售业	F	**61298**	**2726**	**1326**	**3333**	**1714**
批发业	51	37422	1684	925	1842	1147
零售业	52	23876	1042	401	1491	567
交通运输、仓储和邮政业	G	**20950**	**459**	**496**	**900**	**641**
铁路运输业	53	589	18	11	23	42
道路运输业	54	8941	208	150	424	334
水上运输业	55	1164	4	38	44	2
航空运输业	56	596	31	27	19	20
管道运输业	57	112	6	9	5	2
多式联运和运输代理业	58	1944	94	79	81	20
装卸搬运和仓储业	59	6250	87	138	275	198
邮政业	60	1354	11	44	29	23
住宿和餐饮业	H	**8713**	**673**	**130**	**403**	**244**
住宿业	61	5603	463	90	231	144
餐饮业	62	3110	210	40	172	100
信息传输、软件和信息技术服务业	I	**11536**	**858**	**185**	**544**	**241**
电信、广播电视和卫星传输服务	63	2973	75	51	102	108
互联网和相关服务	64	1607	126	25	70	35
软件和信息技术服务业	65	6956	657	109	372	98

单位：个

内蒙古	辽宁	吉林	黑龙江	上海	江苏	浙江	安徽	福建	江西	山东	河南	代码
17	108	10	28	71	123	35	65	19	57	109	62	33
23	183	22	69	93	213	67	90	30	52	160	95	34
22	96	20	56	70	206	51	97	28	65	156	98	35
13	62	49	19	77	115	38	74	22	52	76	34	36
5	57	8	19	36	97	15	23	15	15	57	13	37
19	68	11	28	48	145	71	57	36	47	115	61	38
7	36	12	11	68	167	60	78	55	57	111	26	39
4	26	9	13	32	65	13	6	6	11	40	12	40
3	11	2	7	7	32	3	17	1	15	12	7	41
10	19	2	8	7	24	13	27	15	30	21	16	42
16	30	6	8	42	21	8	11	16	13	20	15	43
918	**632**	**474**	**583**	**127**	**800**	**854**	**707**	**720**	**628**	**1317**	**794**	**D**
688	408	327	405	73	406	433	396	427	339	744	436	44
24	35	17	15	15	68	82	41	22	54	111	58	45
206	189	130	163	39	326	339	270	271	235	462	300	46
342	**1027**	**381**	**513**	**429**	**1653**	**757**	**1152**	**561**	**1075**	**1668**	**1143**	**E**
71	195	92	151	90	421	146	302	182	357	335	309	47
174	473	222	216	182	711	462	437	283	403	983	521	48
38	145	33	66	54	132	57	98	28	77	146	86	49
59	214	34	80	103	389	92	315	68	238	204	227	50
1013	**2192**	**709**	**1766**	**2835**	**3781**	**2323**	**2013**	**1983**	**2350**	**3179**	**3319**	**F**
514	1318	396	1052	1958	2483	1365	1186	1431	1474	2212	1858	51
499	874	313	714	877	1298	958	827	552	876	967	1461	52
436	**796**	**471**	**828**	**733**	**1262**	**1051**	**851**	**774**	**809**	**1123**	**1059**	**G**
51	14	9	16	5	22	23	23	20	10	49	22	53
138	328	135	242	232	488	511	336	335	312	439	405	54
1	39	2	10	81	122	138	44	95	26	105	9	55
35	17	7	19	16	25	30	12	32	15	30	10	56
1	4	2	2	6	8	3	2			18	5	57
26	84	12	39	207	178	121	58	76	33	167	46	58
160	283	276	438	169	364	197	326	173	361	282	516	59
24	27	28	62	17	55	28	50	43	52	33	46	60
137	**261**	**121**	**203**	**394**	**602**	**356**	**192**	**256**	**344**	**547**	**344**	**H**
80	163	94	128	251	326	263	92	204	220	294	228	61
57	98	27	75	143	276	93	100	52	124	253	116	62
210	**424**	**124**	**423**	**546**	**847**	**475**	**461**	**220**	**366**	**676**	**441**	**I**
91	128	59	145	56	124	134	102	51	83	103	129	63
27	49	15	29	92	105	82	55	39	69	96	71	64
92	247	50	249	398	618	259	304	130	214	477	241	65

2–12 续表 2 (2022年)

行业大类	代码	企业单位数	北京	天津	河北	山西
金融业	J	**20024**	**901**	**1071**	**640**	**525**
货币金融服务	66	8714	238	903	212	160
资本市场服务	67	2936	400	93	83	56
保险业	68	6878	142	38	307	262
其他金融业	69	1496	121	37	38	47
房地产业	K	**36111**	**2176**	**1173**	**1088**	**896**
房地产业	70	36111	2176	1173	1088	896
租赁和商务服务业	L	**55485**	**2464**	**1022**	**2638**	**1364**
租赁业	71	2571	114	207	215	46
商务服务业	72	52914	2350	815	2423	1318
科学研究和技术服务业	M	**26731**	**3047**	**685**	**1443**	**662**
研究和试验发展	73	2211	163	46	89	40
专业技术服务业	74	16284	894	389	673	457
科技推广和应用服务业	75	8236	1990	250	681	165
水利、环境和公共设施管理业	N	**12859**	**255**	**166**	**732**	**391**
水利管理业	76	1654	13	13	66	73
生态保护和环境治理业	77	1491	56	12	63	61
公共设施管理业	78	8328	168	115	506	243
土地管理业	79	1386	18	26	97	14
居民服务、修理和其他服务业	O	**3897**	**233**	**80**	**239**	**72**
居民服务业	80	1858	93	39	101	37
机动车、电子产品和日用产品修理业	81	1098	84	23	92	16
其他服务业	82	941	56	18	46	19
教育	P	**2031**	**62**	**32**	**109**	**39**
教育	83	2031	62	32	109	39
卫生和社会工作	Q	**1406**	**50**	**32**	**65**	**52**
卫生	84	927	33	18	48	22
社会工作	85	479	17	14	17	30
文化、体育和娱乐业	R	**9915**	**1518**	**136**	**484**	**303**
新闻和出版业	86	2037	631	32	51	55
广播、电视、电影和录音制作业	87	2803	191	35	165	94
文化艺术业	88	2841	514	44	173	115
体育	89	705	72	11	47	12
娱乐业	90	1529	110	14	48	27

单位：个

内蒙古	辽宁	吉林	黑龙江	上海	江苏	浙江	安徽	福建	江西	山东	河南	代码
375	**703**	**368**	**446**	**840**	**1045**	**670**	**826**	**558**	**494**	**1317**	**786**	J
135	282	172	192	309	458	252	281	247	242	499	288	66
22	36	41	30	390	139	119	84	50	44	183	61	67
187	344	132	195	76	390	236	378	208	176	538	399	68
31	41	23	29	65	58	63	83	53	32	97	38	69
307	**926**	**376**	**524**	**2697**	**2493**	**1997**	**1142**	**1385**	**1003**	**2184**	**1237**	K
307	926	376	524	2697	2493	1997	1142	1385	1003	2184	1237	70
1047	**1578**	**638**	**852**	**2210**	**3662**	**4020**	**2197**	**1952**	**1824**	**3114**	**2049**	L
65	76	22	54	102	110	73	111	45	92	102	99	71
982	1502	616	798	2108	3552	3947	2086	1907	1732	3012	1950	72
588	**972**	**339**	**635**	**941**	**1736**	**1150**	**978**	**560**	**881**	**1774**	**1055**	M
17	122	39	73	116	283	75	75	31	39	207	60	73
368	628	249	311	536	947	817	670	424	646	1120	690	74
203	222	51	251	289	506	258	233	105	196	447	305	75
250	**320**	**203**	**152**	**305**	**748**	**993**	**416**	**552**	**452**	**795**	**653**	N
25	56	32	17	16	64	150	39	87	38	91	84	76
34	26	17	27	39	109	88	58	42	43	86	64	77
168	224	145	95	231	504	679	265	386	332	488	428	78
23	14	9	13	19	71	76	54	37	39	130	77	79
63	**197**	**60**	**83**	**136**	**233**	**159**	**157**	**103**	**148**	**184**	**144**	O
40	125	34	40	55	91	89	74	55	69	75	68	80
12	39	12	17	56	44	34	48	26	44	58	42	81
11	33	14	26	25	98	36	35	22	35	51	34	82
52	**60**	**19**	**56**	**63**	**122**	**99**	**66**	**49**	**67**	**169**	**80**	P
52	60	19	56	63	122	99	66	49	67	169	80	83
15	**63**	**19**	**35**	**55**	**60**	**57**	**35**	**32**	**55**	**97**	**63**	Q
9	51	12	25	40	36	17	25	13	41	61	41	84
6	12	7	10	15	24	40	10	19	14	36	22	85
152	**310**	**156**	**127**	**343**	**626**	**436**	**268**	**234**	**351**	**481**	**348**	R
13	84	47	29	110	95	78	43	37	57	69	60	86
49	78	49	33	97	147	124	84	80	121	169	127	87
50	81	40	33	62	178	98	89	56	101	106	105	88
18	28	9	11	29	60	56	12	22	17	39	17	89
22	39	11	21	45	146	80	40	39	55	98	39	90

2-12 续表 3 (2022年)

行业大类	代码					
		湖北	湖南	广东	广西	海南
总　计	——	**11603**	**9925**	**27363**	**9070**	**3126**
农、林、牧、渔业	A	**332**	**238**	**295**	**260**	**157**
农业	01	74	79	125	95	59
林业	02	52	42	51	80	41
畜牧业	03	23	22	47	33	22
渔业	04	81	17	31	11	8
农、林、牧、渔专业及辅助性活动	05	102	78	41	41	27
采矿业	B	**109**	**95**	**76**	**108**	**16**
煤炭开采和洗选业	06	5	31	1	9	1
石油和天然气开采业	07	2			1	4
黑色金属矿采选业	08	12	4	6	15	
有色金属矿采选业	09	5	29	15	24	1
非金属矿采选业	10	79	25	44	53	8
开采专业及辅助性活动	11	3		6		
其他采矿业	12	3	6	4	6	2
制造业	C	**1178**	**849**	**3022**	**962**	**175**
农副食品加工业	13	119	85	352	203	49
食品制造业	14	31	25	80	28	10
酒、饮料和精制茶制造业	15	41	31	48	32	8
烟草制品业	16	7	9	6	2	1
纺织业	17	40	8	67	12	2
纺织服装、服饰业	18	26	15	77	18	3
皮革、毛皮、羽毛及其制品和制鞋业	19	2	6	38	2	
木材加工和木、竹、藤、棕、草制品业	20	19	25	39	69	5
家具制造业	21	2	2	44	5	
造纸和纸制品业	22	5	13	56	15	2
印刷和记录媒介复制业	23	42	20	94	41	6
文教、工美、体育和娱乐用品制造业	24	12	9	64	5	2
石油、煤炭及其他燃料加工业	25	13	9	13	12	2
化学原料和化学制品制造业	26	80	43	139	63	13
医药制造业	27	35	24	62	17	6
化学纤维制造业	28	4	2	6		1
橡胶和塑料制品业	29	19	10	146	11	5
非金属矿物制品业	30	144	130	176	156	27
黑色金属冶炼和压延加工业	31	24	14	25	19	2
有色金属冶炼和压延加工业	32	10	44	41	42	2

单位：个

重庆	四川	贵州	云南	西藏	陕西	甘肃	青海	宁夏	新疆	代码
6912	**20185**	**13361**	**9794**	**1507**	**12090**	**7031**	**2222**	**1579**	**13017**	——
116	**643**	**1051**	**262**	**28**	**271**	**307**	**93**	**61**	**566**	A
53	247	573	112	8	112	141	35	26	185	01
10	144	158	74	2	39	36	6	7	31	02
18	93	153	33	12	42	84	39	19	145	03
8	13	58	4		2	4			7	04
27	146	109	39	6	76	42	13	9	198	05
41	**261**	**191**	**160**	**24**	**215**	**105**	**34**	**15**	**274**	B
12	30	98	46		103	33	9	8	99	06
7	20	5	1		19	3	1	2	19	07
2	18	20	9	4	6	3	3	1	25	08
1	30	17	44	6	24	20	7		40	09
18	143	38	52	10	40	33	11		60	10
1	7	2	2		18	11	2	3	23	11
	13	11	6	4	5	2	1	1	8	12
719	**1494**	**1070**	**719**	**113**	**1250**	**629**	**162**	**125**	**1132**	C
42	87	224	58	25	64	50	14	12	151	13
18	32	34	20	5	34	11	4	4	104	14
11	96	124	49	5	32	25	5	5	46	15
3	4	3	10		3	2		1	1	16
9	25	14	2	3	27	7			47	17
3	22	22	13	3	12	14	7	2	34	18
3	2	5	3	2	2	3			2	19
7	16	38	27	1	14	10	3		41	20
	7	4	3	2	2				2	21
7	13	12	9		7	3		2	6	22
21	44	35	27	4	32	26	5	7	32	23
	10	14	9	3	11	2	5	1	11	24
4	8	9	6		19	12	1	2	25	25
53	109	87	81	10	105	56	35	20	119	26
30	54	15	26	6	33	28	9	3	21	27
1	12		1		2	3	1	4	8	28
22	24	23	11		32	14		1	39	29
76	289	157	126	35	138	126	16	21	212	30
8	14	11	14		15	11	3		13	31
32	32	50	55		56	34	23	8	17	32

2-12 续表 4 (2022年)

行业大类	代码					
		湖北	湖南	广东	广西	海南
金属制品业	33	46	30	305	22	6
通用设备制造业	34	65	62	147	31	
专用设备制造业	35	53	56	167	39	10
汽车制造业	36	125	49	57	38	1
铁路、船舶、航空航天和其他运输设备制造业	37	37	27	48	11	
电气机械和器材制造业	38	56	35	228	18	3
计算机、通信和其他电子设备制造业	39	57	40	312	27	2
仪器仪表制造业	40	19	6	49	2	
其他制造业	41	13	5	56	1	2
废弃资源综合利用业	42	16	13	28	12	1
金属制品、机械和设备修理业	43	16	2	52	9	4
电力、热力、燃气及水生产和供应业	**D**	**703**	**823**	**1248**	**744**	**182**
电力、热力生产和供应业	44	378	505	718	478	118
燃气生产和供应业	45	31	27	109	25	11
水的生产和供应业	46	294	291	421	241	53
建筑业	**E**	**843**	**741**	**1543**	**382**	**141**
房屋建筑业	47	216	211	431	142	49
土木工程建筑业	48	475	398	567	181	47
建筑安装业	49	64	42	168	23	13
建筑装饰、装修和其他建筑业	50	88	90	377	36	32
批发和零售业	**F**	**1663**	**1138**	**5490**	**1519**	**516**
批发业	51	939	668	3447	968	324
零售业	52	724	470	2043	551	192
交通运输、仓储和邮政业	**G**	**747**	**476**	**1586**	**590**	**176**
铁路运输业	53	16	10	39	13	2
道路运输业	54	380	224	644	198	62
水上运输业	55	67	22	172	30	29
航空运输业	56	17	15	35	17	8
管道运输业	57	7	2	4	1	
多式联运和运输代理业	58	41	25	239	29	23
装卸搬运和仓储业	59	196	126	372	282	43
邮政业	60	23	52	81	20	9
住宿和餐饮业	**H**	**220**	**185**	**585**	**217**	**118**
住宿业	61	135	131	373	152	103
餐饮业	62	85	54	212	65	15
信息传输、软件和信息技术服务业	**I**	**303**	**352**	**813**	**181**	**117**
电信、广播电视和卫星传输服务	63	103	193	173	74	30
互联网和相关服务	64	45	32	96	31	32
软件和信息技术服务业	65	155	127	544	76	55

单位：个

重庆	四川	贵州	云南	西藏	陕西	甘肃	青海	宁夏	新疆	代码
39	50	31	29	1	70	43	5	3	65	33
57	81	20	26		90	33	8	8	16	34
42	90	32	24	3	108	38	2	5	41	35
98	64	19	15	1	57	5			12	36
36	48	19	5		43	2	1		5	37
25	79	13	21	1	93	42	5	5	27	38
28	126	21	24	1	73	7	2	3	11	39
32	22	5	2		27	7			3	40
2	8	9	10	1	4	3	1	1	2	41
6	12	10	7		27	7		4	7	42
4	14	10	6	1	18	5	7	3	12	43
388	**1222**	**753**	**842**	**160**	**814**	**664**	**306**	**291**	**1028**	D
198	576	392	468	130	530	515	257	240	793	44
49	166	43	64	2	47	27	7	8	47	45
141	480	318	310	28	237	122	42	43	188	46
410	**1539**	**848**	**684**	**134**	**1070**	**666**	**116**	**98**	**1064**	E
123	631	302	208	54	296	199	27	33	338	47
209	612	337	338	59	506	283	63	58	387	48
26	96	52	37	4	85	72	9	4	83	49
52	200	157	101	17	183	112	17	3	256	50
1163	**3073**	**2256**	**1348**	**228**	**1896**	**1084**	**338**	**169**	**2855**	F
677	1816	1296	819	79	996	586	165	94	1703	51
486	1257	960	529	149	900	498	173	75	1152	52
440	**1222**	**613**	**458**	**122**	**552**	**388**	**145**	**84**	**662**	G
9	31	9	14	1	29	13	6	4	35	53
213	563	396	288	60	255	171	71	39	360	54
42	21	10	4		3			3	1	55
17	36	22	16	10	19	9	3	5	22	56
2	5	2	1		6	3			6	57
38	49	23	28	5	33	18	8	4	60	58
62	251	135	84	20	166	115	32	18	105	59
57	266	16	23	26	41	59	25	11	73	60
124	**480**	**394**	**256**	**63**	**291**	**205**	**59**	**22**	**287**	H
90	316	237	190	55	181	124	40	13	192	61
34	164	157	66	8	110	81	19	9	95	62
253	**804**	**253**	**278**	**99**	**362**	**182**	**67**	**53**	**378**	I
109	163	49	91	73	78	89	36	31	140	63
27	118	55	40	7	58	25	8	7	41	64
117	523	149	147	19	226	68	23	15	197	65

2-12 续表 5 (2022年)

行业大类	代码	湖北	湖南	广东	广西	海南
金融业	J	**561**	**651**	**1664**	**446**	**150**
货币金融服务	66	239	276	539	180	77
资本市场服务	67	40	72	488	39	15
保险业	68	235	271	529	193	50
其他金融业	69	47	32	108	34	8
房地产业	K	**1327**	**970**	**3524**	**1020**	**525**
房地产业	70	1327	970	3524	1020	525
租赁和商务服务业	L	**1514**	**1627**	**4261**	**1553**	**411**
租赁业	71	40	40	182	68	28
商务服务业	72	1474	1587	4079	1485	383
科学研究和技术服务业	M	**983**	**755**	**1657**	**498**	**155**
研究和试验发展	73	52	71	198	20	12
专业技术服务业	74	695	528	1096	386	120
科技推广和应用服务业	75	236	156	363	92	23
水利、环境和公共设施管理业	N	**497**	**468**	**609**	**291**	**95**
水利管理业	76	87	58	63	39	10
生态保护和环境治理业	77	59	65	93	29	12
公共设施管理业	78	294	232	417	176	63
土地管理业	79	57	113	36	47	10
居民服务、修理和其他服务业	O	**121**	**98**	**261**	**77**	**17**
居民服务业	80	58	66	84	24	8
机动车、电子产品和日用产品修理业	81	25	18	109	28	3
其他服务业	82	38	14	68	25	6
教育	P	**65**	**45**	**121**	**27**	**16**
教育	83	65	45	121	27	16
卫生和社会工作	Q	**66**	**34**	**58**	**23**	**63**
卫生	84	52	24	41	16	61
社会工作	85	14	10	17	7	2
文化、体育和娱乐业	R	**371**	**380**	**550**	**172**	**96**
新闻和出版业	86	78	48	116	27	20
广播、电视、电影和录音制作业	87	99	170	181	71	34
文化艺术业	88	87	82	128	41	15
体育	89	16	19	32	7	11
娱乐业	90	91	61	93	26	16

单位：个

重庆	四川	贵州	云南	西藏	陕西	甘肃	青海	宁夏	新疆	代码
695	**1341**	**439**	**544**	**94**	**543**	**434**	**152**	**149**	**596**	J
470	763	170	220	64	219	193	74	72	288	66
54	106	69	70	3	50	30	6	20	43	67
121	366	133	231	25	230	184	51	44	207	68
50	106	67	23	2	44	27	21	13	58	69
738	**1662**	**1137**	**781**	**75**	**1256**	**550**	**123**	**94**	**725**	K
738	1662	1137	781	75	1256	550	123	94	725	70
781	**3286**	**2480**	**1899**	**217**	**1536**	**859**	**304**	**189**	**1937**	L
46	163	76	57	10	75	77	19	4	153	71
735	3123	2404	1842	207	1461	782	285	185	1784	72
426	**1357**	**540**	**602**	**62**	**811**	**440**	**176**	**101**	**722**	M
33	141	32	31	6	62	28	9	5	36	73
309	839	380	457	43	614	325	134	75	464	74
84	377	128	114	13	135	87	33	21	222	75
369	**779**	**661**	**458**	**29**	**534**	**219**	**71**	**58**	**338**	N
48	80	124	108	2	56	34	8	9	64	76
54	106	60	51	3	60	21	6	12	35	77
182	488	400	263	24	384	149	47	35	197	78
85	105	77	36		34	15	10	2	42	79
47	**203**	**225**	**132**	**17**	**137**	**67**	**20**	**4**	**180**	O
29	115	111	84	7	64	28	3	2	90	80
13	46	45	28	7	35	26	7		61	81
5	42	69	20	3	38	13	10	2	29	82
29	**171**	**84**	**129**	**11**	**64**	**32**	**13**	**12**	**68**	P
29	171	84	129	11	64	32	13	12	68	83
23	**120**	**79**	**40**	**5**	**41**	**20**	**2**	**4**	**43**	Q
12	80	40	32	4	23	15	1	3	31	84
11	40	39	8	1	18	5	1	1	12	85
150	**528**	**287**	**202**	**26**	**447**	**180**	**41**	**50**	**162**	R
20	85	25	22	2	55	21	4	8	15	86
47	139	61	52	11	154	44	14	21	62	87
41	156	95	70	6	141	81	13	8	32	88
7	46	42	13	1	17	12	2	4	16	89
35	102	64	45	6	80	22	8	9	37	90

2-13 按行业(大类)、运营状态分组的国有控股企业法人单位数

(2022年) 单位：个

行业大类	代码	企业单位数	正常运营	停业(歇业)	筹建
总　计	——	**361996**	**338179**	**15081**	**7119**
农、林、牧、渔业	A	**9464**	**8477**	**572**	**364**
农业	01	3710	3331	205	156
林业	02	1898	1763	86	40
畜牧业	03	1427	1227	117	74
渔业	04	544	493	39	11
农、林、牧、渔专业及辅助性活动	05	1885	1663	125	83
采矿业	B	**4002**	**3470**	**390**	**124**
煤炭开采和洗选业	06	1668	1451	168	39
石油和天然气开采业	07	176	170	2	3
黑色金属矿采选业	08	299	249	42	8
有色金属矿采选业	09	496	418	68	8
非金属矿采选业	10	1108	973	80	53
开采专业及辅助性活动	11	142	121	14	6
其他采矿业	12	113	88	16	7
制造业	C	**31608**	**28415**	**2248**	**781**
农副食品加工业	13	2653	2325	249	66
食品制造业	14	973	851	84	33
酒、饮料和精制茶制造业	15	986	859	95	28
烟草制品业	16	108	103	4	
纺织业	17	592	491	82	8
纺织服装、服饰业	18	691	635	43	9
皮革、毛皮、羽毛及其制品和制鞋业	19	176	141	30	4
木材加工和木、竹、藤、棕、草制品业	20	681	553	91	26
家具制造业	21	194	170	17	6
造纸和纸制品业	22	315	267	43	5
印刷和记录媒介复制业	23	1054	967	78	6
文教、工美、体育和娱乐用品制造业	24	380	330	37	10
石油、煤炭及其他燃料加工业	25	405	362	30	10
化学原料和化学制品制造业	26	2277	1999	170	99
医药制造业	27	876	816	37	21
化学纤维制造业	28	122	108	5	7
橡胶和塑料制品业	29	761	688	51	13
非金属矿物制品业	30	4099	3716	258	107
黑色金属冶炼和压延加工业	31	461	411	39	5
有色金属冶炼和压延加工业	32	843	775	57	11

2-13 续表 1 (2022年) 单位：个

行业大类	代码	企业单位数	正常运营	停业(歇业)	筹建
金属制品业	33	1800	1626	123	42
通用设备制造业	34	2061	1866	162	24
专用设备制造业	35	2180	1990	135	45
汽车制造业	36	1341	1244	56	36
铁路、船舶、航空航天和其他运输设备制造业	37	759	711	34	13
电气机械和器材制造业	38	1578	1410	106	55
计算机、通信和其他电子设备制造业	39	1618	1503	53	51
仪器仪表制造业	40	510	471	29	9
其他制造业	41	266	246	9	10
废弃资源综合利用业	42	404	375	8	20
金属制品、机械和设备修理业	43	444	406	33	2
电力、热力、燃气及水生产和供应业	D	**21504**	**20073**	**444**	**930**
电力、热力生产和供应业	44	13106	12075	254	738
燃气生产和供应业	45	1477	1400	32	39
水的生产和供应业	46	6921	6598	158	153
建筑业	E	**24462**	**23096**	**832**	**435**
房屋建筑业	47	6827	6422	251	132
土木工程建筑业	48	11068	10491	373	167
建筑安装业	49	2067	1955	73	28
建筑装饰、装修和其他建筑业	50	4500	4228	135	108
批发和零售业	F	**61298**	**56778**	**3460**	**768**
批发业	51	37422	34732	2115	400
零售业	52	23876	22046	1345	368
交通运输、仓储和邮政业	G	**20950**	**19850**	**630**	**392**
铁路运输业	53	589	543	7	36
道路运输业	54	8941	8507	247	157
水上运输业	55	1164	1099	35	25
航空运输业	56	596	546	14	35
管道运输业	57	112	103	1	7
多式联运和运输代理业	58	1944	1840	58	33
装卸搬运和仓储业	59	6250	5904	238	86
邮政业	60	1354	1308	30	13
住宿和餐饮业	H	**8713**	**8021**	**568**	**96**
住宿业	61	5603	5135	401	54
餐饮业	62	3110	2886	167	42
信息传输、软件和信息技术服务业	I	**11536**	**11047**	**228**	**193**
电信、广播电视和卫星传输服务	63	2973	2891	55	12
互联网和相关服务	64	1607	1519	30	46
软件和信息技术服务业	65	6956	6637	143	135

2-13 续表 2 (2022年) 单位：个

行业大类	代码	企业单位数	正常运营	停业(歇业)	筹建
金融业	J	**20024**	**19674**	**222**	**99**
货币金融服务	66	8714	8607	80	18
资本市场服务	67	2936	2822	47	58
保险业	68	6878	6818	49	7
其他金融业	69	1496	1427	46	16
房地产业	K	**36111**	**34234**	**1263**	**400**
房地产业	70	36111	34234	1263	400
租赁和商务服务业	L	**55485**	**51498**	**2371**	**1349**
租赁业	71	2571	2427	85	46
商务服务业	72	52914	49071	2286	1303
科学研究和技术服务业	M	**26731**	**25350**	**739**	**511**
研究和试验发展	73	2211	2034	80	70
专业技术服务业	74	16284	15595	404	232
科技推广和应用服务业	75	8236	7721	255	209
水利、环境和公共设施管理业	N	**12859**	**11954**	**472**	**383**
水利管理业	76	1654	1529	67	48
生态保护和环境治理业	77	1491	1365	41	78
公共设施管理业	78	8328	7762	314	223
土地管理业	79	1386	1298	50	34
居民服务、修理和其他服务业	O	**3897**	**3631**	**165**	**81**
居民服务业	80	1858	1728	71	49
机动车、电子产品和日用产品修理业	81	1098	1020	55	16
其他服务业	82	941	883	39	16
教育	P	**2031**	**1906**	**86**	**34**
教育	83	2031	1906	86	34
卫生和社会工作	Q	**1406**	**1301**	**39**	**62**
卫生	84	927	872	21	32
社会工作	85	479	429	18	30
文化、体育和娱乐业	R	**9915**	**9404**	**352**	**117**
新闻和出版业	86	2037	2003	29	2
广播、电视、电影和录音制作业	87	2803	2632	126	22
文化艺术业	88	2841	2701	96	36
体育	89	705	662	26	16
娱乐业	90	1529	1406	75	41

2-14 按地区、运营状态分组的国有控股企业法人单位数

(2022年) 单位：个

地区	企业单位数	正常运营	停业(歇业)	筹建
全国	**361996**	**338179**	**15081**	**7119**
北京	17280	16781	472	3
天津	8002	7539	365	96
河北	17888	16514	971	354
山西	10812	10553	93	162
内蒙古	6838	6379	292	166
辽宁	12208	11000	935	169
吉林	5241	4851	284	89
黑龙江	8636	7979	484	79
上海	13709	13214	385	30
江苏	22052	20991	707	288
浙江	16541	15169	582	761
安徽	13208	11874	510	805
福建	11183	10619	267	290
江西	12906	12254	506	72
山东	21243	19915	702	508
河南	15464	14841	451	134
湖北	11603	11054	357	126
湖南	9925	9494	279	45
广东	27363	25229	1552	273
广西	9070	8394	621	51
海南	3126	2857	142	97
重庆	6912	6576	219	108
四川	20185	19079	663	389
贵州	13361	11603	1097	633
云南	9794	9052	413	295
西藏	1507	1455	32	12
陕西	12090	11181	533	287
甘肃	7031	6707	169	137
青海	2222	2045	104	71
宁夏	1579	1493	41	36
新疆	13017	11487	853	553